高等职业教育新形态一体化系列教材

活页式

金融管理实务

主　编　孙怀忠　王子国
副主编　陈丽丽　夏云峰
　　　　刘丛洋　白翔宇

北京理工大学出版社
BEIJING INSTITUTE OF TECHNOLOGY PRESS

版权专有　侵权必究

图书在版编目（CIP）数据

金融管理实务 / 孙怀忠，王子国主编 . -- 北京：北京理工大学出版社，2024.5.
ISBN 978-7-5763-4129-4

Ⅰ.F830.2

中国国家版本馆 CIP 数据核字第 20246J1J07 号

责任编辑：王晓莉　　**文案编辑**：王晓莉
责任校对：刘亚男　　**责任印制**：施胜娟

出版发行 /	北京理工大学出版社有限责任公司
社　　址 /	北京市丰台区四合庄路 6 号
邮　　编 /	100070
电　　话 /	（010）68914026（教材售后服务热线）
	（010）63726648（课件资源服务热线）
网　　址 /	http://www.bitpress.com.cn
版印次 /	2024 年 5 月第 1 版第 1 次印刷
印　　刷 /	河北盛世彩捷印刷有限公司
开　　本 /	787 mm×1092 mm　1/16
印　　张 /	18.25
字　　数 /	447 千字
定　　价 /	59.80 元

图书出现印装质量问题，请拨打售后服务热线，负责调换

前　　言

金融是现代经济的核心，金融学在经济、管理类教学领域中占有重要地位。近年来全球金融系统持续震荡，更重要的是，经济结构、政策环境都已经发生深刻变化，金融周期对经济运行的影响也越来越大。党的二十大报告指出，"深化金融体制改革""强化金融稳定保障体系""守住不发生系统性风险底线"。随着金融市场迅速发展，金融创新不断推进，区块链、大数据等新技术和新业态给传统金融带来颠覆性冲击。面对百年未有之大变局，金融领域的新知识、新岗位、新技能、新管理扑面而来，新理念、新体系、新教材、新教法势在必行。

本书以马克思主义基本原理为指导，依据学生的培养目标，注重实用性、技能性的培养，紧密结合我国金融发展的形势及金融政策的最新变化，注重金融实务的介绍，理论介绍以够用为度，简明扼要地阐述金融学的基本理论与基本知识，突出新颖性和趣味性，使学习者了解、熟悉金融，掌握金融知识，提高应用能力。

本书共分10个项目，主要内容包括概览金融与金融学、彻解货币与货币制度、深思信用与信用工具、察看货币市场与资本市场、细分金融机构与三大支柱、详解商业银行与派生存款、关注中央银行与货币政策、理解货币供求与货币均衡、了解外汇与国际收支平衡、探究金融风险与金融监管。本书采用项目驱动模式编写，旨在拓展学生的视野，培养学生的学习兴趣，增强学生理论与实践相结合的能力。每个项目均先做项目概述，明确项目内容与结构、实施计划与方法及预期成果，由情境导入任务，在具体任务中阐述简洁明晰的金融理论，讲述生动有趣的金融故事，介绍相关的金融人物，列举开阔视野的金融拓展和金融链接，安排小组讨论，最后进行有检验效果的学习测试与能力评价。

为了使本书内容紧跟时代步伐，与金融行业现实状况保持同步，根据金融业管理规范化、法治化、市场化、国际化的要求和理论与实践相结合的需要，教材中着重增强了学习的系统性、综合性和实操性。为达到好教、乐学、学有所获的目标，本书在以下四点试图做出一些突破：第一，"为需而为"——突出通用性与职业性；第二，"精讲多练"——突出参与性与渗透性；第三，"混合教学"——突出拓展性与创造性；第四，"好教乐学"——突出共享性与丰富性。

本书配有课程标准、电子教案、电子课件、文本及视频案例、各类题目参考答案、补充习题及答案、模拟试卷及答案等教学资料（部分资料仅限用书教师下载），索取方式参见"配套资料索取示意图"。

本书由孙怀忠、王子国担任主编，由陈丽丽、夏云峰、刘丛洋、白翔宇担任副主编。

具体分工如下：白翔宇编写项目一、项目二，孙怀忠编写项目三、项目四，陈丽丽编写项目五、项目六，王子国编写项目七、项目八，夏云峰编写项目九，刘丛洋编写项目十。全书由夏云峰负责资料收集与整理，孙怀忠负责修改和总纂。

本书在编写过程中，编者参考了诸多已出版的相关教材、著作和专家学者的观点及前沿理论，在此向所有参考文献的编著者表示感谢！

由于编者水平有限，本书难免存在疏漏之处，敬请学术界同行和广大读者批评指正，提出宝贵意见和建议，在此一并表示感谢！

编　者

目　　录

项目一　金融与金融学 ⋯⋯⋯⋯⋯⋯⋯⋯⋯⋯⋯⋯⋯⋯⋯⋯⋯⋯⋯⋯⋯⋯⋯⋯ 1

　　任务一　认识金融与金融学 ⋯⋯⋯⋯⋯⋯⋯⋯⋯⋯⋯⋯⋯⋯⋯⋯⋯⋯⋯ 3
　　任务二　初识金融市场 ⋯⋯⋯⋯⋯⋯⋯⋯⋯⋯⋯⋯⋯⋯⋯⋯⋯⋯⋯⋯⋯ 9
　　任务三　初识金融机构 ⋯⋯⋯⋯⋯⋯⋯⋯⋯⋯⋯⋯⋯⋯⋯⋯⋯⋯⋯⋯ 13

项目二　货币与货币制度 ⋯⋯⋯⋯⋯⋯⋯⋯⋯⋯⋯⋯⋯⋯⋯⋯⋯⋯⋯⋯⋯⋯ 19

　　任务一　厘清货币 ⋯⋯⋯⋯⋯⋯⋯⋯⋯⋯⋯⋯⋯⋯⋯⋯⋯⋯⋯⋯⋯⋯ 20
　　任务二　纵观货币演变 ⋯⋯⋯⋯⋯⋯⋯⋯⋯⋯⋯⋯⋯⋯⋯⋯⋯⋯⋯⋯ 25
　　任务三　解析货币制度 ⋯⋯⋯⋯⋯⋯⋯⋯⋯⋯⋯⋯⋯⋯⋯⋯⋯⋯⋯⋯ 33

项目三　信用与信用工具 ⋯⋯⋯⋯⋯⋯⋯⋯⋯⋯⋯⋯⋯⋯⋯⋯⋯⋯⋯⋯⋯⋯ 41

　　任务一　了解信用 ⋯⋯⋯⋯⋯⋯⋯⋯⋯⋯⋯⋯⋯⋯⋯⋯⋯⋯⋯⋯⋯⋯ 43
　　任务二　认识信用形式 ⋯⋯⋯⋯⋯⋯⋯⋯⋯⋯⋯⋯⋯⋯⋯⋯⋯⋯⋯⋯ 45
　　任务三　熟悉信用工具 ⋯⋯⋯⋯⋯⋯⋯⋯⋯⋯⋯⋯⋯⋯⋯⋯⋯⋯⋯⋯ 52
　　任务四　计算利息与利率 ⋯⋯⋯⋯⋯⋯⋯⋯⋯⋯⋯⋯⋯⋯⋯⋯⋯⋯⋯ 56

项目四　货币市场与资本市场 ⋯⋯⋯⋯⋯⋯⋯⋯⋯⋯⋯⋯⋯⋯⋯⋯⋯⋯⋯⋯ 67

　　任务一　概述金融市场 ⋯⋯⋯⋯⋯⋯⋯⋯⋯⋯⋯⋯⋯⋯⋯⋯⋯⋯⋯⋯ 69
　　任务二　察看货币市场 ⋯⋯⋯⋯⋯⋯⋯⋯⋯⋯⋯⋯⋯⋯⋯⋯⋯⋯⋯⋯ 73
　　任务三　探究资本市场 ⋯⋯⋯⋯⋯⋯⋯⋯⋯⋯⋯⋯⋯⋯⋯⋯⋯⋯⋯⋯ 81

项目五　金融机构与三大支柱 ⋯⋯⋯⋯⋯⋯⋯⋯⋯⋯⋯⋯⋯⋯⋯⋯⋯⋯⋯⋯ 101

　　任务一　细分金融机构 ⋯⋯⋯⋯⋯⋯⋯⋯⋯⋯⋯⋯⋯⋯⋯⋯⋯⋯⋯ 103
　　任务二　探访证券机构 ⋯⋯⋯⋯⋯⋯⋯⋯⋯⋯⋯⋯⋯⋯⋯⋯⋯⋯⋯ 116
　　任务三　研究保险机构 ⋯⋯⋯⋯⋯⋯⋯⋯⋯⋯⋯⋯⋯⋯⋯⋯⋯⋯⋯ 121
　　任务四　知悉信托投资公司 ⋯⋯⋯⋯⋯⋯⋯⋯⋯⋯⋯⋯⋯⋯⋯⋯⋯ 124
　　任务五　了解其他非银行类金融机构 ⋯⋯⋯⋯⋯⋯⋯⋯⋯⋯⋯⋯⋯ 129

项目六　商业银行与派生存款 ⋯⋯⋯⋯⋯⋯⋯⋯⋯⋯⋯⋯⋯⋯⋯⋯⋯⋯⋯⋯ 139

　　任务一　认识商业银行 ⋯⋯⋯⋯⋯⋯⋯⋯⋯⋯⋯⋯⋯⋯⋯⋯⋯⋯⋯ 141

任务二　了解商业银行的业务及派生存款 …………………………………… 146
　　任务三　把握商业银行的经营原则与风险管理 …………………………… 155
　　任务四　走进我国银行类金融机构 ………………………………………… 158

项目七　中央银行与货币政策 …………………………………………………… 167

　　任务一　走进中央银行 ……………………………………………………… 169
　　任务二　掌握中央银行的业务 ……………………………………………… 176
　　任务三　解读货币政策 ……………………………………………………… 181

项目八　货币供求与货币均衡 …………………………………………………… 197

　　任务一　了解货币需求与货币供给 ………………………………………… 199
　　任务二　详解通货膨胀 ……………………………………………………… 214
　　任务三　细考通货紧缩 ……………………………………………………… 221

项目九　外汇与国际收支平衡 …………………………………………………… 229

　　任务一　认识外汇 …………………………………………………………… 230
　　任务二　理解汇率与汇率制度 ……………………………………………… 235
　　任务三　了解国际收支 ……………………………………………………… 243

项目十　金融风险与金融监管 …………………………………………………… 257

　　任务一　了解金融风险与金融危机 ………………………………………… 259
　　任务二　领悟金融监管 ……………………………………………………… 264
　　任务三　实施金融监管 ……………………………………………………… 277

参考文献 …………………………………………………………………………… 286

项目一　金融与金融学

项目概述

一、项目背景与目标

随着全球化的深入发展，金融市场日益成为各国经济发展的重要引擎。金融与金融学在理论和实践层面都具有重要的研究价值。本项目旨在帮助学生全面深入地了解金融与金融学，理解金融的含义及要素、金融市场的运作机制、金融工具的种类及金融学的研究方向和基本原理等，使学生在金融活动中自觉遵守职业道德规范，理解金融行为对社会和经济的影响，增强社会责任意识。

二、项目内容与结构

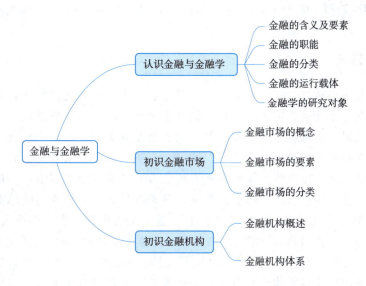

三、项目实施计划与方法

（1）理论学习：通过课堂讲解、教材阅读等方式，系统传授金融的含义、金融的分类、金融市场的分类及金融机构体系等知识。

（2）案例分析：结合典型案例和生活中所见到的金融活动，引导学生分析金融在日常生活中的体现及金融在经济发展中的作用等方面的实际应用案例。

（3）小组讨论：通过查阅图书、搜索网络等方式搜集资料，结合自身生活经历，分析支付方式的变迁如何影响我们的生活方式。通过查阅相关资料，讨论我国金融体系自2012年以来的发展变化。

(4) 业务实训：通过查阅图书、网络搜索等方式，搜集整理介绍 10 本金融著作、10 家金融相关门户网站，为本课程的学习做好准备。

四、预期成果

(1) 能够对常见的金融活动、金融现象进行讨论分析。

(2) 能够通过对支付方式变迁的分析，了解我国金融业的发展。

(3) 能够结合自己生活中所见到的金融活动，分析金融在日常生活中的体现及在经济发展中的作用等。

(4) 能够初步认识国内、国际金融市场，厘清金融市场的基本要素，扩大国际视野，增强国际交流与改革开放的意识。

(5) 能够理解金融活动对社会经济发展的影响，激发为社会经济稳定和可持续发展贡献力量的意愿，增强社会责任意识。

五、测试评价

(1) 学习测试。
(2) 能力评价。

 理论学习

 情境导入　　　　　　　　　　　　　　　　　　　　　　　　　　>>>

金融是现代经济的核心，是世界经济发展的推动机。随着我国经济持续快速发展和工业化、城镇化、市场化、国际化进程加快，金融日益广泛地影响着我国经济社会生活的各个方面。同时，金融也与社会公众切身利益息息相关。作为一个现代人，人们几乎每天都会涉及金融事务的处理，如存钱、取钱、转账、缴费、买保险、炒股、炒汇、炒期货、开户、还信用卡账单等，当然还要考虑让自己的钱保值、增值……即使没有这些事，金融危机、金融调控、通货膨胀、金融诈骗等事件也会直接或间接地影响到人们的生活和积蓄。金融就像影子一样伴随我们的一生，无法摆脱，它早已融入我们的生活，成为一种生活方式，我们的人生早已经金融化了。发端于 2007 年的美国次贷危机爆发至今已有 10 余年。2007 年 7 月，美国出现次贷危机，到 2008 年，次贷危机进一步演变成全方位的金融危机。金融机构倒闭引发流动性紧缩，实体经济下滑，经济危机在全球蔓延，对全球经济造成严重冲击，给多国带来失业大增、政治动荡的严峻挑战。危机波及范围之广、影响程度之深、处置成本之高、形成原因之复杂，再次引起人们对金融的高度关注。金融何以有如此威力，破坏力如此之大，这是不是一场阴谋？金融是什么？各种金融的市场、机构、工具和交易的基础是什么？金融对人类社会的发展到底有没有创造价值？我们是不是可以远离金融？面对这些问题我们确实需要知道一些基本的金融知识，这些金融知识能够帮助我们正确处理自己的金融事务，理解发生在我们身边的金融现象——金融学是现代人生存的必修课。在本项目中，你会初步认识金融与金融学、金融市场金融机构，深刻领会金融在我们生活中的重要作用。

任务一　认识金融与金融学

在现代社会，人们的日常生活与经济活动都离不开金融。任何一个社会成员小到个人、家庭、企业，大到国家、政府与整个国际社会，都离不开金融活动，都会与金融打交道。居民、企业、金融机构、政府、各经济主体内部及不同的经济主体之间，不断发生着各种各样的经济活动，并引起错综复杂的金融活动。同时，本国各经济主体不可避免地与其他国家或地区的经济主体发生经济关系，产生国际金融活动。

一、金融的含义及要素

金融影响着人们生活的方方面面，报刊、电视、广播、网络每天传播各种金融信息，金融几乎无处不在。那么什么是金融呢？

（一）金融的含义

金融从字面上理解，"金"表示资金，"融"表示融通，金融即指资金的融通，是与货币、信用、银行直接有关的经济活动的总称。

金融从狭义上理解，仅指货币融通，也仅指资本市场和资本市场的微观运行机制。广义的金融指与物价有紧密联系的货币流通、银行与非银行金融机构体系，包括货币市场、资本市场、保险系统及国际金融等领域。它是由诸多部分构成的大系统，既包括微观运行机制，也包括宏观运行机制。金融不只是货币资金的融通，也不只是货币银行的活动，随着市场经济的不断发展，金融的内涵不断深化，在现代社会，金融是一个多维性多层次的立体系统。金融是指资金的筹集、分配、融通、运用及其管理；凡是有关资金的筹集、分配、融通、运用及其管理的各种活动，都是金融活动。

我国古代文字中"金"与"融"两个字是各自独立的，"金"与"融"组成的词汇"金融"始于何时，无确切考证，但并非古而有之。最早列入"金融"条目的工具书有如下两部：1908年开始编纂，1915年年初出版的《辞源》和1937年发行的《辞海》。《辞源》中关于金融的释文为："今谓金钱之融通状态曰金融，旧称银根。各种银行、票号、钱庄，曰金融机构……"《辞海》一书对金融的释文为："谓资金融通之形态也，旧称银根。"据此可以认为，"金融"一词在我国的使用是在20世纪初以前，在19世纪后半叶伴随着西方文化在我国的传播逐步定型。

20世纪70年代以来，世界经济全球化、资本流动国际化、金融商品国际化、金融交易独立化趋势增强，金融实践活动不断被创新，金融内涵不断被拓展。《中国金融百科全书》中认为，金融是指货币流通和信用活动以及与之相关的经济活动的总称。可见，广义上金融是不同的经济主体通过金融市场参与资产定价，进行资金融通、金融产品交易、配置资产，以及与之联系的监管、保险和国际金融等一系列活动。

金融源自社会经济活动并服务于社会经济活动。一方面，国内外各经济部门内部与彼此之间的经济活动都需要通过金融来实现；另一方面，金融在服务于社会经济活动的过程中，逐渐形成了一个有机体系。金融活动所依赖的市场及其他用于订立金融合约和交易资产及风险机构的集合，我们称为金融体系。

现代金融体系的构成以货币、汇率、信用、利率、金融工具等为基本要素，以金融机构和金融市场为运作载体，以金融总量供求与均衡为机制，以宏观调控与监管为保障。

金融代表着财富，人类自诞生起就在追求财富，金融是人类永远无法退出的江湖，每个金融事件的背后都有着深刻的社会、经济、文化背景。金融渗透到我们生活的每个细节，它是三百六十行之一，只不过这一行经营的不是普通商品和劳务，而是货币。

（二）金融的基本要素

现代经济是货币信用经济，是建立在现代货币制度和现代信用制度基础之上的，复杂的现代金融活动涵盖如下几个基本要素。

金融拓展：金融所要解决的核心问题

1. 货币

货币是商品生产与交换发展到一定阶段的产物，货币对人类的生产方式、生存方式乃至思想意识的发展都产生了重要影响，成为推动经济发展和社会进步的特殊力量。货币自产生以来经历了实物货币、金属货币、纸币和存款货币等不同的阶段。货币的载体也在不断演变，从商品到金属，又发展到纸和磁媒介，以适应经济社会发展的需要。货币的出现是金融发展的起点，所有的金融行为、金融现象，都是某种程度上的或大或小的"货币"事件。

2. 汇率

开放的经济条件下，每天都会发生大量需要用外汇支付的国际贸易和非贸易性的国际借贷、国际投资等跨国交易，必然要涉及不同国家（地区）之间货币的兑换问题。两种不同货币的兑换比率称为汇率。汇率是一国货币的对外价格。国内物价水平反映了货币的对内价值，汇率则反映了货币的对外价值。从理论上说，货币的对内价值与对外价值应该是一致的，但由于汇率不仅仅取决于货币的对内价值，还要受外汇市场上供求状况变化的影响，所以货币的对内价值与对外价值有可能在较长时间内存在较大幅度的偏离。汇率的高低由不同国家（地区）之间的货币购买力、外汇供求、市场预期、经济实力等多种因素决定。

3. 信用

信用是指以还本付息为条件的借贷活动。信用在发展的进程中经历了从实物借贷到货币借贷的阶段，范围从早期的个人信用发展到社会信用。现代经济本质上是信用经济，企业之间的赊销、预付或借贷，金融机构的存款、贷款或信托、租赁，居民之间的借款赊欠，政府发债或借贷及跨国赊销、借款、发债等信用活动无处不在。信用关系是现代经济生活中一种普遍的经济关系，各种信用关系相互交织在一起，成为联结所有经济主体和一切经济活动的纽带。

4. 利率

在信用活动中，借入者只有以偿还本金和支付利息为条件，才能占有贷出者财物的使用权。资金借贷或投资都是有风险的，对于贷出者除了要求获得出借货币使用权期间的收益外，还要求对其承担的风险进行补偿。出借货币使用权的报酬和风险收益共同构成贷出者在借贷时期内的总收益，这便是利息。利息额与本金之比称为利率，利率是衡量收益与风险的尺度。利率的高低对借贷双方决策和各种金融交易产生直接影响，进而影响生产、消费、储蓄、投资等微观金融活动及宏观经济总量和内外均衡。

5. 金融工具

资金借贷或金融交易需要有证明双方之间金融活动关系的载体，称为金融工具。居民将资金存放在银行，存款单或存折是金融工具，在金融市场上投资购买的股票、债券及基金等也是金融工具。金融工具作为一种投融资工具，内含着一定的金融资产价值与收益权，通常可以在市场上交易、流通，谁购买拥有了金融工具，谁就拥有了相应的金融资产价值或收益权。

二、金融的职能

金融的最终职能是满足人们消费偏好，提高福利。具体可以理解为以下三项。

（一）资源再配置

金融能实现资金在不同时间和空间的转移。金融通过吸收存款、发行证券等多种方式将众多的短期、小额的闲置资金汇聚成大额、有用的资金，通过贷款、投资等形式投入社会大生产，促进储蓄向投资转化，提高生产力。

金融也能实现资金的部门转移。通过金融信用交易，资金从各行各业聚集成巨额资金，再按利益原则投放到国民经济各部门，实现资金在部门间的自由流动和重新配置，转移到能提供更高收益的部门，有助于提高经济效率。

（二）风险再配置

风险是指事件未来结果的不确定性或损失。作为个人，可能面临疾病、年老、无收入；作为企业可能面临经营失败的困境。金融市场及金融机构的存在可以改善信息的不对称，降低交易成本，通过对风险进行交易、分散和转移，为人们提供一条管理风险的途径。例如，保险公司是专门从事风险转移活动的金融中介，它从希望降低风险的客户那里收取保险费，按照合同规定提供相应的补充或分担风险。我们也可以把资金存到银行获取稳定的利息，投资失败的风险由银行承担。

（三）服务职能

通过有效的支付体系，金融可以提供支付结算等服务，便利人们的生活及产品的交易，降低社会交易成本，促进社会专业化发展。支票、信用卡、电子汇款等方式大大提高了我们资金的使用效率，例如，我们不用携带大量现金就可以周游世界。金融服务最大效率、最低成本地建立了便利商业交换实现的市场规则，扩大了体系稳定和成长的空间，降低了所有参与者的风险。

金融故事：股份公司在欧洲的兴起

三、金融的分类

金融是随着商品货币关系的发展而产生和发展起来的。从简单的货币经营业到银行、证券、保险等，金融已发展成为一个极其庞大而复杂的系统。金融可以按不同的标准分类，这里只介绍其中三种分类方法。

（一）按债权债务关系形成方式的不同，分为直接金融和间接金融

1. 直接金融

直接金融，即资金供求双方通过一定的金融工具直接形成债权债务关系，没有金融机构作为中介的融资方式。直接金融的工具主要有商业票据和直接借贷凭证、股票、债券等。

直接融资方式下，在一定时期内，资金盈余方通过直接与资金需求方协议或在金融市

场上购买资金需求方发行的有价证券,将货币资金提供给需求方使用。商业信用、企业发行股票和债券,以及企业之间、个人之间的直接借贷,均属于直接金融。例如,小王花1万元购买了中国银行的股票,某企业购买了10万元国债,这些活动中双方不需要通过中介机构而是通过金融市场直接建立融资关系。

直接金融是资金直供方式,与间接金融相比,投融资双方都有较多的选择自由,并且对投资者来说收益较高,对筹资者来说成本却又比较低。直接金融能最大可能地吸收社会游资直接投资于企业生产经营之中,从而弥补了间接金融的不足。但由于筹资人资信程度很不一样,债权人承担的风险程度很不相同,且部分直接金融资金具有不可逆性(如股票)。

2. 间接金融

间接金融是指拥有暂时闲置货币资金的单位或个人通过存款的形式或者购买银行、信托、保险等金融机构发行的有价证券,将资金先行提供给这些金融中介机构,然后由这些金融机构以贷款、贴现等形式,或通过购买需要资金的部门发行的有价证券,把资金提供给这些部门使用,从而实现资金融通的过程。间接金融主要包括银行信用和消费信用。

在间接融资方式下资金的供求双方不直接见面,他们之间不发生直接的债权债务关系,而是由金融机构以债权人和债务人的身份介入其中,实现资金余缺的调剂。间接融资同直接融资比较,其突出特点是比较灵活,分散的小额资金通过银行等中介机构的集中可以办大事,同时这些中介机构拥有较多的信息和专门人才,对保障资金安全和提高资金使用效益有独特的优势,这对投融资双方都有利。例如,老李将1万元存入中国银行,中国银行将资金贷款给甲企业,老李与甲企业是通过银行建立间接融资关系。

直接金融和间接金融的比例关系,既反映一国的金融结构,也反映一国中两种金融组织方式对实体经济的支持。金融结构与经济水平、产业发展阶段、法治文化和制度环境以及金融自由化程度等因素高度相关且与之相适应,更多金融资源通过资本市场(直接融资)进行配置是基本趋势。发达国家直接融资比重目前大多在65%~75%,美国超过80%。与各国相比,我国的直接融资比重相对较低(见表1-1),不仅与发达国家存在差距,也低于转轨经济的俄罗斯,以及人均收入不及我国的印度和印度尼西亚等国。我国与其他国家在债券市场方面的差距超过股票市场。目前,我国正处在转变经济增长方式、促进经济转型升级的关键时期,应进一步推进金融体系市场化改革,大力发展直接融资,改善金融结构,提高金融资源配置效率,推动战略新兴产业发展和经济可持续增长。

表1-1 我国社会融资规模总量及结构情况

年份	新增社会融资规模/万亿元	直接融资占比/%
2017	19.44	6.8
2018	19.26	15.0
2019	25.58	14.0
2020	34.86	15.4
2021	31.35	14.4
2022	32.01	32.5

(数据来源:根据中国人民银行网站资料整理)

(二）按金融活动是否由政府主导，分为官方金融和民间金融

1. 官方金融

官方金融又称正规金融，是指受国家法律法规保护和规范，处在金融当局监管约束下的各种金融机构与金融市场，以及这些金融机构与金融市场同企业、居民等所从事的各种金融活动。官方金融主要通过国有商业银行、政策性银行、股份制商业银行等正式金融中介机构和金融市场进行的资金融通，建立在国家的正式制度的监管与规范的基础之上。

官方金融具有规模大、集中规范、易监控、风险相对较小、借贷有正式的契约合同等特点，属于国家的强制性制度安排。它的优点包括规范、安全有序、利率较低、规模优势、组织制度完善、经营管理人员的素质相对较高等。它的不足之处在于贷款操作成本高、担保严格、手续烦琐、利率受国家监管、配给受限制、供不应求，还包括归还期限、利率、归还的方式等缺乏创新等。

2. 民间金融

民间金融又称非正规金融、草根金融，是指不受国家法律法规保护和规范、处在金融当局监管之外的各种金融机构与金融市场，以及金融机构与金融市场同企业、居民等所从事的各种金融活动。非正规金融是由民间自发推出的，是建立在"地缘"与"血缘"的基础之上的，也就是说它是建立在道德、社会关系、信任与名誉的基础之上的。民间金融分散、规模小、周期长、监控难、风险大、相对无序，在获利机会诱导下自发形成。它的优点包括快捷、"地缘"与"血缘"关系的信息优势、手续简单、对担保要求较低或无担保要求、社会舆论监督及归还期限、利率、归还方式的创新等。它的缺点包括风险大、经营缺乏规范、规模不宜过大、没有规模优势、法律上的不利地位、存在相当比例的高利贷等。

（三）按金融活动的性质和功能，分为银行业、证券业、保险业、信托业和租赁业

1. 银行业

银行业是最早从事金融业务活动的行业，是现代金融体系的主体。商业银行和其他专业银行通过吸收存款、发放贷款、办理结算等业务来提供金融专业服务。

2. 证券业

证券业是通过债券或股票的发行和流通来实现资金在不同社会经济部门之间进行重新配置的行业。证券业务机构专门为证券交易提供金融专业服务。在现代市场经济高度发达的条件下，金融活动呈现出证券化的趋势。

3. 保险业

保险业是保险业务机构以集中起来的保险费建立保险基金，对被保险人因自然灾害或意外事故所造成的经济损失或人身伤亡提供补偿的金融服务行业。在现代经济中，保险已渗透到社会经济的各个领域，成为社会的"稳定器"。

4. 信托业

信托业是信托业务机构接受委托代为管理、经营和处理经济事务的金融服务行业。信托是一项古老的业务，而现代信托业还从事投资业务。

5. 租赁业

租赁业是租赁业务机构通过融物对企业进行融资的金融服务行业，它是现代企业的重要融资方式之一。

四、金融的运行载体

现代市场经济中,居民、非金融企业、政府、金融机构内部及各部门之间的金融活动都是通过金融市场或金融机构来完成,金融市场和金融机构是现代金融体系的运行载体。

1. 金融市场

在现代经济社会中,商品与劳务的生产和交换都需要货币资金,但货币资金的分布并不是均匀的,常常存在着资金的短缺者和资金的盈余者,由此形成了资金供求双方。他们之间的货币资金融通或调剂(如作为资金供应方的投资者购买资金需求者——企业发行的股票,这样的交易就实现了资金和资源在不同部门之间的重新配置)就形成了金融交易活动,广义的金融市场泛指资金供求双方运用各种金融工具,通过各种金融交易活动,实现资金余缺的调剂和有价证券的买卖。金融市场是配置社会资金的一种基本机制,在现代经济社会发展中具有举足轻重的地位与重要作用。

2. 金融机构

各个部门的金融活动基本上都是通过金融机构来实现的。居民、企业、政府等部门的盈余资金一部分存入银行,一部分参与各种风险相对较高的金融投资活动,从而形成了金融市场的资金供给;资金短缺者或通过贷款从银行融入资金,或通过券商发行股票、债券筹资,也可通过信托、租赁机构等获得,从而相应地形成了资金需求。资金在不同经济主体之间的转移、支付,也都离不开金融机构所提供的服务,各种资金供求所导致的投融资活动,一般都需要通过金融机构的参与才能顺利完成。为适应社会经济主体多样化的金融需求,不同类型的金融机构也在不断演进发展,共同构建一个有机体系来提供多样化的金融服务。这些金融机构包括各类银行、证券机构、保险机构、信托公司、金融租赁公司、金融资产公司及财务公司等。

五、金融学的研究对象

在市场经济中,资产配置是通过金融市场来进行的,其配置效率决定着经济的发展和前景。金融学正是一门研究人们在不确定环境下,如何进行资源跨期配置的学科。

(一)金融学科的基本内容

金融学科的基本内容包括以下三个部分。

一是对有关金融诸范畴的理论论证,即关于货币、信用、利息与利率、汇率及对金融本身的剖析和论证。

二是对金融的微观分析,其内容包括对金融中介机构的分析,对金融市场的分析,论证金融市场与金融中介机构相互渗透的必然趋势,金融功能分析,即通过揭示稳定的金融功能来探讨金融在经济生活中的地位等。

三是对金融的宏观分析,主要包括货币供给与货币需求,货币均衡与市场均衡,利率形成与汇率形成,通货膨胀与通货紧缩,金融危机,国际资本流动与国际金融动荡,国际金融制度安排与国际宏观政策的协调,名义经济与实际经济,虚拟经济与实体经济,货币政策及其财政政策、宏观调控政策的实施等。

(二)金融学的主要研究方向

20 世纪初期,西方逐渐形成了货币银行学,以银行为中心研究货币、信用活动。在 20

世纪 60 年代以前，对货币及供求的研究占据了金融学的主要研究方向，此阶段各种流派的经济学家都有各自的货币理论，多达数十种。自 20 世纪 60 年代以后，金融学研究重点由过去的货币、利率和货币供求的研究转向以研究公司为主题的微观金融。在当今社会，随着金融衍生品种的发展，金融衍生品种及交易的份额在金融资产中所占比重很大，使金融市场的资产定价方式发生了变化，货币资产对经济的影响在降低，金融学的研究从宏观领域转向微观领域，微观金融学成为金融学的重点和发展方向。

金融学研究的内容主要包括货币及货币制度，信用与信用工具，利息与利率，金融中介机构，货币金融与经济发展，金融调控和金融监管。我们也可将金融学分为宏观金融学和微观金融学。宏观金融学研究在以货币作为交换媒介的市场经济中，如何获得高就业、低通货膨胀、国际收支平衡和经济增长，研究对象是以金融市场为中心，从宏观角度研究货币和资金的运动规律、金融结构和经济结构的关系、金融安全和金融政策的选择等。微观金融学则以价格理论为基础，研究在不确定环境下，通过金融市场对资源进行跨期最优配置、资产定价、资产融通及风险管理，以市场均衡和合理的产品价格体系为目标和主要内容。

（三）金融学的基本原理

金融学的基本原理包括：

（1）时间价值：这是金融学中最基本的原理之一，指的是金钱在不同时间点的价值不同。由于资金可以进行投资，今天的 1 美元在未来可能会获得更高的回报。此外，通货膨胀也会导致未来的 1 美元购买力下降。因此，在金融决策中，考虑时间价值是非常重要的。

（2）风险与回报的折中关系：金融学认为，投资与回报之间存在一个正比关系，即投资风险越高，预期回报也越高。这是因为高风险投资通常需要更高的投入，并伴随着更大的潜在损失。投资者应该根据自身的风险承受能力和投资目标来选择适合自己的投资组合。

（3）资本的聚集：金融工具能够将分散在社会中的闲散资金聚集起来，用于更大的投资项目。例如，国家发行债券来募集社会资金修建大型市政设施，或者企业发行股票从民众手中筹集资金用于生产、研发等活动。

（4）风险的分散：金融工具不仅能够扩大资本的力量，还能够分担风险。一些意外灾害的风险是个人无法承受的，例如地震、车祸、重大疾病等。通过保险等工具，这些大风险可以被分散到社会共同承担。

（5）利息的存在：利息是使用资本的代价，反映了资金的供求关系和时间价值。由于资金的分配不均、延迟消费、预期的通货膨胀、代替性投资及风险和流动性偏好等因素，利息在金融体系中扮演着重要的角色。

以上这些原理是金融学中的一些基本概念和原则，它们构成了金融决策和分析的基础。当然，金融学还包括许多其他复杂的概念和模型，但这些原理为理解金融市场和金融工具提供了基础框架。

任务二　初识金融市场

金融市场是商品经济和信用制度发展到一定阶段的产物，它是金融体系的重要组成部分，是金融机制得以发挥作用的基本条件，企业、个人、金融机构等经济主体通过参与金融市场活动，实现资金的余缺调剂，从而达到经济资源的有效配置。

一、金融市场的概念

金融市场有广义和狭义之分。广义的金融市场是指资金供求双方运用各种金融工具，通过各种金融交易活动实现资金余缺的调剂和有价证券的买卖所形成的市场。广义的金融市场泛指所有的金融交易活动，包括银行存款、股票、债券、票据、黄金、外汇、信托、保险、基金、期货、期权等市场。狭义的金融市场特指以有价证券（主要是债券和股票）为工具的交易活动，包括发行市场和流通市场。金融市场体现了资金融通的本来含义，金融市场的存在促进了资本的集中与交换，满足了社会再生产过程中的投融资需求，假如没有金融市场，金融的规模将大大缩减。

金融市场形成的确切年代在学术界还没有一个定论，一般认为有形的、有组织的金融市场大约形成于17世纪的欧洲大陆，1613年开市的阿姆斯特丹证券交易所被认为是有形金融市场的起源。

现代的金融交易既有具体的交易场所（如在交易所、金融机构），随着现代电子技术在金融领域里的广泛运用，也有更多无形的交易场所（通过现代通信设施建立起来的网络金融）。金融市场被更多地理解为是金融商品供求与交易活动的集合。随着商品经济进入高度发达时期，金融交易相当大的部分以证券交易的方式进行，表现为各类证券的发行和买卖活动，一些经济发达国家以证券交易方式实现的金融交易已占有越来越大的份额（证券化趋势）。金融市场发达与否是一国经济、金融发达程度及制度选择取向的重要标志。

二、金融市场的要素

一个完整的市场，必须具备相应的市场要素，否则市场活动难以顺利进行。金融市场必须具备的基本要素包括市场参与者、金融工具、金融工具的价格及金融交易的组织形式。

（一）市场参与者

市场参与者是指金融市场的交易者，即金融市场上资金供求双方，他们既能向金融市场提供资金，也能从金融市场筹措资金。这是金融市场得以形成和发展的一项基本因素。根据宏观国民经济部门来划分，市场参与者具体包括：

1. 企业

企业为了弥补其资金不足，除从银行借款外，还通过发行公司债券、股票、借外债等方法筹集资金。当然，企业在再生产过程中，也会出现一部分资金的暂时闲置，对这部分暂时闲置的资金，企业既可以存入银行，又可以到证券市场去投资，购买债券或股票，这时企业是金融市场的资金供应者。但从整体上看，企业资金的需求大于对金融市场的资金供给，一般是作为最大的资金需求者在金融市场上从事交易，随着社会分工的日益细密和生产社会化程度的不断提高，企业对金融市场的依赖会越来越增强。

2. 政府

在金融市场上，各国的中央政府和地方政府通常是资金的需求者。它们通过发行国债或地方政府债券来筹措资金，用于弥补财政赤字、投资基础建设项目等。政府也会出现短期资金盈余，如税款集中收进却尚未产生支出时，政府部门也会成为暂时的资金供应者。

3. 金融机构

商业银行是金融市场的重要参与者，它既是市场上的资金供给者，又是资金需求者，几乎参与了整个金融市场的活动。作为资金的需求者，商业银行的资金来源是多渠道的，有本身的股东权益、同业拆借的短期资金、本身发行的金融债券，也有通过派生存款创造的银行信用等。作为资金的供给者，商业银行主要通过贷款或投资参与市场，同时还根据业务需要，通过金融市场调整其资产负债结构。

另外，在金融市场上还有其他非银行金融机构参与交易或作为中介，其中最重要的是证券公司，其在金融市场上承销各种债券和短期票据，代客经营或自营股票、债券买卖，办理证券抵押放款，从事金融期货、期权交易等。

4. 居民个人

居民个人是金融市场上重要的资金供应者，或者说是金融工具的主要认购和投资者。因为对每个家庭来说，不能把所有的收入都用于消费，总有一部分处于积蓄状态，这部分剩余所形成的资金可成为金融市场的资金供应。当然，居民个人也可能成为金融市场上的资金需求者，当居民个人收入或储蓄不足或者购买房屋、汽车等耐用商品资金短缺时，也会从金融市场上取得资金。

5. 中央银行

中央银行在金融市场上处于一种特殊的地位，既是金融市场中重要的交易主体，又是监管机构之一。中央银行作为银行的银行，充当最后贷款人的角色，从而成为金融市场资金的供给者。作为货币政策的制定和执行者，它要在金融市场上对买卖证券进行公开市场操作，调节货币供应量。同时，中央银行还与其他监管机构一起，代表政府对金融市场上交易者的行为进行监督和管理，以防范金融风险，确保金融市场平稳运行。

（二）金融工具

从本质上来说，金融市场的交易对象是货币资金。但由于货币资金的交易通常需要借助金融工具来进行，金融工具因此就成为金融市场上的交易载体。金融工具包括各种债券、股票、票据、可转让存单、借款合同、抵押契约、金融期权、金融期货等，这些交易对象是金融市场上实现投资、融资活动必须依赖的交易工具。

金融工具最初又称为信用工具，早在金融市场形成以前，信用工具便已产生。它是商业信用的产物，随着商品经济的进一步发展，在商业信用的基础上，又产生了银行信用和金融市场，使信用工具成为金融市场的交易对象，从而将信用工具的潜在重要性日益体现出来。20 世纪 60 年代以来，伴随着市场经济的深入发展，世界金融领域也发生了巨大的变化，出现了金融活动证券化和国际金融市场一体化的新趋势，许多国家的金融活动逐渐转变为主要以金融工具买卖的形式来进行，金融市场在一国经济中的重要性迅速增强。金融工具的数量和种类的多少，是一国金融是否发达或经济发展水平高低的重要表现。

（三）金融工具的价格

金融市场的交易对象是货币资金，因此利率便成为金融商品的价格，反映的是在一定时期内转让货币使用权的报酬。有些金融工具有自身的利率，如国库券、企业债券、贴现票据，有些金融工具没有固定的收益率，如股票。利率通过市场把各种金融工具的价格比较公平地反映出来。

金融工具的价格是投资者参与金融交易的主要依据，利率的波动反映着市场资金供求的变化状况，是引导市场资金流向的信号。金融工具价格的高低要受到金融工具的流动性、收益性、安全性以及市场预期、市场供求等多种因素的影响。

（四）金融交易的组织形式

受市场本身的发育程度、技术的发达程度及交易双方交易意愿的影响，金融交易主要有以下三种组织方式：一是在固定场所有组织、有制度、集中进行交易的方式，即交易所交易方式；二是在各个金融机构柜台上进行面议、分散交易的方式，即柜台交易方式；三是没有固定场所，交易双方主要借助电子通信或互联网等手段完成交易的无形交易方式。这三种组织方式各有特点，分别可以满足不同的交易需求。在完善的金融市场上，这三种组织方式通常是并存的。

金融人物：汉密尔顿

三、金融市场的分类

金融市场是一个复杂的复合体，包括许多相互独立又相互联系的市场，按照不同的标准可以划分出不同类别的金融市场，常见的有以下几种。

（一）按照金融交易的交割方式，分为现货市场和非现货市场

1. 现货市场

现货市场是指即期交易的市场，交易双方须在成交后立即进行交割，一般是在3个营业日之内进行交割。现货市场是最古老的金融市场，因此又称为传统的金融市场。

2. 非现货市场

非现货市场是指交易双方在成交后不立即进行交割，而是多个营业日之后进行交割。在非现货交易中成交与交割间隔的时间较长。各种衍生金融工具市场（如期货、期权等）均属非现货市场交易。

（二）按照市场交易工具的功能，分为货币市场、资本市场、外汇市场、黄金市场和保险市场

1. 货币市场

货币市场是指以期限在1年以内的金融资产为交易标的物的短期金融市场。该市场的主要功能是保持金融资产的流动性，以便随时转换成可以流通的货币。它的存在，一方面满足借款者的短期资金需求；另一方面也为暂时闲置的资金找到了出路。

2. 资本市场

资本市场是指期限在1年以上的金融资产交易的市场。广义的资本市场包括银行中长期存贷款市场以及证券市场。狭义的资本市场专指证券市场，主要是股票市场和中长期债券市场。资本市场的主要功能是满足长期的投融资需求。由于它的期限比较长、金融工具的流动性比较低，因此该市场的风险相对较大。

3. 外汇市场

狭义的外汇市场是指银行间的外汇交易市场，包括外汇银行间的交易、中央银行与外汇银行的交易以及各国中央银行之间的外汇交易活动市场，通常被称为外汇批发市场。广

义的外汇市场是指各国中央银行、外汇银行、外汇经纪人及客户组成的外汇买卖、经营活动的总和，包括狭义的外汇市场以及银行同企业、个人之间进行外汇交易的零售市场。外汇市场的主要功能是为交易者提供外汇资金融通的便利，也可以满足外汇保值和投机的需求。

4. 黄金市场

黄金市场是指专门进行黄金买卖的交易中心或场所。黄金具有商品和货币的双重职能，是国际经济来往的重要结算工具，各国中央银行把黄金储备作为衡量一个国家支付能力和经济实力的重要标志，黄金市场是国际投资活动的重要场所。黄金市场的发展不但为广大投资者增加了一种投资渠道，而且为中央银行提供了一个新的货币政策操作的工具。

5. 保险市场

保险市场是指保险商品交换关系的总和或是保险商品供给与需求关系的总和。它既可以指固定的交易场所，如保险交易所，也可以是所有实现保险商品让渡的交换关系的总和。保险市场的交易对象是保险人为消费者所面临的风险提供的各种保险保障及其他保险服务，即各类保险商品。

任务三　初识金融机构

金融机构是金融体系的重要组成部分，在整个国民经济运行中起着举足轻重的作用，它们通过疏通、引导资金的流动，促进和实现了资源在经济社会中的合理配置，提高了全社会经济运行的效率。

一、金融机构概述

（一）金融机构的性质

金融机构是从事金融活动的组织，它通常以一定的自有资金为运营资本，通过吸收存款、发行各种证券、接受他人的财产委托等形式形成资金来源，然后通过贷款、投资等形式运营资金，在向社会提供各种金融产品和金融服务的过程中取得收益。

早期金融机构是在商品经济和货币信用的发展过程中自发产生的，如中世纪的货币兑换商。金融机构能够满足商品生产和交换中的支付需求、经济活动中的融资需求和投资需求、风险转移与管理需求以及对信息服务的需求。随着金融活动的专业化发展，从事金融活动的机构逐渐从兼业经营转向专业经营，金融机构由此产生。

（二）金融机构的功能

1. 便利支付结算

提供支付结算服务是金融机构的传统功能，金融机构尤其是商业银行为社会提供的支付结算服务，对商品交易的顺利实现、货币支付与清算和社会交易成本的节约具有重要意义。

2. 促进资金融通

金融机构能够充当专业的资金融通媒介，促进各种社会闲置资金的有效利用。融通资金是所有金融机构都具有的基本功能,不同的金融机构会利用不同的方式来融通资金,在全社会范围内集中闲置的货币资金并将其运用到社会,在生产过程中促进储蓄向投资转化,提高社会资本的利用效率,推动经济发展。

3. 降低交易成本

降低交易成本,是指金融机构通过规模经营和专业化运作适度竞争,可以合理控制利率、费用、时间等成本,取得规模经济和范围经济的效果,使投融资活动最终以适应社会经济发展需要的交易成本来进行。

4. 改善信息不对称

金融机构利用自身的优势,能够及时收集、获取比较真实完整的信息,通过专业分析判断,选择合适的借款人和投资项目,对所投资的项目进行专业化监控,节约了信息处理成本,并且提供专业化的信息服务。

5. 转移与管理风险

金融机构可以通过各种业务技术和管理,分散、转移、控制或降低金融经济和社会活动中的各种风险。

二、金融机构体系

各国金融机构体系主要分为银行类金融机构和非银行类金融机构两大类。

(一) 银行类金融机构

银行类金融机构是指能够吸收存款并以存款作为主要资金来源的金融机构,也称为存款类金融机构。

1. 中央银行

中央银行是货币金融管理机关,具有管理金融机构的职能。它在发挥国家的银行和银行的银行职能时,保管政府、公共机构以及金融机构的存款。存款既是其主要的负债业务,也是其资金的主要来源,故属于存款类金融机构。

2. 商业银行

商业银行是以经营企业和居民存贷款为主要业务,为客户提供多种金融服务的金融机构。由于商业银行以吸收存款为其主要负债,可签发支票的活期存款占其总存款的比率高,同时这类银行还具有派生和结转存款货币的功能,故又被称为存款货币银行。商业银行因其机构数量多、业务涵盖面广和资产规模庞大,而成为金融机构体系的主体。

3. 专业银行

专业银行是指专门从事指定范围内的业务或提供专门服务的金融机构。专业银行是银行业内部专业化发展的产物,有助于提高金融服务水平与效率,促进国民经济各行业领域均衡发展。目前各国的专业银行种类主要有储蓄银行、开发银行、农业银行及进出口银行等。

4. 信用合作社

信用合作社是以社员认缴的股金和存款为主要负债,以向社员发放的贷款为主要资产,并为社员提供结算等中间业务服务的合作性金融机构。由于信用合作社以存贷款业务为主,所以也列入银行类金融机构。

(二) 非银行类金融机构

非银行类金融机构，是指不以吸收存款为主要资金来源的金融机构，也称为非存款类金融机构。这类金融机构不直接参与货币创造过程，资金来源与运用方式各异，专业化程度高，业务之间存在较大区别，业务的开展与金融市场密切相关，对金融资产价格变动非常敏感。非银行类金融机构中主要的是证券公司、保险公司、信托投资公司和租赁公司等。

1. 证券公司

证券公司又称为证券商，是指依照相关法律设立的经营证券业务的有限责任公司或者股份有限公司。证券公司是证券市场重要的中介机构，在证券市场的运作中发挥着重要作用。

2. 保险公司

保险公司是根据合同约定向投保人收取保险费并承担投保人出险后的风险补偿责任，拥有专业化风险管理技术的经济组织。保险公司按其业务险种或业务层级可划分为人寿保险公司、财产保险公司、再保险公司等类型。

3. 信托投资公司

信托投资公司是以收取报酬为目的，接受他人委托以受托人身份专门从事信托或信托投资业务的金融机构。

4. 租赁公司

租赁公司是以出租设备或工具收取租金为主要业务的金融企业。作为非银行金融机构，它以融物的形式起着融资的作用。

测试评价

一、学习测试

（一）单项选择题

1. 金融能实现资金在不同时间和空间的转移，此项表述的是金融的（　　）职能。
   A. 资源再配置　　　B. 风险再配置　　　C. 服务职能　　　D. 融通资金
2. 以期限在一年以内的金融资产为交易标的物的金融市场称为（　　）。
   A. 现货市场　　　B. 资本市场　　　C. 即期交易市场　　　D. 货币市场
3. （　　）是金融机构体系的主体。
   A. 中央银行　　　B. 商业银行　　　C. 专业银行　　　D. 证券公司
4. （　　）既是金融市场上的资金供给者、资金需求者，又是交易中介。
   A. 企业　　　B. 中央银行　　　C. 金融机构　　　D. 政府
5. 以还本付息为条件的借贷活动称为（　　）。
   A. 资源配置　　　B. 风险配置　　　C. 汇兑　　　D. 信用

（二）多项选择题

1. 金融的基本要素包括（　　）。
   A. 货币　　　B. 汇率　　　C. 信用
   D. 利率　　　E. 金融工具

2. 下列（　　）是直接金融的金融工具。
   A. 银行存单　　　B. 商业票据　　　C. 借贷凭证
   D. 股票　　　　　E. 债券
3. 交易双方在成交后 3 个营业日内进行交割的金融市场称为（　　）。
   A. 现货市场　　　B. 非现货市场　　C. 即期交易市场
   D. 远期交易市场　E. 货币市场
4. 各国金融机构体系主要分为（　　）。
   A. 商业银行　　　B. 中央银行　　　C. 证券公司
   D. 银行类金融机构　E. 非银行类金融机构
5. 广义的金融市场包括（　　）。
   A. 黄金市场　　　B. 股票市场　　　C. 证券市场
   D. 保险市场　　　E. 外汇市场

（三）判断题

1. 金融所要解决的核心问题是如何有效地进行资金融通。（　　）
2. 证券公司是专门从事风险转移活动的金融中介。（　　）
3. 银行信用是一种直接融资方式。（　　）
4. 各国政府在金融市场上通常是资金的供应者。（　　）
5. 金融市场发达与否是一国经济、金融发达程度及制度选择取向的主要标志。（　　）

（四）主观题

1. 金融的含义是什么？
   答：_____
   _____

2. 金融的职能是什么？
   答：_____
   _____

3. 金融运行的载体有哪些？
   答：_____
   _____

4. 金融市场的要素包括哪几个？
   答：_____
   _____

5. 金融机构的功能是什么？
   答：_____
   _____

二、能力评价

（一）案例分析

金融在日常生活中的体现

背景信息：

金融作为现代经济体系的核心组成部分，渗透到我们日常生活的方方面面。

1. 购物支付：无论是线上购物还是线下购物，支付都是金融活动的重要组成部分。使用信用卡、借记卡、移动支付应用（如支付宝、微信）或现金进行支付，都是日常生活中常见的金融行为。

2. 储蓄与投资：将收入存入银行或其他金融机构的储蓄账户，是积累财富和规划未来的基本方式。此外，通过购买股票、基金、债券等金融产品，人们可以进行投资，以期望获得更高的回报。

3. 贷款与借款：购房、购车或其他大额消费时，我们可能需要向银行或其他金融机构申请贷款。同时，亲友间的借款行为，虽然是非正式的，但也属于金融活动的一种。

4. 保险购买：为了应对生活中的风险，如疾病、意外或财产损失，许多人会购买各种类型的保险，如医疗保险、车险、人寿保险等。

5. 账单支付：支付水电费、燃气费、电话费、网络费等各种生活账单，也是日常金融活动的一部分。这些费用通常通过网上银行、移动支付或自动扣款等方式进行支付。

6. 理财规划：为了合理安排收支，实现财务目标，人们需要进行理财规划。这包括制定预算、规划退休储蓄、考虑税务策略等。

7. 跨境金融活动：对于经常出国旅游或工作的人来说，兑换外币、使用国际信用卡、进行跨境汇款等跨境金融活动也是日常生活中的一部分。

问题：
分析这些场景中涉及哪些金融工具和金融服务，如储蓄账户、信用卡、贷款、股票等。
答：_____
_____
_____
_____
_____

（二）小组讨论

1. 通过查阅图书、搜索网络等方式搜集资料，结合自身生活经历，分析支付方式的变迁如何影响我们的生活方式。

　　结论：（1）_____
　　　　　（2）_____
　　　　　（3）_____

2. 通过查阅图书、搜索网络等方式搜集资料，讨论我国的金融体系自2012年以来都有哪些发展变化。

　　结论：（1）_____
　　　　　（2）_____
　　　　　（3）_____

（三）业务实训

1. 通过查阅图书、网络搜索等方式，搜集整理介绍10本金融著作、10家金融相关门户网站，为本课程的学习做好准备。

10本金融著作：_____
_____

10家金融相关门户网站：_____

_____

2. 金融与我们的日常生活息息相关，通过本项目的学习，结合自己生活中所见到的金融活动，思考如下问题：假设你经过几年的工作，各项收入在扣除日常必要开支后结余有10万元，目前没有开公司进行经营的计划，也没有特别需花钱的事项，那么，这笔"闲"钱用来干什么呢？请想出至少6种与金融相联系的理财途径，并分析每种途径收益的特点。

答：_____

_____

_____

_____

项目二 货币与货币制度

项目概述

一、项目背景与目标

随着科技的进步和数字化时代的到来,数字货币与区块链技术逐渐成为全球经济和金融体系的重要组成部分。为了使学生能够紧跟这一发展趋势,并在未来的数字经济中具备竞争力,本项目在传统的货币与货币制度基础上,进一步拓展了数字货币与区块链领域的学习内容。培养学生的货币理论素养,提升学生的跨学科综合能力,激发学生的创新意识,增强民族自豪感与爱国情怀。

二、项目内容与结构

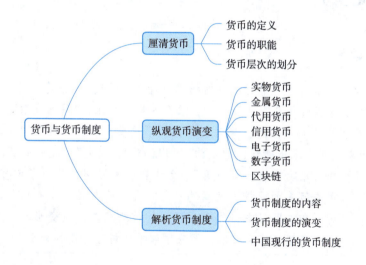

三、项目实施计划与方法

(1)理论学习:通过课堂讲解、教材阅读等方式,系统传授货币与货币制度的基本知识和理论框架;重点学习数字货币的定义、分类和特点,区块链技术的基本原理和核心概念(如去中心化、分布式账本、加密算法等)。

(2)案例分析:结合经典案例和最新研究成果,着重分析区块链在解决信任缺失、提高透明度和增强安全性等方面的实际应用案例。

金融管理实务

（3）模拟实验：利用专业软件，模拟货币市场的交易过程，体验区块链技术的实际应用（如智能合约等），提高市场敏感度和决策能力。

（4）小组讨论：讨论数字货币对传统金融体系的冲击与机遇，重点讨论中央银行数字货币（CBDC）的发行、运作和对金融稳定的影响。

（5）实地考察：组织学生参观银行、证券公司等金融机构，了解货币在现实经济生活中的流通和管理情况，加深对货币制度的理解。

四、预期成果

（1）能够全面理解传统货币与货币制度的基本理论和运作机制。
（2）能够熟悉数字货币与区块链技术的基本原理、市场应用和发展趋势。
（3）能够结合传统货币、数字货币和区块链技术，进行跨学科的综合应用和创新。
（4）具备在数字经济和金融科技领域发展的基本素养和技能。
（5）通过了解货币作为国家主权象征的重要性，使学生增强国家意识与爱国情怀。

五、测试评价

（1）学习测试。
（2）能力评价。

 理论学习

 情境导入 >>>

中国民间有句俗语叫作"有什么别有病，没什么别没钱"，钱是我们日常生活不可或缺的，在商品社会中离开钱几乎寸步难行，每个人都喜爱钱。"恭喜发财"是人们常说的一句祝福语，正所谓"天下熙熙，皆为利来，天下攘攘，皆为利往""亲之如兄，字曰孔方"。当然也有人对它深恶痛绝，称之为"阿堵物""铜臭"，指责金钱"可以使亲人变成仇人，兄弟变成陌路""能使鬼推磨"。金钱自来到世间，演出了太多的悲欢离合，让人为之唏嘘。货币为何有如此神奇的魔力？它对人类的发展进步有何作用？货币自产生以来有过哪些经历？在本项目中，你会学习到货币的职能、演变形态、货币制度等内容，以及数字货币、区块链等前沿技术，彻底了解早已司空见惯的货币。

任务一　厘清货币

金融是现代经济的核心，而货币是金融的源头和基础，也是政府调控宏观经济的工具。

货币在这个世界已有 5 000 年左右的历史，它以独特的方式蔓延到世界的各个角落，今天几乎就是一个货币无处不在的时代。

一、货币的定义

货币产生于人类为生活而进行物品交换的年代，交换孕育了货币。远古时期，我们的祖先以狩猎为生，由于狩猎工具非常原始，捕获的猎物常常不够吃，所以猎物都是由部落统一分配。后来部落里有聪明人发明了弓箭，捕获的猎物就多了。而当这个擅长制作弓箭的人发现自己亲自参加捕猎所获得的食物还不如他制作一张弓与别人交换得到的食物多时，他就索性不再参加狩猎，而是专门制作弓箭去交换别人的食物。于是部落里出现了初步的分工和交换。后来分工进一步扩大，部落里又出现了一些专门制作其他各种物品的人，他们用自己生产的物品去交换别人生产而自己又需要的物品。但是，正像上面说到的，当一方的物品因不适合对方的需要而不能达成公平交易时，就需要用一种大家普遍愿意接受的物品作为媒介，而这种物品就成了货币。

不同的历史时期、不同的人们对货币的理解千差万别，不同的学者对货币的定义也有不同的看法。所以要想给货币下一个精确的定义非常困难。为了避免混淆，必须明确生活中定义的货币与金融学定义的货币之间的区别。

（一）生活中定义的货币

日常生活中，钱似乎无处不在，以下是几种常见的情境。

（1）将货币视为通货。"你带钱了吗？"这句话里的钱显然指的是现金。把货币仅定义为现金，对于经济分析而言就过于狭隘了，因为可开列支票的存款、电子货币在流通领域中与现金一样，都可以用来购买商品与劳务。如果把货币定义为现金，那么就难以把货币与人们所进行的全部购买活动联系起来。事实上，正是因为货币与购买相关联，货币问题才引起人们极大的兴趣。因此，在现代经济学中把可开列支票的存款、电子货币与现金一起包含在货币的定义之中。

（2）将货币等同于财富。"他很有钱。"这句话意味着"他"不仅有一大笔现金和存款，还可能有债券、股票、珠宝、名人字画、房子、汽车等。如果把货币定义为财富，将货币与股票、债券、不动产等混同，那么在经济分析中就无法界定货币的基本特性。事实上，货币作为一般等价物，是社会财富的一般性代表，但货币并不等同于社会财富本身，它只是社会财富的一部分。在美国，货币只相当于人们财富总量的2%，即使是最广义的货币也不超过人们财富总量的10%。可见，把货币定义为财富显然又太宽泛了。

（3）将货币等同于收入。"他的工作很好，能赚很多钱。"这句话里的钱就是指收入，收入是一定期限内的价值流入量。而货币是某一时点上的价值存量，若把货币定义为收入，则过于模糊。这时，货币量将无法计量。例如，有人说张三的收入为3万元，那么，只有在得知张三是每年收入为3万元，还是每月收入为3万元之后，才能确定他的收入是高还是低。而如果有人说自己口袋里有1 000元，那么这笔钱的多少是显而易见的。

（二）金融学定义的货币

经济学家通常将人们普遍接受的，可以充当价值尺度、交易媒介、价值贮藏和支付手段的物品，都看成货币。

马克思第一个科学地从多角度定义了货币。他认为，货币是固定充当一般等价物的特殊商品，是商品交换发展和价值形态演变的必然产物。

（1）货币是充当一般等价物的特殊商品。在历史上，不同的国家或地区曾使用不同的商品充当一般等价物，同一国家或地区的不同历史时期，充当一般等价物的商品也往往是不同的。随着商品生产和商品交换的发展，一般等价物最终固定为其自然属性最适宜充当货币的贵金属（金和银）。

（2）货币是用作交易媒介、价值贮藏和记账单位的一种工具。货币专门在商品与服务交换中充当媒介，既包括流通货币（合法的通货），也包括各种储蓄存款。在现代经济领域，货币的实体通货即实际应用的纸币或硬币只是很小的一部分，人们在大部分交易中都使用记账货币。价值储藏就是一段时间内购买力的储藏。实物货币是具有自然的实物形态，以实物转移完成支付的货币；记账货币是人们以数字记录方式确定归属和转移的货币。无论用黄金储藏还是用借据记账，甚至用大家都一致认可的记忆（如费用），无论是付货款还是还债务，货币的本质都是一种记账方式。

（三）货币的本质

自从货币产生以来，货币形态发生了许多次变化，但货币的本质并没有改变；相反，随着货币形态从低级向高级的演变，货币的本质表现得更完全、更充分了。

马克思在对商品价值形态发展历史的研究中揭示了货币的本质。他认为，货币是从商品世界中分离出来的、固定充当一般等价物的特殊商品，并能反映一定的生产关系。

（1）货币是商品，它与商品世界的其他商品一样，都是人类劳动的产物，是自身价值和使用价值的统一体。正因为货币和其他商品具有共同的特性，即都是用于交换的人类劳动产品，所以才能在生产、交换的长期过程中被逐渐分离出来，成为不同于一般商品的特殊商品。金银能够充当货币，是因为金银本身就是商品，它们既有使用价值（如用于装饰、制作器皿等），又有自身价值（凝结了无差别的人类劳动）。

（2）货币是特殊商品，它不同于其他商品的特殊性在于它具有一般等价物的特性，发挥着一般等价物的作用，这是货币最重要的本质特征。货币商品作为一般等价物的特性，具体表现在以下两个方面。

一方面，货币能够表现一切商品的价值，所有商品的价值只有在与货币进行比较后，相互之间才可以比较。

另一方面，货币可以和一切商品进行交换。普通商品的意义在于通过交换满足人们生产或生活方面的特殊需要，如用啤酒换面包的人通常不会对茶叶感兴趣。而货币的交换能力是超越了使用价值的特殊性限制的，货币是具有直接交换性质的，因为谁拥有了货币，就等于谁拥有了价值和财富。

（3）货币是固定充当一般等价物的商品，商品的价值形式经历了由简单的或偶然的价值形式演变到扩大的价值形式，再演变到一般价值形式、货币价值形式的过程。在一般价值形式阶段，用于充当一般等价物的商品由很多，但它们都不是货币，它们只是在局部范围内临时性发挥一般等价物的作用。货币则是固定充当一般等价物的商品，是在一个国家或地区范围内（或更大范围内）长期发挥一般等价物作用的商品。

（4）货币是生产关系的反映，固定充当一般等价物的货币是商品经济社会中生产关系的体现，即反映商品由不同所有者所生产、所占有，并通过等价交换实现人与人之间社会联系的生产关系。因此，货币体现了一定的社会生产关系。这是马克思货币学说中所阐述的货币本质的核心。

二、货币的职能

货币对人类的贡献可以概括为以下四个方面。

（一）交易媒介

交易媒介是指货币在商品流通中发挥媒介的作用。货币是商品流通的中介、买卖的桥梁。这是货币最基本的用途，任何形式的货币运动的最终归宿都是交换。

直接的商品交换（物物交换）将花费大量的交易成本，要想顺利实现交换，必须是商品的买卖双方正好同时需要对方的产品，否则交换出现困难。为了提高交易效率，货币从普通商品中独立出来而成为商品交易的媒介。货币成为交易的媒介，大大提高了交易的成功率和效率，降低了交易成本，同时人们可以专门从事他们所擅长的工作，让每个人发挥自己的比较优势。我们可以把自己生产的商品卖出去换成货币，再用货币买入需要的另外一些商品，这也是资源的一种跨时间、跨空间的配置。作为交易媒介的货币，必须是现实的货币，即要求一手交钱、一手交货，但不一定是足值的货币。

（二）价值储藏

价值储藏是指货币暂时退出流通领域被人们当作社会财富的一般代表保存起来。人们在获得财富之后，一部分被消费掉，另外一部分可能会被积累起来，期望保值、增值，留到将来再去消费。

储藏财富的方式可以购买房产、股票、债券、黄金、古玩珠宝等资产，还有一种常见的方式就是储藏货币。在金属货币流通的条件下，人们直接储藏贵金属金银，积累财富，随着纸币逐渐替代金属货币，人们更多地以持有现金、银行存款的形式储藏财富。与投资实物、购买股票、债券等财富储藏形式相比，储藏货币的最大优势在于它的流动性最强，最大缺点是易受通货膨胀的影响。通货膨胀会使货币的购买力下降，从而使其价值储藏能力下降。

作为价值储藏手段的货币不仅需要现实的货币，而且需要足值的货币，即货币本身要有价值。这是因为人们储藏货币的目的是储藏财富，实现保值，所以作为财富代表的货币不能是虚幻和没价值的。纸币本身没有价值，不能执行储藏手段的职能，但纸币可以积累和储蓄，通过储蓄在一定程度上也能起到调节社会购买力的作用。

（三）价值尺度

价值尺度或称为计价单位，是指人们用货币来衡量商品和服务的价值，如同我们用千克来称重，用米来测距离。商品在交换时必然要有一个标价，如果没有货币，那么市场要交换的每种商品都需要标明与其他所有商品交换的比例，假如我们去买大米，标价就要写清1斤①大米等于0.9斤面粉、0.8斤小豆、0.5斤小米、3斤土豆……这世界上有多少种商品，就有可能有多少个价签，这种事情不可想象。但现实不会出现这样的情况，因为有货币的存在，商品价格不必用两种具体商品交换的比率来表示，而只需要用货币标出一个价签即可，这将大大地方便交易，降低交易成本。货币这把尺子无所不在，几乎可以给每个商品定价，与前两个职能不同的是作为价值尺度时不需要现实的货币，只是观念中的货币即可。

---

① 1斤=0.5千克。

(四) 支付手段

支付手段是指货币作为延期支付的手段来结清债权债务关系。随着商品流通的发展，出现了商品的交换与货币的支付在时间上不一致的情况，有的先买货、后付款，有的先付款、后取货。这时的货币不再简单地作为交易媒介进行等值的商品和货币互换，而是作为跨期交换行为的一个结清环节，作为价值的独立运动形式进行单方面转移。

货币作为支付手段，不仅用于商品交换中的延期支付，在借贷、财政收支、工资发放、劳务收支、捐赠及赔款等活动中都有着广泛的运用。作为支付手段的货币同充当交易媒介时一样，必须是现实的货币，但可以是不足值的货币。

三、货币层次的划分

为了测算、掌握流通中货币供应量的情况，更有效地调控货币供应量，各国货币管理当局（主要是中央银行）根据货币涵盖范围的大小和流动性的差别，把货币家族划分成不同的层次。

2011年以来，中国人民银行的货币供应量的统计口径主要划分为以下三个层次。

M_0，又叫"现钞"或"通货"，是指流通于银行体系以外的现金（包括纸币和硬币），也就是居民手中的现金和企业的备用金。M_0 流动性最强，具有最强、最现实的购买力。中国目前的支付体系还不是十分发达，使用现金规模较大，所以 M_0 统计对于中国具有重要的意义。

M_1，又叫"狭义货币"，由流通于银行体系以外的现钞（M_0）和银行的活期存款构成。活期存款没有支取时间的限制，可以随时变现（提取现金），非常便捷，流动性仅次于现金。活期存款包括企业活期存款、机关团体存款等。

M_2，又叫"广义货币"，由流通于银行体系之外的现钞加上活期存款（M_1），再加上企业定期存款、居民储蓄存款、证券公司的客户保证金存款、住房公积金中心存款、非银行类金融机构在银行类金融机构的存款等其他存款构成。定期存款、储蓄存款等不能直接变现，所以不能立即转变成现实的购买力，但经过一定的时间和手续后，也能够转变为购买力，因此，它们又叫作"准货币"。M_2 包括了一切可能成为现实购买力的货币形式。

中国人民银行每月均会公布其货币供应量，2023年1—12月货币供应量如表2-1所示。

表2-1　2023年1—12月中国人民银行货币供应量　　　　　　　亿元

项目	2023.01	2023.02	2023.03	2023.04	2023.05	2023.06
货币和准货币（M_2）	2 738 072.06	2 755 249.23	2 814 566.31	2 808 469.34	2 820 504.68	2 873 B023.83
货币（M_1）	655 214.16	657 938.74	678 059.63	669 761.55	675 252.98	695 595.48
流通中货币（M_0）	114 601.30	107 602.58	105 591.30	105 904.46	104 756.71	105 419.20
项目	2023.07	2023.08	2023.09	2023.10	2023.11	2023.12
货币和准货币（M_2）	2 854 031.56	2 869 343.25	2 896 659.11	2 882 276.07	2 912 014.22	2 922 713.33
货币（M_1）	677 218.92	679 588.35	678 443.65	674 696.07	675 903.41	680 542.52
流通中货币（M_0）	106 129.68	106 515.36	109 253.22	108 565.35	110 225.18	113 444.64

数据来源：根据人民银行网站统计数据整理

任务二　纵观货币演变

一般认为货币是在商品交换发展的漫长历史过程中自发产生的。在漫长的岁月中，货币的表现形式从具体的商品逐渐变成抽象的符号，经历着由低级向高级的不断演变过程。

一、实物货币

实物货币，也称为商品货币，是以自然界存在或人们生产的某种物品来充当商品交换的等价物。实物货币是人类历史上最古老、最原始的货币形式。这些物品通常不容易大量获取，容易让渡，普遍被接受，兼具货币与商品双重身份，为足值货币。

在各国历史上充当货币的实物种类繁多。关于货币最早的记载是在公元前3000年左右，刻有楔形文字的泥板在古巴比伦被作为货币；在波斯、印度、意大利等地，都有用牛羊做货币的记载；《荷马史诗》中，经常用牛标示物品的价值，如一个工艺娴熟的女奴值4头牛，给第一名角斗士的奖品值12头牛等。除去牲畜，类似的例子还有埃塞俄比亚曾用盐做货币，美洲曾经充当古老货币的有烟草、可可豆等。

在我国古代，牲畜、陶器、谷物、布帛、珠玉、贝壳、农具等都曾充当过货币。其中时间较长、影响较大的应是贝及谷物、布帛。

司马迁在《史记》中记载夏代以"龟贝"为币，西汉人，桓宽在《盐铁论·错币》中写道："夏后以玄贝，周人以紫石，后世或金钱刀币。"1975年，河南的考古发现也证明夏代使用贝作为货币。天然的海贝，产自遥远的南海之滨，作为一种珍贵的装饰品，为北方的人们普遍接受。它质地坚硬，易于收藏和携带，有天然计量单位（通常认为十贝为一朋）。在我国云南一些少数民族部落中，贝币的使用甚至延续到清初。在汉字中，凡是与财物及交换有关的字，都同"贝"有关，如财、货、贵、贫、买、卖、赎、账、债、赊、贷等，甚而出现"以贝为宝"的日常用语，可见贝在古代的重要地位。夏代以后数百年的商周时期，海贝的使用范围已十分普遍。后来天然海贝供不应求，遂有蚌贝、玉贝、骨贝及铜贝等仿贝辅其不足，使用时间一直延续到战国末期。

谷物及布帛在中国历史上是两种重要的支付工具，由于它们是"人生不可一日或无一物"，当钱币缺乏或币制混乱时期，谷帛的货币性就增强，与钱兼用，甚至取代钱币。谷帛在古代有一定的计量标准、要求和计算办法，经常用来计价、交易、借贷、赋税、赏赐等。例如，东晋陶渊明称"吾不能为五斗米折腰，拳拳事乡里小人邪"，唐代白居易在诗中描述"一车炭，千余斤，宫使驱将惜不得。半匹红绡一丈绫，系向牛头充炭直"。唐朝贞观年间的税收政策则是每个男丁每年要交大米1石2斗、绢2.3匹。

这些实物充当货币促进了交换的顺利进行，同时由于其本身的使用价值，又可解除人们的后顾之忧。但实物货币存在一定的局限性：不具有普遍可接受性，从而制约了商品交换范围的扩大；不易计量与分割、不便携带和不易保存等，存在较大的交易费用与风险；实物货币商品的供给能力和供给量的提高，使得该种货币商品的价值下降。随着商品交换的扩大，这些缺陷日渐突出，人们在长期的交换中，逐渐使用价值比较高、均质可分、易

于保存、便于携带的实物充当货币,金属货币满足了这种要求,实物货币就逐渐被金属货币取代了。

二、金属货币

金属货币是以金、银、铜或是铁、金银合金等金属作为货币材料、充当一般等价物的货币。随着人类生产力的发展,金属矿藏逐渐被发现和开采,金属在交换中逐步成为主要对象。金属货币与实物货币相比具有体积小、便于携带、易分割、不会腐烂、价值较稳定等优点,更适宜充当货币材料。世界上几乎所有国家都采用过金属作为货币。金属充当货币材料主要采用过两种形式。

(一) 称量货币

称量货币是直接以金属条块形式流通的金属货币,以重量单位为计价单位,每次使用需先鉴定成色,称其重量,非常不方便。

称量货币在中国使用时间很长,从周代一直到1933年国民政府"废两改元",使用的币材涉及铜、金、银,典型的形态是白银。在西周、西汉时期青铜块、铜饼可以作为货币交换。黄金从商朝开始作为货币,常见的是金饼、金块、金锭形式,由于黄金价值较大,流通中很少使用,更多的是作为财富的代表被储藏。白银最早在战国开始出现,秦时不用,汉代以后使用,明清使用最多,以银锭为主要形式。

(二) 铸币

铸币是指铸成一定形状并由国家印记证明其重量和成色的金属货币。铸币在一定程度上便利了商品交易,省去称量货币在交易过程中需鉴别真伪和称量的不便。

中国最早是从商、周开始出现仿贝铸币:铜贝、金贝、银贝。春秋战国时代铸造的铜币形态各异,有布币、刀币、蚁鼻钱、圜钱等。秦始皇统一六国后,开始推行圆形方孔、重如其文的"秦半两",自此,方孔圆钱这种货币形式一直沿用了2 000余年。西汉、东汉时期主要流通五铢钱,五铢钱大小轻重适宜,深受欢迎,一直沿用700余年,成为我国历史上最长寿的货币。铜钱从唐"开元通宝"开始称通宝、元宝或重宝,不再以重量单位为名称,实现了由铢两体系向十进位制年号宝文体系钱币的转变,一枚小钱的单位称为"文",一直沿用至清代,铜钱成为中国使用时间最长的铸币。在中国,长期把铜与货币等同起来,如果一个人斤斤计较钱财,往往被讥讽为有"铜臭气"。金币最早在楚国开始铸造,但很少流通,主要作为贵族的奢侈品。银币大量铸造是在清末,民国时期全国统一制造、使用银元。

西方铸币的材料同样包括金、银、铜,但在西方铜币主要用于零星小额交易,最广泛使用的是金币、银币。世界上最早的金属货币大约起源于公元前600年的吕底亚王国,用银金合金制造,因货币上经常出现狮子的头像,又被称为狮币。

西方铸币一般是圆形无孔形式,币面一般铸有神话人物或统治者的头像,采用打压工艺,中国的铜钱币面以文字为主,模制浇铸而成。

铸币的流通,一方面促进和方便了商品交换;另一方面也存在不足之处。大额交易时需要使用大量的金属货币,其重量和体积都令人烦恼,不方便携带;另外,金属货币使用中还会出现磨损、减重,据统计,自从人类使用黄金作为货币以来,已有2万吨的黄金在铸币厂里或在人们的手中、钱袋中和衣物口袋中磨损掉了；另外，金属本身供应的有限性无法满足商品生产和交换的需要，经常出现货币短缺、通货紧缩。所以，随着交换的进一步扩大，纸币便产生了。

三、代用货币

代用货币是指在金属货币制度下，作为可流通的金属货币的收据，由政府或银行发行的代替金属货币流通的纸质货币（也称为银行券）。代用货币是现代信用货币的雏形。

代用货币以纸质为主要货币材料，代替金属货币流通，本身不能单独流通，需要十足的贵金属作为发行准备。发行者承诺按面值无条件兑换实物金银，持有者可随时要求发行者兑现承诺。代用货币在流通中的普遍可接受性主要取决于发行者的资信，而不取决于法律的强制力。纸张的印刷成本远低于金属货币的铸造成本，原材料来源充足，可以应付日益扩大的交易量的需要，纸币较金属货币更易携带、运输、不易磨损。

但是代用货币须以足量的金银作为发行保证，其发行量受到金属准备的限制，不能满足社会经济发展的需要。代用货币与足值货币相比，如果没有显著的防伪特征，易被伪造和毁损。代用货币基本处于分散和无序的发行状态，随着商品经济的发展其负面影响逐渐加大。

世界上最早出现的纸币，是中国北宋时期四川成都的交子。公元965年，宋朝吞并蜀国之后，试图用铜钱废掉当地流通已久的铁钱，但当地铜矿不足，铜钱稀少，铁钱被废之后，导致货币奇缺、经济萎缩。商人们想出一个办法，把钱存在专门做保管钱生意的交子铺，交子铺开一张纸质的保管票证，上面记载数额，这就是交子（即用于交易的票据）。交子作为票据可以在市场上抵押、转让，独立于铜钱流通，便利了大额交易，也节省了铜钱的使用。最初交子和交子铺均是民间商人操办，依赖商号和铺户的信用，尽管有少量的伪造和欺诈，但交子的流通还是受到民间欢迎。1005年，益州（今成都）知府选择了16家商户，票据由官府统一印制，盖上公章，统一发行交子，以政府信用做担保提升了交子的信誉，扩大了交子的流通范围。1024年，北宋在全国统一发行交子。早期官府出台了较完善的管理法规和政策保证交子的信用和流通，但之后在官府需要巨额财政开支时便利用手中权力，无限制地发行纸币，最后交子泛滥，官府信用丧失，逐渐被取代、废止。

元朝在全国范围内实行统一的纸币。元世祖忽必烈发行"中统元宝钞"，开始的时候一度可以兑换金银，但是很快就停止并且进而禁止铜和金银货币的流通。马可·波罗这样向西方介绍中国的"奇事"："大汗国中商人所至之处，用此纸币以给赏用、以购商物……竟与纯金无别。"

明代发行"大明宝钞"，则从不兑现，并且禁止铜和金银货币的流通。后来由于宝钞滥发，急剧贬值，信用太差，禁止铜和金银货币流通实际上行不通，朝廷才被迫解除禁令。自宋朝开始的这种前现代形式的纸币流通，在明代才逐渐退出了经济生活舞台。晚清纸币再次少量出现，到1935年国民政府的法币改革，纸币开始真正成为大众的交易货币。

在欧洲，第一张纸币是在交子出现的几百年后的1661年由斯德哥尔摩银行（瑞典银行前身）发行。

金融链接：
钞票与革命

四、信用货币

信用货币是以信用为保证，通过一定的信用程序发行和流通的货币。信用货币是商品经济不断发展的客观要求，不以任何贵金属为基础，不能与贵金属相兑换。

到19世纪以后银行券的发行逐渐被中央银行垄断，到"一战"时世界各国的银行券普遍停止兑现。代用货币逐步过渡到信用货币，世界各国普遍发行不能兑换金属货币的纸币。

纸币是国家强制发行的价值符号，是发行者对持有者的负债。纸币本身几乎没有价值（如目前100美元的制作成本约为9.9美分），接受一方之所以接受是因为相信纸币背后的国家信用，相信纸币可以购回同值的商品。

现代信用货币实际就是能够发挥货币作用的各种信用工具，主要以现金、银行存款的形式存在。

（一）现金

现金亦称为通货，是指由政府授权发行的不兑现的银行券和辅币，是一国的法偿货币。现金是流通性最强的金融资产，具有最现实的购买力，随时都可能充当流通手段和支付手段。

（二）银行存款

银行存款主要是指能够通过签发支票办理转账结算的发挥货币作用的银行活期存款。存款人在账户余额内可以通过签发支票要求银行将货币从付款人的账户转移到收款人的账户，无须携带大量现金就可完成交易。

银行存款货币突破了实物货币在数量上的局限性和票券货币在发行机构上的局限性，具有快速、安全、方便的优点，提高了经济效率，降低了金融体系的交易成本，大大降低了失窃的损失。定期存款及居民的储蓄存款由于不能直接通过转账结算，流动性差一些，可以被认为是不能直接流动的货币。

五、电子货币

电子货币是以计算机网络系统为基础，以信息技术为手段，采用电子数据形式实现流通手段和支付手段功能的货币形式。电子货币其本质也是一种信用货币，信用是电子货币产生的基础，通过电子数据在网络系统的传递，实现电子货币的基本职能。消费者无须携带大量现金，商户同时无须人手点算现金，以电子数据传递的方式实现交易，方便又快捷并且超越了时间和空间的限制。目前，电子货币主要有五种类型。

（一）储值卡型电子货币

储值卡型电子货币一般以磁卡或IC卡形式出现，其发行主体除了商业银行之外，还有电信部门（普通电话卡、IC电话卡）、IC企业（上网卡）、商业零售企业（各类消费卡）、政府机关（内部消费IC卡）和学校（校园IC卡）等。发行主体在预收客户资金后，发行等值储值卡，使储值卡成为独立于银行存款之外新的"存款账户"。同时，储值卡在客户消费时以扣减方式支付费用，也就相当于存款账户支付货币。

（二）信用卡型电子货币

信用卡型电子货币是指商业银行、信用卡公司等发行主体发行的贷记卡或准贷记卡。

可在发行主体规定的信用额度内贷款消费，之后于规定时间还款。信用卡的普及使用可扩大消费信贷，影响货币供给量。

（三）存款型电子货币

存款型电子货币主要有借记卡、电子支票等，用于对银行存款以电子化方式支取现金、转账结算、划拨资金。该类电子化支付方法的普及使用能减少消费者往返于银行的费用，致使现金需求余额减少，并可加快货币的流通速度。

（四）现金模拟型电子货币

现金模拟型电子货币通过一系列加密序列数来表示现金价值。现金模拟型电子货币具备现金的匿名性，可用于个人间支付、并可多次转手等特性，是以代替实体现金为目的而开发的。主要包括电子现金和电子钱包两种形式。

1. 电子现金

电子现金是一种以数据形式流通的货币。它把现金数值转换成一系列的加密序列数，通过这些序列数来表示现实中各种金额的币值。用户在电子现金发布银行开立电子现金账号，用预先存入的现金来购买电子现金证书，通过电子现金终端软件进行支付。

2. 电子钱包

电子钱包是电子商务活动中用户购物常用的一种支付工具。电子钱包中存放有信用卡、电子现金、所有者的身份证书、所有者地址及在电子商务网站的收款台上所需的其他信息。电子钱包提高了购物的效率，用户选好商品后，只要点击自己的钱包就能完成付款过程，电子钱包帮助用户将所需信息自动输入收款表里，从而大大加速了购物的过程。

（五）虚拟货币

虚拟货币是指高科技场景中代替实体货币流通的信息流或数据流。网络虚拟货币目前主要有以下两类。

1. 游戏币

游戏币可以在游戏中购买各种公用道具或者特殊道具，如武器、衣物、药物、宠物等，它只是存在于游戏世界中的虚拟的游戏数据，仅限于在游戏中交易。与现实货币不同，游戏币不能兑换为现钞，非现金供用券，也不能公开拍卖。在某些特殊游戏中，游戏币可作为计分单位，以增加游戏乐趣，是玩家级别的一种体现方式。

2. 门户网站或者即时通信工具服务商发行的专用货币

门户网站或者即时通信工具服务商发行的专用货币用于购买本网站内的服务。使用最广泛的当属腾讯公司的 Q 币，可用来购买会员资格、QQ 秀等增值服务。这些虚拟货币与法定货币之间不存在兑换关系，只能够在网络社区中获得和使用。

六、数字货币

数字货币简称为 DC，是英文"Digital Currency"（数字货币）的缩写，是电子货币形式的替代货币。数字货币是一种不受管制的、数字化的货币，通常由开发者发行和管理，被特定虚拟社区的成员所接受和使用。

以数字人民币为例，它是中国人民银行数字货币研究所开发的数字形式的法定货币，由指定运营机构参与运营并向公众兑换，以广义账户体系为基础，支持银行账户松耦合功能，与纸钞硬币等价，具有价值特征和法偿性，支持可控匿名。数字人民币主要定位于现金类支付凭证（M_0），将与实物人民币长期并存，主要用于满足公众对数字形态现金的需求，助力普惠金融。

（一）数字货币的基本原理

数字货币的基本原理主要包括以下几个方面：

（1）加密技术：数字货币采用公私钥加密技术，确保用户的账户安全，保护交易过程中的隐私信息。加密技术是数字货币的核心技术之一，也是数字货币能够安全交易的重要保障。

（2）分布式账本技术：数字货币采用分布式账本技术，将交易记录保存在区块链上，保证交易的安全可靠。分布式账本技术可以实现去中心化、去信任化的交易，避免中心化机构的参与，降低了交易成本和时间。

（3）共识机制：数字货币采用共识机制，确保所有交易记录的正确性和一致性。共识机制的实现方式有多种，如工作量证明（Proof of Work）、权益证明（Proof of Stake）等。

（4）智能合约：数字货币可以与智能合约相结合，实现自动化的交易逻辑和条件判断。智能合约可以提高交易的透明度和可信度，减少人为干预和操作风险。

总的来说，数字货币的基本原理是通过加密技术、分布式账本技术、共识机制和智能合约等技术手段，实现去中心化、安全可靠、高效便捷的交易方式。如需更多关于数字货币的信息，建议查阅相关文献或咨询专业人士。

（二）数字货币的优缺点

数字货币的优点主要包括：

（1）降低成本：数字货币采用区块链技术，降低了交易成本，同时也减少了传统银行体系的中间环节，降低了交易时间。

（2）便利性：数字货币的交易不受地域限制，可以随时随地进行交易，为跨境支付提供了便利。

（3）安全性：数字货币采用密码学技术，保证了交易的安全性，也降低了被黑客攻击的风险。

然而，数字货币也存在一些缺点：

（1）波动性：数字货币的价格波动性很大，可能会给投资者带来损失。

（2）监管难度：数字货币的去中心化特性使得监管难度加大，需要制定更加完善的监管政策。

（3）技术依赖：数字货币的技术基础是区块链，如果区块链技术出现故障或被攻击，可能会影响到数字货币的交易和安全。

总的来说，数字货币的优缺点需要结合具体的场景和需求进行分析。在未来的发展中，需要加强数字货币的研究和应用，制定更加完善的监管政策，保障数字货币的安全和稳定。

（三）数字货币的市场应用

数字货币的市场应用主要包括以下几个方面：

（1）支付领域：数字货币的可以作为支付方式，用于在线和亲自支付商品和服务费用。与传统现金或信用卡相比，数字货币更方便、更高效，同时可以降低交易成本。数字货币还可以用于跨境支付，不受国界和货币限制，有望成为全球化时代的重要支付手段。

(2) 投资领域：数字货币作为一种新型投资品种，其价值受到市场供需和投资者信心的影响。数字货币的价格具有高波动性，可以成为一种高风险、高收益的投资方式。同时，数字货币也可以作为资产配置的一部分，为投资者提供更多选择。

(3) 其他领域：数字货币在智能合约、去中心化金融、数字身份等领域有广泛的应用前景。例如，智能合约可以实现自动化的交易逻辑和条件判断，提高交易的透明度和可信度。数字身份可以用于身份认证和数据管理，保护个人隐私和数据安全。

需要注意的是，数字货币的应用前景和市场规模受到多种因素的影响，包括技术发展、政策监管、市场接受度等。

（四）数字货币的发展趋势

数字货币的发展趋势主要表现在以下几个方面：

(1) 技术创新推动数字货币的市场发展：区块链技术和智能合约等创新技术将推动数字货币市场的进一步发展。这些技术可以提高交易的安全性和透明度，降低交易成本，增加数字货币的应用场景。

(2) 数字货币市场规模持续扩大：随着数字经济的快速发展和人们对数字资产的认识不断提高，数字货币市场规模将继续扩大。未来，数字货币有望成为主流的支付工具之一，并渗透到更多的应用领域。

(3) 数字货币与实体经济深度融合：随着数字经济的发展，数字货币与实体经济的融合将越来越紧密。数字货币可以降低交易成本，提高支付效率，为实体经济提供更好的服务。同时，数字货币的发展也将促进实体经济的数字化转型。

(4) 监管和合规性成为数字货币发展的重要课题：随着数字货币市场的逐渐成熟，监管和合规性将成为数字货币发展的重要课题。各国政府可能会加强对数字货币的监管，制定更加严格的法规和规范，以保证市场的稳定和保护投资者的利益。

(5) 绿色和可持续成为数字货币的重要发展方向：随着社会对环境问题的关注增加，绿色和可持续成为数字货币的重要发展方向。未来，数字货币行业可能会更加注重环保和可持续发展，寻求更环保的挖矿和交易方式。

总的来说，数字货币的发展趋势与技术创新、市场规模、政策监管和合规性等多个因素密切相关。未来，数字货币将在支付、投资、身份认证等领域发挥越来越重要的作用，并推动整个金融行业的数字化转型。

七、区块链

区块链是一种按照时间顺序将数据区块以顺序相连的方式组合成的一种链式数据结构，并以密码学方式保证的不可篡改和不可伪造的分布式账本，它可以用来验证信息的有效性（防伪）和生成下一个区块。区块链技术最初起源于比特币，作为比特币的底层技术，用于去中心化和去信任维护一个可靠的数据库。相对于传统的网络，区块链具有数据难以篡改和去中心化的两大核心特点，使得区块链所记录的信息更加真实可靠，并能够解决人们互不信任的问题。区块链技术可以从金融会计的角度看作是一种分布式开放性去中心化的大型网络记账簿，任何人都可以使用相同的技术标准加入自己的信息，持续满足各种需求带来的数据录入需要。

（一）区块链技术与数字货币的关系

区块链技术与数字货币之间存在着紧密的联系。

（1）区块链技术为数字货币的发行和交易提供了安全可靠的基础。通过去中心化、高安全性、透明度高的特点，区块链技术使得数字货币在交易过程中更加便捷高效。

（2）数字货币是基于区块链技术的数字资产，具备交易价值和使用功能。与传统货币相比，数字货币具有去中心化的特点，使用区块链技术进行发行和交易，不存在中央银行等中心化机构的发行和管理，实现了去中心化的价值交换。此外，数字货币的交易速度快、交易费用低廉，传统金融机构的转账需要多个银行的参与和一定的时间成本，而数字货币的交易可以在区块链网络上直接完成，减少了中间环节和交易成本。

（3）区块链技术作为数字货币的底层技术支撑，对于数字货币的发展扮演着重要的角色。通过区块链技术，数字货币可以实现公开透明、可信度高且防篡改的数据存储与传输方式，增强了数字货币的安全性和可信度。此外，区块链技术还可以用于数字货币的身份验证、防伪溯源等功能，提高了数字货币的管理效率和安全性。

总的来说，区块链技术与数字货币之间的联系主要体现在数字货币是区块链技术的一种应用场景，而区块链技术为数字货币的发行和交易提供了安全可靠的基础。随着区块链技术的不断发展和创新，数字货币的应用场景和市场规模也将不断扩大和丰富。

（二）区块链技术的应用场景

（1）数字货币交易：区块链技术最广为人知的应用场景之一是数字货币交易，如比特币、以太坊等。这些数字货币使用区块链技术来记录交易、保证安全性和透明度，并去中心化地管理账本。

（2）供应链管理：区块链技术可以应用于供应链管理领域，通过记录商品的生产、运输、销售等全过程，提高透明度和可追溯性。例如，一些公司使用区块链技术来追踪食品、药品等产品的来源和质量。

（3）智能合约：智能合约是自动执行和管理区块链上的数字资产交易的计算机程序。例如，以太坊等平台支持开发者创建和管理智能合约，实现去中心化的应用（DApps）。

（4）数字身份认证：区块链技术可以用于数字身份认证，提供去中心化的、可验证的身份管理方式。例如，基于区块链的数字身份系统可以用于在线身份验证、数据安全等领域。

（5）版权保护：区块链技术可以应用于版权保护领域，通过记录数字内容的创建时间和所有权信息，防止盗版和侵权行为。例如，一些公司使用区块链技术来保护数字艺术作品的知识产权。

（6）金融交易和结算：区块链技术可以应用于金融交易和结算领域，提供更快速、更安全、更便宜的交易服务。例如，瑞波币（Ripple）等公司使用区块链技术来提供跨境支付和汇款服务。

（7）医疗保健：区块链技术可以应用于医疗保健领域，例如，记录病人数据、药品溯源等。通过提高数据的安全性和可追溯性，区块链技术有助于保障患者的隐私和权益。

（8）公共服务：区块链技术可以应用于公共服务领域，如投票、公证等。通过去中心化的账本管理，区块链技术可以提高公共服务的透明度和可靠性。

（9）物联网：区块链技术可以应用于物联网领域，实现设备的去中心化管理和安全通信。例如,智能家居系统可以使用区块链技术来确保设备之间的安全通信和数据隐私。

(10) 游戏:区块链技术也可以应用于游戏领域,提供去中心化的游戏经济系统和虚拟资产交易。例如,基于区块链技术的游戏可以记录玩家的虚拟资产和游戏成就,提高游戏的可玩性和公平性。

随着技术的不断发展和创新,未来还可能出现更多新的应用场景和领域。

任务三　解析货币制度

货币制度,是指一个国家以法律形式确定的本国货币流通的结构、体系和组织形式等。各国政府通过颁布相关法令和条例,加强对货币发行和流通的管理,维持币值稳定,管理国家金融秩序,逐渐形成了规范的货币制度。

一、货币制度的内容

(一) 币材的确定

币材的确定是指国家规定用哪种或哪几种商品(金属或非金属)作为货币的材料。规定货币材料是货币制度的基本内容,也是一种货币制度区别于另一种货币制度的依据。币材的确定在多数情况都是国家对已经形成的客观事实的一种法律承认,一般是两种或三种币材并行流通。历史上曾经充当币材的金属主要是金、银、铜(中国古代也在部分地区流通过铁钱)。现在各国实行的均是不兑现的信用货币,对币材不做明确规定。

(二) 货币单位的确定

货币单位是指货币本身的计量单位,包括货币单位名称及货币单位价值量的确定。

(1) 货币单位名称:货币单位的名称早期多与货币材料的自然单位或重量单位有关,如两、文、镑;后来多用该国货币的名称,如英镑、美元、法国法郎、里拉、卢布等。

(2) 货币单位价值量:货币单位价值量就是单位货币的币值。在金属货币时代,国家规定每单位货币所包含的金属的重量和成色,例如,秦朝铸"半两"铜币,重十二铢(约 8 克);汉武帝铸"五铢钱",重五铢;1792 年美国 1 美元含 1.603 8 克纯金或 24.057 克纯银;1821 年英国 1 英镑含 7.322 38 克纯金;1914 年,中华民国定国币"壹圆"重七钱二分,含纯银八成九(即六钱四分八厘,23.902 480 8 克)和铜一成一。

在信用货币时代,货币单位名称大多沿用铸币名称,货币早期也规定含金量。1976 年国际货币基金组织公布黄金非货币化后,各国货币不再有含金量的规定,中央银行需确定或维持符合自身利益的本币与外币的汇率。

(三) 货币的种类

一国流通中的货币种类主要包括主币和辅币。

(1) 主币:主币又称为本位币,是一国的基本通货和法定的计价结算货币,一般最小规格是一个货币单位;在金属货币时代,主币经常只能由政府垄断铸造,一方面可以保证相对稳定的货币流通;另一方面统治者通过减值等手段可以从中获取巨额利润。到资本主义时期,一些国家为保证币值稳定、发展经济,实行自由铸造制度,公民有权把货币金属送到国家造币厂，造币厂不收取费用或只收成本代公民铸币，公民也有权把铸币熔化，铸币的名义面值与实际金属价值一致，为足值货币，具有无限法偿能力（即不论每次支付数额多大，何种性质，对方不得拒绝接受）。从清末到1935年，中国的银元实行自由铸造。

（2）辅币：辅币是主币以下的小额通货，主要是为了完成小额零星交易，通常国家垄断铸造。辅币一般为非足值铸币，采用铜、铁等贱金属材料，有的国家规定有限法偿（即在一次支付行为中，超过一定数额，收款人可以有权拒收）。

在纸币制度下，无论是本位币，还是辅币，都是由国家统一发行，强制推行使用。

（四）发行准备制度

在金属货币流通条件下，为约束发行规模、保证货币稳定，各国通常规定中央银行要以一定黄金作为发行信用货币的保证。

20世纪70年代以后，各国都取消了货币发行准备制度，黄金只是形成国际储备中的黄金储备，作为国际支付的最后手段。

二、货币制度的演变

从币材的演变过程来看，货币制度的发展经历了一个从金属货币制度到不兑现信用货币制度的历史演变过程，其中金属货币制度包含银本位制、金银复本位制和金本位制。

金融人物：
约翰·劳

（一）银本位制

银本位制是指以白银作为本位货币的一种货币制度，是历史上最早的货币制度，中世纪开始在一些国家出现，16世纪后盛行。其具体有两种形式。

（1）银两本位制：银两本位制是指以白银的重量单位"两"作为价格标准，实行银块流通的货币制度。

银两本位制主要在我国古代实行。我国用白银作为货币的时间很长，汉朝开始有记载，唐宋时期白银已普遍流通，白银和铜钱一起作为流通中的交易媒介。明朝万历九年（1581年）首辅张居正实行"一条鞭法"变法改革，规定"田赋、徭役及其他杂征总为一条，合并征收银两"，所有税收要求以白银缴纳，从此之后直到清末确立了事实上的银两本位制。

（2）银币本位制：银币本位制是指以银铸币为本位币的货币制度。银币本位制下通常银币可以自由铸造、自由熔化、自由输出、自由输入，银行券可以兑换为银币。西方国家在16—19世纪盛行银币本位制。

19世纪以后白银产量激增，价值降低，金贵银贱，银价不稳定，流通混乱，不能适应大宗商品交易，许多国家纷纷放弃银本位制。

清宣统二年（1910年）4月，清政府宣布实行银本位制，实际是银圆和银两并行。民国时期，袁世凯推行币制改革，垄断铸币权，铸造银圆（因印有袁世凯头像，俗称"袁大头"），为全国货币的统一打下基础。1933年3月，时任财政部长宋子文强力主导改革货币制度，国民政府"废两改元"，所有交易改用银圆计价，银圆成为国家正式本位货币，我国真正确立了银本位制。1934年，美国政府颁布《白银法案》大量收购白银，导致世界银价暴涨，中国白银大量外流，货币短缺，通货紧缩，经济动荡。1935年11月，时任财政部部长的孔祥熙实行法币改革，禁止白银流通，银本位制从此退出历史舞台。

（二）金银复本位制

金银复本位制是同时以黄金、白银为币材，铸造两种本位货币并同时流通使用的货币制度。黄金适用大额交易，白银适用小额交易，金银铸币都可以自由铸造、自由输出、自由输入，都具有无限法偿能力。16—18世纪欧洲一些国家实行金银复本位制。

实行复本位制的国家在初期不规定金银比价，按实际价值交换，市场上的商品就出现金价、银价两种价格，而且这两种价格随金银市场比价的不断变化而变动，引起价格混乱。一些国家开始规定金银法定比价，如美国1792年货币条例规定，金银法定比价为1∶15，试图割断两种货币的兑换比率与市场金银比价的关系。但同时又出现问题，当一个国家同时流通两种实际价值不同但名义价值相同的货币时，实际价值较高的货币（良币）被人们熔化、收藏或输出国外而退出流通，而实际价值较低的货币（劣币）反而充斥市场，这种现象被称为"劣币驱逐良币"现象（又被称为格雷欣法则）。

后来一些国家规定金币与银币仍同为本位币，金币与银币仍保持原来法定比价，但只有金币可以自由铸造，银币则不得自由铸造，只能由政府铸造，如1873年美国停止银币自由铸造。

可见，实行金银复本位制，币材充足，可以满足贸易规模不断扩大的需求，金币与银币之间具有一定的互补性，但破坏了货币的统一性、排他性的特点，是一种不稳定的货币制度，很快被放弃。

（三）金本位制

金本位制是指以黄金作为本位货币的货币制度。1717年，在时任铸币局局长牛顿的主导下，英国第一次用英镑为黄金定价：每盎司（31.103 481克）黄金等于3英镑17先令10.5便士，即1英镑含金7.99克，1816年英国法律上确立金本位；法国1873限制银币自由铸造，1928年正式确立金本位制；美国1873年停铸银元，1890正式确立金本位制；德国1871年确立金本位制；到1876年，世界上大多数国家（除中国、印度）都采用金本位制。

典型的金本位制是金本位制，即以金币为本位币，金币可以自由铸造、自由熔化、自由兑换、自由输出、自由输入，具有无限法偿能力。金本位制具有相对稳定的货币自动调节机制，促进了商品生产与流通及国际贸易的发展，曾被认为是最理性的币制。

1914年"一战"爆发，参战国金币的铸造、兑换、输出、输入受到限制，战后各国损失惨重，英国军费开支100亿英镑，国民财富损失近三分之一，黄金大量流失，1925年英国力图恢复金本位制，规定1 700英镑可以兑换金块，只坚持了几年就因西方各国发生经济危机最终以失败告终，1931宣布放弃金本位制。美国1933年放弃金本位制，之后德国、法国等国纷纷宣布放弃。

（四）不兑现的信用货币制（纸本位制）

不兑现的信用货币制度是指中央银行凭借国家信用、通过信用渠道发行和流通不兑换黄金的信用货币的货币制度。在信用货币制度下，中央银行发行纸币为本位货币，政府铸币为辅币；纸币不可兑换金银，国家赋予无限法偿能力；黄金被排除出流通界（不需金银外汇准备）；现代信用货币由国家强制集中垄断发行，是最后的支付手段；流通中的信用货币主要由现金和存款货币构成，通过信贷程序投放到流通领域，中央银行根据经济需要宏观调控。

三、中国现行的货币制度

由于我国实行"一国两制"的方针,香港、澳门先后回归祖国以后,依然维持原有的货币金融制度,加上中国台湾地区的新台币,我国目前的货币制度形成了"一国四币"的特殊货币制度。

(一) 大陆的货币制度

1948年12月1日,中国人民银行成立,开始发行统一的人民币,目前陆续发行五套人民币。

人民币是我国的法定货币,是由中国人民银行发行的信用货币,是我国的无限法偿货币,以人民币支付中华人民共和国境内的一切公共和私人的债务,任何单位和个人不得拒收;人民币的单位为"元",辅币的单位为"角"和"分";国家规定了人民币限额(目前每人每年2万元)出入国境的制度,严格禁止外币在中国境内计价流通;人民币汇率实行以市场供求为基础的、单一的、有管理的浮动汇率制度;人民币的发行坚持集中统一发行、计划发行和经济发行相结合的原则;我国建立的黄金和外汇储备主要用于平衡国际收支,同时对人民币的发行起保证作用。

(二) 中国香港的货币制度

中国香港的法定货币是港元(单位:元),原称港圆(单位:圆),俗称港币或港纸。在香港,港元纸币绝大部分由经过香港金融管理局授权并监管下的三家发钞银行发行。该三家发钞行包括香港上海汇丰银行、渣打银行和中国银行(香港)。自1983年起,香港建立了港元发行与美元挂钩的联系汇率制度,发钞行在发行任何数量的港币时,必须按7.80港元兑1美元的汇率下向金融管理局交出美元,登记或录入外汇基金账目,同时领取负债证明书后才可以印钞,外汇基金所持的美元为港元纸币的稳定提供了支持。香港所有钞票的式样都有版权,任何人在未有得到版权持有人的许可前,都不能任意复制钞票的式样。港元纸币面额有10元、20元、50元、100元、500元和1 000元6种,铸币面值有7种:10元、5元、2元、1元、50分、10分、5分。

(三) 中国澳门的货币制度

中国澳门的法定货币是澳门元,其发行权属于澳门特别行政区政府,具体发行工作由获得政府授权的两家商业银行(中国银行澳门分行和大西洋银行)办理。澳门元与港元直接挂钩并间接与美元挂钩,实行固定汇率制。澳门元的发行必须拥有完全的外币储备(主要是美元和港币),这是澳门货币制度的重要内容,也是澳门金融稳定的关键。澳门元纸币面值种类有6种:1 000元、500元、100元、50元、20元、10元,铸币面值种类有8种:10元、5元、2元、1元、50分、20分、10分、5分。

(四) 中国台湾的货币制度

1945年台湾光复之前的47年中使用的是日本殖民当局发行的"台湾银行券"。1946年5月22日,台湾当局正式在台湾发行台币;1949年6月5日国民党退到台湾之后开始发行新台币,其基本单位是"圆",一般都写成"元",硬币单位有6种:5角、1元、5元、10元、20元和50元,纸币包括5种:100元、200元、500元、1 000元和2 000元。5角硬币实际上已几乎不使用,日常生活只有邮票或汽油等在计算单价时会用到角,实际上的现金交付会四舍五入至1元。

测试评价

一、学习测试

（一）单项选择题

1. 历史上最早出现的货币形态是（　　）。
   A. 实物货币　　　　B. 代用货币　　　　C. 信用货币　　　　D. 电子货币
2. 我国的人民币制度属于（　　）。
   A. 金本制　　　　　　　　　　　　　　B. 银本制
   C. 金银复本制　　　　　　　　　　　　D. 不兑现信用货币制度
3. 货币退出流通领域，被人们当作社会财富保存起来时，货币发挥的职能是（　　）。
   A. 价值尺度　　　B. 交易媒介　　　C. 价值储藏　　　D. 支付手段
4. 观念货币可以发挥的职能是（　　）。
   A. 价值尺度　　　B. 交易媒介　　　C. 价值储藏　　　D. 支付手段
5. 流动性最强的金融资产是（　　）。
   A. 银行活期存款　　B. 居民储蓄存款　　C. 银行定期存款　　D. 现金

（二）多项选择题

1. 以下哪些是实物货币的缺陷（　　）。

   A. 不易计量与分割

   B. 不便携带和不易保存

   C. 较大的交易费用与风险

   D. 随着供给能力和供给量的提高，使得该种货币商品的价值下降

   E. 不具有普遍可接受性

2. 下列（　　）是信用货币的特征。

   A. 通过一定的信用程序发行和流通

   B. 以贵金属为价值基础

   C. 是代用货币的前身

   D. 不能与贵金属相兑换

   E. 是可流通的金属货币的收据

3. 现代信用货币形式主要包括（　　）。

   A. 现金　　　　　B. 银行存款　　　　C. 股票

   D. 外汇　　　　　E. 国债

4. 下列关于 M_1 的表述正确的是（　　）。

   A. 又叫狭义货币

   B. 流通于银行体系以外的现钞和银行的活期存款构成

   C. 流动性仅次于现金

   D. 活期存款包括企业活期存款、机关团体存款、居民储蓄存款等

E. 也称为"准货币"

5. 下列关于人民币的表述正确的是（　　）。

A. 人民币是我国的法定货币

B. 是我国的无限法偿货币

C. 国家规定了人民币限额出入国境的制度

D. 人民币的单位为"元"，辅币的单位为"角"和"分"

E. 人民币的发行原则是财政发行

（三）判断题

1. 以任何形式的货币运动最终归宿都是交换。　　　　　　　　　　　　（　　）

2. 金属货币是人类历史上最古老、最原始的货币形式。　　　　　　　（　　）

3. M_2 流动性最强，具有最强、最现实的购买力。　　　　　　　　　（　　）

4. 信用货币制度下，纸币是国家强制发行的价值符号，是发行者对持有者的负债。

（　　）

5. 实际价值较高的货币退出流通，而实际价值较低的货币反而充斥市场，这种现象被称为"劣币驱逐良币"现象。　　　　　　　　　　　　　　　　　　　（　　）

（四）主观题

1. 货币的含义是什么？

答：_____

_____

2. 货币的基本职能包括哪些？

答：_____

_____

3. 中国人民银行的货币层次如何划分？

答：_____

_____

4. 什么是格雷欣法则？

答：_____

_____

5. 中国目前的货币制度包含哪些内容？

答：_____

_____

二、能力评价

（一）案例分析

区块链技术的应用：以太坊

以太坊（Ethereum）是一个开源的有智能合约功能的公共区块链平台。通过其专用加密货币以太币（Ether，ETH）提供去中心化的以太虚拟机（Ethereum Virtual Machine）来处理点对点合约。以太坊的概念在 2013—2014 年由程序员维塔利克·布特林（Vitalik Buterin）提出，其大意为"下一代加密货币与去中心化应用平台"。在技术上，以太坊是一个通用的平台，理论上可以用于各种各样的应用，但目前为止大部分的应用都与金融有关。不过，除了金融应用外，任何需要信任、安全和永久存储的环境都可能受到以太坊平台的巨大影响，例如，资产注册、选举、政府管理以及物联网等。

总的来说，以太坊是一个功能强大、灵活且安全的区块链平台，它正在改变我们处理交易和构建应用的方式，并为未来的去中心化应用和金融创新提供了无限的可能性。以太坊是一个去中心化的区块链平台，它允许开发者在其上构建和部署去中心化应用（DApps）。以下是以太坊的一些关键特点和应用案例：

智能合约：以太坊引入了智能合约的概念，这是一种自动执行和管理数字资产交易的计算机程序。智能合约可以用于各种场景，如数字身份验证、供应链管理、电子投票等。通过智能合约，人们可以在没有第三方干预的情况下进行可信的交易。

去中心化金融（DeFi）：以太坊是去中心化金融（DeFi）应用的主要平台。DeFi应用旨在通过区块链技术提供传统金融服务的去中心化版本，如借贷、交易、支付等。一些知名的DeFi项目，如MakerDAO、Uniswap和Aave，都是在以太坊上构建的。这些项目使用户能够以去中心化的方式进行金融活动，提高了透明度和可访问性。

非同质化代币（NFT）：以太坊还支持非同质化代币（NFT）的创建和交易。NFT是一种独特的数字资产，可以代表艺术品、音乐、域名等。通过以太坊，艺术家和创作者可以将其作品作为NFT进行销售，确保版权的可追溯性和所有权的确认。加密艺术品市场如OpenSea和Rarible等都是在以太坊上运营的，它们为艺术家和收藏家提供了一个去中心化的交易平台。

结论：

以太坊作为区块链应用的典型案例，展示了区块链技术在_____、_____和_____等领域的广泛应用潜力。它的成功吸引了全球开发者和用户的关注，推动了区块链技术的发展和创新。

（二）模拟实验

利用专业软件或沙盘模拟等工具，模拟货币市场的交易过程，学生可以在虚拟环境中体验货币的交易和管理，体验区块链技术的实际应用（如智能合约等）。

体验：（1）_____

（2）_____

（3）_____

（三）小组讨论

1. 你知道什么是热钱吗？通过查阅资料请谈谈热钱是什么样的钱。

结论：（1）_____

（2）_____

（3）_____

2. 你知道数字货币吗？通过查阅资料谈谈数字货币对传统金融体系的冲击与机遇。

结论：（1）_____

（2）_____

（3）_____

3. 讨论一下中央银行数字货币（CBDC）的发行、运作和对金融稳定的影响。

结论：（1）_____
　　　（2）_____
　　　（3）_____

（四）业务实训

1. 登录中国钱币博物馆官网 http://www.cnm.com.cn/zgqbbwg/132452/index.html，观赏、认识各种钱币。

观赏到的钱币有：

（1）_____
（2）_____
（3）_____

2. 组织学生参观银行、证券公司等金融机构，了解货币在现实经济生活中的流通和管理情况，加深其对货币制度的理解。

了解到的情况是：

（1）_____
（2）_____
（3）_____

3. 在校园内组织一次调研活动，比较现金、银行卡、微信、支付宝等几种支付手段的使用情况，写出调研报告。

调研报告的提纲：

（1）_____
（2）_____
（3）_____

项目三 信用与信用工具

项目概述

一、项目背景

随着现代经济的飞速发展，信用体系的建设和完善日益成为推动社会进步和经济发展的重要基石。信用不仅关乎个人声誉，更直接关系到金融市场的稳定和企业的发展。因此，本项目旨在通过深入研究信用与信用工具的内涵、特点及其在现代经济中的作用，为构建更加健康、透明的信用环境提供理论支持和实践指导。

二、项目目标

（1）系统梳理信用与信用工具的相关理论和历史演变过程。
（2）分析信用工具的种类、特点及其在金融市场中的运行机制。
（3）结合实际案例，评估信用工具在现代经济中的实际效用与影响。
（4）理解利息的本质，掌握利率的计算及分类。
（5）理解信用的社会价值，认识个人和企业信用对于建立良好社会关系和经济活动的重要性，培养学生诚实守信的品质。
（6）认识信用活动中可能存在的风险，学会评估信用风险，掌握风险管理和控制的方法，养成防范与管理风险意识。

三、项目内容与结构

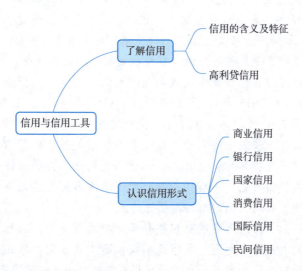

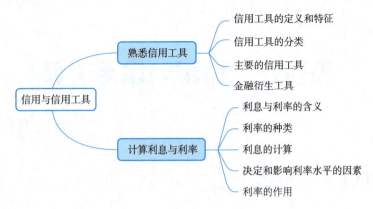

四、预期成果

（1）能界定不同类型的信用形式并掌握其特征。
（2）能揭示信用工具市场的内在规律和发展趋势，为投资者提供决策依据。
（3）能用单利法、复利法计算利息。
（4）能依据利率理论并结合经济发展状况，分析利率调整对我国经济的影响。
（5）能认识到个人和企业的信用是社会交往和经济活动中不可或缺的要素，树立诚实守信的价值观念，提高在经济决策中识别、评估和应对信用风险的能力。

五、测试评价

（1）学习测试。
（2）能力评价。

 理论学习

 情境导入 >>>

2015 年，虞先生想要贷款买房，却发现自己已被中国人民银行列入了黑名单。具体情况是这样的：2007 年 3 月，虞先生就读于常州市一所高校，通过学校统一办理了一张信用卡。2009 年 4 月 14 日，虞先生最后一次使用信用卡透支了 6 角，毕业后，虞先生前往外地工作，由于更换了手机号码，他一直未收到银行的催还通知。到 2015 年，虞先生想要贷款买房时，却发现自己已被中国人民银行列入了黑名单。经查询才得知，当初这张信用卡欠费 6 角，到 2015 年 4 月 1 日为止，逾期产生利息 1 561.72 元、滞纳金 7 547.94 元、超限费 7.03 元、年费 150 元、消费透支 0.6 元，合计 9 267.2 元。虞先生认为，当初信用卡是在学校统一办理的，相关手续都不是他本人签名，而且银行也没有及时履行通知义务，于是将其起诉至常州市天宁区人民法院，要求依法判决银行停止侵害，撤销其在中国人民银行征信系统的不良记录，消除影响并且赔礼道歉。但银行方面表示，滞纳金等费用的收取，都是有合同依据的。

凡持卡人逾期还款，会从消费次日起按每天万分之五计息，逾期会计复利，因此逾期时间越长，每日的利息就会越高。虽然虞某仅仅透支了 6 角，但 6 年后却造成了近万元的欠款，看起来比较夸张，但是银行方面是根据章程办事，计算上也没有任何问题。

> 该事件经常州市天宁区人民法院多次调解，最终双方达成一致，虞先生向银行缴纳各项费用共计 500 元，银行协助虞先生撤销其在中国人民银行征信系统的不良记录。
>
> 办案法官表示，这起纠纷也为广大信用卡使用者敲响了警钟，在享受信用卡带来的便捷的同时，也应正确、谨慎地使用。法官提醒广大市民，要通过正规途径办理信用卡，对信用卡条约做到心中有数；按时归还信用卡透支额度，一旦逾期，所产生的利息、罚息等往往数额巨大，甚至数倍于本金；切勿恶意透支使用信用卡，否则将触犯刑法，构成犯罪；信用卡一旦停止使用，应及时办理注销手续，否则年费等将持续产生，进而导致个人征信系统不良记录的产生。
>
> （资料来源：中国信用财富网）

上述案例让我们认识到信用的重要性。那么什么是信用呢？信用有哪些形式呢？信用又有哪些经济功能呢？

任务一　了解信用

信用是现代市场经济的基础、纽带和灵魂，在一个发达的商品交换社会中，一切经济活动的开展都离不开信用。现代经济可以称为信用经济，离开了信用，整个经济运行就会出现障碍。

一、信用的含义及特征

（一）信用的含义

信用的含义可以从道德范畴和经济范畴两个方面理解，两种范畴相对独立又有密切联系。

从道德范畴的层面理解，信用指的是诚信，即通过诚实履行自己的承诺而取得他人的信任。在中国崇尚诚信的风尚有几千年的传统，如《论语》中说"自古皆有死，民无信而不立""言必信，行必果"。古代汉语中使用一个字"信"表示诚信、信任的意思。信用组成一词，最早始于春秋战国时期。《左传·宣公十二年》："其君能下人，必能信用其民矣。"《史记·陈涉世家》："陈王信用之。"其意均是信任使用、以诚信任用人。近代社会，"信用"一词又延伸为遵守诺言、实践承约，从而取得别人的信任之意。

从经济范畴的层面理解，信用是指以偿还本金和支付利息为条件的借贷行为（或契约关系）。贷方是以收回为条件的付出，借方是以归还为义务的取得。在中国如果信用讲的是经济范畴，那么与之相当的是"借贷""债"等文字。公元前 300 年就有孟尝君放债的故事，《管子》中有一篇《问》，把借债、放债作为国情调查的内容，这说明债务关系在经济生活中已相当普遍。

私有制和商品交换是信用产生的前提条件，人类产生了私有制之后，有了贫富之分，贫者为了生存不可避免要向富者借贷。早期的借贷对象是实物，后来发展成货币。社会经济各部门都可能出现资金盈余或短缺的情况，由于大多数家庭都会为未来之不测或未来大额消费而进行强制性储蓄,所以家庭部门是最主要的资金盈余部门,而政府部门是最经常的赤字部门,企业部门也是经常性的赤字部门,金融部门作为社会信用的主要中介人在实际经营过程中也可能出现资金短缺的情况。这样,在私有制商品货币经济中就产生了信用,以调节资金余缺的问题。

(二) 信用的特征

1. 信用是一种有条件的借贷行为

信用是以还本付息为条件的借贷行为,贷者之所以贷出,是因为有权取得利息(债权);借者之所以可能借入,是因为承担了支付利息的义务(债务)。

2. 信用是价值运动的特殊形式

在信用关系中,价值运动表现为借贷、偿还等一系列价值的单方面转移,这种价值转移是使用权而非所有权的转移,贷方只是暂时让渡使用权,并获取价值增值。

3. 信用是一种受法律保护的债权债务关系

贷方为债权人,将商品或货币借出,称为授信;借方为债务人,接受债权人的商品或货币,称为受信。借贷双方采用书面契约的方式来约定各自的权利和义务并受到法律的保护。

**金融故事:
信用的故事**

二、高利贷信用

高利贷是以取得高额利息为特征的借贷活动。高利贷是一种最古老的信用,产生于原始社会末期,在奴隶社会和封建社会成为占统治地位的信用形态,至今仍然存在。

高利贷的高利率高到何种水平,没有上限。在过去,可能"月利 3 分"(即月利率 3%)是一种很常见的民间借贷的水平,《汉书》中记载官府放贷"除贷于民,收息百月三"(即月利率 3%)。在清朝有一种称为"印子钱"的高利贷,因要分次归还,每次归还在折子上盖一印记,借 1 元,实得 0.9 元,每天还 0.02 元,到 60 天算本利还清,实质是日利率约 1%。

(一) 中国古代的高利贷

周代以前借贷是一种救济行为,并没有放贷取利的史料记载。西周时期商业发展水平低,借贷取息的对象主要是谷物,春秋时期开始出现以货币为对象的借贷,利息也逐渐升高。《史记》记载,战国时齐国的孟尝君田文,在封地薛放债,一次即收息钱 10 万元。汉景帝三年,为平定诸侯叛乱,需要大量经费,汉朝将领不得不去向商人借高利贷,一些商人担心叛乱不能平息,所以都不肯借钱,当时有一位母颜氏愿意贷款给官府,但要求 10 倍的利息,结果三个月后吴楚之乱得到了平定,母颜氏如期收回了本金和利息,一举成为长安巨富。由此,放高利贷便成为西汉官僚家族取得财产的主要途径之一。隋唐时期有公钱,所谓公钱是由官府经营商业和放贷的本钱,经营所得用于官府各种公用开支。除了官府,商人与寺院是隋唐时期高利贷资金的重要提供者。举债之人或为兼并土地,或为捐官,或为交付公赋私租、生活急难等。宋朝特别是北宋时期,高利贷活动非常活跃,每当青黄不接时,农民为了维持生活和生产常向地主豪绅乞借高利贷,于是"兼并之家乘其急,以邀倍息"。元朝时一群拥有特许经营权的商人发放的高利贷叫"斡脱钱",这种高利贷年息百分之百,次年转息为本,本再生息,时称"羊羔利""羊羔息"。民户一旦负债,多因不能偿还而"破家散族"。

跟放高利贷相关的另一种经营方式是质库，相当于现在的典当行。唐宋以后，经济社会日益发展，质库亦随之发达。质库放款期限很短，利息甚高，往往任意压低质物的价格，借款如到期不能偿还则没收质物，导致许多人家破产。明清两朝，高利贷和典当业都很发达。

我国古代对高利贷相对比较宽容，原因是在经济欠发达的情况下，资金供给有限，需求较多，宗教教义对高利贷并无排斥，尽管有所管制，但对于民间借贷甚至高利贷者的态度算是很宽容的，这与西方形成鲜明对比。

西欧借贷关系的历史源远流长，古罗马时期就存在放贷收息行为。《圣经·旧约》的《申命记》禁止上帝的子民犹太人相互放高利贷，只准许向外族人放债。虽然欧洲中世纪教会严厉鞭挞高利贷，教皇亚历山大三世宣称高利贷者的施舍是不可接受的，但高利贷在民间有广阔的市场，严厉的法令事实上不能完全实行，国王常常要向大商人有偿借贷。到了资本主义中后期，随着现代银行的出现，放贷的人增加，资金的供求关系得到改善，高利贷渐渐退出主流。

（二）如何看待高利贷

高利贷一向被人们咒骂，古今中外莫不如此。借高利贷的人迫于条件不得不忍受这种剥削；放高利贷的人不劳而获，坐享其成。一方是穷人，是弱势群体；另一方是有钱人，是强势集团，事情的不合理、不公平显而易见。尽管如此，高利贷仍顽强地存在着，绵延几千年之久。之所以利息很高，是资金的供求关系决定的，放贷的人过少，借钱的人过多，资金供求悬殊；另外，放贷者贷出去的资金是有一定风险的，保障机制不健全甚至没有，高风险当然要有高利润来作为回报。

单就高利贷本身而言，有许多弊端跟它的非法存在有关，如果合法化，利息率会降低，纠纷会减少，也便于管理。我国政府对高利贷的看法也逐渐趋于宽容。最高人民法院《关于人民法院审理借贷案件的若干意见》第六条规定：民间借贷的利率可以适当高于银行利率，各地人民法院可根据本地区的实际情况具体掌握，但最高不得超过银行同期同类贷款利率的四倍（包含利率本数）。超出此限度的，超出部分的利息不予保护。只有利息超过正规利息率4倍的才纳入高利贷范畴，才会被禁止。这个利息率一般是地下高利贷利息率的下限。2005年联合国发起小额贷款年，高利贷进一步得到承认。

金融人物：
尤努斯

任务二　认识信用形式

随着社会经济的发展，信用也在向前发展，按照信用主体不同，现代信用可分为商业信用、银行信用、国家信用、消费信用、国际信用、民间信用等形式。

一、商业信用

（一）商业信用的含义

商业信用是指工商企业之间在商品交易中因延期付款或预付货款而形成的借贷关系。

商业信用形式主要有赊销和预付两大类,其中以赊销最为典型(商业信用通常就指赊销)。

商业信用包括买卖和借贷两种行为,先有买卖行为,后有借贷行为,借贷以买卖为前提。例如,一个家具生产商需要购进木材,但在家具销售出去之前,家具生产商没有钱支付木材的货款,因此他可能会要求木材商以赊销的方式出售这批货物,承诺一段时间之后付款,如果木材商同意,这笔交易就会达成,木材商向家具生产商提供商业信用。一方面,木材商卖出了自己的产品,这是买卖行为,只是推迟了收款时间;另一方面,家具生产商欠了木材商的货款,产生了债权债务关系,这是借贷行为。

在商业信用中,买方需要向卖方签发一张能保证对方到期能够收到货款、具有法律约束力的债务凭证,即商业票据。商业票据在我国目前主要是指商业汇票,具体可分为商业承兑汇票和银行承兑汇票。

我国在西周即有"赊""欠"等与信用有关的文献记载,产生了商业信用的萌芽,之后赊销在日常生产生活中使用的规模不断扩大。商人之间赊销早期没有规范的票据,通常在账簿上记载债权债务,称为"挂账",民国时期才产生现代商业票据。在西方,12世纪,商业票据已在意大利的商业信用关系中广泛使用。中华人民共和国成立初期,我国曾较好地发挥过商业信用的积极作用。从第二个五年计划至1978年,商业信用受到了严格的限制。改革开放后,商业信用在我国逐步放开,规模逐渐增加,并发挥了一定的积极作用。1995年《中华人民共和国票据法》颁布,对于我国商业信用的规范化发展起到了重要作用。2006年年初,中国企业诚信建设工程全面启动,对促进我国商业信用体系的建设起到了积极作用,商业信用逐步规范化、制度化。

(二) 商业信用的特点

1. 商业信用的双方都是商品的生产经营者

商业信用是以商品形式提供的,不论是债权人还是债务人都是从事生产或流通活动的商品经营者。债权人以货主的身份将商品赊销给对方,而那些因暂时资金不足而赊购商品的企业则成为债务人。

2. 商业信用的客体是商品

商业信用中卖方是把商品赊销给买方,不是直接借款给买方。

3. 商业信用是一种直接信用

买卖双方之间主要依靠商业票据建立信用关系,属于直接信用。

(三) 商业信用的作用

商业信用交易对于加强企业之间的经济联系、加速资金的循环与周转、促进社会再生产的顺利进行等方面都起着非常重要的作用。具体而言,对于商业信用的卖方提供者来说,能够扩大商品经营规模,开拓商品市场,提高竞争力;对于商业信用的买方提供者来说,能够稳定货源,稳定供需关系,缓解资金短缺的困难。

(四) 商业信用的局限性

商业信用受其本身特点影响具有一定的局限性,不能成为现代市场经济信用的中心和主导。商业信用的局限性具体表现为以下几点。

1. 主体上的局限性

商业信用只能在有商品交易关系的企业之间发生,通常是卖方(上游企业)提供给买方（下游企业）延期付款或分期付款。

2. 规模和数量上的局限性

商业信用是企业买卖商品时发生的信用，信用的规模受商品交易量的限制，整个社会的商业信用规模以产业资本的规模为限。

3. 信用能力上的局限性

提供商业信用的一方信任对方的支付能力，借贷行为才能发生，互不了解的企业之间就不容易发生商业信用。

4. 信用期限的局限性

商业信用的期限受产品生产、销售周期的限制通常较短，只能解决短期资金周转的需要。

二、银行信用

（一）银行信用的含义

银行信用主要是指银行及其他金融机构以货币形式向企业、个人等提供的信用。银行信用是伴随着现代资本主义银行产生、在商业信用的基础上发展起来的，而银行信用的出现又使商业信用进一步得到完善。商业信用是基础，银行信用是主导，二者有紧密的联系。当对商业票据进行票据贴现时，商业信用就转化为银行信用。

银行信用克服了商业信用的局限性，在现代商品货币经济下，银行信用无论在规模、范围上，还是在期限上都大大超过了商业信用。银行信用已成为现代经济中最基本的、占主导地位的信用形式。

（二）银行信用的特点

1. 银行信用的主体是金融机构和社会不同的经济利益者

银行信用是间接信用。一方面，银行以债务人的身份通过存款等方式向社会筹措资金；另一方面，银行以债权人的身份通过贷款等形式向社会贷放资金。银行充当信用中介，为社会提供信用服务，促进了商品的生产和流通。

2. 银行信用的客体是货币

银行信用独立于商品买卖活动，以货币形态提供贷款，具有广泛的授信对象。

3. 银行信用资金来源于社会闲置资金

银行通过吸收存款的方式能把社会上各种闲置资金集中起来，形成巨额借贷资本再放贷给资金需求方，可以有更长的借贷期限，不受商品流转方向的限制，可以达到非常大的规模，能在更大程度上满足扩大再生产的需要。

银行信用的上述特点，使它在整个经济社会信用体系中占据核心地位，发挥着主导作用。随着世界经济一体化步伐的加快以及并购和重组的加剧，越来越多的借贷资本集中于少数大银行手中，银行规模越来越大，银行资本与产业资本的结合日益密切，银行信用提供的范围不断扩大，银行信用在整个社会信用关系中无论是金额还是范围都占绝对优势。在我国，改革开放之后，随着金融市场的恢复与发展，各种信用形式都得到了不同程度的发展，但银行信用仍然是我国最主要的信用形式，我国2014—2023年新增贷款规模如表3-1所示。

表 3-1　我国 2014—2023 年新增贷款规模　　　　　　　　　万亿元

年份	新增贷款	年份	新增贷款
2014	9.78	2019	25.67
2015	11.72	2020	34.79
2016	12.65	2021	31.34
2017	13.53	2022	32.01
2018	19.26	2023	35.59

（数据来源：根据中国人民银行网站资料整理）

三、国家信用

国家信用又称为政府信用，是以国家（或政府）为信用主体的借贷活动，具体指国家及其附属机构作为债务人或债权人，依据信用原则向社会公众和国外政府举债或向债务国放债的一种信用形式，通常指的是国家（政府）以债务人身份筹集资金。

（一）国家信用的作用

1. 弥补财政赤字的主要途径

国家财政部门解决财政赤字的方法主要有增加税收、向中央银行借款或透支和发行国债三种方法。发行国债相对副作用较小，是弥补财政赤字的主要手段。

2. 筹集资金的重要手段

国家利用信用的经济功能，将社会闲置的货币资金集中起来用于发生战争、特大自然灾害和举办大规模新开发项目建设等方面，增强政府干预经济的力量，保证社会经济的可持续发展。

3. 宏观经济调控的重要方式

中央银行通过买进、卖出国家债券来调节整个社会的货币供应，影响市场资金需求。

（二）国家信用的基本形式

1. 中央政府债券（亦称为国债）

中央政府债券是指一国中央政府为弥补财政赤字或筹措建设资金而发行的债券。国债对于调节国家财政收支状况和市场货币量、集中资金进行经济建设具有重要意义。国债的发行主体是国家，它具有最高的信用度，被公认为是最安全的投资工具，又有"金边债券"之称。

国债按偿还期限不同，可分为短期国债、中期国债和长期国债。短期国债一般是指偿还期限为 1 年或 1 年以内的国债，具有周期短、流动性强的特点。在国际市场上，短期国债的常见形式是国库券，它是由政府发行用于弥补临时收支差额的一种债券。我国 20 世纪 80 年代以来也曾使用过国库券的名称，但它的偿还期限大多是超过 1 年的。中期国债是指偿还期限在 1 年以上、10 年以下的国债，或用于弥补财政赤字，或用于投资，不再用于临时周转。长期国债是指偿还期限在 10 年及以上的国债，由于期限长，政府短期内无偿还的负担，常被用作政府投资的资金来源。

2. 地方政府债券

地方政府债券，是指由地方政府发行并负责偿还的债券，简称地方债券。地方债券是地方政府根据本地区经济发展和资金需求状况，以承担还本付息责任为前提，向社会筹集资金的债务凭证，一般以当地政府的税收能力作为还本付息的担保。筹集资金一般用于交通、通信、住宅、教育、医院和污水处理系统等地方性公共设施的建设。地方发债有两种模式：第一种是地方政府直接发债；第二种是中央发行国债，再转贷给地方。

（三）国家信用的发展

原始的不规范的国家信用，在我国很久以前就产生了。相传战国时期周赧王（公元前314—前256）由于负债太多无力偿还，避居高台之上，周人称为"逃债台"，以后历代都有向公众举债以充国用的。在我国历史上第一次发行的国债是在1898年发行的"昭信股票"。1950年，新中国首次发行国债——人民胜利折实公债，1954—1958年又连续5年发行国家经济建设公债，对于当时恢复和发展经济、稳定市场起到了非常重要的作用，到1968年全部还清。此后的10多年间，再没有发行过国债。改革开放之后，从1981年开始恢复发行国债，当时主要采用行政摊派方式面向国营单位和个人发行；1991年，国债发行部分采用承购包销试点；1993年，上海证券交易所推出国债期货和回购两个创新品种；1996年国债发行开始全部采用国际通行的竞争招标方式。国债目前已经成为财政政策的重要工具，对调节我国的经济总量与经济结构发挥了重要作用。我国2001年以来部分年份国债发行情况如表3-2所示。

表3-2 我国2001年以来部分年份国债发行情况　　　　　　　　　亿元

年份	发行额
2001	4 483.53
2011	15 000
2012	14 527
2013	16 949
2014	17 877
2015	21 285
2016	30 869
2017	40 096
2020	71 700
2022	64 652

（数据来源：根据财政部网站资料整理）

在欧洲，公元前4世纪的奴隶制时代，希腊和罗马就出现了国家向商人、高利贷者和寺院借款的情况。但这在当时仅仅是偶然的现象和临时的措施，公债仍处于萌芽时期。封建社会，公债得到了进一步的发展，许多封建主、帝王和城市共和国每当财政遇到困难，特别是发生战争时，就要发行公债。12世纪末期，在当时经济最为发达的意大利城市佛罗伦萨，政府曾向金融业者募集公债。16—17世纪公债已广泛地流行于欧洲资本主义国家，成为资本原始积累的有效工具。第二次世界大战后，西方各国政府纷纷奉行凯恩斯主义的赤字财政政策，公债成为弥补财政赤字、干预经济的重要手段。目前世界上几乎所有国家都发行公债。

四、消费信用

消费信用是工商企业或银行等金融机构对消费者提供的直接用于生活消费的信用形式。消费信用可以直接采取商品形态，由商业企业直接向消费者提供所需的消费品（为直接信用）；也可以采取货币形态，由商业银行或其他金融机构向消费者提供贷款，再由消费者购买商品（为间接信用）。消费信用与商业信用、银行信用并无本质区别，只是授信对象和授信目的有所不同。

金融拓展：
美国国债

（一）消费信用的起源

缝纫机是第一个进入美国家庭的工业革命产品，19世纪50年代，一台缝纫机售价65~150美元，而普通家庭的年收入约500美元。1855年，美国当时最大的缝纫机公司——I. M. Singer公司发现其销售很难再增长，原因是那时候做妻子的一般不工作，虽然缝纫机能把家庭主妇手工做衣服的时间大大减少，一件衣服原先要花一天，有了机器后只需要不到两小时，但让妻子节省时间后，她的时间做什么用？一般家庭不愿意花那么多钱去买一件工业革命的东西。1856年，I. M. Singer公司的市场营销总监Edwiard Clark想出一招："我们为什么不让美国家庭先用上缝纫机，然后分期付款呢？"于是，最初首付款5美元，然后，每月再付3~5美元，到付完为止。执行之后，该公司到1876年共销售26万台缝纫机，远超其他缝纫机公司的总和。1919年，通用汽车公司因为成立了汽车按揭贷款公司，专门为其汽车销售服务，超过福特公司成为汽车市场老大。到20世纪20年代末，借贷消费、先买后付已普及美国各种耐用品，甚至非耐用品市场。

（二）消费信用的形式

1. 赊销

赊销是零售商对消费者提供的短期信用，卖方以延期付款的方式销售商品。

2. 分期付款

分期付款是零售商对消费者购买房屋汽车或高档耐用消费品提供的中长期信用。消费者购买商品后，先支付部分现款，然后根据签订的合同，分期加息支付余下的贷款。

3. 消费贷款

消费贷款指银行及其他金融机构采用信用放款或抵押放款方式向消费者提供的信用，例如住房抵押贷款。消费贷款的期限一般比较长，最长可达30年，属于长期消费信用。

（三）消费信用的作用

消费信用在一定程度上缓和消费者有限的购买力与不断增长的现代化生活需求之间的矛盾，有助于提高消费水平，改善人民生活，帮助居民用明天的钱改善今天的生活。消费信用可以为大量银行资本找到出路，扩大了银行金融服务的范围，提高了资本的使用效率，改善了社会消费结构。同时，消费信用加速了商品价值的实现，从而导致商品生产规模的进一步扩大，刺激经济不断发展。

另外，消费信用使消费者提前动用未来的收入进行当期消费，造成当前需求膨胀，使生产盲目扩张，加深了生产与消费的矛盾，进一步加深经济危机的矛盾。因此，消费信用也应控制在适度规模内。

我国改革开放以来综合国力的增强为世界各国所瞩目。综合国力的强大，必然促进生活水平的整体提高，消费信贷领域逐步扩大，居民消费行为正在发生历史性转变，但与发达国家相比还有很大的上升空间。

五、国际信用

国际信用是指一切跨国的借贷关系和借贷活动。国际信用体现的是国与国之间的债权和债务关系，直接表现为资本的国际流动，是国际经济联系的一个重要方面。对债权国来说，国际信用意味着资本的流出；对债务国而言，国际信用则意味着资本的流入，这部分流入的资本被称为外资，由此形成的对外债务则被称为外债。

（一）国际信用的分类

1. 国外借贷

国外借贷是指一国与该国之外的经济主体之间进行的借贷活动，主要包括出口信贷、国际商业银行贷款、外国政府贷款、国际金融机构贷款、国际资本市场融资及国际融资租赁等。

2. 国外直接投资

国外直接投资是指一国居民企业等直接对另一个国家的企业进行生产性投资，并由此获得对投资企业的管理与控制权。

（二）中国的国际资本流动

我国在改革开放之前一直实行计划经济政策，实行严格的资本管制，禁止任何形式的国际资本流动。改革开放之后．我国逐渐将利用外资作为发展经济促进技术进步的重要手段之一，对国际信用也从先前的全盘否定转变为适度发展和合理利用，对不同形态的国际信用进行区别对待和分类管理。在严格控制外债规模和结构的同时，对国外直接投资采取鼓励的态度，对资本市场的开放秉承审慎的态度，通过积极有序地推进资本市场的对外开放，有效防范国际资本流动可能对我国经济产生的冲击。近些年来，随着中国出口竞争力的增强，我国已经由过去的净债务国转变为净债权国，对外净债权的规模出现了快速增长。据国家外汇管理局数据，2023年年末我国的对外净债权为28 565亿美元。

六、民间信用

民间信用是指个人之间以货币或实物形式提供的直接信贷，又称为个人信用。民间信贷在我国发展的历史悠久。随着各朝各代及经济社会的发展，民间信贷也日渐成熟和昌盛，尤其到了近代出现新的发展形式——钱庄及票号，这使我国的民间信贷业务发展到了巅峰，形成了一定的运作模式和巨大的规模。

（一）民间信用的特点

民间信用的信用主体一般是个体经营者和家庭个人消费者；民间信用客体逐步由实物为主，转向以货币资金为主；民间信用资金用途由生活消费逐步转向生活消费和生产消费并重；民间信用利率一般要高于银行同期贷款利率，有些甚至具有高利贷性质。

（二）民间信用对经济的作用

1. 民间信用的积极作用

民间借贷的积极作用体现在其对正规金融有益和必要的补充。在资金需求大于供给的时候，民间借贷提供了一部分资金供给，缓解了中小企业的资金困难，支持了实体经济发展，为某些地区资金匮乏提供了一个渠道。

2. 民间信用的消极作用

一方面，民间信用会给社会带来一定危害和不安定因素。民间信用在发展中的自发性、不规范性、脆弱性和隐蔽性的存在，可能会产生借贷过程资金链断裂等事故，还有可能引起借贷双方的纠纷，危害社会的安定，给人们的人身和财产带来严重危害；另一方面，民间信贷游离于正规的金融体制之外，会削弱中央银行货币政策的执行力。

完善健全金融市场，打破正规的金融机构垄断市场的格局，促进多层次信贷市场的形成和发展，发挥民间借贷的积极作用，规避民间借贷对国民经济发展的危害，是我国进行金融改革的一个方向。

任务三 熟悉信用工具

信用是一个古老的存在，早期的信用一般是依靠口头承诺。众所周知，无形的口头承诺可靠度较低，仅仅凭借当事双方的相互信任建立起来，存在很大的道德风险和违约风险，而且因为口说无凭，还无处控诉对方的违约行为，严重影响了商业信用的发展。为了保障自己的权利，人们开始采用记账的方式，以书面形式来证明债权债务关系，于是信用工具应运而生。

那么，到底什么是信用工具呢？主要的信用工具又有哪些呢？

一、信用工具的定义和特征

（一）信用工具的定义

信用工具，是以书面形式发行和流通，具有一定格式，记载着信用双方债权债务关系的具有法律效力的凭证。

信用工具是资金的载体，借助于信用工具可以实现资金的转移，因此，信用工具是重要的金融工具，也是重要的金融资产，还是金融市场上重要的交易对象。

（二）信用工具的特征

1. 偿还性

信用工具记载着信用双方的债权债务关系，债务人具有按期还本付息的义务。信用工具一般记载着偿还期限，通俗来讲就是最终支付钱的时间长度。当然，这个偿还期限也是有特殊情况的，如活期存单，零到期日，也就是债权人可以随时支取，债务人需要准备随时偿还；如股票，无限长的期限，也就是股票是没有偿还期限的，只有在股票市场上转让才能收回投资。

2. 流动性

信用工具能够快速变现而不受或少受损失的能力，即为信用工具的流动性。信用工具作为一种金融资产，历来被认为包含在广义货币的范畴内，具有货币性。无论到期与否，都可以在市场上进行转让流通来变现。一般来说，流动性强弱有两个评判标准：一是变现的速度，二是变现过程中的交易成本。变现期限短，交易成本低的信用工具流动性强，反之则流动性弱。如银行活期存款，可以随时变现，流动性强；如股票，不易在短期内转手，流动性弱。

3. 收益性

信用工具的收益性源自债权人转让资金使用权的最根本原因——获取收益。通过信用工具定期或不定期地获得收益，是信用的原始目的。信用的收益有两种：一种为固定收益，如银行存款利息，是按照存单上已经载明的利率和存款期间计算而得；另一种为即期收益，如在证券二级市场上出售股票所得的收益，是按照当时的市场价格计算而得。信用工具收益可以通过收益率来表示，一般表现为净收益与本金相除所得的年化收益率。

4. 风险性

任何一种信用工具的投资和交易都存在着未来结果的不确定性，可能有盈利，也可能本金遭到损失。信用工具预期收益甚至本金遭受损失的可能性就是信用工具的风险性。信用工具的风险包括违约风险、流动性风险、市场风险、政治风险等，其中违约风险是信用工具最主要的风险。

二、信用工具的分类

随着信用在经济生活中越来越广泛地运用，也随着人们对信用工具多种多样的功能需求，信用工具的种类呈现出了各式各样、丰富多彩的局面。信用工具从不同的角度可以进行不同的划分。

（一）按偿还期限的长短划分

按偿还期限的长短来划分，信用工具可分为短期信用工具和长期信用工具。

短期信用工具，又称为货币市场工具，是指偿还期在1年及1年以内的信用工具，包括各类票据、国库券、大额可转让定期存单、信用卡等。

长期信用工具，又称为资本市场工具，是指偿还期在1年以上的信用工具，包括股票、债券等。

（二）按发行者的融资方式和地位划分

按发行者的融资方式和地位来划分，信用工具可分为直接信用工具和间接信用工具。

直接信用工具是指资金需求者在金融市场上向资金供给者进行直接融资时所使用的信用工具，一般是非金融机构（如工商企业、个人、政府）所发行的商业票据、股票、公司债券、国债等。

间接信用工具是指金融机构所发行的银行票据、大额可转让存单、人寿保单等，是以商业银行为代表的金融机构作为中介完成信用活动时所使用的信用工具。

（三）其他

以上两种是比较常见的划分标准，还有很多种其他的划分标准。

按信用形式来划分，信用工具可分为商业信用工具、银行信用工具、国家信用工具、消费信用工具等。

按与实际信用活动是否直接相关来划分，信用工具可分为基础性信用工具和衍生性信用工具。

按是否拥有所投资产的所有权来划分，信用工具可分为债务信用工具和所有权信用工具。

按发行的地理范围来划分，信用工具可分为地方性信用工具、全国性信用工具、世界性信用工具。

三、主要的信用工具

（一）票据

1. 汇票

汇票是出票人签发的，委托付款人在见票时或者在指定日期无条件支付确定的金额给持票人的票据。汇票分为银行汇票和商业汇票。

银行汇票是汇款人将款项存入当地出票银行后，由出票银行签发的，由其在见票时，按照实际结算金额无条件支付给持票人或收款人的票据。单位和个人各种款项结算都可以使用银行汇票。

商业汇票是出票人签发的，委托付款人在指定日期无条件支付确定金额给收款人或持票人的票据。商业汇票的付款期限由交易双方商定，但最长期限不能超过6个月。

商业汇票依据承兑人的不同分为银行承兑汇票和商业承兑汇票。

银行承兑汇票是由在承兑银行开立存款账户的存款人出票，向开户银行申请并经银行审查同意承兑的，保证在指定日期无条件支付确定的金额给收款人或持票人的票据。银行对出票人签发的商业汇票进行承兑是基于对出票人资信的认可而给予的信用支持。

商业承兑汇票是由出票人签发的，委托付款人在指定日期无条件支付确定的金额给收款人或者持票人的票据。商业承兑汇票是由银行以外的付款人承兑。商业承兑汇票按交易双方约定，销货企业或购货企业均可签发，但由购货企业进行承兑。

2. 本票

本票是由出票人签发的，承诺自己在见票时无条件支付确定的金额给收款人或者持票人的票据。

我国目前所称的本票是指银行本票，是银行签发的，承诺自己在见票时无条件支付确定的金额给收款人或持票人的票据。银行本票的出票人必须为经中国人民银行当地分支行批准办理银行本票业务的银行机构。

银行本票具有以下基本规定：

（1）银行本票一律记名。

（2）银行本票允许背书转让。

（3）银行本票的付款期为2个月。逾期的银行本票，兑付银行不予受理。

（4）银行本票见票即付，不予挂失。遗失的不定额银行本票在付款期满后1个月确未冒领，可以办理退款手续。

（5）银行本票分为定额本票和不定额本票。定额银行本票分为1 000元、5 000元、10 000元和50 000元四种，不定额本票的金额起点为100元。

（6）银行本票需支取现金的，付款人应在"银行本票申请书"上填明"现金"字样。在票面划去转账字样的是现金本票。

3. 支票

支票是指由银行的存款人签发的，委托办理支票存款业务的银行在见票时无条件支付确定金额给收款人或持票人的票据。支票结算方式是同城结算中应用较广泛的一种。

支票印有现金的为现金支票，印有转账的为转账支票；无任何字样的为普通支票，既可用于支付现金也可用于转账；在普通支票左上角画两条平行线的为画线支票，只能用于转账，不能支取现金。支票的提示付款期限为出票日起10日内，超过提示付款期的，持票人开户银行不予受理，付款人不予付款。

（二）信用卡

信用卡是在消费信用基础上产生的，又被称为贷记卡，是银行发行的，给予持卡人一定的信用额度，持卡人可在信用额度范围内先消费后还款的银行卡。

信用卡不需要存款即可透支消费，可以享受20~56天的免息期，需要按期还款，如若逾期，会按照逾期利率来收取利息。

金融链接：聚焦国外个人支票使用情况怎样开启"撕"生活

（三）信用证

开立信用证是国际贸易中最主要、最常用的支付方式。在国际贸易活动中，买卖双方互不信任，买方担心付过预付款后，卖方不按要求发货，卖方也担心在发货或提交货运单后买方不予付款，因此需要双方的银行作为保证人。银行根据其存款客户的请求，对第三者受益人开立由开证银行或存款人付款的凭证，银行在这一活动中所使用的工具就是信用证，以银行信用代替了商业信用。

（四）股票

股票是股份公司发给股东的、证明其投资入股并凭以领取股息的凭证。股票是资本市场上借以实现长期投资的重要工具。股票持有人作为该股份公司的股东，享有参与企业管理的权利，也要承担公司的风险。投资者在购买股票后不能退股，只能通过股票市场进行股权转让，从而收回股本。

（五）债券

债券是债务人（政府、金融机构、企业等）向社会借债筹措资金时，向债权人出具的、承诺在一定时期支付利息和到期偿还本金的债权债务凭证。债券投资者与发行者之间是一种债权债务关系，债券发行人就是债务人，债券投资者就是债权人。按照发行主体不同，债券可以分为政府债券、金融债券和公司债券。

（六）国库券

国库券是在国家信用基础上产生的，是国家财政当局为弥补财政收支不平衡而发行的一种政府债券。由于债务人是国家，所以国库券是金融市场上风险最小的信用工具。国库券一般为短期债券，偿还期在1年以内。

（七）大额可转让定期存单

大额可转让定期存单是商业银行印发的可以在金融市场上转让流通的具有一定期限的银行存款凭证。凭证上印有一定的票面金额，存入、到期日以及利率，到期后可按票面金额和规定利率提取全部本利，逾期存款不计息。大额可转让定期存单可流通转让，自由买卖。

四、金融衍生工具

金融衍生工具，也叫衍生金融资产或金融衍生产品，是与基础金融产品相对应的一个概念，指建立在基础产品或基础变量之上，其价格随基础金融产品的价格变动的派生金融产品。这里所说的基础产品是一个相对的概念，不仅包括现货金融产品（如债券、股票、银行定期存款单等），也包括金融衍生工具。作为金融衍生工具基础的变量则包括利率、汇率、各类价格指数等。

金融资产的衍生工具是金融创新的产物，也就是通过创造金融工具来帮助金融机构管理者更好地进行风险控制，这种工具就叫金融衍生工具。目前最主要的金融衍生工具有：远期合同、期货合约、期权合约和互换合同等。

（一）远期合同

远期合同是指合同双方约定在未来某一日期以约定价值，由买方向卖方购买某一数量的标的项目的合同。

（二）期货合约

期货合约是指由期货交易所统一制定的、规定在将来某一特定时间和地点交割一定数量和质量实物商品或金融商品的标准化合约。

（三）期权合约

期权合约是指合同的买方支付一定金额的款项后即可获得的一种选择权合同。目前，证券市场上推出的认股权证属于看涨期权，认沽权证则属于看跌期权。

（四）互换合同

互换合同是指合同双方在未来某一期间内交换一系列现金流量的合同。根据合同标的项目不同，互换可以分为利率互换、货币互换、商品互换、权益互换等。其中，利率互换和货币互换比较常见。

任务四　计算利息与利率

利息与信用是如影随形的一对经济学概念。简单而言，信用是以还本付息为条件的借贷活动，利息是债务人支付给债权人的报酬。

一、利息与利率的含义

（一）利息的含义

在古代，利息又被称为"利金"。

从债权人的角度看，利息是债权人因贷出货币，暂时转让资金使用权而向债务人索取的报酬；从债务人的角度看，利息是债务人为取得货币资金的使用权所需要付出的成本。因此，利息是债权人多收回的高于本金的那部分，也是债务人多付出的高于本金的那部分。

由此可见，利息实际上是货币资金使用权的价格，是借贷资本的价格。

(二) 利率的含义

利率，又称为利息率，是指一定时间内利息与本金的比率。

$$利率 = 利息/本金 \times 100\%$$

利率表示利息水平的高低，也反映了借贷资本的价格水平的高低。因此，利率决定着债务人的利息成本，也影响着债权人的利息收入。

利率表示着借贷资本的使用价格，所有的金融资产与利率都有或多或少、或直接或间接的联系，利率的影响无处不在。因此，几乎所有国家都把利率作为宏观调控的重要工具之一，由国家的中央银行控制。

利率不仅受经济社会中许多因素的制约和影响，利率的变动也会牵动着整个经济社会的神经，会对经济产生重大的多方面的影响。

二、利率的种类

(一) 按照利率的表示方法不同，分为年利率、月利率和日利率

年利率一般用百分比（%）来表示，月利率一般用千分比（‰）来表示，日利率一般用万分比（‱）来表示。

$$年利率 = 月利率 \times 12 \quad 月利率 = 日利率 \times 30 \quad 年利率 = 日利率 \times 360$$

(二) 按照利率在信用期限内是否调整，分为固定利率和浮动利率

固定利率是指在借贷期间内不做调整的利率。在整个借贷期限内，利率不随借贷的供求状况而变动，具有简单易算的优点。在借贷期限较短或预计借贷期限内市场利率变化不大的情况下，可采用固定利率。

浮动利率是指利率随市场利率的变化而定期调整的利率。调整期限的长短以及以哪种利率作为参照利率来调整都是由借贷双方协定并记载在合约中。在借贷期限较长或者预计借贷期限内市场利率会剧烈波动的情况下，可采用浮动利率。

(三) 按照利率是否按照市场规律自由变动，分为市场利率和官定利率

市场利率是指在金融市场上由借贷资金供求关系决定的利率。市场利率是金融市场借贷资金供求关系变化的指示器，当资金供给大于需求时，即供大于求，市场利率会呈现下降的趋势；相反，当资金供给小于需求时，即供不应求，市场利率会呈现上升趋势。然而影响资金供求关系的因素非常多，因而市场利率的变动也非常频繁、灵敏和难以预测。

官定利率是指一国（或一地区）的政府金融管理部门或中央银行确定的利率，官定利率不会随着资金供求关系的变化而自由波动，是进行宏观调控的重要政策工具，因此官定利率的高低是由政府金融管理部门或中央银行根据宏观经济运行情况而定的。目前，世界各国都形成了官定利率和市场利率并存的局面，官定利率和市场利率会互相影响。当然，金融管理部门或中央银行在确定官定利率的时候，一般会以市场利率为重要依据的。

(四) 按照利率地位不同，分为基准利率和一般利率

基准利率是指在多种利率并存的条件下处于关键地位、起决定性作用的利率。当基准利率变动时，其他利率也相应发生变化。一般多由中央银行直接调控，并能够对市场其他利率产生稳定且可预测的影响，中央银行依靠对基准利率的调控来实现对其他市场利率的

影响。

西方国家一般以中央银行的再贴现率以及商业银行和金融机构之间同业拆借的利率为基准利率,如美国的联邦基金利率、英国的伦敦同业拆借利率(Libor)。我国在2007年推出的货币市场的基准利率——上海银行间同业拆放利率(Shibor),正在成为我国的基准利率。

一般利率是指基准利率之外的其他市场利率,一般利率通常参照市场利率确定。

2015年10月24日起,中国人民银行下调金融机构人民币贷款存款基准利率和存款准备金率,另对商业银行和农村合作金融机构等不再设置存款利率浮动上限。此次放开存款利率上限标志着历经近20年的利率市场化改革终于基本完成。

(五)按照利率是否调整了通货膨胀因素,分为名义利率和实际利率

名义利率是指包含了通货膨胀率的,中央银行或其他提供资金信贷的机构公布的未调整通货膨胀因素的利率。

实际利率是指剔除了通货膨胀率后的真实利率。实际利率考虑了通货膨胀对利率的影响,考察的是货币的实际购买力。

两者之间的关系为:

$$实际利率 = 名义利率 - 通货膨胀率$$

判断利率水平高低时,不能仅从表面上考察名义利率的高低,而应该以实际利率为主要依据,因为对现代经济真正产生作用的是实际利率。在考虑了通货膨胀因素后,实际利率可能为正,也可能为负。若名义利率大于通货膨胀率,实际利率就是正利率;若名义利率小于通货膨胀率,实际利率就是负利率。在正利率的年代,利率会为金融资产投资者带来真正的收益;在负利率的年代,利率表面上为投资者带来了收益,但考虑了通货膨胀因素后,实际上却是亏损的。

三、利息的计算

(一)单利法

单利法是指在计算利息额时,只按本金计算利息,而不将利息加入本金进行重复计算的方法。我国发行的国债和银行存款大多采用单利法。其计算公式为:

$$I = P \cdot r \cdot n$$
$$S = P + I = P \cdot (1 + r \cdot n)$$

式中,I 表示利息额;P 表示本金;r 表示利率;n 表示借贷期限;S 表示本金与利息之和。

例1 一笔期限为3年,利息率为5%的10万元存款,按单利法计算到期利息与本利和。

$$I = P \cdot r \cdot n = 100\,000 \times 5\% \times 3 = 15\,000(元)$$
$$S = P \cdot (1 + r \cdot n) = 100\,000 \times (1 + 5\% \times 3) = 115\,000(元)$$

(二)复利法

复利法是指将本金计算出来的利息金额再计入本金,重新计算利息的方法。本金生出的利息和本金没有本质的区别,都是资金,所以利息也能生利息,我国民间俗称"利滚利"。复利法更彻底地体现了利息作为资金的时间价值的本质,是更合理的计算利息的方

法。我国的住房抵押贷款一般按复利法计算。其计算公式为：

$$S = P \cdot (1+r)^n$$
$$I = S - P$$

例2 一笔期限为3年，利息率为5%的10万元存款，按复利法计算到期利息与本利和。

$$S = P \cdot (1+r)^n = (100\,000 \times 1+5\%)^3 = 115\,762.5(元)$$
$$I = S - P = 115\,762.5 - 100\,000 = 15\,762.5(元)$$

将单利法和复利法进行比较可以看出：单利法计算利息，程序相对简单方便，借款人的利息负担较轻，但资金出让方的利益受到一定的损失；复利法计算程序相对复杂，借款人的利息负担较重，但资金出让方的利益会得到较好保护，期限越长差异越明显。

四、决定和影响利率水平的因素

无论是经济学家，还是老百姓，关于利率的研究和关注从未停止，因为利率时刻影响着我们的生活。由于决定和影响利率水平的因素较多，所以市场利率的变动很频繁，相应地，官定利率的确定也会考虑影响利率的各种因素，进而适时调整利率水平，以此来适应经济发展。决定和影响利率的主要因素有：

（一）社会平均利润率

按照马克思利率决定理论，利息是利润的一部分，所以利息率必然依存于利润率，受利润率的制约。在现代社会化大生产的条件下，利息率的高低并非由个别商品生产经营者的利润水平来决定，而是由大多数商品生产经营者的利润水平共同决定，利息率必然在零和社会平均利润率之间进行波动，在这样的区间内确定出的具体利率才具有正常的经济意义。

（二）资金供求状况

平均利润率对利率的决定作用是就利率总水平而言的，某一时刻的市场利率则是由资金供求状况决定的。作为特殊商品——货币资金的价格，利率水平的高低自然要受其供求关系状况左右。当社会资金供大于求时利率相应降低，当社会资金供不应求时利率相应提高。利率对社会资金供求关系反映的程度取决于供求决定机制是否健全，供求决定越充分的市场，利率越能反映资金供求的真实状况。

（三）社会再生产的经济周期

在宏观经济周期的波动中，社会再生产过程会表现为危机、萧条、复苏、繁荣四个循环往复的阶段。在经济周期的不同阶段，商品市场和资金市场的供求关系会发生相应的变化，宏观经济政策会随之做出相应的调整，从而会对利率高低及其走势产生重要影响。例如在危机阶段，由于企业销售困难，库存增加，对资金需求增加，借贷资金供不应求，利率水平会提高；进入萧条阶段，企业对经济前景缺乏信心，对资金的需求大幅降低，同时政府针对危机推出的扩张性政策，会导致市场上出现大量游资，利率不断走低，甚至会出现零利率的情况；在复苏阶段，随着企业和居民信心的逐渐恢复，消费和投资需求逐步回升，对借贷资金的需求相应增加，利率水平逐渐上升；进入繁荣阶段，生产迅速发展，物价稳定上升，利润增长，对借贷资金需求加大，利率水平也会因此不断上升。

（四）物价水平的变动

商品的物价水平和货币的购买力大小有直接关系，物价水平的变动必然影响到借贷双方对资金价格的评价。若一国发生通货膨胀，货币贬值，物价上涨，货币的实际购买能力下降；如果名义利率水平不变，则降低了实际利率水平，从而降低了贷出资金的实际收益，减少了借入者偿还本息的实际货币量。确定利率水平时必须考虑市场的物价水平。

（五）国家的经济政策

利率是一个国家对经济活动进行调节的重要工具，各国政府根据本国经济发展状况和经济政策目标，通过中央银行制定的官定利率来影响市场利率，以达到调节经济、实现经济发展目标的目的。通常在经济高涨时期，国家实行紧缩性的金融政策，相应会提高利率水平；在经济衰退时期，国家实行扩张性的金融政策，相应会降低利率水平。另外，政府要支持某些地区或产业也可以给予低利率政策优惠。

（六）国际利率水平

国际利率水平对国内利率的影响是通过借贷资本的国际流动来实现的。若一国国内利率水平高于国际利率水平，外国资本就会向国内流动，国内借贷资本供应就会增加；受供求关系影响，国内利率水平就会慢慢下降，直至与国际利率水平相当。若一国国内利率水平低于国际利率水平，本国资本就会向国外输出，国内借贷资本供应就会减少；受供求关系影响，国内利率水平就会慢慢上升，直至逼近国际利率水平。

（七）汇率

如果外汇汇率上升、本币贬值，国内居民对外汇的需求就会下跌，从而使得本币供应相对充裕，国内利率趋于稳定，并在稳定中下降。若外汇汇率下跌、本币升值，国内居民对外汇的需求就会增加，本地的供应处于相对紧张状态，从而迫使国内市场利率上扬。

除上述决定和影响利率水平的因素外，借贷期限、借贷成本、居民融资习惯、国际经济政治形势等都在一定程度上对利率水平及其结构产生影响。

五、利率的作用

在现代市场经济中，利率作为最重要的金融价格和经济杠杆，具有牵一发而动全身的效应，对一国经济的发展具有极为重要的影响。

（一）利率对宏观经济的影响

1. 利率对储蓄和投资的影响

合理的利率能够增强居民的储蓄意愿，不合理的利率则会削弱其储蓄热情。因此利率变动会在一定程度上调节居民消费和储蓄的相对比重，还会在很大程度上影响人们的资产持有结构。利率作为企业借款的成本，是影响企业投资决策和借款规模的重要因素。利率变动还会影响资本流动的方向规模，从而会对投资结构产生重要影响。

2. 利率对社会总供求的调节

从总需求的角度，利率降低会增强居民的消费需求和企业投资需求，导致总需求增长，反之则相反。从总供给的角度，低利率导致企业投资规模扩张，会有利于增加总供给，利率上升则会在长期内导致总供给的下降。

3. 利率影响资源配置

利率高低及其变化能够引导资金流动，从而对实物资源流动和配置效率产生重要影响。较高水平的利率会将经营效率低、盈利能力弱的企业淘汰出局，资源可以更多地集中于优质、高效企业，有利于提高资源配置效率。低利率水平相反则会降低资源配置效率。

4. 利率影响宏观经济政策

利率会影响宏观经济政策的决策，税收政策和货币政策等会受到利率水平的制约和牵制。例如，当现行利率处于较高水平时，如果此时再提高税率，企业和负债人就会难以承受；如果高利率时再推出紧缩性的政策措施，对于企业和负债人无疑是雪上加霜。

（二）利率对金融机构经营管理的影响

金融机构是利率敏感性最为明显的企业，利率对金融机构的经营管理具有重大影响。

1. 利率影响金融机构负债管理

利率的高低关系到金融机构是否能以较低成本获得长期稳定的资金来源，也影响着金融机构不同种类负债的规模。这些利率包括存款利率、债券市场利率、货币市场利率以及资本市场长期利率等。

2. 利率影响金融机构资产管理

资金来源与资金运用的利差是金融机构获利的主要来源，当资金来源的利息成本既定时，能否通过资产运用获得较高收益成为金融机构资产管理的重要内容。当市场利率水平较高时，金融机构的放贷意愿就会比较高。

（三）利率对金融资产价格的影响

金融资产价格可以视为该项资产未来现金流收入的贴现值。利率变化与金融资产价格的变化通常是反方向的：利率升高，金融资产价格下跌；利率降低，金融资产价格上升。利率变化对资产价格的影响主要通过三个途径。

1. 预期的作用

利率具有经济运行风向标的功能，为投资者预期的主要考虑因素。市场利率上升，多数人预期未来上市公司的盈利水平有可能降低，会导致资产价格下跌；反之利率下跌时，大部分人预期经济景气上升，企业盈利能力会提高，资产价格就会上升。

2. 供求对比变化

一般当利率上升时，金融资产交易的供给相对于需求存在过剩，价格就会下跌；当利率下降时，交易性货币需求的机会成本下降，会吸引一部分货币流入资本市场，金融资产交易的供求力量对比会发生变化，需求增加，价格就会上涨。

3. 无套利均衡机制

利率变动会使股票、债券和存款等金融资产收益的均衡被打破，产生套利空间。利率上升时，银行存款收益提高，由于债券的票面收益固定，人们会增加存款、抛售债券，固定收益债券的价格就会下跌。同样股票的相对收益也会由于利率上升而受到影响，使得股票价格出现调整。

金融管理实务

 测试评价

一、学习测试

（一）单项选择题

1. 民间信用中"月利2分"，用年利率表示应是（   ）。

   A. 2%　　　　　　　　B. 4%　　　　　　　　C. 20%　　　　　　　　D. 24%

2. 在多种利率并存的条件下，起决定作用的利率是（   ）。

   A. 基准利率　　　　　B. 差别利率　　　　　C. 实际利率　　　　　D. 管定利率

3. 在物价上涨的条件下，要保持实际利率不变，应把名义利率（   ）。

   A. 调高　　　　　　　　　　　　　　　　　　B. 调低

   C. 保持不变　　　　　　　　　　　　　　　　D. 与实际利率对应

4. 调高利率（   ）。

   A. 有利于金融市场形成利好效应　　　　　　　B. 会降低金融机构的收益

   C. 会加重企业负担　　　　　　　　　　　　　D. 促进居民消费

5. 降低利率（   ）。

   A. 有利于金融市场形成利好效应　　　　　　　B. 会加重企业负担

   C. 会提高金融机构的收益　　　　　　　　　　D. 基准利率和一般利率

（二）多项选择题

1. 决定和影响利率变动的因素包括（   ）。

   A. 社会平均利润率

   B. 资金供求状况

   C. 汇率

   D. 社会再生产的经济周期

   E. 物价水平的变动

2. 下列对信用表述不正确的是（   ）。

   A. 信用是一种有条件的借贷行为

   B. 信用是价值运动的一般形式

   C. 信用是价值运动的特殊形式

   D. 物物交换是信用产生的前提条件

   E. 信用是受法律保护的债权债务关系

3. 消费信用的基本形式包括（   ）。

   A. 银行贷款　　　　B. 赊销　　　　　　　　C. 分期付款

   D. 消费贷款　　　　E. 融资租赁

4. 国际信用的种类包括（   ）。

   A. 国债　　　　　　B. 国外直接投资　　　　C. 赊销　　　　　　　　D. 融资租赁

5. 偿还期限在1年或1年以内的短期国债（   ）。

   A. 具有周期短、流动性强的特点

· 62 ·

B. 常见形式是国库券
C. 政府发行用于投资
D. 政府发行用于弥补临时收支差额
E. 常被用作政府投资的资金来源

(三) 判断题

1. 信用可以从道德范畴和经济范畴两个方面理解，两种范畴截然相反。（　）
2. 商业信用包括了买卖和借贷两种行为，先有借贷行为，后有买卖行为。（　）
3. 银行信用资金来源于社会闲置资金。（　）
4. 发行国债相对副作用较小，是弥补财政赤字的主要手段。（　）
5. 消费信用在一定程度上缓和消费者有限的购买力与不断增长的现代化生活需求之间的矛盾。（　）

(四) 主观题

1. 经济范畴中信用的含义是什么？
答：＿＿＿＿＿＿＿＿＿＿＿＿＿＿＿＿＿＿＿＿＿＿＿＿＿＿＿＿＿＿＿＿＿＿

2. 现代信用主要有几种形式？
答：＿＿＿＿＿＿＿＿＿＿＿＿＿＿＿＿＿＿＿＿＿＿＿＿＿＿＿＿＿＿＿＿＿＿

3. 商业信用的特点及其局限性是什么？
答：＿＿＿＿＿＿＿＿＿＿＿＿＿＿＿＿＿＿＿＿＿＿＿＿＿＿＿＿＿＿＿＿＿＿

4. 银行信用的特点及其地位是什么？
答：＿＿＿＿＿＿＿＿＿＿＿＿＿＿＿＿＿＿＿＿＿＿＿＿＿＿＿＿＿＿＿＿＿＿

5. 决定和影响利率变动的因素有哪些？
答：＿＿＿＿＿＿＿＿＿＿＿＿＿＿＿＿＿＿＿＿＿＿＿＿＿＿＿＿＿＿＿＿＿＿

(五) 计算题

假如张先生有10万元人民币，存款年利率为3%，分别采用单利法和复利法，计算他4年后的本利和。

解：

二、能力评价

(一) 案例分析

校园贷风险管理与防范策略

背景：

近年来，随着互联网金融的快速发展，校园贷作为一种便捷的借贷方式，在大学生群体中逐渐普及。然而，由于缺乏风险意识和有效的监管措施，校园贷市场乱象频发，给大学生及其家庭带来了严重的经济和心理负担。因此，加强校园贷风险管理与防范策略的研究显得尤为重要。

案例描述：

某高校大学生小张因购买高档手机和生活消费，通过一家校园贷平台借款数千元。然而，由于借款利率高、还款期限短，小张很快陷入了债务困境。在无法按时还款的情况下，小张不得不向多家校园贷平台借款以偿还旧债，形成了恶性循环。最终，小张因无法承受巨大的债务压力，选择了辍学并离家出走。

问题：

(1) 分析小张陷入校园贷困境的原因，包括个人消费观念、校园贷平台监管缺失等方面。

答：_____

_____

(2) 探讨校园贷市场存在的风险和问题，如高利贷、暴力催收、信息泄露等，并分析这些风险对大学生的影响。

答：_____

_____

(3) 提出针对校园贷风险管理与防范策略的建议，包括加强监管、完善法律法规、提高大学生风险意识等方面。

答：_____

_____

(4) 结合案例，讨论高校、家庭、社会等各方在预防校园贷风险中的责任和作用。

答：_____

_____

提示：

(1) 结合实际案例，深入分析校园贷市场存在的问题及风险，提高对校园贷风险的认识。

(2) 从多个角度提出校园贷风险管理与防范策略的建议，具有可操作性和针对性。

培养综合运用理论知识分析实际问题的能力，提高解决实际问题的能力。强化风险意识，倡导理性消费观念，提高大学生自我保护能力。

（二）小组讨论

通过查阅图书、报刊、网络资料等方式，搜集有关个人和企业失信案例，分组讨论其失信的原因，认识个人和企业信用对于建立良好社会关系和经济活动的重要性，培养学生诚实守信的品质。

原因：（1）_____
　　　（2）_____
　　　（3）_____

重要性：（1）_____
　　　　（2）_____
　　　　（3）_____

（三）业务实训

登录中国人民银行官网 http://www.pbc.gov.cn/，搜集最近10年的利率调整资料，分组进行数据整理，分析我国利率调整的原因。

答：_____
_____
_____
_____
_____
_____
_____

项目四　货币市场与资本市场

项目概述

一、项目背景与目标

金融市场是现代经济体系的血脉，为资金供求双方提供了交易的平台。随着金融市场的不断创新和发展，衍生金融工具作为一种重要的金融创新产品，日益受到市场参与者的关注。为了更好地理解金融市场的运作机制，掌握衍生金融工具的基本原理和应用，本项目旨在深入探讨金融市场的结构、功能和运行机制，并重点分析衍生金融工具的种类、应用及其风险，培养学生在复杂多变的金融环境中进行有效决策和管理的能力。

二、项目内容与结构

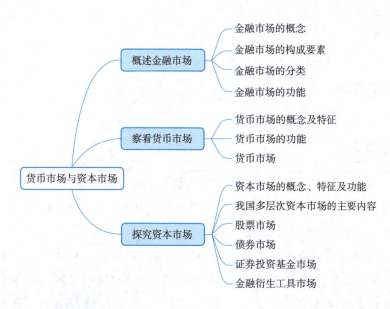

三、项目实施计划与方法

（1）理论学习：通过课堂讲解、教材阅读等方式，系统传授金融市场概念、分类及功能；重点讲授货币市场、资本市场和金融衍生工具等。

（2）案例分析：选取具有代表性的案例进行深入剖析，总结出有关金融市场操作方面的一些经验与教训。

（3）模拟实验：利用专业教学软件或下载某股票模拟操作软件（推荐：同花顺模拟炒股），自己选择 3~5 种股票，进行模拟交易。

（4）小组讨论：通过查阅图书、搜索网络等方式分组讨论货币市场和资本市场的区别与联系。

（5）业务实训：登录上海银行间拆放利率官网 www.shibor.org/shibor/index.html，查阅隔夜、1 周、2 周、1 个月、3 个月、6 个月、9 个月及 1 年 Shibor 的报价，分析同业拆借市场行情。

四、预期成果

（1）能根据同业拆借业务，计算同业拆借利息。
（2）能根据票据贴现业务，计算票据贴现息。
（3）能通过股票模拟交易软件进行证券交易。
（4）能认识不同国家和地区金融市场的特点及其影响，培养国际化的金融视角。
（5）能激发学生探索金融领域的新思路、新方法，提高解决金融市场实际问题的能力和水平。

五、测试评价

（1）学习测试。
（2）能力评价。

理论学习

情境导入　　　　　　　　　　　　　　　　　　　　　　　　　　　　　　　>>>

2023 年，债券市场规模稳定增长，国债收益率整体震荡下行；债券市场高水平对外开放稳步推进，投资者结构保持多元化；货币市场交易量持续增加，银行间衍生品市场成交量保持增长；股票市场主要股指回落。

2023 年，债券市场共发行各类债券 71.0 万亿元，同比增长 14.8%。2023 年年末，1 年、3 年、5 年、7 年、10 年期国债收益率分别为 2.08%、2.29%、2.40%、2.53%、2.56%，分别较 2022 年年末下行 2 个、11 个、24 个、29 个、28 个基点。截至 2023 年年末，境外机构在我国债券市场的托管余额为 3.72 万亿元，占我国债券市场托管余额的比重为 2.4%。其中，境外机构在银行间债券市场的托管余额为 3.67 万亿元。分券种看，境外机构持有国债 2.29 万亿元，占比为 62.4%；政策性金融债 0.80 万亿元，占比为 21.8%。

2023年年末，按法人机构（管理人维度）统计，非金融企业债务融资工具持有人共计2 162家。2023年，银行间货币市场成交共计1 817.2万亿元，同比增加19.0%。2023年，银行间债券市场现券成交307.3万亿元，日均成交12 341.6亿元；单笔成交量主要分布在500万~5 000万元和9 000万元以上，单笔平均成交量4 702.1万元。

2023年，商业汇票承兑发生额31.3万亿元，贴现发生额23.8万亿元。截至2023年年末，商业汇票承兑余额18.6万亿元，同比下降2.7%；贴现余额13.3万亿元，同比增长2.1%。2023年，银行间本币衍生品市场共成交31.9万亿元，同比增长49.8%。

2023年年末，上证指数收于2 974.9点，较2022年年末下跌114.3点，跌幅为3.7%；深证成指收于9 524.7点，较2022年年末下跌1 491.3点，跌幅为13.5%。两市场全年成交额212.2万亿元，同比减少5.5%。

（资料来源：中国证券监督管理委员会、中央国债登记结算有限责任公司、全国银行间同业拆借中心、银行间市场清算所股份有限公司、上海票据交易所股份有限公司、上海证券交易所、深圳证券交易所）

任务一　概述金融市场

在现代经济系统中，有三类重要的市场对经济的运行起着主导作用，分别是要素市场、产品市场与金融市场。要素市场是分配土地、劳动力和资金等生产要素的市场。产品市场是商品和服务进行交易的场所。金融市场则是在经济系统中引导资金由盈余部门流向短缺部门的市场。在日常生活中，一提起金融市场，人们往往马上想到的是股票、债券。但是现代经济中的金融市场越来越呈现多元化的发展趋势，股票市场与债券市场仅仅是金融市场的一部分。

一、金融市场的概念

在现代经济社会中，总会存在资金的盈余者与短缺者，他们形成资金的供求双方。金融市场为其提供了资金融通市场，为资金供给者提供投资渠道，为资金需求者提供融资渠道。所以，金融市场就是资金供给者与资金需求者双方通过金融工具而实现资金融通与配置的市场。

对金融市场的理解，需要注意以下三方面：

第一，金融市场不受固定场所、固定时间的限制。交易的场所通常是无形的，通过通信技术、计算机网络等进行交易的方式已经越来越普遍。

第二，金融市场的参与者是资金的供给者和需求者。前者拥有闲置的盈余资金，后者则资金不足。交易双方的关系已不是一种单纯的买卖关系，而是一种借贷关系或委托代理关系，是以信用为基础的资金的使用权和所有权的暂时分离或有条件的让渡。

第三，金融市场的交易对象是同质的金融商品。金融商品不仅指货币商品，它的内容十分广泛，还包括银行存贷款、股票、债券、黄金、外汇、期货、保险、信托等，这些都属于金融商品的范畴。

通常，金融市场有广义和狭义之分。广义的金融市场是指所有金融交易和资金融通的总和，即包括直接融资市场与间接融资市场；狭义的金融市场是指直接融资市场。直接融资是指资金需求者通过发行债券、股票等直接融资工具直接从资金供给者处筹集资金，由此形成的市场叫直接融资市场；间接融资是指资金需求者与资金供给者通过金融中介机构实现资金的融通，由此形成的市场叫间接融资市场。

二、金融市场的构成要素

金融市场由四大要素构成，分别是金融市场主体、金融市场客体、金融市场组织形式和金融市场价格。

（一）金融市场主体

金融市场主体是指金融市场的参与者。金融市场的参与者非常广泛，包括政府部门、中央银行、金融机构、工商企业、居民个人等，它们或者是资金的供给者，或者是资金的需求者，或者是以双重身份出现。其中中央银行参与金融市场不是以营利为目的的，而是为了货币政策操作；金融机构不仅充当资金的供给者与需求者，同时还充当金融市场上重要的中介机构，促进资金的供求双方资金的融通。

（二）金融市场客体

金融市场客体是指金融市场上交易的工具，即金融工具。金融市场中货币资金的交易是以金融工具作为载体，资金供求双方通过买卖金融工具实现资金的融通。也就是说，金融工具是反映金融市场上资金供给者与资金需要者之间债权债务关系的一种凭证。金融工具种类繁多，各具特色，如属于基础性金融工具的票据、债券、股票等，以及属于衍生性金融工具的远期、期货、期权和互换等。

（三）金融市场组织形式

金融市场组织形式是指金融市场的交易场所，金融市场的交易既可在有形市场进行，也可在无形市场进行。其具体组织形式主要有三种：一是有固定场所的有组织、有制度、集中进行交易的方式，如证券交易所；二是柜台交易方式，即在金融机构的柜台上由买卖双方进行面议的、分散的交易方式；三是借助电子计算机网络或其他通信手段实现交易的方式。

（四）金融市场价格

金融市场价格是指由资金供求关系决定的，以金融工具或金融产品交易为依据形成的具体价格，有利率、汇率、证券价格、黄金价格和期货价格等，其本质都是资产的价格。

三、金融市场的分类

金融市场的构成十分复杂，它是由许多不同的市场组成的一个庞大体系。为了更充分地认识和理解金融市场，现从不同的角度对金融市场进行分类。

（一）按照金融工具的期限划分，可分为货币市场与资本市场

1. 货币市场

货币市场是指以期限在 1 年以内（包含 1 年）的金融工具为媒介，进行短期资金融通

的市场，主要包括同业拆借市场、回购协议市场、国库券市场、票据市场、大额可转让定期存单市场等。货币市场的主要功能是保持金融资产的流动性，一方面满足了资金需求者短期资金不足；另一方面也为闲置的资金找到短期投资渠道。

2. 资本市场

资本市场是指以期限在一年以上的金融工具为媒介，进行中长期资金融通的市场，包括银行中长期存贷市场和有价证券市场。通常，资本市场指由债券市场和股票市场为主的有价证券市场。

（二）按照金融工具的交割期限，可分为现货市场和期货市场

1. 现货市场

现货市场是即期交易的市场，市场上买卖双方成交后需在 1~3 日内立即付款交割的金融交易市场。由于成交日与结算日之间几乎没有间隔，所以，其价格变动风险较小。现货交易包括现金交易、固定方式交易及保证金交易。

2. 期货市场

期货市场是市场上买卖双方成交后，并不立即进行交割，而是在一定时间后进行交割，如 1 个月、2 个月或者 3 个月后。在期货市场上，成交和交割是分离的，这种分离使得交易者会因为证券价格的升跌而获得利润或蒙受损失，风险较高。金融期货交易品种主要有国债期货、股票价格指数期货、外汇期货、黄金期货等。

（三）按照金融资产的发行和流通特征划分，可分为发行市场和流通市场

1. 发行市场

发行市场又称为初级市场、一级市场，是资金需求者将金融资产首次出售给公众时所形成的交易市场。发行市场的主要功能是筹集资金，筹资者通过发行股票、债券等的方式，将其出售给最原始的投资者，以此来筹集资金。

2. 流通市场

流通市场也称为次级市场、二级市场，是证券发行后，各种证券在不同的投资者之间买卖流通所形成的市场。流通市场的主要功能是实现金融资产的流动性，金融工具的持有者在金融工具到期前可以在流通市场中将其卖出，进行变现。流通市场既可以在固定场所集中进行，也可以在不固定场所分散进行。

（四）按照有无固定场所划分，可分为有形市场与无形市场

1. 有形市场

有形市场，一般指的是证券交易所等固定的交易场地。在证券交易所进行交易首先要开设账户，然后由投资人委托证券商买卖证券，证券商负责按投资者的要求进行操作。

2. 无形市场

无形市场是指在证券交易所外进行金融资产交易的总称。无形市场的交易一般通过现代化的电信工具在各金融机构、证券商及投资者之间进行。在现实生活中，大部分的金融资产交易都在无形市场上进行。

当然，金融市场还可以按照地域的范围划分为国内金融市场与国际金融市场，按照成交与定价的方式划分为公开市场与议价市场，按照金融交易的标的物划分为票据市场、股票市场、债券市场、保险市场、外汇市场、黄金市场和衍生金融工具市场。

四、金融市场的功能

(一) 融通资金

金融市场为资金供求双方提供了融通资金的场所,即通过在金融市场上买卖金融工具将货币资金从盈余单位融通转移到赤字单位。如果没有金融市场的媒介及专业化服务,没有可供资金供求双方自由选择的金融工具,资金供求双方就只能处在分散和隔离的状态。但是有了金融市场,就有了专门融通资金的场所,尤其是现代金融市场为资金供求双方提供了多种多样的融资工具。不同资金供给者通过购买多种多样的金融工具,将闲散资金聚集起来,就可以为企业发展、政府进行大规模的基础设施建设提供大量资金。因此,金融市场最基本的功能就是融通资金。在金融市场上,金融工具的多样化,能够使资金供求双方很容易找到满意的投资机会或获取资金的渠道。

(二) 资源配置

金融市场中各种金融工具价格的波动将引导货币资金流向最有发展潜力,能够为投资者带来最大利益的部门和企业。在金融市场中,金融工具价格的波动,实际上反映着发行主体的信誉状况、经营状况和发展前景等综合信息。投资者可以通过公开的信息及金融工具价格波动所反映出的信息判断该发行主体的状况,从而决定其货币资金的投向。为了追求资金的收益性,在价格机制的引导下,资金总是流向那些有发展前景的企业,从而有利于提高投资效益,实现资源的优化配置。

(三) 风险分散和转移

俗话说"不要把鸡蛋放在同一个篮子里",意思是说把鸡蛋放在同一个篮子里,风险很大,万一这个篮子砸了,鸡蛋也就都砸了。因此,鸡蛋应放在多个篮子里。在金融市场上,多样化的金融工具为资金盈余者提供了多种选择,资金盈余者可以利用组合投资方式,实现投资风险分散。同时,不同的人对风险的承受能力不同,当金融工具的持有者认为继续持有该金融工具的风险过高时,则可以通过卖出该金融工具,实现风险的转移。

(四) 反映和调节经济

金融市场是社会经济运行的"晴雨表",是灵敏反映社会经济状况的信息系统。在证券市场,证券价格的升降变化,反映了该公司经营管理和经济效益的状况,因此金融市场反映了微观经济的运行状况。我国的经济政策,尤其是货币政策的实施情况、银根的松紧、通胀的程度及货币供应量的变化,均会反映在金融市场之中。

在宏观调控方面,政府实施货币政策和财政政策也离不开金融市场。存款准备金、利率的调节要通过金融市场来进行,公开市场业务更是离不开金融市场。以增减国债方式实施的财政政策,同样要通过金融市场来实现。货币市场保持了金融资产的流动性,使其可以随时转换成现实的货币,一方面满足了借款者的短期资金需求;另一方面为暂时闲置的资金找到了出路。

金融人物:王人庆
——"逆流而上"
的金融大亨

任务二　察看货币市场

一、货币市场的概念及特征

（一）货币市场的概念

货币市场即短期资金市场，是指期限为 1 年或 1 年以下的短期金融工具交易所形成的供求关系及其运行机制的总和。由于该市场所容纳的金融工具具有期限短、流动性强和风险小的特点，在货币供应量层次划分上被置于现金货币和存款货币之后，称为"准货币"，所以将该市场称为"货币市场"。

（二）货币市场的特征

1. 货币市场交易期限短

货币市场中的金融工具一般期限较短，最短期限只有 2 小时，最长的不超过 1 年。货币市场上的资金主要来源于居民、企业和金融机构等暂时闲置的资金，一般运用于弥补流动性资金的临时不足，交易的主要目的是解决短期资金周转的需要。

2. 流动性强

货币市场交易的金融工具交易期限短，期限短的交易对象随时可以在市场上转换成现金，因而具有接近于货币的性质。

3. 安全性高

货币市场的交易对象期限短，不确定性因素相对较少，变现的时间间隔较短，参与货币市场交易的都是信用等级较高的机构，因此安全性较高。

4. 交易规模大

货币市场中的大多数交易是在机构之间进行，资金借贷数额都很大，动辄就会有数百万、上千万元的交易产生，因此货币市场被视为资金"批发市场"。

二、货币市场的功能

货币市场的参与人、交易对象、运作过程以及运作规律都与资本市场不同，它在经济中发挥的功能与作用主要体现在以下几个方面。

（一）提供短期资金融通的渠道和手段

一方面，短期资金的需求者为弥补头寸和流动性的不足，希望从外部获得短期资金；另一方面，拥有暂时闲置资金的短期资金供给者，希望通过某种途径贷出资金并获得一定的回报。货币市场中存在的不同短期金融工具可满足供求双方不同的需要，以实现短期资金从供应者到需求者的转移。

（二）货币市场利率具有"基准"利率的性质

货币市场中交易者数目众多，交易频繁且交易量庞大，由短期资金的供求关系决定的资金价格（即利率）具有市场化利率的特征。该利率对于确定其他债务性金融工具和银行存贷款的利率具有重要的参考作用。

（三）为中央银行实施货币政策提供有利条件

中央银行通过参与货币市场短期金融工具的交易进行公开市场业务操作，从而实现货币政策目标。中央银行买入短期金融工具，投放基础货币；卖出短期金融工具，回笼基础货币。中央银行通过公开市场操作不仅可以调节基础货币进而影响货币供应量，还可以借助交易价格引导金融市场的利率走势。

三、货币市场

货币市场可分为同业拆借市场、回购协议市场、商业票据市场、短期政府债券市场和大额可转让定期存单市场。

（一）同业拆借市场

同业拆借市场是指各类金融机构之间以货币借贷方式进行短期资金融通活动的市场。同业拆借通常是在无担保的条件下进行的，其参与主体仅限于金融机构，市场准入条件往往比较严格。

1. 同业拆借市场的形成与功能

同业拆借市场最早出现于美国，其形成的根本原因在于法定存款准备金制度的实施。按照美国1913年通过的"联邦储备法"的规定，会员银行必须按存款数额的一定比率向联邦储备银行缴纳法定存款准备金。由于日常业务收付数额的变化，会出现银行存款准备金多余和不足的情况，在客观上需要互相调剂。

于是，1921年在美国纽约形成了以调剂联邦储备银行会员银行的准备金头寸为内容的联邦基金市场。经历了长时间的运行与发展过程之后，当今西方国家的同业拆借市场，无论在交易内容开放程度方面还是在融资规模等方面都发生了深刻变化，拆借交易已不仅仅限于补足存款准备和轧平票据交换头寸，金融机构如在经营过程中出现暂时的、临时性的资金短缺，也可进行拆借，同业拆借已成为银行实施资产负债管理的有效工具。

2. 同业拆借的交易与价格

同业拆借的资金主要用于弥补金融机构短期资金的不足、票据清算的差额以及解决临时性资金短缺需要，是金融机构之间进行短期、临时性头寸调剂的市场。同业拆借市场的交易工具我们称为"货币头寸"。（"头寸"一词来源于近代中国，当时用于日常支付的"袁大头"10个摞起来刚好是一寸，因此叫"头寸"。）"货币头寸"指收支相抵后的差额，收大于支称为"多头"，支大于收称为"少头寸"。

同业拆借资金的期限一般都很短，通常1~2天，最短有半天的或隔夜的，称为日拆，多则1~2周，一般不超过1个月，极少数会接近或达到1年。在美国的联邦基金市场上，隔夜交易大概占到所有联邦基金交易的75%。2017年在我国的同业拆借市场交易中，隔夜拆借的比重在86%左右；其次是7天拆借交易额，占比在10%左右。

同业拆借款项按日计息，拆借利率由交易双方协定，通常低于中央银行再贴现利率而高于存款成本，其高低灵敏地反映着货币市场资金的供求状况。

目前，国际货币市场上比较有代表性的同业拆借利率包括美国联邦基金利率、伦敦同业拆借利率（Libor）、新加坡同业拆借利率和中国香港同业拆借利率。其中最重要的是伦敦同业拆借利率（Libor），是伦敦金融市场上银行间相互拆借英镑、欧元及其他重要国际货币的利率。

这些拆借利率是英国银行家协会根据其选定的银行在伦敦市场报出的营业日当天银行同业拆借利率，进行取样并平均计算而确定的伦敦金融市场的基准利率，该基准利率在每个营业日都对外公布，是国际金融市场中浮动利率的基础利率。

3. 我国同业拆借市场的发展

我国的同业拆借始于1984年。1984年以前，我国实行的是高度集中统一的信贷资金管理体制。银行间的资金余缺只能通过行政手段纵向调剂，而不能自由地横向融通。

1984年10月，我国推出新的信贷资金管理体制，允许各专业银行互相拆借资金。

1986年5月，武汉市率先建立了只有城市信用社参加的资金拆借小市场，到1987年6月底，除西藏外，全国各省、市、自治区都建立了不同形式的拆借市场，初步形成了一个以大中城市为依托的多层次、纵横交错的同业拆借网络。

1995年中国人民银行进一步强化对同业拆借市场的管理；1996年1月3日，建立全国统一的同业拆借市场并开始试运行。

1996年6月，中国人民银行放开了对同业拆借利率的管制，拆借利率由拆借双方根据市场资金供求状况自行决定，由此形成了全国统一的同业拆借市场利率。

1998年之后，中国人民银行不断增加全国银行间同业拆借市场的交易成员，保险公司、证券公司、财务公司等金融机构陆续被允许进入银行间同业拆借市场进行交易，市场交易量不断扩大，拆借期限不断缩短，同业拆借市场已经成为金融机构管理流动性的重要场所。

2007年1月4日，上海银行间同业拆放利率（Shibor）开始正式运行。中国外汇交易中心暨全国银行间同业拆借中心为银行间货币市场提供交易、交易后处理、信息等服务，承担市场交易的日常监测工作，根据中国人民银行的授权，发布上海银行间同业拆放利率。与全国银行间同业拆借中心联网的金融机构之间以询价交易方式、通过同业拆借中心的交易系统进行无担保资金融通，经过几年建设上海银行间同业拆放利率已经确立了货币市场基准利率的地位，在反映市场资金供求状况、为金融产品定价提供基准参考标准、促进金融机构提高自主定价能力、完善货币政策传导机制等方面发挥日益重要的作用。

金融拓展：上海银行间同业拆放利率（Shibor）

（二）回购协议市场

回购协议市场是通过回购协议来进行短期货币资金借贷所形成的市场，它是货币市场体系的又一重要组成部分。回购协议市场一方面增加了短期资金借贷的渠道；另一方面丰富了中央银行公开市场操作的手段。

1. 回购协议

（1）按交易方向不同，回购协议分为正回购协议和逆回购协议。正回购协议是指证券持有人在卖出一定数量证券的同时，与证券买入方签订在未来某一特定日期按照约定价格购回所卖证券的协议。回购协议交易的实质是一种以证券为质押品进行的短期资金融通。证券的卖方以一定数量的证券进行质押借款，条件是一定时期内再购回证券，且购回价格高于卖出价格，两者的差额即为借款的利息。

与上述证券交易方向相反的操作，被称为逆回购协议，即证券的买方在获得证券的同时，与证券的卖方签订协议，双方约定在将来某一日期由证券的买方按约定的价格，再将其购入的证券如数返回。正回购协议和逆回购协议是一个事物的两个方面，同一项交易，从证券提供者的角度看是正回购，从资金提供者的角度看是逆回购。

证券回购是对某种证券现实的购买或出售及其后一笔相反交易的组合。一笔回购交易涉及两个交易主体和两次交易契约行为。两个交易主体是指以券融资的资金需求方和以资融券的资金供应方；两次交易契约行为是指交易开始时的初始交易和交易结束时的回购交易。

（2）按证券所有权是否转移，回购交易可以分为质押式回购和买断式回购。质押式回购交易，是指正回购方所质押证券的所有权并未真正让渡给逆回购方，而是由交易清算机构作质押冻结处理，并退出二级市场，待回购协议到期，正回购方按双方约定的回购利率向逆回购方返还本金并支付利息后，交易清算机构对质押冻结证券予以解冻，质押券重新进入二级市场流通。在回购期间，逆回购方没有对质押证券实施转卖、再回购等处置的权力，其实际是一种以证券为质押的资金拆借方式。

买断式回购，是指证券持有人（正回购方）将证券卖给证券购买方（逆回购方）的同时，交易双方约定在未来某一日期，正回购方再以约定价格从逆回购方买回相等数量同种证券的交易行为。在回购到期前，逆回购方可以根据资金管理的需要和市场形势的把握将质押证券用于再回购或在二级市场上交易，并只需在未来某一日期再以约定价格将相等数量的同种证券返售给正回购方即可，其实质上是一种依附于证券买卖的融资方式。

2. 回购协议市场

回购协议市场是指通过回购协议进行短期资金融通的市场。在证券的回购交易中，可以作为回购协议标的物的主要有国库券、政府债券、企业（公司）债券、金融债券、其他有担保债券、大额可转让存单和商业票据等。

回购协议交易的参与者十分广泛，中央银行、商业银行等金融机构，非金融性企业都是重要参与者。在美国等一些国家，地方政府甚至也参与回购协议的交易活动。中央银行参与回购协议交易的目的是进行货币政策操作，在市场经济较为发达的国家或地区，回购协议是中央银行进行公开市场操作的主要工具，回购协议交易对债券市场的冲击小于直接买卖债券对市场的冲击，而且当经济形势出现新的变动时，回购协议可以使中央银行具有更强的灵活性。商业银行等金融机构参与回购协议交易的目的是在保持良好流动性的基础上获得更高的收益，因为同业拆借通常是信用拆借，无担保的特性使得中小银行很难从同业拆借市场上及时拆入自己所需的临时性资金，而回购协议的证券质押特征则解决了这个问题。证券公司是回购协议交易的重要参与者，它们既可以用所持有的证券作为担保来获得低成本的融资，也可以通过投资组合来获利。非金融企业参与回购协议交易既可以使它们暂时闲置的资金在保证安全的前提下获得高于银行存款利率的收益，也可以使它们以持有的证券组合为担保，获得急需的资金来源。

回购协议具体的期限从 1 天到数月不等，如 1 天、7 天、14 天、21 天、1 个月、2 个月、3 个月和 6 个月等。其中，1 天的回购协议又被称作隔夜回购，最常见的回购协议期限在 14 天之内。

在回购协议的交易中，回购利率是交易双方最关注的因素。约定的回购价格与售出价格之间的差额反映了借出资金者的利息收益，它取决于回购利率的水平。回购利率与证券本身的年利率无关，而与证券的流动性、回购的期限关系密切。完全担保的特点，决定了回购利率通常低于同业拆借利率等其他货币市场利率。

回购协议是一种有价证券的买卖方式，它融入货币市场的各种形态中，没有单独的市场形式。

3. 我国的回购协议交易

上海和深圳证券交易所于1993年12月和1994年10月开办以国债为主要品种的回购交易，1997年6月，全国统一同业拆借中心开办国债、政策性金融债和中央银行融资券回购业务。2002年12月和2003年1月，为推动我国企业债券市场的发展，上海证券交易所和深圳证券交易所分别推出了企业债券回购交易。

至此，我国的回购协议交易存在于两个独立的市场——上海、深圳证券交易所市场，其证券回购券种主要是国债和企业债；全国银行间同业拆借中心市场，其证券回购券种主要是国债、中央银行融资券、中央银行票据和特种金融债券等。其中，银行间债券回购交易规模增长迅速，回购市场年度成交量从1997年的309.87亿元增加到2017年的616.4万亿元；参与主体日益丰富，从市场成立之初的16家商业银行增加到包括银行、保险、证券、信托、基金等金融机构和部分非金融机构投资者共2 200余家。我国债券回购市场已经成为市场参与者进行短期融资、流动性管理的主要场所，成为央行进行公开市场操作、实现货币政策传导的重要平台。银行间回购利率也已成为反映货币市场资金价格的市场化利率基准，为货币政策的决策提供了重要依据，在利率市场化进程中扮演重要角色。

（三）商业票据市场

票据市场是各类票据发行、流通和转让的市场，票据市场是货币市场中参与者最多的市场，包括企业、金融机构及中央银行。

1. 票据

根据出票人的不同，票据可以分为商业票据和银行票据。

（1）商业票据。商业票据是指由商业企业签发或承担付款义务的票据，有两种类型，一种是指在商业信用中被广泛使用的表明买卖双方债权债务关系的凭证（即商业汇票），另一种是由金融公司或某些信用较高的企业开出的无担保、可流通、期限短的债务性融资本票。

商业票据是货币市场上历史最悠久的工具，最早可追溯到19世纪的美国。那时的商业票据都是由美国的纺织品工厂、铁路、烟草公司等非金融企业发行的，主要是通过经纪商进行间接销售，而商业银行是这些商业票据的主要购买者。20世纪初，美国汽车业开始兴起，许多大型汽车公司的消费信贷公司为防止资金占用成本过高导致资金周转困难，开始通过发行商业票据进行融资。

（2）银行票据。银行票据是指由银行签发或由银行承担付款义务的票据，主要包括银行本票、银行汇票、银行签发的支票等。

银行本票是指出票行签发的，承诺自己在见票时无条件支付确定的金额给收款人或者持票人的票据。本票是无条件支付的承诺，它的付款人应是出票人本人，该承诺对出票人具有法律约束力，基本当事人只有两个人，即出票人和收款人，属于自付证券。

银行汇票是指由出票银行签发的，由其在见票时按照实际结算金额无条件付给收款人或者持票人的票据。银行汇票多用于办理异地转账结算和支取现金，有使用灵活、票随人

到、兑现性强等特点，适用于先收款后发货或钱货两清的商品交易。

银行支票是银行的存款人签发给收款人办理结算或委托开户银行将款项支付给收款人的票据。支票适用于同城各单位之间的商品交易、劳务供应及其他款项的结算。银行支票分为现金支票和转账支票。

2. 票据市场

票据市场主要包括商业票据市场、银行承兑汇票市场、票据贴现市场和中央银行票据市场。

（1）商业票据市场。商业票据的发行主体包括工商企业及各类金融公司。企业利用发行商业票据融资成为银行贷款的重要替代品。商业票据的投资人极其广泛，商业银行、保险公司、信托机构、养老基金、货币市场基金和企业都是商业票据的购买者。

商业票据的发行分为直接募集和交易商募集两种方式。直接募集是指商业票据的发行人直接将票据出售给投资人，优点在于节约了佣金；交易商募集是指发行人通过交易商来销售自己的商业票据，市场中的交易商既有证券机构也有商业银行。无论是直接募集还是交易商募集，商业票据通常以贴现方式发行。

商业票据的流通市场。商业票据的持有者一般都将票据持有到期，因商业票据并未实现标准化，不同发行人发行的商业票据在期限、面额和利率上都会有不同，交易并不方便，各国的商业票据流通市场一般不太发达。如果票据的持有者有迫切的现金需要，可以把票据回售给交易商或发行人。

1995年颁发的《中华人民共和国票据法》规定："票据的签发、取得和转让应当遵循诚实信用的原则，具有真实的交易关系和债权债务关系。"为了进一步发展货币市场，拓宽企业融资渠道，2005年中国人民银行又颁布了《短期融资券管理办法》，允许符合规定条件的非金融企业在银行间债券市场发行、交易类似于西方融资性商业票据的短期融资券。短期融资券采用信用发行，企业可自主确定每期融资券的期限，但最长不超过365天，发行人主要是大型优质企业。2008年4月12日，为了支持企业自主开展直接债务融资、缓解中小企业融资难的问题，中国人民银行发布《银行间债券市场非金融企业债务融资工具管理办法》，企业发行的债务融资工具除了原有的短期融资券以外，增加了超短期融资券、中期票据、资产支持票据、企业集合票据等类别。

（2）银行承兑汇票市场。汇票是出票人签发的委托付款人在见票时或指定日期无条件支付一定金额给收款人或持票人的票据。

按照出票人的不同，汇票可分为银行汇票和商业汇票。商业汇票必须承兑，承兑后才具有法律效力。承兑即承诺兑付，是付款人在汇票上签章表示承诺将来在汇票到期时承担付款的票据行为。如果承兑人是买方，该汇票就称为商业承兑汇票；若付款人是商业银行，就称其为银行承兑汇票。银行承兑汇票是由在承兑银行开立存款账户的存款人出票，向开户银行申请并经银行审查同意承兑的，保证在指定日期无条件支付确定的金额给收款人或持票人的票据。银行承兑汇票将商业信用转化为银行信用，降低了商品销售方所承担的信用风险，有利于商品交易的达成。对出票人签发的商业汇票进行承兑是银行基于对出票人资信的认可而给予的信用支持。

银行承兑汇票市场是以银行承兑汇票作为交易对象所形成的市场，由出票和承兑两个环节构成，两者缺一不可。

(3) 票据贴现市场。票据贴现市场可以看作银行承兑汇票的流通市场。如果卖方（收款人）在持有银行承兑汇票期间有融资的需要，可以将还没有到期的银行承兑汇票转让给银行，银行按票面金额扣除贴现利息后将余额支付给持票人，此种票据行为称为贴现。票据贴现实质是一种票据买卖行为，也是银行向持票人融通资金的一种方式。

贴现利息的计算公式为：贴现利息＝（汇票面额×实际贴现天数×月贴现利率）/30

贴现金额＝汇票面额－贴现利息

如果在银行承兑汇票到期前，贴现银行也出现了融资需求，则贴现银行可以将这张银行承兑汇票向其他金融机构进行转让，如转让给其他商业银行称之为转贴现，转让给中央银行称为再贴现。

我国的票据市场主要包括银行承兑汇票市场和票据贴现市场。1985年，中国人民银行颁布了《商业汇票承兑、贴现暂行办法》。银行承兑汇票市场开始进入快速增长的阶段，承兑、贴现、再贴现规模增加。但是由于长期的计划经济体制所导致的信用观念缺失，整个社会的信用基础十分薄弱，票据市场中的违约行为相当严重，制约了市场的发展。1995年，《中华人民共和国票据法》颁布并执行，2004年修订，商业票据的使用范围扩大，票据市场进入一个新的发展时期，商业汇票承兑和贴现额不断增加。票据业务的发展加速了企业资金周转，有利于改善商业银行的资产结构。

(4) 中央银行票据市场。中央银行票据是中央银行向商业银行发行的短期债务凭证，其实质是中央银行债券。大多数中央银行的票据期限在1年以内。中央银行发行票据的目的不是为了筹集资金，而是为了减少商业银行可以贷放的资金量，进而调控市场中的货币量。因此发行中央银行票据是中央银行通过公开市场进行货币政策操作的一项重要手段。

（四）短期政府债券市场

1. 短期政府债券的概念

短期政府债券是政府作为债务人承诺1年内债务到期时偿还本息的有价凭证，主要是中央政府债券，又称为国库券（期限在1年以上的政府中长期债券被称为公债），用以弥补财政临时收支差额的债券。由于流动性强，风险很小，又被称为"金边债券"。短期政府债券是在1877年由英国经济学家和作家沃尔特·巴佐特发明并首次在英国发行。后来许多国家都依照英国的做法，以发行短期债券的方式来满足政府对短期资金的需要。

2. 短期政府债券的特征

（1）安全性高。由于短期政府债券的发行人是中央政府，财政部是直接债务人，所以短期政府债券通常被认为是没有违约风险的。

（2）流通性强。短期政府债券是一种在高组织性、高效率的竞争市场上交易的短期信用工具，金融机构投资者占据市场主体地位，交易活动频繁，交易规模大，发达的二级市场使它能在交易成本以及价格风险较低的情况下迅速变现。

（3）利息免税。政府债券的利息收益通常免缴所得税，所以尽管短期政府债券的名义利率没有商业票据高，但由于税收的影响，短期政府债券的实际收益率仍有可能高于商业票据。

3. 短期政府债券市场

短期政府债券市场是发行和流通短期政府债券所形成的市场。在一个发达的货币体系中,短期政府债券市场是重要的组成部分,由于短期政府债券是回购协议交易的主要标的物,因此短期政府债券市场与回购协议市场有重要的关系,另外,短期政府债券市场形成的利率还是其他金融工具收益率的重要参考基准。

(1)短期政府债券的发行市场。短期政府债券的发行人是政府财政部,发行短期政府债券可以融通短期资金、调解财政年度收支的暂时不平衡、弥补年度财政赤字;另外也是将短期政府债券作为一项重要的财政政策工具,调控宏观经济。

短期政府债券通常采取贴现方式发行。政府以低于面值的价格向投资者发售短期政府债券,到期后按面值偿还,面值与购买价之间的差额记为投资者的利息收益。短期政府债券通常采取拍卖方式定期发行,财政部接手出价最高的订单,出价最高的购买者首先被满足,然后按照出价的高低顺序,购买者一次购得短期政府债券,直到所有的政府债券售完为止。

短期政府债券的拍卖发行通常需要专门的中介机构进行,其中最重要的中介机构是一级交易商,即具备一定资格、可以直接向短期政府发行部门承销和投标短期政府债券的交易商团体,包括资金实力雄厚的商业银行和证券公司。

(2)短期政府债券的流通市场。短期政府债券流通市场的参与主体十分广泛,中央银行、商业银行、非银行金融机构、企业、个人及国外投资者等,都广泛地参与到短期政府债券市场的交易活动中。在这个市场中,还有一级交易商充作市商,通过不断买入和卖出短期政府债券活跃市场,保持市场交易的连续性、及时性和平稳性,提高市场的流动性。

大部分国家的法律规定,中央银行不能直接在发行市场上购买短期政府债券,因此,中央银行参与短期政府债券的买卖只能在流通市场上。中央银行买卖政府债券的市场被称为公开市场,商业银行等金融机构积极地参与短期政府债券市场的交易活动。短期政府债券的高安全性、高流动性和税收优惠等特点,使各类金融机构都将其作为投资组合中的一项重要的无风险资产。非金融企业和居民个人参与短期政府债券市场的交易活动一般要通过金融中介机构进行,货币市场基金是居民个人参与短期政府证券交易的主要渠道。

(五) 大额可转让定期存单市场

大额可转让定期存单是在原有银行定期存款的基础上所做的金融创新。

1. 大额可转让定期存单的概念

大额可转让定期存单,简称CDs,是商业银行发行的有固定面额并可转让流通的存款凭证。

金融人物:
杨百万

大额可转让定期存单最初是在20世纪60年代的美国出现的。当时,美国联邦储蓄委员会颁布了"Q条例",对利率进行限制,由于银行存款利率设定了上限,使得公众对银行存款逐渐丧失兴趣。作为一项负债业务,存款对于银行至关重要,但这一条例的颁布使得各银行的生存岌岌可危。在这样的环境下,花旗银行为了规避"Q条例"的限制,率先发行了大额可转让定期存单,由于利率高、可转让等优点。大额存单一经面世便很快普及开来。由于大额可转让定期存单兼顾了活期存款的流动性和定期存款的收益性,也合理地规避了金融管制,因此一上市就受到投资者的欢迎和青睐。

大额可转让定期存单同传统的定期存款相比不同之处包括以下几点。

第一,定期存单记名且不可以转让,不能在特定市场上流通;大额可转让定期存单则是不记名且可以转让,有专门的大额可转让定期存单二级市场可以进行流通转让。

第二，定期存款金额往往根据存款人意愿决定，数额有大有小，并不固定；大额可转让定期存单则一般面额固定且都比较大。在美国，最低面额是 10 万美元，较普通的面值都是 100 万美元或更高；在中国香港，最低面额是 10 万港币。

第三，定期存款可以提前领取本金和利息，只是所得利息要低于按原来的固定利率计算的利息；大额可转让定期存单不可以在到期前领取利息，投资者若想提前兑现，可以在大额可转让定期存单的二级市场转让。

第四，定期存款通常按照期限长短有固定利率；大额可转让定期存单利率则是既有固定的也有浮动的，并且比同期限的定期存款利率高，在转让时，转让价格还要根据当时的市场利率进行计算。

2. 大额可转让定期存单市场

商业银行通过主动发行大额可转让定期存单增加负债，是其获取资金满足流动性的一个良好途径，而不必持有大量的收益较低的流动性资产。大额可转让定期存单市场的投资者，包括非金融性企业、非银行性金融机构、商业银行甚至富裕的个人，存单到期前可以随时转让流通，具有与活期存款近似的流动性；但与此同时，又拥有定期存款的收益水平，极好地满足了大额短期闲置资金拥有者对流动性和收益性的双重要求。

大额可转让定期存单的最短期限是 14 天，典型的大额可转让定期存单的期限多为 1~4 个月，也有 6 个月的，超过 6 个月的存单极少。大额可转让定期存单的利率大多是固定的，少有浮动的，浮动利率的存单期限较长。发行银行的信用评级、存单的期限和存单的供求量是决定大额可转让定期存单利率水平的主要因素。通常大额可转让定期存单的利率水平等同于其他货币市场工具，但略高于同期限的国库券。

我国大额可转让定期存单的发展目前可分为两个阶段。第一阶段，我国曾于 1986—1997 年发行过大额存单，但是限于当时没有一个统一的交易市场并且出现了伪造票据进行欺诈的现象，大额存单于 1997 年 4 月暂停发行。第二阶段，2015 年，中国人民银行发布《大额存单管理暂行办法》重新启动了大额可转让定期存单的发行。《大额存单管理暂行办法》的相关规定如下：大额存单采用标准期限的产品形式。个人投资人认购大额存单起点金额不低于 30 万元，机构投资人认购大额存单起点金额不低于 1 000 万元。大额存单期限包括 1 个月、3 个月、6 个月、9 个月、1 年、18 个月、2 年、3 年和 5 年共 9 个品种。大额存单对普通存款的替代效应，将会推动我国的利率市场化进程。大额存单与其他投资产品相比，其最大的优势在于它被纳入存款保险制度，这就意味着投资者有了保障，对于风险规避者来说是一个不错的选择。我国重启大额可转让定期存单之后在存单的规范化方面还不完全，仍然存在着利率低、二级市场不完善等问题。

任务三　探究资本市场

资本市场是市场经济发展到一定阶段的产物，是为解决资本供求矛盾和流动性而产生的市场。

一、资本市场的概念、特征及功能

（一）资本市场的概念

资本市场，又称为长期资金市场，是指以期限在 1 年以上的金融工具为媒介进行长期资金融通的交易关系的总和。资本市场指的是一种市场形式，而不是一个物理地点，包括所有在这个市场上交易的人、机构以及他们之间的关系。因为在长期金融活动中，涉及资金期限长、风险大，具有长期较稳定的收入，类似于资本投入，故称为资本市场。

广义的资本市场包括银行中长期信贷市场和有价证券市场。狭义的资本市场仅指有价证券市场，包括中长期债券市场、股票市场、基金市场和衍生工具市场。

（二）资本市场的特征

1. 交易工具期限长

在资本市场交易的金融工具期限都比较长，中长期债券的期限在 1 年以上，股票没有到期日，属于永久性证券，基金的存续期限一般都在 15~30 年。

2. 筹资目的是满足投资性资金需要，交易规模大

在资本市场筹措的长期资金主要用于补充固定资本、扩大生产能力、长期投资，同银行借贷的流动资金相比规模较大。

3. 二级市场投资交易的收益具有不确定性

有价证券交易价格变动幅度大、风险大，从风险的角度分析，资本市场也是风险直接交换的场所。

（三）资本市场的基本功能

资本市场综合反映国民经济运行的各个维度，被称为国民经济的"晴雨表"，客观上为观察和监控经济运行提供了直观的指标。它的基本功能包括以下几个。

1. 筹资与投资功能

证券市场一方面为资金需求者提供了通过发行证券筹集资金的机会；另一方面为资金供应者提供了投资对象，在证券市场上交易的任何证券既是筹资的工具，也是投资的工具。在经济运行过程中，既有资金盈余者，又有资金短缺者。为了筹集资金，资金短缺者可以通过发行各种证券来达到筹资的目的，资金盈余者则可以通过买入证券而实现投资的目的。

2. 资本配置功能

在证券市场上，证券价格的高低是由该证券所能提供的预期报酬率的高低来决定的。证券价格的高低实际上是该证券筹资能力的反映。能提供高报酬率的证券一般来自经营好、发展潜力巨大的企业或者是来自新兴行业的企业。由于这些证券的预期报酬率高，其市场价格相应也高，从而筹资能力就强。这样，证券市场就引导资本流向能产生高报酬的企业或行业，使资本产生尽可能高的效率，进而实现资本的合理配置。

3. 促进并购与重组

企业可以通过发行股票组建股份有限公司，也可以通过股份交易实现公司的重组，以调整公司的经营结构和治理结构。现代企业的兼并重组离不开资本市场。

4. 促进产业结构优化升级

资本市场是一个竞争性的市场，筹资者之间存在直接或间接的竞争关系，只有发展有前途且经营状况良好的企业才能在资本市场上立足。资本市场能筛选出来效率较高的企业，激励上市公司有效改善经营管理。通过这种机制的作用，促成了资源的有效配置和有效利用，使产业结构得以优化。

二、我国多层次资本市场的主要内容

多层次资本市场体系是指针对质量、规模和风险程度不同的企业，为满足多样化市场主体的资本要求而建立起来的分层次的市场体系，主要包括以下几个方面。

（一）主板市场

主板市场即证券交易所市场，是指在有组织的交易场所进行集中竞价交易的市场，主要是为大型、成熟企业的融资和转让提供服务，是一个国家或地区证券发行、上市及交易的主要场所。主板市场对发行人的营业期限、股本大小、盈利水平、最低市值等方面的要求标准较高，上市企业通常具有较大的资本规模及稳定的营利能力。

中国大陆主板市场的公司在上海证券交易所和深圳证券交易所两个市场上市。主板市场是资本市场中最重要的组成部分，很大程度上能够反映经济发展状况，有"国民经济晴雨表"之称。2004年5月，深圳证券交易所在主板市场内设立的中小企业板块从资本市场架构上也从属于主板市场。

（二）二板市场

二板市场又称为创业板市场，是地位次于主板市场的二级证券市场，在美国以NAS-DAQ为代表，在中国特指深圳创业板。二板市场在上市门槛、监管制度、信息披露、交易者条件、投资风险等方面和主板市场有较大区别。其目的主要是扶持中小企业，尤其是高成长性企业，能够为风险投资和创投企业建立正常的退出机制，为自主创新国家战略提供融资平台。

（三）三板市场（场外市场）

我国三板市场主要包括全国中小企业股份转让系统（俗称"新三板"）、区域性股权交易市场和证券公司主导的柜台市场。三板市场主要解决企业发展过程中处于初创阶段中后期和幼稚阶段初期的中小企业在筹集资本性资金方面的问题，以及这些企业的资产价值评价、风险分散和风险投资的股权交易问题。

全国中小企业股份转让系统，是中国证券业协会组织设计、由具有资格的证券公司参与的为非上市股份公司流通股份提供转让的场所，全国中小企业股份转让系统有限责任公司为其运营管理机构。2012年9月20日，全国中小企业股份转让系统有限责任公司在国家工商总局[①]注册成立，注册资本30亿元。

区域性股权交易市场，是为特定区域内的企业提供股权、债券的转让和融资服务的私募市场，一般以省级为单位，由省级人民政府监管。区域性股权交易市场对于促进企业特别是中小微企业股权交易和融资，鼓励科技创新和激活民间资本，加强对实体经济薄弱环节的支持，具有积极作用。目前全国建成并初具规模的区域股权市场有青海股权交易中心、天津股权交易所、齐鲁股权托管交易中心、上海股权托管交易中心等十几家股权交易市场。

证券公司主导的柜台市场，是指由试点证券公司按照相关要求，为交易私募产品自主建立的场外交易市场及为其提供互联互通服务的机构间私募产品报价与服务系统。证券公

---

① 现国家市场监督管理总局。

司柜台市场的产品，包括经国家有关部门或其授权机构批准、备案或认可的在集中交易场所之外发行或销售的基础金融产品和金融衍生产品。

三、股票市场

（一）股票的特征及分类

股票作为一种有价证券，是股份公司在筹集资本时向出资人发行的股份凭证。股票一经发行，购买股票的投资者即成为公司的股东。股票实质上代表了股东对公司净资产的所有权，股东凭借股票可以获得公司的股息和红利，参加股东大会并行使自己的权利，同时也承担相应的责任与风险。

1. 股票的基本特征

（1）收益性。股票可以为持有人带来收益，这是股票最基本的特征。股票的收益来源于两部分：一是来自股份公司派发的股息和红利，股息红利的多少取决于股份公司的经营状况、盈利水平和股利政策。二是来自股票的资本利得，股票持有者可以持股票到依法设立的证券交易场所进行交易，当股票的市场价格高于买入价格时，卖出股票赚取的差价收益即为资本利得。

（2）风险性。风险性是指股票投资收益的不确定性，或者说实际收益与预期收益之间的偏离。投资者投资股票真正实现的收益可能会高于或低于原先的预期，高风险的股票可能给投资者带来较大损失，也可能带来较大的收益，即"高风险高收益"。

（3）不可偿还性。股票是一种无偿还期限的有价证券，投资者的投资是一种不确定期限的长期投资，除非公司回购股票，否则股票持有人不能将股票卖回公司，反映了股东与股份公司之间较为稳定的经济关系。通过发行股票筹集的资金是一笔稳定的自有资本，有利于公司的成长发展。

（4）流动性。流动性是指资产能够以合理的价格、较小的交易成本快速变现的能力。股票是不可偿还的，但它能够在二级市场上转让变现，具有一定的流动性。

（5）参与性。参与性是指股票持有人有权参与公司中重大决策的特性。股票持有人作为股份公司的股东，有权出席股东大会，参与公司经营决策的表决。股东参与公司重大决策权利的大小通常取决于其持有股份数量的多少。

2. 股票的分类

（1）按基本性质不同，股票分为普通股与优先股。普通股是最基本、最常见的一种股票，其持有者享有股东的基本权利和义务。普通股是标准的股票，通过发行普通股所筹集的资金，成为股份公司注册资本的基础。普通股的持有者是股份公司的基本股东，按我国公司法的规定，公司股东依法享有资产收益、参与重大决策和选择管理者等权利。普通股的股利完全随公司盈利的高低而变化。在公司盈利较多时，普通股票股东可获得较高的股利收益，但在公司盈利和剩余财产的分配顺序上列在债权人和优先股票股东之后，故其承担的风险也较高。

优先股是指在剩余财产索取权方面较普通股票优先的股票。优先股的股息率是固定的，股息不会随公司的盈亏状况而增减，而且一般也不会参与公司的分红。优先股持有者的股东权利受到一定限制，通常没有投票权，但在公司盈利和剩余财产的分配顺序上比普通股股东享有优先权。我国在2013年年末启动优先股试点工作。

（2）按投资主体不同，股票分为国家股、法人股、社会公众股和外资股。国家股是指有权代表国家投资的部门或机构以国有资产向公司投资形成的股份，包括公司现有国有资产折算成的股份。在我国企业的股份制改造中，原来一些全民所有制企业改组为股份公司，从性质上讲，这些全民所有制企业的资产属于国家所有，因此在改组为股份公司时，就折成国家股。另外，国家对新组建的股份公司进行投资，也构成了国家股。国家股由国务院授权的部门或机构持有或根据国务院决定由地方人民政府授权的部门或机构持有。

法人股是指企业法人或具有法人资格的事业单位和社会团体以其依法可支配的资产投入公司形成的股份。作为发起人的企业法人或具有法人资格的事业单位和社会团体在认购股份时，可以用货币出资，也可以用其他形式的资产，如实物、工业产权、非专利技术、土地使用权等作价出资。但对其他形式资产必须进行评估作价，核实财产，不得高估或者低估作价。

社会公众股是指社会公众依法以其拥有的财产投入公司时形成的可上市流通的股份。在社会募集方式下，股份公司发行的股份，除了由发起人认购一部分外，其余部分应该向社会公众公开发行。我国证券法规定，公司申请股票上市的条件之一是向社会公开发行的股份达到公司股份总数的25%以上；公司股本总额超过人民币4亿元的，向社会公开发行股份的比例为10%以上。

外资股是指股份公司向外国和我国香港、澳门、台湾地区投资者发行的股票。这是我国股份公司吸收外资的一种方式。外资股按上市地域可以分为境内上市外资股和境外上市外资股。境内上市外资股原来是指股份有限公司向境外投资者募集并在我国境内上市的股份，这类股票被称为"B股"。B股采取记名股票形式，以人民币标明股票面值，以外币认购、买卖，在境内证券交易所上市交易。自2001年2月对境内居民个人开放B股市场后，境内投资者逐渐成为B股市场的重要投资主体，B股的外资股性质发生了变化。境外上市外资股是指股份有限公司向境外投资者募集并在境外上市的股份。它也采取记名股票形式，以人民币标明面值，以外币认购。我国境外上市外资股主要采取存托凭证形式和通过在境外交易所上市的H股、N股、S股等形式。

（二）股票市场

股票市场，是股票发行流通的场所。通过股票的发行，大量的资本流入企业，促进了资本的集中，提高了企业资本的有机构成，大大加快了商品经济发展。股票的交易通过股票市场才能实现，股票市场是金融市场极为重要的组成部分。股票市场一般分为股票发行市场和股票交易市场两部分。

1. 股票发行市场

股票发行市场也称为股票的一级市场，是指公司直接或通过中介机构向投资者出售新发行的股票所形成的市场。发行市场是原始股票的初次发行场所，一般股票的发行是公司发起人及上市公司与证券承销商之间的交易，二者成交的场所就是发行市场，然后由承销商批发给股民。发行市场使资金从供应者手中转入需求者手中，将储蓄转化为投资，从而创造新的实际资产和金融资产，增加社会总资本和生产能力，以促进社会经济的发展。

（1）股票发行市场的特点。一是无固定场所，可以在投资银行、信托投资公司和证券公司等处发生，也可以在市场上公开出售新股票；二是没有统一的发行时间，由股票发行者根据自己的需要和市场行情走向自行决定何时发行。

(2) 股票发行方式。在各国不同的政治、经济、社会条件下，特别是金融体制和金融市场管理的差异使股票的发行方式也多种多样。根据不同的分类方法，可以概括如下。

① 根据发行的对象不同来划分，分为公开发行与不公开发行。公开发行，又称为公募，是指事先没有特定的发行对象，向社会广大投资者公开推销股票的方式。采用这种方式，可以扩大股东的范围，分散持股，防止囤积股票或被少数人操纵，有利于提高公司的社会性和知名度。公开发行可以采用股份公司自己直接发售的方法，也可以支付一定的发行费用通过金融中介机构代理。不公开发行，又叫私募，是指发行者只对特定的发行对象推销股票的方式。通常在两种情况下采用：一是股东配股，即股份公司按股票面值向原有股东分配该公司的新股认购权；二是私人配股，又称为第三者分摊，即股份公司将新股票分售给股东以外的本公司职工、往来客户等与公司有特殊关系的第三者。

② 根据发行者推销出售股票的方式不同，分为直接发行与间接发行。直接发行，是指股份公司自己承担股票发行的一切事务和发行风险，直接向认购者推销出售股票的方式。采用直接发行方式时，要求发行者熟悉招股手续、精通招股技术并具备一定的条件。在一般情况下，不公开发行的股票或因公开发行有困难的股票，或是实力雄厚、有把握实现巨额私募以节省发行费用的大股份公司股票，才采用直接发行的方式。间接发行，又称为证券承销，是指发行人委托证券发行中介机构发行股票的方式。这些中介机构作为股票的推销者，办理一切发行事务，承担一定的发行风险并从中提取相应的收益。

我国证券法规定，发行人向不特定对象发行的证券，法律规定应当由证券公司承销的，发行人应当同证券公司签订承销协议，承销方式分为以下三种。

包销，发行新股票时，证券发行中介机构先用自己的资金一次性地把将要公开发行的股票全部买下，然后根据市场行情逐渐卖出，中介机构从中赚取买卖差价。由于推销者要全部承担发行风险，因此包销费用高于其他形式。包销是目前最常见的股票承销方式。

代销，是指承销商代发行人发售股票，在承销期结束后，将未售出的股票退还给发行人的承销方式。由于全部发行风险和责任都由发行者承担，证券发行中介机构只是受委托代为推销，因此，代销手续费较低。

备用包销，股票发行人与承销商签订合同，在约定承销期限内，如果承销商实际推销的结果未能达到合同规定的发行数额，其差额部分由承销商自己承购下来。这种发行方法因中介机构需承担一定的发行风险，故承销费高于代销的手续费。

当前，世界各国采用最多、最普遍的方式是公开和间接发行。我国的股票发行主要采取公开发行并上市方式，证券法规定股票承销期最长不能超过 90 日，同时也允许上市公司在符合相关规定的条件下向特定对象非公开发行股票。

(3) 股票发行制度。股票发行制度是指发行人在申请发行股票时必须遵循的一系列程序化的规范。

① 审批制。审批制是一国在股票市场的发展初期，为了维护上市公司的稳定和平衡复杂的社会经济关系，采用行政和计划的办法分配股票发行的指标和额度的一种发行制度。

② 注册制。注册制是在市场化程度较高的成熟股票市场所普遍采用的一种发行制度。证券监管部门公布股票发行的必要条件，只要达到所公布条件要求的企业即可发行股票。发行人申请发行股票时，必须依法将公开的各种资料完全准确地向证券监管机构申报。证券监管机构的职责是对申报文件的真实性、准确性、完整性和及时性做合规性的形式审查，

而将发行公司的质量留给证券中介机构来判断和决定。

③ 核准制。核准制是介于注册制和审批制之间的中间形式。它一方面取消了政府的指标和额度管理，并引进证券中介机构的责任，判断企业是否达到股票发行的条件；另一方面证券监管机构同时对股票发行的合规性和适销性条件进行实质性审查，并有权否决股票发行的申请。

我国目前已形成了以核准制为核心的股票发行制度，并在加快推进股票发行注册制的改革。我国证券市场上市交易的金融工具包括股票、债券、证券投资基金、权证等证券的发行，必须依法报经中国证监会核准。中国证监会于2003年年底正式推出证券发行上市保荐制度，标志着核准制进入了一个比较完善的阶段。保荐制度由保荐人（券商）对发行人发行证券进行推荐和辅导，并核实公司发行文件中所载资料是否真实、准确、完整，协助发行人建立严格的信息披露制度，承担风险防范责任，并在公司上市后的规定时间内继续协助发行人建立规范的法人治理结构，督促公司遵守上市规定，完成招股计划书中的承诺，同时对上市公司的信息披露负有连带责任。

(4) 股票发行类型。

① 首次公开发行（简称 IPO）。首次公开发行是拟上市公司首次在证券市场公开发行股票募集资金并上市的行为。通常，首次公开发行是发行人在满足必须具备的条件，并经证券监管机构审核、核准或注册后，通过证券承销机构而向社会公众公开发行股票并在证券交易所上市的过程。

② 上市公司增资发行。股份有限公司增资是指公司依照法定程序增加公司资本和股份总数的行为。增资发行是指股份公司上市后为达到增加资本的目的而发行股票的行为。我国《上市公司证券发行管理办法》规定，上市公司增资的方式有：向原股东配售股份、向不特定对象公开募集股份、发行可转换公司债券及非公开发行股票。

2. 股票流通市场

股票流通市场，也称为二级市场、交易市场，是指投资者之间买卖已发行股票的场所。股票流通市场为股票提供了流动性，降低了交易成本，发挥了实现股票价值、优化控制权配置的重要作用。股票交易可以在证券交易所进行（即上市交易），也可以在场外交易市场进行（常见形式是柜台交易）。这里重点介绍证券交易所交易。

证券交易所，是证券买卖双方公开交易的场所，是一个高度组织化、集中进行证券交易的市场，是整个证券市场的核心。证券交易所本身并不买卖证券，也不决定证券价格，而是为证券交易提供一定的场所和设施，配备必要的管理和服务人员，并对证券交易进行周密的组织和严格的管理，为证券交易顺利进行提供一个稳定、公开、高效的市场。

(1) 证券交易所交易程序。

① 开户。投资者欲进行证券交易，首先要开设证券账户和资金账户。证券账户用来记载投资者所持有的证券种类、数量和相应的变动情况。资金账户则用来记载和反应投资者买卖证券的货币收付和结存数额。

② 委托。在证券交易市场，投资者买卖证券必须通过证券交易所的会员来进行，投资者向经纪商下达买进或卖出证券的指令，称为"委托"，经纪商要将投资者委托指令的内容传送到证券交易所进行撮合。

我国通过证券交易所进行的证券交易均采用计算机报价方式，实施无纸化交易。一个交易单位俗称为"一手",委托买卖的数量通常为一手或一手的整数倍。沪、深证券交易所规定,通过竞价交易买入股票、基金、权证的,申报数量应当为100股(份)或其整数倍。卖出股票、基金、权证时,余额不足100股(份)的部分,应当一次性申报卖出。

③ 成交。证券交易所交易系统接受申报后,根据订单的成交规则进行撮合配对。符合成交条件的予以成交,不符合成交条件的继续等待成交,超过了委托时效的订单失效。

我国证券交易所内的证券交易按"价格优先、时间优先"原则竞价成交。

价格优先,是在买进证券时,较高的买进价格申报优先于较低的买进价格申报;卖出证券时,较低的卖出价格申报优先于较高的卖出价格申报。时间优先,要求当存在若干相同价格申报时,应当由最早提出该价格申报的一方成交,即同价位申报,按照申报时序决定优先顺序。

我国证券交易所有两种竞价方式,即在每日开盘前采用集合竞价方式,在开盘后的交易时间里采用连续竞价方式。集合竞价是指将在规定的时间内接受的买卖申报一次性撮合的竞价方式;连续竞价是指对买卖申报逐笔连续撮合的竞价方式。交易所有严格的交易时间,在规定的时间内开始和结束集中交易,以示公正。沪、深证券交易所规定,采用竞价交易方式的,每个交易日的 9:15—9:25 为开盘集合竞价时间;上海证券交易所 9:30—11:30、13:00—15:00 为连续竞价时间;深圳证券交易所 9:30—11:30、13:00—14:57 为连续竞价时间,14:57—15:00 为收盘集合竞价时间;大宗交易时间延长至 15:30。

④ 结算。证券结算包括清算和交割。证券交易成交后,需要对买方和卖方在资金方面的应付额和在证券方面的应收种类和数量进行计算。这一过程属于清算,包括资金清算和证券清算。清算结束后,需要完成证券由卖方向买方转移和对应的资金由买方向卖方转移。这一过程属于交割。我国目前内地市场存在两种交割周期,即 $T+1$ 与 $T+3$。$T+1$ 适用于我国内地市场的 A 股,$T+3$ 适用于 B 股。对于记名证券而言,完成了清算和交割,还有一个登记过户的环节。完成了登记过户,证券交易过程才宣告结束。

(2) 股票价格指数。股票价格指数,简称股指,是基于报告期的一组股票价格与基期的一组股票价格进行平均计算和动态对比后得出的,反映和描述了一个国家或地区、某一行业或主题的股票市场价格水平及其变动趋势的动态相对数。股票价格指数是测度股市行情变化幅度的重要指标参数,同时也是反映当前总体经济或部分行业发展状态的灵敏信号。股票价格指数一般是由一些金融服务机构和证券交易所编制。

① 我国主要的股票价格指数。上证综合指数是上海证券交易所从 1991 年 7 月 15 日起编制并公布上海证券交易所股价指数,它以 1990 年 12 月 19 日为基期,以全部上市股票为样本,以股票发行量为权数,按加权平均法计算。

深证成分股指数由深圳证券交易所编制,选出在深圳证券交易所上市的 40 家有代表性的上市公司作为成分股(自 2015 年 5 月 20 日起,为更好反映深圳市场的结构性特点,适应市场进一步发展的需要,深交所对深证成指实施扩容改造,深证成指样本股数量从 40 家扩大到 500 家,以充分反映深圳市场的运行特征),采用加权平均法编制而成。成分股指数以 1994 年 7 月 20 日为基日,基日指数为 1 000 点,起始计算日为 1995 年 1 月 23 日。

香港恒生指数是由香港恒生银行于 1969 年 11 月 24 日起编制公布、系统反映香港股票市场行情变动最有代表性和影响最大的指数。它挑选了当时有代表性的 33 种上市股票为成分股,用加权平均法计算。

② 国际主要股票市场及其价格指数。道·琼斯工业股价平均数是世界上最早、最享盛誉和最有影响的股票价格平均数。1884 年 7 月 3 日，道·琼斯公司的创始人查尔斯·亨利·道和爱德华·琼斯根据当时美国有代表性的 11 种股票编制股票价格平均数。现在人们所说的道·琼斯指数实际上是一组股价平均数。

金融时报证券交易所指数是英国最具权威性的股价指数，原由《金融时报》编制和公布，现由《金融时报》和伦敦证券交易所共同拥有的富时集团编制。这一指数包括金融时报工业股票指数、100 种股票交易指数及综合精算股票指数。

日经 225 股价指数是日本经济新闻社编制和公布的反映日本股票市场价格变动的股价指数。该指数从 1950 年 9 月开始编制，最初根据在东京证券交易所第一市场上市的 225 家公司的股票算出修正平均股价。

NASDAQ（全美证券交易商自动报价系统）指数是以在 NASDAQ 市场上市的所有本国和外国上市公司的普通股为基础计算。NASDAQ 于 1971 年正式启用，它利用现代电子计算机技术，将美国 6 000 多个证券商网点连接在一起，形成了一个全美统一的场外二级市场。

四、债券市场

（一）债券

债券是发行人为筹集资金而向债券投资者出具的、承诺按一定利率支付利息并偿还本金的债权债务凭证。债券是历史上最早发行的证券，在现代经济社会中，债券是除股票之外的另一类重要证券投资工具。

1. 债券的特征

（1）偿还性。债券一般都规定有偿还期限，发行人必须按约定条件偿还本金并支付利息。

（2）流通性。债券一般都可以在流通市场上自由转让，债券持有人可按自己的需要和市场的实际状况售出债券而收回本息。

（3）安全性。与股票相比，债券通常规定有固定的利率，不随发行人的经营收益变动而变动，收益比较稳定，风险较小。此外，在企业破产时，债券持有者享有优先于股票持有者对企业剩余资产的索取权。

（4）收益性。债券的收益性主要表现在两个方面：一是投资债券可以给投资者带来利息收入；二是投资者可以利用债券价格的变动，买卖债券赚取差额。

2. 债券的类型

（1）按发行主体不同，分为政府债券、金融债券和公司债券。政府债券是政府为筹集资金而发行的，承诺在一定时期内支付利息及偿还本金的债权债务凭证。政府债券以国家信用为保障，具有最高的信用等级，安全性高，流动性强。在现代商品经济条件下，政府债券已成为政府筹集资金、扩大公共开支的重要手段，并且随着金融市场的发展，逐渐具备了金融商品和信用工具的职能，成为国家实施宏观调控的工具。

金融债券是指银行及非银行金融机构发行并约定在一定期限内还本付息的有价证券，包括政策性金融债券、商业银行债券、证券公司债券、保险公司次级债券等。金融机构一般有雄厚的资金实力，信用度较高，因此，金融债券往往也有良好的信誉。对于金融机构来说，吸收存款和发行债券都是它的资金来源，构成了它的负债，发行债券是金融机构的

主动负债，金融机构有更大的主动权和灵活性。

公司债券是公司依照法定程序发行、约定在一定期限（1年以上）还本付息的有价证券。公司债券的发行人是依照《中华人民共和国公司法》在中国境内设立的有限责任公司和股份有限公司，发行公司债券应当符合《中华人民共和国证券法》《中华人民共和国公司法》和《公司债券发行试点办法》规定的条件并经中国证监会核准。由于公司的情况千差万别，公司债券的风险性相对于政府债券和金融债券要大一些。

（2）按形态不同，分为实物债券、凭证式债券和记账式债券。实物债券是一种具有标准格式的实物券面债券。债券的券面上，一般印有债券面额、债券利率、债券期限、债券发行人全称、还本付息方式等各种债券票面要素。实物债券是一般意义上的债券，很多国家通过法律或者法规对实物债券的格式予以明确规定。

凭证式债券是债权人认购债券的一种收款凭证。我国1994年开始发行凭证式国债，是一种国家储蓄债，可记名、挂失，以凭证式国债收款凭证记录债权，不能上市流通。

记账式债券是没有实物形态的票券，利用证券账户通过电脑系统完成债券发行、交易及兑付的全过程。我国1994年开始发行记账式国债。目前，上海证券交易所和深圳证券交易所已为证券投资者建立了电子证券账户，发行和交易均无纸化，具有效率高、手续简便、成本低等特点，是未来债券的发展趋势。

（二）债券市场

债券市场是发行和买卖债券的场所，是金融市场的重要组成部分。目前我国已经初步形成了以银行间债券市场为主体、交易所债券市场为补充的债券市场体系。

1. 债券的发行与承销

（1）国债的发行与承销。

① 国债的发行方式。目前我国国债有记账式、储蓄式两类品种。记账式国债通过财政部国债发行招投标系统，采用公开招标的方式。公开招标方式是通过投标人的直接竞价来确定发行价格（或利率）水平，发行人将投标人的标价自高价向低价排列或自低利率排到高利率，发行人从高价（或低利率）选起，直到达到需要发行的数额为止。储蓄式国债，具体包括凭证式国债和储蓄国债（电子式），发行采用承购包销的方式。承购包销方式，指大宗机构投资者组成承购包销团，按一定条件向财政部承购包销国债，并由其负责在市场上转售，任何未能售出的余额均由承销者包购。

② 国债的承销。记账式国债主要是通过银行间债券市场向记账式国债承销团发行，承销团成员通过客户端远程投标，中央结算公司根据招标结果办理券种注册、承销额度注册。招标结束后至缴款日，中标机构进行分销，分销对象为开立证券账户的各类投资者。

储蓄式国债的承销由财政部会同中国人民银行负责组织。凭证式国债的承销商在分得所承销的国债后，通过各自的代理网点发售，向投资者提供《中华人民共和国凭证式国债收款凭证》。另外，投资者可通过储蓄国债（电子式）承销团成员在全国已经开通储蓄国债（电子式）业务处理系统的营业网点柜台认购储蓄国债（电子式），还可通过储蓄国债（电子式）网上银行销售成员在网上银行认购储蓄国债（电子式）。

（2）金融债券的发行与承销。

① 金融债券的发行。政策性银行、商业银行、企业集团财务公司、金融租赁公司等金融机构应向中国人民银行报送发行申请，经中国人民银行批准后可发行金融债券。金融债

券可在全国银行间债券市场公开发行或定向发行。金融债券的发行，可以采取一次足额发行或限额内分期发行的方式。

金融债券的发行应由具有债券评级能力的信用评级机构进行信用评级。信用评级机构在信用评级过程中应恪守职业操守，保证评级结果的客观公正，充分揭示金融债券的投资风险。

② 金融债券的承销。金融债券的承销可以采用招标承销或协议承销等方式。以招标承销方式发行金融债券的，发行人应与承销团成员签订承销主协议。以协议承销方式发行金融债券的，发行人应聘请主承销商，由发行人与主承销商协商安排有关发行工作，主承销商应与承销团成员签订承销团协议。发行人不得认购或变相认购自己发行的金融债券。

（3）公司债券的发行与承销。

① 公司债券的发行。公司债券可以公开发行，也可以非公开发行。公开发行的公司债券应当符合《中华人民共和国证券法》《中华人民共和国公司法》的相关规定，经中国证监会核准。公开发行的公司债券，募集资金应当用于核准的用途。非公开发行的公司债券应当向合格投资者发行，不得采用广告公开劝诱和变相公开方式，每次发行对象不得超过200人。非公开发行公司债券，募集资金应当用于约定的用途。

② 公司债券的承销。发行公司债券应当由具有证券承销业务资格的证券公司承销。承销机构承销公司债券，应当依照《中华人民共和国证券法》相关规定采用包销或者代销方式。公开发行公司债券，应当由中国证券登记结算有限责任公司统一登记。

2. 债券交易

（1）债券交易方式。债券现券交易是指交易双方以约定的价格在当日或次日转让债券所有权，办理券款交割的交易行为。现券买卖是债券市场最早出现和最基本的交易方式。

债券回购交易是指资金融入方（债券持有人、正回购方）与资金融出方（债券买方、逆回购方）在进行债券交易的同时，签订协议约定在未来某一时间以约定价格将该笔债券购回的交易方式。

债券远期交易是指交易双方约定在未来的某一日期，以约定价格和数量买卖标的债券的行为。市场参与者进行远期交易需签订合同。

债券期货交易是指在将来某一特定日期，以双方承诺约定的价格买卖某特定债券的交易。目前，国债期货交易是在国债期货交易所内通过集中竞价的方式进行交易的一个交易品种。

（2）债券交易市场的构成。债券交易市场是指已经发行的债券流通交易场所，又称二级市场。债券交易市场由各类交易者、中介服务机构以及市场监督者构成。

① 场内债券市场。场内债券市场即证券交易所债券市场，包括上海证券交易所、深圳证券交易所两个债券市场。在证券交易所上市的债券有国债、企业债券，可转换债券等。

② 场外债券市场。场外债券市场有银行间债券市场和商业银行柜台债券市场。

银行间债券市场是指在全国银行间同业拆借中心基础上建立起来的重要的场外交易市场，市场的交易成员包括商业银行、农村信用联社、保险公司、证券公司等金融机构以及一些非金融机构合格投资人，交易成员在该市场中进行债券买卖和回购交易。

商业银行柜台市场是指银行通过营业网点，与投资人进行债券买卖，并办理相关托管与结算等业务的行为。柜台债券市场作为银行间市场的延伸，仅面向小企业和个人。

五、证券投资基金市场

（一）证券投资基金

证券投资基金（简称基金）是指通过发售基金份额，将众多投资者的资金集中起来，形成独立财产，由基金托管人托管，基金管理人管理，以投资组合的方式进行证券投资的一种利益共享、风险共担的集合投资方式。

1. 证券投资基金的特点

（1）集合投资。基金可以最广泛地吸收社会闲散资金，汇成规模巨大的投资集合，由专业机构投资于各种金融工具，以谋取资产的增值。

（2）分散风险。基金凭借其集中的巨额资金，在法律规定的投资范围内进行科学的组合，分散投资于多种证券，实现资产组合多样化。通过多元化的投资组合使每个投资者面临的投资风险变小，同时利用不同投资对象之间收益率变化的相关性，达到分散投资风险的目的。

（3）专业理财。基金实行专业理财制度，由受过专门训练、具有比较丰富的证券投资经验的专业人员运用各种技术手段收集、分析各种信息资料，预测金融市场上各个品种的价格变动趋势，制订投资策略和投资组合方案，中小投资者可以避免盲目投资带来的失误。

2. 证券投资基金的类型

（1）按基金的组织形式不同，分为契约型基金和公司型基金。

契约型基金是指将投资者、管理人、托管人三者作为信托关系的当事人，通过签订基金契约的形式发行受益凭证而设立的一种基金。契约型基金是基于信托原理而组织起来的代理投资方式，没有基金章程，也没有公司董事会，而是通过基金契约来规范三方当事人的行为。

公司型基金是依据基金公司章程设立，在法律上具有独立法人地位的股份投资公司。公司型基金以发行股份的方式募集资金，投资者购买基金公司的股份后，以基金持有人的身份成为投资公司的股东，凭其持有的股份依法享有投资收益。

我国的基金全部是契约型基金，美国的绝大多数基金是公司型基金。

（2）按基金运作方式不同，分为封闭式基金和开放式基金。

封闭式基金是指经核准的基金份额总额在基金合同期限内固定不变，基金份额可以在依法设立的证券交易场所交易，但基金份额持有人不得申请赎回的基金。封闭式基金在封闭期内不能追加认购或赎回，投资者只能通过证券经纪商在二级市场上进行基金的买卖。

开放式基金是指基金份额总额不固定，基金份额可以在基金合同约定的时间和场所申购或者赎回的基金。为了满足投资者赎回资金、实现变现的要求，开放式基金一般都从所筹资金中拨出一定比例，以现金形式保持这部分资产。

（3）按基金的投资标的不同，可分为债券基金、股票基金、货币市场基金、混合基金、衍生证券投资基金。

债券基金是一种以债券为主要投资对象的证券投资基金。由于债券的年利率固定，因而这类基金的风险较低，适合稳健型投资者。债券基金的收益会受市场利率的影响，当市场利率下调时，其收益会上升；反之，若市场利率上调，其收益将下降。在我国，根据《证券投资基金运作管理办法》的规定，80%以上的基金资产投资于债券的，为债券基金。

股票基金是指以上市股票为主要投资对象的证券投资基金。股票基金的投资目标侧重追求资本利得和长期资本增值。在我国，根据《证券投资基金运作管理办法》的规定，60%以上的基金资产投资于股票的，为股票基金。

货币市场基金是以货币市场工具为投资对象的一种基金，其投资对象期限较短，一般在1年以内，包括银行短期存款、国库券、公司短期债券、银行承兑票据及商业票据等货币市场工具。在我国，根据《证券投资基金运作管理办法》，仅投资于货币市场工具的，为货币市场基金。

混合基金同时以股票、债券等为投资对象，以期通过在不同资产类别上的投资，实现收益与风险之间的平衡。根据中国证监会对基金类别的分类标准投资于股票、债券和货币市场工具，但股票投资和债券投资的比例，不符合股票基金债券基金的，规定为混合基金。

衍生证券投资基金是一种以衍生证券为投资对象的基金，包括期货基金、期权基金、认股权证基金等。这种基金风险大，因为衍生证券一般是高风险的投资品种。

（4）按基金的募集方式划分，可分为公募基金和私募基金。

公募基金是可以面向社会公众公开发售的基金。公募基金可以向社会公众公开发售基金份额和宣传推广，基金募集对象不固定。公募基金份额的投资金额要求较低，适合中小投资者参与。公募基金必须遵守有关的法律法规，接受监管机构的监管并定期公开相关信息。

私募基金是向特定的投资者发售的基金。私募基金不能进行公开发售和宣传推广，只能采取非公开方式发行。私募基金份额的投资金额较高，风险较大，监管机构对投资者的资格和人数会加以限制。私募基金的投资范围较广，在基金运作和信息披露方面所受的限制和约束较少。

（二）证券投资基金当事人

1. 基金份额持有人

基金份额持有人即基金投资者，是基金的出资人、基金资产的所有者和基金投资回报的受益人。

2. 基金管理人

基金管理人是负责基金发起设立与经营管理的专业性机构，不仅负责基金的投资管理，而且承担着产品设计、基金营销、注册登记、基金估值等多方面的职责。我国证券投资基金法规定，基金管理人由依法设立的基金管理公司担任。基金管理公司通常由证券公司、信托投资公司或其他机构等发起成立，具有独立法人地位。

3. 基金托管人

基金托管人对基金管理机构的投资操作进行监督和保管基金资产，以保障基金投资者的权益。我国证券投资基金法规定，基金托管人由依法设立并取得基金托管资格的商业银行或其他金融机构担任。

证券投资基金当事人之间的关系：基金份额持有人与基金管理人之间是委托人、受益人与受托人的关系，也是所有者和经营者之间的关系；基金管理人与托管人的关系是相互制衡的关系；基金份额持有人与托管人的关系是委托与受托的关系。

（三）我国证券投资基金的发展状况

1992年11月，中国境内第一家较为规范的投资基金——淄博基金，经中国人民银行总行批准正式设立，1993年8月在上海证券交易所挂牌上市，揭开了投资基金业在内地发展的序幕。

1994年以后，我国进入经济金融治理整顿阶段，基金发展中的不规范问题和积累的其他问题逐步暴露，多数基金的资产状况趋于恶化，中国基金陷于停滞状态。

1997年11月，我国颁布《证券投资基金管理暂行办法》，中国基金业的发展进入规范化的试点发展机遇。1998年3月，南方基金管理公司和国泰基金管理公司，分别发起、设立了封闭式基金，开始了中国证券投资基金试点。

2001年9月，我国第一只开放式基金"华安创新"设立，实现了从封闭式基金到开放式基金的历史性跨越，此后开放式基金逐渐取代封闭式基金，成为中国基金市场发展的方向和主流。

2004年6月开始实施《中华人民共和国证券投资基金法》，为我国基金业的发展奠定了重要的法律基础，标志着我国基金业的发展进入了一个新的发展。截至2017年年底，我国公募基金数量达到4 841只，公募基金管理人128家，管理资金规模近11.6万亿元，公募基金持有人超过3.4亿人。基金行业对外开放程度不断提高，基金业市场营销和服务创新日益活跃，基金投资者队伍迅速壮大。

金融人物：沃伦·巴菲特

六、金融衍生工具市场

近30年来，金融衍生产品市场快速崛起，成为市场经济始终最引人注目的事件之一。衍生工具的普及改变了整个市场结构，它们连接起传统的商品市场和金融市场，并深刻地改变了金融市场与商品市场的截然划分的状态。

（一）金融衍生工具

金融衍生工具是指建立在基础产品或基础变量之上、其价格取决于基础金融产品价格（或数值）变动的派生金融产品。基础产品是一个相对的概念，不仅包括现货金融产品（如债券、股票、银行定期存款单等），也包括金融衍生工具。基础变量主要指各类资产价格、价格指数、利率、汇率等。

1. 金融衍生工具的基本特征

（1）跨期性。金融衍生工具是交易双方通过对利率、汇率、股价等因素变动趋势的预测，约定在未来某一时间按照一定条件进行交易或选择是否交易的合约。

（2）杠杆性。金融衍生工具交易一般只需要支付少量的保证金或权利金就可签订远期大额合约或互换不同的金融工具。金融衍生工具的杠杆效应一定程度上决定了它的高投机性和高风险性。

（3）联动性。金融衍生工具的价值与基础产品或基础变量紧密联系，其联动关系既可以是简单的线性关系，也可以是非线性函数或者分段函数。

（4）不确定性。金融衍生工具的交易后果取决于交易者对基础工具（变量）未来价格（数值）的预测和判断的准确程度。基础工具价格的变幻莫测决定了金融衍生工具交易盈亏的不稳定性，这是金融衍生工具高风险性的重要诱因。

2. 金融衍生工具的类型

（1）金融远期合约。金融远期合约是指交易双方在场外市场上通过协商，按约定价格在约定的未来日期（交割日）买卖某种标的金融资产（或金融变量）的合约。金融远期合约是最基础的金融衍生产品，金融机构或大型工商企业通常利用远期交易作为风险管理手段。

金融远期合约主要包括远期利率协议、远期外汇合约和远期股票合约。目前，与我国证券市场直接相关的金融远期交易是全国银行间债券市场的债券远期交易。该交易从2005年6月15日起开始在全国银行间同业拆借中心进行。全国银行间债券市场参与者中，具有做市商或结算代理业务资格的金融机构可与其他所有市场参与者进行远期利率协议交易。

除利率衍生品外，国内主要外汇银行均开设远期结售汇业务，中国外汇交易中心开展了人民币外汇远期/掉期交易和外币对远期/掉期交易，这些工具为证券市场上从事跨境交易的投资者提供了规避汇率风险的有效手段。

（2）金融期货。金融期货是指在交易所内按约定的时间和价格进行交易的标准化的金融商品合约。金融期货以外汇、利率和股票价格指数等为标的物，是一种派生的金融工具。目前金融期货在许多方面已经走在商品期货的前面，占整个期货市场交易量的80%。

金融期货交易的对象是金融期货合约。金融期货合约是由期货交易所设计的一种对指定金融工具的种类、规格、数量、交收月份、交收地点都做出统一规定的标准化协议。

金融期货交易是一种风险管理工具，风险厌恶者可以利用它进行套期保值，规避风险；风险喜好者利用它承担更大的风险。在金融期货交易中，仅有极少数的合约到期进行交割交收，绝大多数的期货合约是通过相反交易实现对冲而平仓的。按基础工具划分，金融期货主要有三种类型：外汇期货、利率期货、股权类期货。

（3）金融期权。金融期权购买者在向出售者支付一定费用后，就获得了能在规定期限内以某一特定价格向出售者买进或卖出一定数量的某种金融工具的权利。期权交易实际上是一种权利的单方面有偿让渡。期权的买方以支付一定数量的期权费为代价而拥有了这种权利，但不承担必须买进或卖出的义务；期权的卖方则在收取了一定数量的期权费后，在一定期限内必须无条件服从卖方的选择并履行成交时的允诺。

按照选择权的性质划分，金融期权可以分为看涨期权和看跌期权。看涨期权指期权的买方具有在约定期限内（或合约到期日）按协定价格买入一定数量基础金融工具的权利。交易者之所以买入看涨期权，是因为他预期基础金融工具的价格在合约期限内将会上涨。看跌期权指期权的买方具有在约定期限内按协定价格卖出一定数量基础金融工具的权利。交易者买入看跌期权，是因为他预期基础金融工具的价格在近期内将会下跌。

权证是基础证券发行人或其以外的第三人（简称发行人）发行的，约定持有人在规定期间内或特定到期日，有权按约定价格向发行人购买或出售标的证券，或以现金结算方式收取结算差价的有价证券。从产品属性看，权证是一种期权类金融衍生产品。权证与交易所交易期权的主要区别在于，交易所挂牌交易的期权是交易所制定的标准化合约；而权证则是权证发行人发行的合约，发行人作为权利的授予者承担全部责任。

（4）金融互换。金融互换是指两个或两个以上的当事人按共同商定的条件，在约定的时间内定期交换现金流的金融交易。互换是参与者进行套期保值、进行风险管理的重要工具，同时也是联系债券市场和货币市场的重要桥梁。金融互换可分为货币互换、利率互换、股权互换、信用互换等类别。

自1981年美国所罗门兄弟公司为IBM和世界银行办理首笔美元与马克和瑞士法郎之间

的货币互换业务以来，互换市场的发展非常迅猛，目前，按名义金额计算的互换交易已经成为最大的衍生交易品种。

2006年2月，国家开发银行与光大银行的第一笔人民币利率互换交易正式生效，人民币利率互换市场诞生。2008年之后，人民币利率互换交易开始正式全面推进，市场成员日益丰富。

（5）结构化金融衍生工具。前述四种常见的金融衍生工具通常也被称作"建构模块工具"，它们是最简单和最基础的金融衍生工具；而利用其结构化特性通过相互结合或与基础金融工具相结合，能够开发设计出更多具有复杂特性的金融衍生产品，通常被称为结构化金融衍生工具，或简称为"结构化产品"。

结构化产品通常由多个基本部分构成，这些基本部分的组合使得结构化产品能够产生特定的针对某类投资者需求的风险收益特征。目前我国各家商业银行推广的挂钩不同标的资产的理财产品等（如沪深300指数联结的保本理财产品）都是其典型代表。

金融链接："327"国债风波

（二）我国金融衍生工具市场的发展状况

我国金融衍生工具市场分为交易所市场、银行间衍生工具市场和银行柜台生工具市场三个部分。

1. 金融衍生工具的交易所市场

1921年由上海金业交易所推出的标金期货，实际上已经具有了外汇期货的性质，这是近现代全球首例金融期货交易。

1988年全国外汇调剂中心（中国外汇交易中心的前身）在上海成立，该中心于1992年6月1日推出人民币外汇期货，开展了人民币与美元、日元、德国马克的期货交易。1年后，中国外汇调剂中心终止了该交易。

1991年8月1日，海南新能源股份有限公司（非上市公司）首次发行可转换债券，并于1993年6月在深圳证券交易所上市。2014年12月24日，宝钢集团发行中国证券市场第一单可交换公司债券，在上海证券交易所上市交易。1992年12月28日，上海证券交易所推出了面向证券公司的国债期货交易，并于1993年12月25日正式向社会公众开放。事后2家证券交易所、2个证券交易中心及10家期货交易所相继开办了国债期货交易，到1995年各地挂牌的国债期货合约已达60多个品种。1995年，由于当时各种复杂原因的交织，国债期货交易发生了以"327"国债期货风波为代表的一系列重大风险事件，1995年5月17日中国证监会发布《关于暂停全国范围内国债期货交易试点的紧急通知》，中止了该项交易。2013年9月6日，经国务院批准，中国证监会批复，国债期货正式在中国金融期货交易所挂牌上市，因"327"国债期货事件而暂停18年的金融期货品种终于又回到了中国资本市场的舞台。2006年9月8日，中国金融期货交易所成立，并于2010年4月16日正式上市交易沪深300指数期货。

2. 银行间衍生工具市场

中国银行间衍生品市场主要集中于中国外汇交易中心暨全国银行间同业拆借中心，拆借中心于2005年6月15日推出债券远期交易，2005年8月15日开展银行间远期外汇交易，2006年2月9日开始人民币利率掉期交易，2011年4月1日正式启动人民币对外汇期权交易。从2005年起，银行间债券市场还推出了资产支持证券，截至2018年3月末，银行间市场托管的资产支持证券总规模达到 8 803.41 亿元。

（三）银行柜台衍生工具市场

根据中国证监会规定，取得衍生产品交易资格的银行业金融机构，可与机构客户进行衍生产品交易，目前主要涉及远期结售汇、外汇远期与掉期、利率衍生品交易等，同时，商业银行在个人理财产品和业务的经营活动中有较多涉及了结构化金融衍生品的交易。

金融拓展：
原油期货

测试评价

一、学习测试

（一）单项选择题

1. 收支相抵后的差额称为（　　）。
   A. 多头　　　　　　B. 空头　　　　　　C. 货币头寸　　　　D. 同业拆借
2. 收款人将还没有到期的汇票转让给银行，银行按票面金额扣除贴现利息后将余额支付给持票人的票据行为称为（　　）。
   A. 出票　　　　　　B. 承兑　　　　　　C. 付款　　　　　　D. 贴现
3. （　　）是政府作为债务人承诺1年内债务到期时偿还本息的有价凭证。
   A. 公债　　　　　　B. 国库券　　　　　　C. 央行票据　　　　D. 定期存单
4. （　　）是指以期限在1年以上的金融工具为媒介进行长期资金融通的交易关系的总和。
   A. 货币市场　　　　B. 资本市场　　　　C. 短期资金市场　　D. 国库券市场
5. 我国证券交易所内的证券交易按（　　）原则竞价成交。
   A. 价格优先　　　　　　　　　　　　　B. 时间优先
   C. 时间优先、价格优先　　　　　　　　D. 价格优先、时间优先

（二）多项选择题

1. 下列（　　）是货币市场的子市场。
   A. 同业拆借市场　　　　　　　　　　　B. 回购协议市场
   C. 商业票据市场　　　　　　　　　　　D. 短期政府债券市场
   E. 大额可转让存单市场
2. 根据出票人的不同，票据分为（　　）。
   A. 商业票据　　B. 汇票　　C. 银行票据　　D. 本票　　E. 支票
3. 银行票据主要包括（　　）。
   A. 银行本票　　　　B. 银行汇票　　　　C. 银行承兑汇票
   D. 银行存单　　　　E. 银行支票
4. 债券的特征包括（　　）。
   A. 偿还性　　　　B. 不确定性　　　C. 流通性
   D. 安全性　　　　E. 收益性
5. 金融衍生工具的特征包括（　　）。

A. 跨期性　　　B. 杠杆性　　　C. 联动性
D. 不确定性　　E. 风险性

（三）判断题

1. 货币市场交易规模大，被视为资金"批发市场"。（　　）
2. 同业拆借市场最早期形成的根本原因在于法定存款准备金制度的实施。（　　）
3. 大部分国家的法律规定，中央银行不能直接在发行市场上购买短期政府债券。
　　　　　　　　　　　　　　　　　　　　　　　　　　　　　　　　（　　）
4. 我国证券交易所有集合竞价、连续竞价两种竞价方式。（　　）
5. 公司债券的风险性通常小于政府债券和金融债券。（　　）

（四）主观题

1. 货币市场的特征是什么？
答：_____
_____

2. 同业拆借市场有何特点？
答：_____
_____

3. 短期政府债券有何特征？
答：_____
_____

4. 资本市场的特征是什么？
答：_____
_____

5. 衍生金融工具的主要种类有哪些？
答：_____
_____

（五）计算题

某企业4月5日持有一张面值300万元的商业汇票到银行申请贴现，贴现利率为3.8%，汇票到期日5月17日，计算银行应付企业多少钱？

解：

二、能力评价

（一）案例分析

沃伦·巴菲特的长期价值投资策略

背景：

沃伦·巴菲特是伯克希尔·哈撒韦公司的创始人和主席，也是世界上最成功的投资者之一。他采用了一种被称为"长期价值投资"的策略，这种策略强调对公司进行深入研究，寻找那些被市场低估的优质企业，并长期持有这些企业的股票。

巴菲特的长期价值投资策略基于几个核心原则：

1. 深入研究：巴菲特和他的团队会对潜在的投资目标进行深入研究，分析公司的财务报表、业务模式、竞争环境等。

2. 寻找优质企业：寻找那些具有强大竞争优势、良好管理层和可持续盈利能力的企业。

3. 长期持有：一旦找到这样的企业，巴菲特会长期持有其股票，即使市场短期内出现波动。

结果： 通过长期持有这些优质企业的股票，巴菲特成功地实现了资产的稳健增值。尽管市场时有波动，但他的投资组合长期看来表现优异。

问题：

根据沃伦·巴菲特的长期价值投资策略，你认为当前资本市场上有哪些适合长期持有的股票？分析其原因。

答：_____

（二）模拟实验

下载某股票模拟操作软件（推荐：同花顺模拟炒股），自己选择3~5种股票进行模拟交易。

答：_____

（三）小组讨论

分组讨论货币市场和资本市场的区别与联系并完成下表对比内容。

项目	货币市场	资本市场
金融工具的种类		
融资期限		
融资目的		

续表

项目	货币市场	资本市场
风险程度		
收益水平		
资金来源		

(四) 业务实训

登录上海银行间拆放利率官网 www.shibor.org/shibor/index.html，查阅隔夜、1周、2周、1个月、3个月、6个月、9个月及1年 Shibor 的报价，分析同业拆借市场行情。

答：_____

_____

_____

项目五 金融机构与三大支柱

项目概述

一、项目背景与目标

随着金融市场的不断发展和金融创新的深入,金融机构的细分领域日益增多,包括银行、证券、保险、信托、基金等。这些机构在金融体系中发挥着重要的作用,共同支撑着经济社会的稳定发展。本项目旨在深入研究和梳理细分金融机构的特点与功能,并重点分析金融机构的三大支柱:银行业(在下一个项目中)、证券业、保险业。熟悉证券、保险、信托及其他非银行类金融机构的业务、作用等,提高金融的基本素养,增强合规操作和风险防控的意识。

二、项目内容与结构

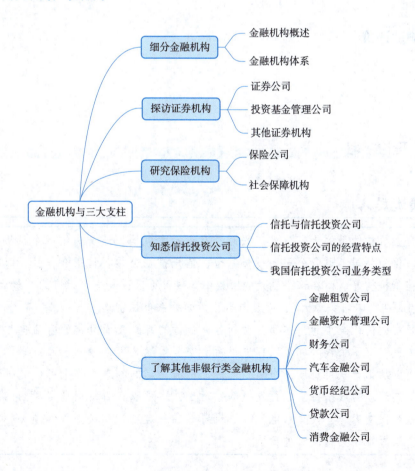

三、研究方法与步骤

(1) 理论学习：通过课堂讲解、教材阅读等方式，掌握金融机构、金融机构体系等概念；理解金融监管体系的构成、职能、运作机制；熟悉证券、保险、信托等机构的业务等。

(2) 案例研究与比较：选择典型国家或地区的金融机构体系进行案例研究，总结各国金融机构体系成功经验和失败教训，进行国际比较与借鉴。

(3) 小组讨论：通过查阅图书、搜索网络等方式查找四大支柱的相关资料，分组讨论这四大支柱在金融体系中的作用和相互关系。

(4) 实地考察：组织学生参观当地的证券公司、保险公司或其他非银行类金融机构，了解其业务范围。

四、预期成果

(1) 能够比较分析证券、保险、信托机构的业务特点。
(2) 能够比较分析各非银行金融机构的发展趋势。
(3) 能够比较分析我国金融机构体系和西方金融机构体系的异同。
(4) 能够认清金融活动中的贪婪等不正当行为，树立正确的金钱观和财富观。
(5) 能够使学生认识到金融法规的重要性，培养遵守法律法规、维护金融秩序的意识，弘扬法治精神。

五、测试评价

(1) 学习测试。
(2) 能力评价。

理论学习

情境导入　　　　　　　　　　　　　　　　　　　　　　　　　>>>

> 　　现代金融机构体系的大家族人丁兴旺，有银行类机构，还有非银行金融机构，包括投资银行、保险公司、财务公司、投资基金、信托投资公司、信用合作社、邮政储蓄银行、小额信贷机构等。而在这个庞大的家族中，银行可以说是当之无愧的"老大哥"，因为它"出生最早""块头最大"，而且与老百姓的关系也最密切。
> 　　不论是在大街还是小巷，你都会看到各家银行的身影，而且你的生活也和它们密切相关。比方说，有了余钱，你可以存进银行，安全无忧又可以领取利息；当你亟须用钱的时候，可以从银行获得贷款，当然，代价是付出一定的利息；你也可以通过银行向远方的亲朋好友汇款转账；持有银行发放的银行卡，你可以在百货商场里潇洒购物；你还可以通过银行代发工资，代交水电费、手机费等各种款项，省去很多麻烦……可见，离开了银行，老百姓还真是没法过日子。

就整个社会而言，我们除了要经常与银行这类金融机构有联系之外，也要同一些非银行类的金融机构发生往来，你可能要给自己或家人买一份保险，你的单位要给职工缴纳社会保险、给单位财产买财产保险；或者你想到股市上投资，那要先找到一家证券公司去开户；有了一份资产你不知道如何去管理，那你可以去跟信托公司探讨；还有可能你买了某个基金公司的基金……

非银行金融机构业务专业化程度高，类别庞杂，主营业务各异，具有各自特定的服务对象和市场。非银行金融机构的发展，有利于健全和完善金融体系，丰富金融市场，提高金融服务的水平和效率。经过多年的发展，非银行机构在整个金融机构体系中已是非常重要的组成部分，其发展状况是衡量一国金融机构体系是否成熟的重要标志之一。

任务一　细分金融机构

一、金融机构概述

金融机构作为专业化的融资和服务机构，是整个经济体系中的关键部门。

（一）金融机构的概念

关于金融机构的含义，有狭义和广义之分。狭义的金融机构是指资金盈余者与资金需求者之间融通资金的信用中介，是从事各种金融活动的组织。广义的金融机构不仅包括所有从事金融活动的组织，还包括金融市场的监管者，比如中央银行以及专职监管部门。

金融机构通常通过吸收存款、发行各种证券、接受他人的财产委托等形式从资金盈余者手中获取资金，而后通过贷款、投资等形式将资金贷给资金需求者。它们是金融体系的重要组成部分，在整个国民经济运行中起着举足轻重的作用，通过疏通引导资金的流动，可以促进资源在经济社会中的分配，提高经济运行效率。

（二）金融机构的分类

按照不同的标准，金融机构可划分为不同的类型。

1. 按照金融机构的管理地位，可划分为金融监管机构与金融经营机构

（1）金融监管机构。金融监管机构是指根据法律规定对一国的金融体系进行监督管理的机构，其主要职责包括按照规定监督管理金融市场、发布有关金融监督管理和业务的命令和规章、监督管理金融机构的合法合规运作等。

在我国，金融监管机构主要包括中国人民银行、中国银行业监督管理委员会（简称"中国银监会"）、中国证券监督管理委员会（简称"中国证监会"）、中国保险监督管理委员会（简称"中国保监会"）、国家外汇管理局等。其中，中国人民银行是我国的中央银行，负责制定和执行货币政策，维护金融稳定；中国银监会负责对银行业金融机构进行监管；中国证监会负责对证券期货市场进行监管；中国保监会负责对保险市场进行监管；国家外汇管理局则负责对外汇市场进行监管。2018年中国银行业监督管理委员会和中国保险监督管理委员会进行了合并，组建了中国银行保险监督管理委员会（简称"银保监会"）。银保监会成立后，其职责包括制定和执行相关监管政策、监督管理银行业和保险业的机构、业务活动以及风险状况，维护金融市场的稳定和健康发展。同时，银保监会还负责协调与其他金融监管机构的关系，共同维护国家金融安全。

（2）金融经营机构。金融经营机构是指从事相关业务需要取得金融监管部门授予的金融业务许可证的企业，包括政策性银行、商业银行、信托投资公司、证券公司、保险公司等。

2. 按照是否能够接受公众存款，可划分为存款性金融机构与非存款性金融机构

（1）存款性金融机构。存款性金融机构主要通过吸收各种存款获得资金来源，并将之贷给需要资金的各经济主体及投资于证券等获得收益的金融机构，如商业银行、储蓄贷款协会、合作储蓄银行等。

（2）非存款性金融机构。非存款性金融机构不得吸收公众的储蓄存款，以接受资金所有者根据契约规定缴纳的非存款性资金为主要来源，如保险公司、信托金融机构、政策性银行，以及各类证券公司、财务公司等。

3. 按照是否担负国家政策性融资任务，可划分为政策性金融机构和非政策性金融机构

（1）政策性金融机构。政策性金融机构是指由政府投资创办、按照政府意图与计划从事金融活动的机构。它们不以利润最大化为经营目的，在特定的业务领域从事政策性融资活动，如国家开发银行、中国进出口银行、中国农业发展银行。

（2）非政策性金融机构。非政策性金融机构不承担国家的政策性融资任务。

4. 按照是否属于银行系统，可划分为银行金融机构和非银行金融机构

（1）银行金融机构。银行是经营货币和信用业务的经营机构。它通过吸收存款、发放贷款、办理结算、汇兑等业务，在整个社会范围内融通资金。按照不同的划分标准，现代银行有各种不同的分类。例如，按资本性质划分，有国家银行、公私合营银行、私营银行；按职能划分，有中央银行、商业银行、专业银行。

（2）非银行金融机构。非银行金融机构是指经营各种金融业务但又不称为银行的金融机构。这类机构较为庞杂，例如保险机构、证券机构、消费信用机构、投资基金机构、财务公司、典当行等。非银行金融机构的产生，使金融机构、融资渠道和融资形式多样化，为客户提供的金融服务也日益多样化，同时也使金融界增加了竞争对手，有利于金融业提高服务水平。

5. 按照所属的国家，还可划分为本国金融机构、外国金融机构和国际金融机构

（1）本国金融机构。本国金融机构是指在一国境内注册并允许开展金融业务的企业，比如中国银行、中国工商银行等。

（2）外国金融机构。外国金融机构是指在一国境外注册并经所在国家或地区金融监管当局或行业协会认可的金融机构，比如在我国开展业务的花旗银行。改革开放以来，越来越多的外资银行开始进入中国市场，为我国金融体系的完善和金融市场的发展发挥了重要作用。

（3）国际金融机构。国际金融机构又称为国际金融组织，是指世界多数国家的政府之间通过签署国际条约或协定而建立的，从事国际金融业务，协调国际金融关系，维系国际货币和信用体系正常运作的超国家金融机构，比如国际货币基金组织、世界银行等。

（三）金融机构的基本功能

1. 充当信用中介，促进资金融通

融通资金功能是指金融机构充当专业的资金融通媒介，促进各种社会闲置资金向生产性资金转化。资金融通功能是所有金融机构具备的基本功能，各种金融机构通常采用发行金融工具的方式融通资金。不同的金融机构发行不同的融资工具，使其融资方式不同，如银行作为债务人发行存款类金融工具，通过吸收储蓄取得闲置货币资金，然后作为债权人向资金需求者发放贷款；保险类金融机构吸收保费，除支付必要的理赔和必要的准备外，大部分资金投向资本市场购买有价证券和各种基金；基金类金融机构作为受托者，接受投资者委托资金，并将其投向资本市场。金融机构在全社会范围内，将闲散货币资金转换为生产过程的职能资本，提高资金的利用效率。

2. 充当支付中介，便利支付结算

支付结算是指单位、个人在社会经济活动中使用票据（包括支票、本票、汇票）、银行卡和汇兑、托收承付、委托收款等结算方式进行货币给付及其资金清算的行为，其主要功能是完成资金从一方当事人向另一方当事人的转移。《支付结算办法》第六条规定："银行是支付结算和资金清算的中介机构。未经中国人民银行批准的非银行金融机构和其他单位不得作为中介机构经营支付结算业务。但法律、行政法规另有规定的除外。"

3. 降低交易成本

假设在一个没有金融机构的经济中，某企业有一个前景很好的项目，但是由于没有足够的自有资金进行投资，需要向外界的资金盈余者寻求资金，这就需要花费大量的搜索成本。同样，在没有金融机构做中介的市场中，资金盈余者为了把资金借贷出去获取投资收益，也需要花费大量成本去找到资金短缺者。而在金融机构存在的金融市场中，资金短缺者和资金盈余者都不用漫无目的地去寻找对方。资金盈余者将资金以储蓄的形式存放于金融机构中，并获取一定收益，资金短缺者也可以直接到金融机构取得资金。这样就减少了相互寻找的交易费用，提高了经济效率。

4. 解决信息不对称问题

信息不对称是指在市场经济活动中，各类人员对有关信息的了解是有差异的；掌握信息比较充分的人员，往往处于比较有利的地位，而信息贫乏的人员，则处于不利的地位。金融机构可以改善信息不对称正是由于其具有强大的信息收集、信息筛选和信息分析优势，可以选择合适的借款人和投资项目，对所投资的项目进行专业化的监控，有利于投融资活动的正常进行。

5. 转移和管理金融风险

在传统的金融活动中，金融机构被视为资金融通的组织和机构；但是随着现代金融市场的发展，现代金融理论则强调金融机构是生产金融产品、提供金融服务、帮助客户分担风险的同时能够有效管理自身风险并获利的机构。金融机构转移和管理风险的功能是指金融机构通过各种业务、技术和管理，分散、转移、控制或减轻金融、经济和社会活动中的各种风险。金融机构转移与管理风险功能，主要体现在其充当融资中介的过程中，为投资者分散风险并提供风险管理服务；此外，保险和社会保障机制对经济与社会生活中各种风险进行的补偿、防范或管理，也体现了这一功能。

二、金融机构体系

世界各国金融机构体系的结构和功能都是十分复杂的，并拥有种类繁多、形式各异的金融机构。

金融管理实务

(一) 金融机构体系的含义

金融机构体系,又称为金融体系,是一个包括经营和管理金融业务的各类金融机构组成的整体系统。金融机构体系是商品经济发展到一定阶段的产物,随着经济的不断发展,它也会发生变化并逐步健全和完善。

(二) 西方国家金融机构体系的一般构成

在现代西方国家,金融机构体系包括银行机构和非银行金融机构。银行机构分为中央银行、商业银行、各类专业银行;而非银行金融机构又分为证券公司、保险公司、投资公司、信用合作组织、基金组织、消费信贷机构、租赁公司、财务公司等。中央银行是金融机构体系的核心,商业银行是主体,各类专业银行和非银行金融机构是重要组成部分。过去西方国家的金融机构体系分工主要有两种模式:一种是以英、美为代表的分业制专业经营模式,即银行业与信托业、证券业分离。商业银行主要从事短期信用业务,吸收存款和发放短期贷款,而其他业务则有专业化的金融机构承担。另一种是以德、日等国为代表的混业制经营模式,即商业银行可以从事一切金融业务。20世纪90年代以来,随着中央银行监管制度和金融机构内部管理的不断完善,以及市场竞争日益激烈与金融创新的需要,金融业的分业经营模式正在被打破,综合性的趋势日益明显。1999年12月,美国国会通过了《金融服务现代化法案》,标志着混业经营体制终于在国际金融界占据主导地位。

1. 中央银行

中央银行是在西方国家银行业发展过程中,从商业银行独立出来的一种银行,它是一国金融体系的核心。中央银行对内代表国家对整个金融体系实行领导和管理,维护金融体系的安全运行,实施宏观金融调控,是统治全国货币金融的最高机构;对外是一国货币主权的象征。

西方国家中央银行的制度有四种:一是单一的中央银行制度,即一国只设立一家统一的中央银行,行使中央银行的权力和履行中央银行的全部职责。中央银行机构设置一般采取总分行制,逐级垂直隶属。目前多数国家实行这种体制,如英国、法国、日本等;二是二元的中央银行制度,即一国建立中央与地方两级相对独立的中央银行机构,分别行使金融调控和管理职能,如美国、德国等;三是跨国中央银行制度,指由若干国家联合组建一家中央银行,由这家中央银行在其成员国范围内行使全部或部分中央银行职能,比如欧洲中央银行;四是准中央银行制度,即一个国家或地区只设类似中央银行的机构,或由政府授权某个或某几个商业银行行使部分中央银行职能,如新加坡、中国香港等。

2. 商业银行

在西方国家,商业银行是金融机构体系中的主体,它是依法接受活期存款,并主要为工商企业和其他客户提供贷款及从事短期投资的金融中介。商业银行通过办理转账结算实现国民经济中的绝大部分货币周转,同时以派生存款的形式创造货币和收缩货币,它始终在金融体系中处于举足轻重的地位。

3. 专业银行

专业银行是指有专门经营范围和提供专门性金融服务的银行。专业银行的出现是社会分工发展在金融领域的体现。随着社会经济的发展,要求银行必须具有某一专业领域的知识和服务技能,从而推动了各式各样专业银行的产生。西方国家专业银行种类甚多、名称各异,这里主要介绍以下几种。

（1）投资银行。投资银行是与商业银行相对应的一类金融机构，主要从事证券发行、承销、交易、企业重组、兼并与收购、投资分析、风险投资、项目融资等业务，是资本市场上的主要金融中介。投资银行是美国和欧洲大陆的称谓，英国称为商人银行，在日本则指证券公司。投资银行主要依靠发行自己的股票和债券来筹资，即使有些国家的投资银行允许接受存款，也主要是定期存款，这与商业银行有明显的不同。

当前世界的投资银行主要有四种类型：一是独立型的专业性投资银行，这种类型的机构比较多，遍布世界各地，它们有各自擅长的业务方向，比如美国的高盛、摩根士坦利；二是商业银行拥有的投资银行，主要是商业银行通过兼并收购其他投资银行、参股或建立附属公司从事投资银行业务，这种形式在英、德等国非常典型，比如汇丰集团、瑞银集团；三是全能型银行直接经营投资银行业务，这种形式主要出现在欧洲，银行在从事投资银行业务的同时也从事商业银行业务，比如德意志银行；四是一些大型跨国公司兴办的财务公司。

（2）储蓄银行。储蓄银行是指专门吸收居民储蓄存款，并为居民提供金融服务的银行。这类银行的服务对象主要是居民消费者，资金来源主要是居民储蓄存款，资金运用主要是为居民提供消费信贷和其他贷款等。西方不少国家的储蓄银行大多是专门的、独立的。储蓄银行的具体名称，各国有所差异，但基本功能相同，美国称为互助储蓄银行、信贷协会、储蓄贷款协会等，英国称为信托储蓄银行，日本称为储蓄银行。

（3）进出口银行。进出口银行是指专门为对外贸易提供结算、信贷等国际金融服务的银行。各国为推动本国的进出口贸易，集中掌握本国大宗的外汇收支，并发展同他国的经济往来，都设有这类银行。进出口银行一般是官方或半官方的金融机构，美国称为进出口银行，日本称为输出入银行，法国称为对外贸易银行。

（4）农业银行。农业银行是指在政府指导和资助下，专门为农业、畜牧业、林业、渔业的发展提供金融服务的银行。由于农业受自然条件影响大，农户分散，对资金需求数额小、期限长、利息负担能力有限以及抵押品集中管理困难等原因，农业信贷风险大、期限长、收益低。一般商业银行和其他金融机构不愿经营农业信贷。为此，西方许多国家专门设立以支持和促进农业发展为主要职责的农业银行，以满足政策性融资需要。如美国有联邦土地银行，法国有土地信贷银行、农业信贷银行，德国有农业抵押银行，日本有农林中央金库等。农业银行的资金来源主要有政府拨款、吸收存款、发行各种股票和债券。农业银行的贷款业务范围很广，几乎包括农业生产过程中的一切资金需要。

（5）住房信贷银行。住房信贷银行是指专门为居民购买住房提供金融服务的金融机构，它是以契约型的互助储蓄住房金融体系为依托，以低息贷款为卖点的专业住房金融机构。住房信贷银行，美国称为住房信贷体系，与农业信贷体系和进出口银行一样同属于联邦代理机构，具体包括联邦住房贷款银行委员会及其所属银行、联邦住宅抵押贷款公司、联邦住宅管理局、联邦全国抵押贷款协会等机构；日本称为住宅金融公库，属政府的金融机构，英国称为住房协会，其资金来源主要是协会会员交纳的股金和吸收存款（美国和日本的这类金融机构可以发行债券和接受政府资金），住房协会吸收的股金和存款一律付息，利息通常高于银行，且有减免税优惠，这就使得住房协会对小额储蓄者具有很大的吸引力。

4. 非银行金融机构

一般将中央银行、商业银行、专业银行以外的金融机构称为非银行金融机构，下面介绍几种主要的非银行金融机构。

（1）保险公司。保险是以社会互助的形式，对因各种自然灾害和意外事故造成的损失进行补偿的方式。专门经营保险业务的机构称为保险公司。西方国家的保险业十分发达，几乎是人人保险，物物保险，事事保险，因而按照保险种类分别设有形式多样的保险公司，如人寿保险公司、财产保险公司、灾害和事故保险公司、老年和伤残保险公司、信贷保险公司、存款保险公司、再保险公司等。保险公司是各国最重要的非银行金融机构。

保险公司的资金来源是它收取的保费。保费收入除去赔偿及费用支出外，其余均作为保险基金。保险基金数额巨大，而且比银行存款更为稳定，是西方国家金融体系长期资本的主要来源。

（2）投资基金。世界上最早的投资基金是英国于 1886 年成立的海外殖民信托基金。美国于 1924 年在波士顿成立第一家投资基金。对于投资基金，美国称为共同基金，英国称为单位信托基金，日本称为证券投资信托。投资基金是指通过发行基金股票或基金受益凭证将众多投资者的资金集中起来，直接或委托他人将集中起来的资金投资于各类有价证券或其他金融商品，并将投资收益按原始投资者的基金股份或基金受益凭证的份额进行分配的一种投资金融中介机构。

投资基金可以分为契约型基金和公司型基金。契约型基金，是根据一定的信托契约原理组建的代理投资制度。委托者、受托者和投资者三方订立契约，由经理机构（委托人）经营信托资产，基金保管银行或公司（受托者）保管信托资产，受益者（投资人）享有投资收益。

公司型基金是指通过组建基金股份公司来发行基金股票，募集投资者的资金，由公司投资经理部门或委托其他投资管理公司操作投资，并以红利形式将收益分配给投资者。

（3）退休或养老基金会。这类机构是指雇主或雇员按期交付一定比例的工资，在退休后，可取得一次付清或按月支付的退休养老金。20 世纪 80 年代以前，该类基金运营简单化，即主要用于购买国债和存在银行生息；80 年代以后，由于西方国家的人口老龄化问题越来越突出，完全依靠增加企业和个人负担来筹集足够的养老基金越来越困难，因而 80 年代至 90 年代初，养老基金运营开始转向股市化，即越来越多的养老基金投向企业股票和债券；90 年代以来，养老基金运营开始走向国际化，即养老基金投向海外证券市场的比例不断上升，这是因为海外投资回报率比国内市场要高。

（4）邮政储蓄机构。这是一种与邮政部门关系密切的非银行金融机构，1861 年首创于英国。邮政储蓄机构主要经营小额存款，其吸收的存款一般不用提缴准备金，其资金运用一般是存入中央银行或购买政府债券。这种金融机构的设立最初是为了利用邮政部门广泛的分支机构，提供廉价有效的邮政汇款服务，提高结算速度，加速资金周转，因此在各国发展比较普遍。近年来，邮政储蓄机构在朝两个方向发展：一个是逐步回归到商业银行性质；另一个是在政府支持下，变成一种公共事业，为社会提供各种服务，以便利人们的生活。

（5）金融租赁公司。金融租赁公司是指专门从事金融性租赁业务的非银行金融机构。金融租赁又称为"融资性租赁""资本租赁"，是指金融租赁公司根据承租人的要求购买设备，并将所购设备出租给承租人使用，收取租金以补偿其购买设备的成本、融资利息、经营费用、税款，并获取一定利润的金融业务活动。

(6）财务公司。财务公司是指一种在规定范围内经营部分银行业务的金融机构。财务公司是 20 世纪初兴起的，主要有美国模式和英国模式两种类型。美国模式的财务公司是以搞活商品流通、促进商品销售为特色的非银行金融机构，它依附于制造厂商，是一些大型耐用消费品制造商为了推销其产品而设立的子公司，这类财务公司主要是为零售商提供融资服务的，主要分布在美国、加拿大和德国。英国模式的财务公司基本上都依附商业银行，其组建的目的在于规避政府对商业银行的监管，因为政府明文规定，商业银行不得从事证券投资业务，而财务公司不属于银行，所以不受此限制，这种类型的财务公司主要分布在英国、日本和中国香港地区。

(7）信托公司。信托是指委托人基于对受托人（信托投资公司）的信任，将其合法拥有的财产委托给受托人，由受托人按委托人的意愿，以自己的名义为受益人的利益或者特定的目的，进行管理或者处分的行为。信托的基本职能是帮助别人进行财产管理，即"受人之托，代人理财"。西方发达国家的信托与银行、证券业一般都经历了混业—分业—混业的发展过程，目前大部分采用了混业经营模式，信托、银行及长期资本市场出现了同步发展的趋势。美国信托业务多由银行兼营，它和银行业务在商业银行内部是相互独立、按照职责严格加以区分的，即实行"职能分开、分别核算、分别管理、收益分红"的原则。日本的信托银行是在其银行法的基础上，根据兼营法取得监管当局许可，可以经营信托业务的金融机构。

（三）我国现行的金融机构体系

从中华人民共和国成立到改革开放以前，我国实行高度集中的金融机构体系模式，由中国人民银行独家经营金融业务并实行金融管理，即"大一统"的银行体制。改革开放后，随着金融体系改革的不断深入，我国已经建立了以中央银行为核心，商业银行为主体，政策性银行、其他非银行金融机构等多种金融机构并存，分工协作相对完善的金融机构体系。我国的金融机构体系大致可以用图 5-1 表示。

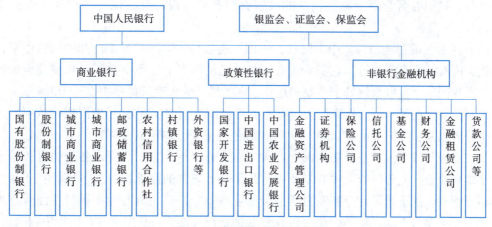

图 5-1　我国的金融机构体系

1. 金融监管机构

（1）中国人民银行。1995 年 3 月 18 日实施的《中华人民共和国中国人民银行法》，以法律的形式确定了中国人民银行是我国的中央银行。中国人民银行在国务院领导下，制定和实施货币政策，对金融业实施监督管理。

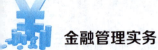

中国人民银行作为我国的中央银行，处在全国金融机构体系的核心地位，它具有世界各国中央银行的一般特征：是发行的银行、银行的银行和政府的银行。中国人民银行根据履行职责的需要设立分支机构，实行统一领导和管理。

（2）中国证券监督管理委员会。1992年10月，中国证券监督管理委员会（证监会）宣告成立。证监会依照法律法规和国务院授权，统一监督管理全国证券期货市场，维护证券期货市场秩序，保障其合法运行。

（3）中国保险监督管理委员会。中国保险监督管理委员会（保监会）成立于1998年11月，是我国商业保险的主管机关，根据国务院授权履行行政管理职能，依照法律、法规统一监督和管理保险市场，维护保险业的合法、稳健运行。

（4）中国银行业监督管理委员会。中国银行业监督管理委员会（银监会）成立于2003年4月，是国务院直属正部级事业单位。根据国务院授权，统一监督管理银行、金融资产管理公司、信托投资公司及其他存款类金融机构。银监会与中国人民银行各司其职，互相补充。中国人民银行着力确保货币政策的实施，而银监会的职责是监督和维护商业银行的利益。银监会的成立是我国金融监管体制的重大变革，标志着我国金融业中银行、证券、保险"分业经营，分业监管"的框架最终完成。

2018年中国银行业监督管理委员会和中国保险监督管理委员会进行了合并，组建了中国银行保险监督管理委员会。银保监会成立后，其职责包括制定和执行相关监管政策，监督管理银行业和保险业的机构、业务活动以及风险状况，维护金融市场的稳定和健康发展。同时，银保监会还负责协调与其他金融监管机构的关系，共同维护国家金融安全。

2. 商业银行

商业银行是以指经营存贷款、办理转账结算为主要业务，以营利为主要经营目标的金融企业。我国商业银行采用分支行制，即法律允许商业银行在全国范围或者一定区域内设立分支行。我国的商业银行体系包括四大国有控股商业银行及其他一些规模不等的商业银行。

（1）国有控股商业银行。中国银行、中国工商银行、中国建设银行和中国农业银行是我国四大国有控股商业银行。它们无论在人员、机构网点上，还是在资产规模及市场份额上，均在我国整个金融领域处于重要的地位，在世界上的大银行排序中也处于前列。

国有控股商业银行分别由原四大国有专业银行演变而来。1979年中国银行从中国人民银行中分离出来，中国人民建设银行从财政部分离出来，同年恢复了中国农业银行，1984年中国工商银行成立。这是最初的国有四大国有专业银行，它们分别以各自的服务领域为主，从事商业银行业务。四大国有专业银行除了从事正常的商业银行业务以外，还从事政策性银行业务，由于政策性业务和自身的经营业务不分，四大国有专业银行在经营过程中出现"负盈不负亏"的现象。因此，1994年我国把政策性业务从国有专业银行中剥离出来，成立了三家政策性银行，从而开始了四大国有专业银行向国有独资银行的转变。

为了深化金融改革，建立良好的公司治理结构，使国有四大独资银行成为现代化股份制商业银行，我国从20世纪90年代开始进行了一系列改革，包括1998年财政部发行2 700亿元特别国债补充四大行商业资本金，以及1999年成立华融、长城、东方、信达四家金融资产管理公司，共剥离不良资产1.4万亿元。2004年之后，四大国有独资银行已陆续被改造为国有控股的股份制商业银行。目前,四大国有控股商业银行均已成功上市。

(2) 股份制银行。股份制商业银行已经成为我国商业银行体系中一支富有活力的生力军,成为银行业乃至国民经济发展不可缺少的重要组成部分。股份制商业银行采取股份制形式的现代企业组织架构,按照商业银行的运营原则,高效决策,灵活经营,逐步建立了科学的管理机制和市场化的管理模式,自成立伊始即迅猛发展。我国现共有13家股份制商业银行:交通银行、招商银行、浦发银行、中信银行、光大银行、华夏银行、民生银行、广发银行、兴业银行、平安银行、恒丰银行、浙商银行、渤海银行。

(3) 城市商业银行。城市商业银行是由20世纪90年代的城市信用社、基金会改制而成的,是地区性的银行类金融机构。至2015年6月末,全国134家城市商业银行的总资产达到20.25万亿元,占银行业金融机构的比例接近11%。城市商业银行与一般商业银行的性质是一样的,都是存贷款、结算、结汇、中间业务等中国人民银行批准的金融业务,它不具有行政性质。与其他商业银行最大的不同是服务范围不一样,城市商业银行是地区性的金融机构,服务范围比其他商业银行小。

(4) 农村商业银行。农村商业银行是由辖内农民、农村工商户、企业法人和其他经济组织共同入股组成的股份制的地方性金融机构。农村信用合作社可以实行股份制改造,组建农村商业银行。截至目前,农村商业银行的发展规模正在不断扩大。从2005年的10家增至2021年的166家,银行机构总资产也从2005年的108亿元增至2020年的7.8万亿元,平均资产规模也在不断增长。据2023年6月末的数据,农村金融机构(包括农信系统和村镇银行)总资产达到了53.54万亿元,同比增长8.9%。其中,1 600多家农商银行的总资产合计约为43万亿元,同比增长约10.4%,增速与银行业平均值接近。

(5) 中国邮政储蓄银行。中国邮政储蓄银行有限责任公司于2007年3月6日正式成立,是在改革邮政储蓄管理体制的基础上组建的商业银行。中国邮政储蓄银行继承原邮政局、中国邮政集团公司经营的邮政金融业务及因此形成的资产与负债,并将继续从事原经营范围和业务许可文件批准或核准的业务。

(6) 农村信用合作社。农村信用合作社是指经中国人民银行批准设立、由社员入股组成、实行民主管理、主要为社员提供金融服务的农村合作金融机构。它的主要任务是筹集农村闲散资金,为农业、农民和农村经济发展提供金融服务。所以,农村信用合作社也是银行类金融机构。农村信用合作社又是信用合作机构,所谓信用合作机构,是由个人集资联合组成的以互助为主要宗旨的合作金融机构,简称"信用社",以互助、自助为目的,在社员中开展存款、放款业务。近年来,农村信用合作社正逐渐改制成农村商业银行。截至2020年年末,全国共有农村信用社616家,较2019年年末减少逾百家。同时,全国已有12个省市完成农村信用社改制工作,包括北京、上海、天津、重庆4个直辖市及安徽、湖北、江苏、山东、江西、湖南、广东、青海8个省份。在这些改制完成的地区,农村信用社已经改制成农商行,全国已组建农村商业银行1 545家。此外,还有农村合作银行27家。

(7) 村镇银行。村镇银行是指经中国银行业监督管理委员会依据有关法律法规批准,由境内外金融机构、境内非金融机构企业法人、境内自然人出资,在农村地区设立的主要为当地农民、农业和农村经济发展提供金融服务的银行业金融机构。虽然村镇银行对注册资金要求较低,是真正意义上的"小银行",但它不同于商业银行的分支机构,属一级法人机构。截至2015年6月末,全国已经组建村镇银行1 270家,仅中西部地区的村镇银行就达769家，覆盖了全国60%的县域。

（8）外资银行。外资银行机构包括外国银行分行、外商独资银行及合资银行。与其他中国银行机构相似，外资银行机构均由中国证监会监管。根据加入世界贸易组织的承诺，中国已逐渐放宽外资银行经营人民币银行业务的限制，并于2006年12月11日起取消所有外资商业银行在地域分布、存户基础和经营许可证方面的限制。国内的外资银行有花旗银行、渣打银行、东亚银行、汇丰银行等。

3. 政策性银行

政策性银行是指由政府创立或担保，以贯彻国家产业政策和区域发展政策为目的，具有特殊的融资原则，不以营利为目的的金融机构。1994年，为了配合四大国有专业银行向商业银行的转变，我国相继组建了三家政策性银行，即国家开发银行、中国进出口银行、中国农业发展银行，它们均直属国务院领导。我国政策性银行的金融业务受中国人民银行的指导和监督。

（1）国家开发银行。国家开发银行于1994年3月正式成立，是国家出资设立、直属国务院领导、具有独立法人地位的国有开发性金融机构。截至2022年年末，开发银行集团总资产18.2万亿元。

国家开发银行总行设在北京。目前在中国内地设有37家一级分行和4家二级分行，境外设有香港分行和开罗、莫斯科、里约热内卢、加拉加斯、伦敦、万象、阿斯塔纳、明斯克、雅加达、悉尼、布达佩斯11家代表处。全行员工1万余人。旗下拥有国开金融、国开证券、国银金租、中非基金、华芯公司、国开发展基金、国开基础设施基金等子公司。

国家开发银行贯彻国家宏观经济政策，筹集和引导社会资金，缓解经济社会发展的瓶颈制约和薄弱环节，致力于以融资推动市场建设和规划先行，支持国家基础设施、基础产业、支柱产业及战略性新兴产业等领域发展和国家重点项目建设，促进区域协调发展和城镇化建设，支持保障性安居工程、中小企业、"三农"、教育、医疗卫生及环境保护等领域的发展，支持国家"走出去"战略，拓展国际合作业务。以此，增强国力，改善民生，促进科学发展。

（2）中国进出口银行。中国进出口银行于1994年4月正式成立，总行设在北京，是直属国务院领导的政府全资拥有的国家银行，在国内设有20余家营业性分支机构，在境外设有巴黎分行、东南非代表处和圣彼得堡代表处。

中国进出口银行的主要职责是为扩大我国机电产品、成套设备和高新技术产品进出口，推动有比较优势的企业开展对外承包工程和境外投资，促进对外关系发展和国际经贸合作，提供金融服务。

（3）中国农业发展银行。中国农业发展银行于1994年4月正式成立，总行设在北京，是我国唯一的一家农业政策性银行。中国农业发展银行共有31个省级分行、300多个二级分行和1600多个县域营业机构，服务网络遍布我国大陆地区。

金融链接：三大政策性银行改革方案获批

中国农业发展银行的主要职责是按照国家的法律法规和方针政策，以国家信用为基础筹集资金，承担农业政策性金融业务，代理财政支农资金的拨付，为农业和农村经济的发展服务。

4. 非银行金融机构

（1）金融资产管理公司。金融资产管理公司是指专门从事对从国有独资商业银行剥离出来的特定不良资产进行管理和处置的国有独资金融机构。它以最大限度保全资产、减少损失为经营目标，依法独立承担民事责任。我国4家金融资产管理公司是于1999年建立的，分别是中国华融资产管理公司、中国长城资产管理公司、中国东方资产管理公司、中国信达资产管理公司，分别接收从中国工商银行、中国农业银行、中国银行、中国建设银行剥离出来的不良资产。

（2）证券机构。证券机构是指从事证券业务的机构，主要包括证券公司、证券交易所、证券登记结算公司等。它们在证券市场扮演不同的角色，从事不同的业务，起着不同的作用。

① 证券公司。证券公司又称券商，是指证券主管机关批准设立的，在证券市场经营证券业务的金融机构。其主要业务是承销债券、企业债券和股票，代理买卖和自营买卖已上市流通的各种有价证券，参与企业兼并、收购等。我国的证券公司多是集承销、经纪、自营三种业务于一身的综合性经营机构。我国的证券公司有国泰君安、银河证券、国信证券等。

② 证券交易所。证券交易所是指依法设立的，不以营利为目的，为证券的集中和有组织的交易提供场所、设施并履行相关职责，实行自律性管理的会员制事业法人。1990年我国大陆经批准设立了两家证券交易所，即上海证券交易所和深圳证券交易所，由中国证监会进行监督管理。

③ 证券登记结算公司。证券登记结算公司是指为证券交易所提供集中的登记、保管与结算服务的机构，是不以营利为目的的法人。我国上海和深圳两家证券交易所都设有证券登记结算公司。在每个交易日结束后，登记结算机构对证券和资金进行清算、交收和过户，使买入者得到证券，卖出者得到资金。

（3）保险公司。保险公司是指经营保险业务的经济组织，主要经营财产、人身、责任、信用等方面的保险与再保险业务及其他金融业务。1980年以后中国人民保险公司逐步恢复国内停办多年的保险业务。我国保险公司有中国财产保险公司、中国人寿保险有限公司、中国太平洋保险公司、中国平安保险公司等。截至2022年10月13日，我国共有179家保险公司，其中人身保险公司91家、财产保险公司88家。

（4）信托公司。信托公司是指"受人之托、代人理财"的金融机构。信托投资公司的主要业务是按照委托人指明的特定目的和要求，接受、经理或运用信托资金及信托财产。通过信托业务的展开，信托投资机构可以向社会提供财产管理、专家管理、资金融通等一系列金融服务。

我国的信托投资业始于20世纪初商品经济较发达的上海，1921年的上海同上信托公司是中国最早的信托公司。我国的信托投资公司有中国国信信托、中国光大国际信托等。截至2014年年底，我国共有68家信托公司。

（5）基金公司。基金公司是指经中国证券监督管理委员会批准，从事证券投资基金管理业务的企业法人。基金公司是将许多中小投资人的资金聚集在一起，交由专业经理人运作，为投资人获取收益的一种金融组织形式。基金公司由若干法人发起设立，以发行基金收益凭证方式募集资金后，设立基金管理公司进行运营。基金公司以营利为目的，具有不同的投资模式和种类，截至2016年3月，我国共有107家基金公司。

（6）财务公司。我国的财务公司是由企业集团内部集资组建，其宗旨和任务是为本企业集团内部各企业筹资和融资，促进技术改造和技术进步，如华能集团财务公司、中国化工进出口财务公司等。财务公司的业务范围和主要资金来源与资金运用都限定在集团内部，而不像其他金融机构一样到社会上去寻找生存空间。财务公司在业务上受中国人民银行领导、管理、监督与稽核，在行政上隶属于各国企业集团，是实行自主经营、自负盈亏的独立企业法人。截至2014年年底，我国共有196家企业集团财务公司。

（7）金融租赁公司。我国的金融租赁公司起始于20世纪80年代。金融租赁公司创建时大多数由银行、其他金融机构以及一些行业主管部门合资设立，如中国租赁有限公司、东方租赁有限公司等。根据我国金融业实行分业经营及管理的原则，对租赁公司也要求独立经营，金融租赁公司正与所属银行等金融机构脱钩。截至2015年6月末，全国共有39家金融租赁公司，主要是"银行系"，共有23家；控股股东为资产管理公司的有4家；其他类型的有12家。

（8）贷款公司。贷款公司是指经银监会依据有关法律法规批准，由境内商业银行或农村合作银行在农村地区设立的非存款类金融机构。贷款公司开展业务，必须坚持为农民、农业和农村经济发展服务的经营宗旨，贷款的投向主要用于支持农民、农业和农村经济发展。

2009年8月11日银监会下发《贷款公司管理规定》通知，规范了我国贷款公司的行为。贷款公司的业务包括办理各项贷款，办理票据贴现，办理资产转让，办理贷款项下的结算，办理经银监会批准的其他资产业务。

（四）国际金融机构体系

国际金融机构是指从事国际金融管理和国际金融活动的超国家性质的组织机构，按地区可将其分为全球性的国际金融机构和区域性的国际金融机构。这些机构在国际经济和金融，以及地区经济和金融中发挥了重要作用。

1. 全球性国际金融机构

（1）国际货币基金组织。国际货币基金组织是为协调国际的货币政策和金融关系而建立的政府间的金融机构。根据1944年7月在美国布雷顿森林召开的联合国货币金融会议上通过的"国际货币基金协定"国际货币基金组织于1945年12月正式成立，总部设在美国首都华盛顿，它是联合国的一个专门机构，但在经营上有独立性。

国际货币基金组织成立的宗旨是：帮助会员国平衡国际收支，稳定汇率，促进国际贸易的发展。其主要任务是：通过向会员国提供短期资金，解决会员国国际收支暂时不平衡的问题和满足会员国外汇资金需要，以促进汇率的稳定和国际贸易的扩大。

国际货币基金组织的资金来源是：会员国缴纳的份额，资金运用取得的利息和其他收入，某些会员国的捐赠和特种基金，向官方和市场借款。其中，认缴的份额是最主要的资金来源。认缴份额的多少不仅决定一国的地位和投票权，还决定会员国获得基金组织贷款的多少。

（2）世界银行集团。世界银行集团是联合国系统下的多边发展机构，总部设在华盛顿，它通过向发展中国家提供长期资金和投资，帮助这些国家实现经济长期稳定的发展。下面介绍世界银行集团的主要机构。

① 世界银行。世界银行又称"国际复兴开发银行"，是1944年与国际货币基金组织同

时成立的另一个国际金融机构，也属于联合国的一个专门机构。它于 1946 年 6 月开始营业，总行设在美国首都华盛顿。世界银行的宗旨是：通过提供和组织长期贷款和投资，解决会员国第二次世界大战后恢复和发展经济的资金需要。

根据协定，凡参加世界银行的国家必须是国际货币基金组织的会员国，但国际货币基金组织的会员国不一定都参加世界银行。凡会员国均须认购世界银行的股份，认购额由申请国与世界银行协商，并经理事会批准。一般情况下，一国认购股份的多少是根据其经济和财政实力，并参照该国在基金组织缴纳份额的大小而定。世界银行会员国的投票权与认缴股本的数额成正比例。世界银行的资金来源除会员国缴纳的股份以外，还有向国际金融市场的借款、出让债权和利润收入。

2010 年 4 月 25 日，世界银行发展委员会春季会议通过了发达国家向发展中国家转移投票权的改革方案，这次改革使中国在世界银行的投票权从 2.77% 提高到 4.42%，成为世界银行第三大股东国，仅次于美国和日本。

② 国际开发协会。国际开发协会是专门对较贫困的发展中国家提供条件极其优惠的贷款的金融机构，成立于 1960 年 9 月，总部设在美国首都华盛顿，凡是世界银行会员国均可参加该机构。国际开发协会的资金来源除会员国认缴的股本以外，还有各国政府向协会提供的补充资金、世界银行拨款和协会的业务收入。我国在恢复世界银行合法席位的同时，也自然成为国际开发协会的会员国。

③ 国际金融公司。国际金融公司也是世界银行的一个附属机构，1956 年 7 月成立。1957 年，它同联合国签订协定，成为联合国的一个专门机构。国际金融公司鼓励会员国（特别是不发达国家）私人企业的增长，以促进会员国经济的发展，从而补充世界银行的活动。国际金融公司的资金来源首先是会员国缴纳的股金，其次是向世界银行和国际金融市场借款。

我国在恢复世界银行合法席位的同时，也成为国际金融公司的会员国。20 世纪 90 年代以来，我国与国际金融公司的业务联系不断密切，其资金已成为我国引进外资的一条重要渠道。

④ 多边投资担保机构。多边投资担保机构是 1988 年成立的世界银行附属机构。其宗旨是为发展中国家的外国私人投资提供政治风险和非商业风险的保险，并帮助发展中国家制定吸引外国资本直接投资的战略。

2. 区域性国际金融机构

国际经济和社会大发展需要大量资金，仅世界银行集团远远不能满足要求。亚洲、非洲、拉丁美洲广大地区的国家和地区，为了打破超级大国对国际金融事务的垄断局面，纷纷建立各自区域性的金融机构。

（1）国际清算银行。国际清算银行成立于 1930 年，是英、法、德、意、比、日等国的中央银行与代表美国银行界利益的摩根银行、纽约和芝加哥的花旗银行组成的银团，行址设在瑞士的巴塞尔。国际清算银行由一些国家的中央银行拥有和控制，以各国中央银行、国际组织为服务对象，不办理私人业务。国际清算银行的宗旨是促进各国中央银行之间的合作，为国际金融运作提供便利。1996 年 9 月，中国人民银行正式成为国际清算银行成员。

（2）亚洲开发银行。亚洲开发银行，简称亚行，由西方国家与亚洲太平洋地区发展中国家合办。1966 年 11 月，在日本东京正式成立，同年 12 月开始营业，行址设在菲律宾首都马尼拉。亚洲开发银行的宗旨是：为亚太地区的发展计划筹集资金，提供技术援助，帮助协调成员国在经济、贸易和发展方面的政策，与联合国及其专门机构进行合作，以促进区域内经济的发展。1986年3月我国正式成为其成员国。

（3）亚洲基础设施投资银行。亚洲基础设施投资银行，简称亚投行，2015年12月25日正式成立，总部设在北京。亚投行是一个政府间性质的亚洲区域多边开发机构，重点支持基础设施建设，其宗旨是：促进亚洲区域的建设互联互通化和经济一体化的进程，并且加强中国及其他亚洲国家和地区的合作。亚投行是首个由中国倡议设立的多边金融机构，截至2015年10月，已有成员国57个。

金融链接：亚投行为什么令人心动？

（4）非洲开发银行。非洲开发银行，1964年9月正式成立，1966年7月开始营业，行址设在象牙海岸首都阿比让。非洲开发银行的宗旨是：为会员国的经济和社会发展提供资金，协调各会员国的发展计划，促进非洲经济一体化。1985年我国成为其会员。

（5）欧洲投资银行。欧洲投资银行是在1957年3月25日，根据《欧洲共同体条约》（即《罗马条约》）的有关条款组成的欧洲金融机构。它的成员都是欧洲共同体的会员国，行址设在卢森堡。欧洲投资银行的宗旨是：为了欧洲共同体的利益，利用国际资本市场和共同体本身的资金，促进共同市场平衡而稳定地发展。

（6）欧洲中央银行。欧洲中央银行总部位于德国法兰克福，负责欧盟欧元区的金融及货币政策，是根据1992年《马斯特里赫特约》的规定于1998年7月1日正式成立的，是为了适应欧元发行流通而设立的金融机构，同时也是欧洲经济一体化的产物。

（7）泛美开发银行。泛美开发银行于1959年12月30日正式成立，1960年11月1日开始营业，行址设在美国首都华盛顿，是规模最大的国际开发银行。泛美开发银行的宗旨是：动员美洲内外资金，为拉丁美洲国家的经济和社会发展提供项目贷款和技术援助，以促进拉美经济的发展。

此外，世界上还有多个区域性金融机构，如西非国家中央银行、中非国家中央银行、欧洲复兴开发银行等。

细分金融机构可谓是纷繁复杂，但银行、保险和证券这三大支柱在各自的领域内发挥着不可或缺的作用，共同支撑着整个金融体系。

任务二　探访证券机构

证券机构是指为企业和个人在证券市场上提供投融资服务的金融机构。证券机构多作为直接融资中介人，开拓资金流动渠道，通过各种证券、票据等债权、产权凭证，将资金供求双方直接联系起来，有利于全社会资金的有效配置与运转。

一、证券公司

（一）证券公司定义

证券公司又称证券商，是指依照公司法和证券法设立的、经营证券业务的有限责任公司或者股份有限公司。证券公司在各国的称谓有所不同，美国和欧洲大陆称为投资银行，英国称商人银行，日本等一些东亚国家和我国一样称为证券公司。现代意义的证券公司产生于欧美，主要是由18世纪众多销售政府债券和贴现企业票据的金融机构演变而来。随着20世纪以来金融创新的推进，证券行业成为变化最快、最富挑战性的行业之一。

证券公司是证券市场重要的中介机构，在证券市场的运作中发挥着重要作用。一方面，证券公司是证券市场投融资服务的提供者，为证券发行人和投资者提供专业化的中介服务，如证券发行和上市保荐、承销、代理证券买卖等；另一方面，证券公司也是证券市场重要的机构投资者。此外，证券公司还通过资产管理方式，为投资者提供证券及其他金融产品的投资管理服务等。

（二）证券公司分类

按功能不同，证券公司可以分为证券经纪商、证券自营商和证券承销商。实践中许多证券公司可同时经营三种业务。

（1）证券经纪商即证券经纪公司，是代理买卖证券的机构，主要负责接受投资人委托、代为买卖证券并收取一定手续费。

（2）证券自营商即综合型证券公司，除了证券经纪公司的权限外还可以自行买卖证券，资金雄厚，可直接进入交易所为自己买卖股票。

（3）证券承销商是指以包销或代销形式帮助发行人发售证券的机构。

（三）证券公司业务

1. 证券经纪业务

证券经纪业务又称代理买卖证券业务，是指证券公司接受客户委托，代客户买卖有价证券的业务。在证券经纪业务中，证券公司收取一定比例的佣金作为业务收入。

证券经纪业务分为柜台代理买卖证券业务和通过证券交易所代理买卖证券业务。证券公司柜台代理买卖证券业务主要为在代办股份转让系统进行交易的证券代理买卖。由于目前我国公开发行并上市的股票公司、债券及权证等证券在证券交易所以公开的集中交易方式进行，因此我国证券公司从事的经纪业务以通过证券交易所代理买卖证券业务为主。

2. 证券投资咨询业务

证券投资咨询业务是指从事证券投资咨询业务的机构及其咨询人员为证券投资人或者客户提供证券投资分析、预测或建议等有偿咨询服务的活动。

3. 财务顾问业务

财务顾问业务是指与证券交易、证券投资活动有关的咨询、建议、策划业务。具体包括：为企业申请证券发行和上市提供改制改组、资产重组、前期辅导等方面的咨询服务，为上市公司重大投资、收购兼并、关联交易等业务提供咨询服务，为法人、自然人及其他组织收购上市公司及相关的资产重组、债务重组等提供咨询服务，为上市公司完善法人治理结构、设计经理层股票期权、职工持股计划、投资者关系管理等提供咨询服务等。

4. 证券承销及保荐业务

证券承销是指证券公司代理证券发行人发行证券的行为。证券承销业务可以采取代销或者包销方式。证券保荐业务指的是由证券公司作为保荐人对发行人发行证券进行推荐和辅导，并核实公司发行文件中所载资料是否真实、准确、完整，协助发行人建立严格的信息披露制度并承担风险防范责任等业务。

5. 证券自营业务

证券自营业务是指证券公司以自己的名义，以自有资金或者依法筹集的资金，为本公司买卖在境内证券交易所上市交易的证券、在境内银行间市场交易的政府债券、金融债券、短期融资券、公司债券、中期票据和企业债券等有价证券，以获取盈利的行为。

6. 证券资产管理业务

证券资产管理业务是指证券公司作为资产管理人，根据有关法律、法规和与投资者签订资产管理合同，按照资产管理合同约定的方式、条件、要求和限制，为投资者提供证券及其他金融产品的投资管理服务，以实现资产收益最大化的行为。

7. 融资融券业务

融资融券业务是指证券公司向客户出借资金供其买入上市证券或者出借上市证券供其卖出，并收取担保物的经营活动。

8. 证券公司中间介绍（TB）业务

证券公司中间介绍（TB）业务是指证券公司接受期货经纪商的委托，为期货经纪商介绍客户参与期货交易并提供其他相关服务的业务活动。

9. 直接投资业务

证券公司直接投资业务是指证券公司通过设立直投子公司对企业进行股权投资或与股权相关的债权投资，或投资于与股权投资相关的其他投资基金及为客户提供与股权投资相关的投资顾问、投资管理、财务顾问服务等。

（四）我国证券公司的发展

20世纪80年代，我国开始恢复发行国债，随着证券发行的增多和投资者队伍的扩大，对证券流通与发行的中介需求与日俱增，由此催生了最初的证券中介业务和第一批证券经营机构。1984年工商银行上海信托投资公司代理发行公司股票；1986年沈阳信托投资公司和工商银行上海信托投资公司率先开始办理柜台交易业务；1987年，我国第一家专业性证券公司——深圳特区证券公司成立。1990年12月19日和1991年7月3日，上海证券交易所、深圳证券交易所先后正式营业，各证券经营机构的业务开始转入集中交易市场。1998年年底，《中华人民共和国证券法》颁布，中国证监会对全国证券市场实行集中统一的监督管理。按照分业经营的要求，各类经营机构逐步退出了证券中介领域，原有业务与网点整合转型为证券公司。

2003年年底至2011年上半年，一些证券公司的问题逐渐暴露，证券行业多年积累的风险呈现集中爆发态势，证券公司面临行业性危机。2004年8月开始在全国全面启动综合治理工作，经过3年的综合治理，平稳处置了一批高风险公司，有效化解了历史遗留风险，改革完善了一些基础性制度，进一步健全了法规体系和监管体制，积极推进了证券公司的业务创新。2006年颁布实施新修订的证券法，进一步完善了证券公司的相关法律制度。截至2017年12月末，我国有证券公司131家。

二、投资基金管理公司

（一）投资基金管理公司定义及运作

投资基金管理公司是指依据有关法律法规设立的对基金的募集、基金份额的申购和赎回、基金财产的投资、收益分配等基金运作活动进行管理的公司。投资基金管理公司通过发售基金份额，将众多分散的投资者的资金集中起来，通过专家理财，按照科学的投资组合原理进行投资，与投资者共享利益、共担风险。

证券投资基金最早产生在英国，20世纪20年代出现在美国的波士顿，并在其后得以充分发展。投资基金在不同国家或地区有不同叫法，美国称为"投资公司"或"共同基金"，英国和中国香港地区称为"单位信托基金"，日本和我国台湾地区称为"证券投资信托基金"。

投资基金的运作主要是通过发行基金单位的受益证券（基金份额），集中投资者的资金，由基金托管人（通常是银行、信托公司等金融机构）托管，并由基金管理人负责基金的操作，下达买卖指令，管理和运用资金，从事股票、债券、外汇、货币等金融工具投资，以获得投资收益和资本增值。基金资产在托管人处拥有独立账户，即使基金管理公司或保管机构因经营不善倒闭，债权人也不能清算基金的财产。资金的操作情况必须按规定定期披露，并接受相应的监督。截至2017年12月末，我国现有公募基金管理公司113家，管理资金规模合计11.6万亿元。

（二）基金管理公司的作用

1. 提供高效的投资途径

在投资活动中，个人投资者要面对时间和投资专业知识方面不足的问题，这些问题直接影响投资效果。投资基金的经理人学有所长，在投资领域有丰富经验，对国内外的经济形势以及各公司营运和潜力有深入了解，因此由专业经理人所做出的投资决策以及投资绩效一般都会优于投资者个人。

2. 能够有效地分散投资风险

分散风险是证券投资的重要原则，不应把所有的钱全部投资于某个特定的证券，但分散投资需要有足够规模的资金，由于一般的个人投资者财力有限，因而投资者自身无法有效地实现风险分散。投资基金管理公司可以集中巨额资金，投资多个品种，能够较充分地分散投资风险。同时投资基金对资金的运作还能够获得规模经济效益，降低单位资金交易成本。

（三）基金管理公司的业务

1. 证券投资基金业务

证券投资基金业务是基金管理公司最核心的一项业务，主要包括基金募集与销售、基金的投资管理和基金营运服务。依法募集基金是基金管理公司的一项法定权利，其他任何机构不得从事基金的募集活动。基金管理公司应当按照基金合同的约定，对基金进行投资管理及基金注册登记、核算与估值、基金清算和信息披露等业务。

2. 特定客户资产管理业务

特定客户资产管理业务是指基金管理公司向特定客户募集资金或者接受特定客户财产委托担任资产管理人，由商业银行担任资产托管人，为了资产委托人的利益，运用委托财产进行证券投资的活动。基金公司既可以为单一客户办理特定资产管理业务，也可以为特定的多个客户办理特定资产管理业务。

3. 投资咨询服务

基金管理公司无须报经中国证监会审批，可以直接向合格境外机构投资者、境内保险公司及其他依法设立运作的机构等特定对象提供投资咨询服务。

4. 全国社会保险基金管理及企业年金管理业务

基金管理公司可以作为投资管理人,管理社会保险基金和企业年金。社会保险基金是指为了保障保险对象的社会保险待遇,按照国家法律法规,由缴费单位和缴费个人分别按缴费基数的一定比例缴纳以及通过其他合法方式筹集的专项资金。企业年金是指企业及其职工在依法参加基本养老保险的基础上,依据国家政策和本企业经济状况建立、旨在提高职工退休后生活水平、对国家基本养老保险进行重要补充的一种养老保险形式。

5. QDII 业务

QDII(Qualified Domestic Institutional Investor)即合格境内机构投资者,是指在人民币资本项下不可兑换、资本市场未开放条件下,经中国证监会批准,在中国境内募集资金,以资产组合方式进行境外证券投资业务的一项制度安排。

三、其他证券机构

(一) 金融期货公司

金融期货公司是指依法设立的,接受客户委托,按照客户的指令,以自己的名义为客户进行金融期货交易并收取交易手续费的金融中介机构。金融期货公司的职能是根据客户指令代理买卖期货合约、办理结算和交割手续;对客户账户进行管理,控制客户交易风险;为客户提供期货市场信息,进行期货交易咨询,充当客户的交易顾问等。目前在中国金融期货交易所上市交易的金融期货品种主要是国债期货和股指期货。

(二) 证券投资咨询公司

证券投资咨询公司是指对普通证券投资者、证券发行人和证券交易者的筹资活动、投资交易提供咨询服务的专业公司。证券投资咨询公司的业务主要是根据客户的要求,收集大量的基础信息资料,进行系统的研究分析,向客户提供分析报告和操作建议,帮助客户建立投资策略,确定投资方向。投资咨询机构的出现,一方面适应了证券市场专业化的要求;另一方面也符合证券市场的公开、公平、公正原则。

(三) 证券登记结算公司

证券登记结算公司是指为证券交易提供集中登记、存管与结算服务,不以营利为目的的法人。证券交易活动必然会引起证券所有权转移和资金流动,因此,结算登记业务是确保证券市场正常运行不可缺少的环节。一个健全和完善的证券市场必须具备有序和高效的证券结算登记系统。2001 年 3 月 30 日,中国证券登记结算有限责任公司成立,形成全国集中、统一的证券登记结算组织构架。

(四) 证券资信评级机构

证券资信评级机构是指依法设立的从事信用评级业务的社会中介机构,是由专门的经济、法律、财务专家组成的对证券发行人和证券信用进行等级评定的组织。目前国际上公认的最具权威性的专业信用评级机构有三家,分别是美国的标准·普尔公司、穆迪投资服务公司和惠誉国际信用评级有限公司。我国国内目前有大公国际、中诚信国际、联合信用等 7 家资信评级机构。

任务三 研究保险机构

保险机构是指运用专业化风险管理技术为投保人或投保人指定的受益人提供某类风险保障的金融机构。保险机构一方面能够积聚资金、抵御风险、降低个体损失、提供经济保障；另一方面能融通长期资金、促进资本积累。保险机构主要包括各类保险公司和社会保障基金。

一、保险公司

保险公司是指依法与投保人订立合同并承担赔偿或者给付责任的金融机构。保险公司为承担一定的保险责任，要向投保人收取一定数额的费用，这就是保险费。保险费是投保人为取得赔付权所付出的代价，通常根据保险标的危险程度、损失概率、保险期限、经营费用等因素来确定。保险费、保险公司的资本以及保险盈余共同构成了保险公司的保险基金。

（一）保险公司的作用

1. 分散风险，补偿损失

这是保险公司的基本作用，把个体风险所导致的经济损失分摊给其他投保人，用集中起来的保险基金补偿个体损失。这种作用使保险公司与其他金融机构之间形成明确的产业分工。

2. 积蓄资金，参与社会资源配置

保险公司可以在运作过程中形成巨额的保险基金，作为机构投资者将这笔资金在资本市场上进行投资运作，保险基金在保值增值的同时，也参与社会资源的配置，为资本市场提供大量资金来源。

3. 提供经济保障，稳定社会生活

保险公司充当了社会经济与个人生活的稳定器，具体表现在为企业、居民家庭和个人提供预期的生产和生活保障，解决企业、居民家庭和个人的后顾之忧，在社会经济的安定和谐方面发挥保障作用。

（二）保险公司的种类

1. 依据保险的基本业务不同，分为人寿保险公司、财产保险公司和再保险公司

（1）人寿保险公司。人寿保险公司的保险产品主要是以被保险人的寿命和身体为保险标的人身保险。当被保险人在保险期限内发生死亡、伤残或者疾病等事故，或生存至规定时间点时，保险人给付被保险人或其受益人保险金。人身保险主要包括人寿保险、健康保险和人身意外伤害保险。

① 人寿保险。人寿保险简称寿险，是指投保人向保险人交纳一定数量的保险费，当被保险人在保险期限内死亡或生存到一定年龄时，保险人向被保险人或其受益人给付约定的保险金。人寿保险是人身保险中最基本、最主要的险种。

人寿保险按设计类型分为普通型人寿保险和新型人寿保险。普通型人寿保险包括定期寿险、终身寿险、两全保险和年金保险等；新型人寿保险包括分红保险、投资联结保险和万能保险等。

② 健康保险。健康保险是指以被保险人的身体为保险标的，使被保险人在疾病或意外事故所致伤害时发生的医疗费用或收入损失获得补偿的一种人身保险。健康保险分为长期健康保险和短期健康保险，财产保险公司也可以经营短期健康保险。健康保险的主要业务种类有疾病保险、医疗保险、失能收入损失保险和护理保险等。

③ 人身意外伤害保险。人身意外伤害保险是指以意外伤害而导致身故或残疾为给付保险金条件的人身保险。其所称的"意外伤害"是指在被保险人没有预见到或在违背被保险人意愿的情况下，突然发生的外来致害物对被保险人的身体明显、剧烈地侵害的客观事实。意外伤害保险不负责疾病所致的死亡或残疾。意外伤害保险的主要业务种类包括普通意外伤害保险和特种意外伤害保险。

（2）财产保险公司。财产保险公司的保险产品主要是以财产及其有关利益作为保险标的的财产保险。当被保险人的财产和有关利益发生灾害事故而遭受经济损失时，保险公司按照合同约定给予一定的经济补偿。财产保险可分为：财产损失保险、责任保险、信用保证保险。

① 财产损失保险。财产损失保险是指以有形财产中的一部分普通财产为保险标的保险。财产损失保险的承保面广，险种众多，常见的业务种类包括企业财产保险、家庭财产保险、运输工具保险、货物运输保险、工程保险、特殊风险保险和农业保险等。

② 责任保险。责任保险是以被保险人依法应负的民事损害赔偿责任或经过特定约定的合同责任作为保险标的的保险。责任保险的直接赔偿对象是被保险人，间接赔偿对象是第三者（受害人）。责任保险可以单独承保，也可以作为其他财产保险的附加险承保。常见的责任保险包括公众责任保险、产品责任保险、雇主责任保险和职业责任保险。

③ 信用保证保险。信用保证保险是以各种信用行为作为保险对象，当义务人不履约而使权利人遭受损失时，由保险人提供经济赔偿。在此类保险业务中，保险人充当了担保人的角色，根据担保对象的不同，可分为信用保险和保证保险。信用保险是权利人投保，要求担保对方信用的保险，如出口信用保险。保证保险是义务人根据权利人的要求自己投保自己信用的保险，如合同保证保险、产品保证保险。

（3）再保险公司。保险人将其承担的保险业务，以分保形式部分转移给其他保险人的为再保险（又称分保）。再保险其实质是保险人将自己承担的风险和责任向其他保险人进行保险的行为。再保险公司是指专门从事再保险业务、接受分保业务的保险公司。再保险公司一般出现在财险中比较多，再保险人与本来的被保险人无直接关系，只对原保险人负责。

2. 依据经营目的不同，分为商业性保险公司、政策性保险公司

（1）商业性保险公司。商业保险公司是指以营利为目的，按商业原则经营的保险机构。商业保险公司是经营保险业务的主体，多采取股份制有限公司组织形式。凡是有保险意愿并符合保险条款要求的法人、自然人，都可在商业保险公司投保。一般所说的保险公司指的就是商业保险公司。

（2）政策性保险公司。政策性保险公司是指依据国家政策法令专门组建的不以营利为目的保险机构，主要有出口信用保险公司、投资保险公司、存款保险公司等，它们是保险市场中特殊的业务机构，往往是出于国家对某个领域的保护意图而成立的。

(三) 保险公司的基本业务

1. 筹集资本金

资本金是保险公司根据国家保险管理机构的规定，在申请开业时必须拥有的营业资本，它能够反映保险公司的经营基础。保险公司的资本包括法定盈余以及符合法律规定的实收资本。各国对资本金金额的要求不同，英国规定保险公司注册资本最低限额为 2 万英镑，美国规定最低为 300 万美元，我国保险法规定设立保险公司注册资本的最低限额为人民币 2 亿元。

2. 出售保单、收取保费

保险公司制作保单，包括设计险种和保险条款，合理规定保险责任，科学厘定保险费率，通过出售保单获得保费收入，这是保险公司的主营业务，是保险企业对外承担风险或责任所获得的一种收入。保单可以具体分为多种类型，如人寿保险单、财产保险单，以及其他一些具有投资特征的保单产品。

3. 给付赔偿款

保险公司在售出保单的同时，就相应承担了相应的保险责任。与其他金融机构的负债需要按一定利率对客户支付利息或红利不同，保险公司只向那些遭受意外事故的投保人或受益人直接支付约定的赔偿。保险公司为防止出现道德风险问题，应积极收集信息，筛选投保人，确定以风险为依据的保险费率，制定限制条款，防止欺诈、努力降低经营风险。

4. 经营资产

保险公司为了提高偿付能力，需要对保险基金进行积极的运作，其运作的主要方式包括银行存款、证券投资及发放抵押贷款等，其中证券投资是资产经营的主要方式。在对保险资产的投资运作上，监管部门要求保险公司必须加强投资组合管理，防止投机性投资危及保险公司自身清偿能力、损害投保人权利。

(四) 我国保险公司的发展

中国人民保险公司于 1949 年成立，是中华人民共和国成立后第一家国有保险公司。中国人民保险公司成立后，迅速在全国建立分支机构，并以各地人民银行为依托，建立起广泛的保险代理网。1959 年之后国内保险业务基本停办，一直到 1979 年 11 月 19 日，中国人民银行在北京召开了全国保险工作会议，停办 20 多年的国内保险业务开始复业。此后一直到 1988 年，中国的保险市场由人民保险公司独家经营。1988 年 3 月 21 日，由招商局蛇口工业区和深圳工商银行合资成立平安保险公司，这是我国第一家股份制、地方性的保险企业，此后众多保险公司陆续成立，形成了多元化的保险机构体系。1995 年颁布《中华人民共和国保险法》（2009 年修订）。随着金融体制改革的逐步深入和保险业的不断发展，保险监管不断强化。1998 年，为加强保险监管，落实银行、保险、证券分业经营、分业管理的方针，成立中国保险监督管理委员会。截至 2017 年 12 月末，我国有 12 家保险集团控股公司、93 家人身险保险公司、87 家财产险保险公司、12 家再保险公司及 190 家外资保险公司代表处。

金融故事：
"泰坦尼克"号
的保险理赔

二、社会保障机构

社会保障制度是一种为丧失劳动能力和机会的人提供最低生活费或补偿的制度，是保证社会安定的重要机制。社会保障制度是一种具有政策性、强制性的计划安排，旨在保障生存有困难的社会成员的基本生活需要，包括为劳动者提供基本生活保障、最低生活保障和一些特殊保障等。社会保险是社会保障制度的核心内容，针对满足基本需求和基本生活保障的需求，可以设置养老保险、医疗保险、失业保险等，一般由政府出面干预实施。一般情况下，各国都会设立专门的社会保障机构来负责各种社会保险的管理事务，而社会保险资金的运作则由专业投资机构负责以实现保值增值。从社会保险资金运作机构的形式看，许多国家是由政府社会保障机构委托保险公司或基金管理公司管理运作。

为进一步完善我国的社会保障体系，筹集和积累社会保障资金，2000年8月，经党中央、国务院批准成立全国社会保障基金，并设置全国社会保障基金理事会。全国社会保障基金由中央财政预算拨款、国有资本划转、基金投资收益和以国务院批准的其他方式筹集的资金构成。全国社会保障基金是国家社会保障储备基金，用于人口老龄化高峰时期的养老保险等社会保障支出的补充、调剂。国家根据人口老龄化趋势和经济社会发展状况，确定和调整全国社会保障基金规模。

社会保险基金包括基本养老保险基金、基本医疗保险基金、工伤保险基金、失业保险基金和生育保险基金。

全国社会保障基金理事会是目前我国唯一一家统筹管理运作全国社保基金的机构，为国务院直属事业单位，由国务院直接领导，并接受国务院或国务院授权部门的监督。全国社会保障基金理事会投资运营全国社会保障基金，应当坚持安全性、收益性和长期性原则，在国务院批准的固定收益类、股票类和未上市股权类等资产种类及其比例幅度内合理配置资产，全国社会保障基金理事会可以将全国社会保障基金委托投资或者以国务院批准的其他方式投资。

金融社会：现代火灾保险之父——巴蓬

任务四　知悉信托投资公司

一、信托与信托投资公司

（一）信托的含义

信托是指委托人基于对受托人的信任，将其财产权委托给受托人，由受托人按委托人的意愿进行管理或者处分的行为。信托是一种财产管理制度，由财产所有人将财产移转或设定于管理人，使管理人为财产所有人的利益或目的，管理或处分财产。委托人对受托人的信任，是信托关系成立的基础。受托人应以受益人的最大利益为目标管理信托事务。通常将信托、银行、保险、证券称为金融业的四大支柱。

(二) 信托投资公司

信托投资公司是指依法设立的主要经营信托业务的金融机构。信托投资公司以营业和收取报酬为目的，以受托人身份承诺信托和处理信托事务，即接受客户委托，代客户管理、经营、处置财产，可概括为"受人之托、为人管业、代人理财"。

1822年美国"农民放款信托公司"是最早出现的专业信托公司。我国的第一家专业信托公司中国通商信托公司成立于1921年8月。1979年，新中国第一家信托投资公司——中国国际信托投资公司成立，成为我国第一个对外开放窗口。在信托投资公司发展最高峰的1988年年底，我国信托公司的数量达到1 000多家。然而，我国社会信用体系的缺乏造成了信托业的先天不足，信托业一直陷于"发展—违规—整顿"的怪圈，先后经过五次大规模的清理整顿。自2007年3月1日起施行的《信托公司管理办法》规定了信托公司应遵守的规范。截至2023年12月末，全国有68家信托投资公司，中国银行保险监督管理委员会对信托公司及其业务活动实施监督管理。

二、信托投资公司的经营特点

(一) 服务特征明显

信托投资公司在经营中以受托人或中间人的身份出现，为委托人或受益人利益着想，并为他们提供各种投资服务，收益来源为手续费。信托投资公司不得利用信托财产为自己牟利，而且必须把信托财产与信托投资公司本身的财产加以区分管理。

(二) 与资本市场关系密切

信托投资公司为委托人提供在投资方面的专业性经验和技术，通过与资本市场相关的特定信托业务合作，实现对受托资金的管理。

(三) 服务对象范围相对广泛

具备法律行为能力的法人或个人都可以成为委托人，而且在委托人信用方面没有特殊要求。

(四) 经营中不需要提取准备金

信托投资公司作为受托人（而非债务人），在一定信托目的的前提下运用资金，不存在作为债务人对到期债务的支付要求。

三、我国信托投资公司业务类型

信托业务可以按不同的标准分类，如按信托是否以营利为目的分为民事信托、商事信托；按信托财产类型分为资金信托和财产信托；按信托受益对象分为私益信托和公益信托；按委托人与受益人的关系分为自益信托、他益信托。

2016年年底在上海召开的信托业年会上银监会首次提出以资金运用方式兼顾资金来源为标准，把信托业务划分为以下八种类型。

(一) 债权信托业务

债权信托是指以金融企业及其他具有大金额债权的企业作为委托人，以委托人难以或无暇收回的大金额债权作为信托标的的一种信托业务。通过受托人的专业管理和运作，实现信托资产的盘活和变现,力争信托资产最大限度地保值增值。

中国的许多金融机构、工商企业由于历史原因,都拥有巨额债权。这些债权的清理耗时耗力,严重影响了金融机构和企业的正常经营。开展债权信托,对金融机构和工商企业改善资产状况、提高资金周转效率,均具有重要意义。常见的债权信托业务有住宅贷款债权信托及人寿保险债权信托。

1. 住宅贷款债权信托

住宅贷款债权信托是指专业经营住宅贷款业务的机构或银行,将其拥有的尚未到期的住宅贷款债权委托给信托机构管理,由信托机构向借款人收取贷款本金和利息并支付给受益人的一种信托行为。

2. 人寿保险债权信托

人寿保险债权信托是指以人寿保险金债权为信托财产,由被保险人作为委托人,信托机构为保险金的受领人,于保险事故发生时,由信托机构受领保险金,并将之交付给委托人所指定受益人或者按信托合同的约定,对受益人的利益予以管理和运用的信托行为。

(二) 股权信托业务

股权信托是指信托公司运用信托资金对项目进行股权投资,以股息、红利所得及到期转让股权方式作为信托收益的一种资金运用形式。这类业务中信托公司承担的风险增大,一般要求制定相应的措施规避风险,包括对项目进行绝对控股、阶段性持股等。常见的股权信托业务主要有管理型股权信托和投资理财型股权信托。

1. 管理型股权信托

管理型股权信托业务中信托机构是"受人之托,代人管理"股权,其核心内容是股票表决权和处分权的委托管理。委托人设立股权信托的目的是通过信托持股来达到特定的股权管理目的,注重于自身对上市公司的控制力。

2. 投资理财型股权信托

投资理财型股权信托业务中信托机构是"受人之托,代人理财",其核心目标是投资回报,而不是对上市公司进行控制。委托人设立投资理财型股权信托的目的是通过投资股票而实现合适的风险收益目标。委托人之所以选择股权信托的方式来进行理财,是因为看中作为受托人的信托机构具备的专家理财能力。

(三) 标品信托业务

标品信托业务是指信托公司依据信托文件的约定,将信托资金直接或间接投资于公开市场发行交易的金融产品的信托业务。具体来看,标品信托可投资于股票、债券、证券投资基金、房地产信托投资基金、期货、金融衍生品等金融产品。标品信托属于资金信托,受益人预期收益没有约定,期限灵活,投资收益直接或间接由公开市场价格决定。按照信托公司是否具有信托财产的运用裁量权,可将标品信托产品划分为被动管理型标品信托和主动管理型标品信托。

1. 被动管理型标品信托

被动管理型标品信托以"受托人+投资顾问"构成的"阳光私募基金"为其最主要的运营模式。其具体内涵是指投资者作为委托人,信托公司作为受托人,聘请投资顾问担任实际的投资管理人,银行作为资金托管人,证券公司作为证券托管人,依法发行设立的证券投资类信托集合理财产品。

2. 主动管理型标品信托

主动管理型标品信托产品是指受托人对全部或部分的信托财产运用具有裁量权，对信托财产进行实质管理和处分。

（四）同业信托业务

同业信托是指信托公司依据信托文件的约定，与其他金融机构合作开展的信托业务。同业信托属于资金信托。根据监管文件的规定，同业信托分为金融机构被动管理类信托和投资非标同业类信托两大类。

1. 金融机构被动管理类信托

金融机构被动管理类信托是指委托人为金融机构，金融机构将资金设立信托后，投资于信托公司被动管理的信托产品。其典型产品包括银信合作信托、保信合作信托、证信合作信托等。

2. 投资非标同业类信托

投资非标同业类信托是指委托人不限，但信托资金通过信托产品投资于其他金融机构发行的非公开市场交易的主动管理型金融产品。其典型产品包括投资于其他信托产品、银行理财、证券公司资产管理计划、保险、两融收益权、协议存款、大额存单等。

（五）财产信托业务

财产信托是指委托人将自己的动产、不动产（房产、地产）以及版权、知识产权等非货币形式的财产、财产权，委托给信托投资公司按照约定的条件和目的进行管理或者处分的行为。按照信托财产的标的物可分为动产信托、不动产信托、知识产权信托和其他财产权信托。

1. 动产信托

动产信托是指信托公司接受动产的制造商或销售商的委托，将动产出售于特定的或者非特定的购买人，或在出售前出租给购买人而设立的信托。动产信托的主要品种有交通工具信托（如火车、飞机、轮船等）和机械设备信托。

2. 不动产信托

不动产信托是指信托公司接受拥有不动产所有权或使用权企业、单位和个人的委托，开展的以房地产、土地使用权及其他不动产的管理、开发、投资、转让、销售为主要内容的信托业务。不动产信托的主要品种有房地产信托、土地使用权信托和其他不动产信托。

3. 知识产权信托

知识产权信托是指公司接受商标权、专利权、版权及其他知识产权的所有人的委托，将这些财产权加以管理和运用的信托业务。

4. 其他财产权信托

其他财产权信托主要指国有资产信托，国有资产信托是指在国有企业资产清产核资并量化的前提下，为建立现代企业制度，实现国有资产保值、增值的目的，公司接受国有资产管理部门的委托，代其行使国有资产管理权而设立的信托。

（六）资产证券化信托业务

资产证券化信托是一种将流动性缺乏，但有稳定预期收入的特定资产组成资产池，重新打包，并以其未来产生的现金收益为偿付依据，在资本市场上发行可交易证券，以盘活资产，获取现金的融资方式。可用于资产证券化的基础资产种类繁多，如居民住房抵押贷款、汽车销售贷款、信用卡应收款、公路费收入、各种有价证券组合等。资产证券化业务的信托模式可分为事务管理类信托与主动管理信托。

1. 事务管理类信托

事务管理类信托是指信托公司作为信托项目的受托人，配合原始权益人（信托项目的委托人）设立信托。由原始权益人将其持有的信托受益权转让至专项计划，以实现基础资产证券化的业务。信托主要承担账户管理、清算分配及提供或出具必要文件以配合委托人管理信托财产等事务管理职责，收取一定的信托报酬。

2. 主动管理信托

主动管理信托是指信托作为交易安排人主导项目尽职调查、项目论证、方案设计、安排过桥资金、资产池构建、中介机构聘用、监管沟通、推广发行、费用分配等业务流程，作为信托受托人为信托公司选定的客户提供完整证券化方案及交易安排的业务活动。

（七）公益信托业务

公益信托是指出于公共利益的目的，为使社会公众或者一定范围内的社会公众受益而设立的信托。具体来说，就是为了救济贫困、救助灾民、扶助残疾人，发展教育、科技、文化、艺术、体育、医疗卫生事业，发展环境保护事业、维护生态平衡，以及发展其他社会公益事业而依法设立的信托。公益信托主要有社会团体法人、基金会及民办非企业单位三大组织形式。公益信托业务的种类有以下三种。

1. 公众信托

公众信托是指委托人为一定范围内的公众的利益而设立的信托。

2. 公共机构信托

公共机构信托是指为促进公共机构的管理发展而设立的信托，可以提高公共机构的运行效率。

3. 慈善性剩余信托

慈善性剩余信托是指由捐款人设立的一种慈善信托，捐款人可将一部分信托收益用于自己及家庭的生活，剩余部分转给慈善机构。慈善性剩余信托有三种做法：慈善性剩余年金信托、慈善性剩余单一信托、共同收入基金。

（八）事务管理类信托业务

事务管理类信托是指信托公司依据委托人的指令，对来源于非金融机构的信托资金进行管理和处分的信托业务。事务信托属于资金信托，属于被动管理信托，其风险来源主要为受托管理责任风险和声誉风险。目前信托公司开展的事务信托业务主要有家族信托业务、消费信托业务、企业年金信托业务等。

1. 家族信托

家族信托是指以家庭财富的管理、传承和保护为目的的信托，在内容上包括以资产管理、投资组合等理财服务实现对家族资产负债的全面管理，更重要的是提供财富转移、遗产规划、税务策划、子女教育、家族治理、慈善事业等多面的服务。

2. 消费信托

消费信托简单来讲就是理财+消费，是为消费而进行的投资理财，是一种具备金融属性与产业属性的消费产品。信托公司从消费者需求出发，接受消费者的委托，通过甄选消费产品，向产业方进行集中采购。同时，利用沉淀资金集中投资获得超额收益，弥补产品运营成本，分担消费者的消费成本，从而使消费者获得高性价比的消费权益。其间，通过对产品运营和资金运用的监管达到保护消费者权益，实现消费权益增值的一种信托模式。

3. 企业年金信托

企业年金信托是指信托公司依据企业年金的相关管理规定，在申请具备企业年金管理人资格后，依据资格提供相应的受托管理、账户管理、投资管理、托管等方面服务的信托业务。目前仅有少量信托公司拥有企业年金管理人资格，且仅拥有受托管理和账户管理人资格。

金融拓展：中国68家信托公司实际控制人都是谁？

任务五　了解其他非银行类金融机构

其他非银行类金融机构主要包括金融租赁公司、金融资产管理公司、财务公司、汽车金融公司、货币经纪公司、贷款公司及消费金融公司等。

一、金融租赁公司

（一）金融租赁公司的定义

金融租赁公司，是指经银监会批准，以经营融资租赁业务为主的非银行金融机构。融资租赁，是指出租人根据承租人对租赁物和供货人的选择或认可，将其从供货人处取得的租赁物按合同约定出租给承租人占有、使用，向承租人收取租金的交易活动。

金融租赁公司将融资与融物相结合，既有别于传统租赁，又不同于银行贷款，其所提供的融资租赁服务是所有权和经营权相分离的一种新的经济活动方式，具有融物和融资的双重功能。一方面，融资租赁有利于解决企业更改设备与资金不足的矛盾，满足企业设备更新和技术改造的要求，也有利于盘活固定资产、优化资源配置，促进中小企业发展；另一方面，融资租赁有利于调整产业结构，引进更多的外资，在不增加债务总量的同时引进国外的技术。在发达国家，金融租赁已经成为设备投资中仅次于银行信贷的第二大融资方式。截至2020年9月底，全国已获准开业的金融租赁企业为71家。

（二）金融租赁公司业务

1. 金融租赁公司可以经营下列部分或全部本外币业务

（1）融资租赁业务。

（2）转让和受让融资租赁资产。

（3）固定收益类证券投资业务。

（4）接受承租人的租赁保证金。

（5）吸收非银行股东3个月（含）以上定期存款。

（6）同业拆借。

（7）向金融机构借款。

（8）境外借款。

（9）租赁物变卖及处理业务。
（10）经济咨询。

2. 经营状况良好、符合条件的金融租赁公司可以开办下列部分或全部本外币业务

（1）发行债券。
（2）在境内保税地区设立项目公司开展融资租赁业务。
（3）资产证券化。
（4）为控股子公司、项目公司对外融资提供担保。
（5）银监会批准的其他业务。

（三）融资租赁公司主要业务模式

随着融资租赁的发展，融资租赁公司的业务模式也逐渐增多，下面介绍五种主要模式。

1. 直接融资租赁

直接融资租赁，是指由承租人选择需要购买的租赁物件，出租人通过对租赁项目风险评估后出租租赁物件给承租人使用。在整个租赁期间承租人没有所有权但享有使用权，并负责维修和保养租赁物件。直接融资租赁适用于固定资产、大型设备购置、企业技术改造和设备升级等。

2. 售后回租

售后回租是指承租人将自制或外购的资产出售给出租人，然后向出租人租回并使用的租赁模式。租赁期间，租赁资产的所有权发生转移，承租人只拥有租赁资产的使用权。双方可以约定在租赁期满时，由承租人继续租赁或者以约定价格由承租人回购租赁资产。这种方式有利于承租人盘活已有资产，可以快速筹集企业发展所需资金，顺应市场需求。

3. 杠杆租赁

杠杆租赁的做法类似银团贷款，主要是由一家租赁公司牵头作为主干公司，为一个超大型的租赁项目融资。首先成立一个脱离租赁公司主体的操作机构专为本项目成立资金管理公司提供项目总金额20%以上的资金，其余部分资金来源则主要是吸收银行和社会闲散游资，利用100%享受低税的好处和"以二博八"的杠杆方式，为租赁项目取得巨额资金。其余做法与融资租赁基本相同，只不过合同的复杂程度因涉及面广而随之增大。杠杆租赁由于可享受税收好处、操作规范、综合效益好、租金回收安全、费用低，一般用于飞机、轮船、通信设备和大型成套设备的融资租赁。

4. 委托租赁

委托租赁是指拥有资金或设备的人委托非银行金融机构从事融资租赁，第一出租人同时是委托人，第二出租人同时是受托人。出租人接受委托人的资金或租赁标的物，根据委托人的书面委托，向委托人指定的承租人办理融资租赁业务。在租赁期内租赁标的物的所有权归委托人，出租人只收取手续费，不承担风险。这种委托租赁的一大特点就是让没有租赁经营权的企业可以"借权"经营。

5. 转租赁

转租赁是指以同一物件为标的物的融资租赁业务。在转租赁业务中，上一租赁合同的承租人同时也是下一租赁合同的出租人，称为转租人。转租人从其他出租人处租入租赁物件再转租给第三人，转租人以收取租金差为目的，租赁物的所有权归第一出租方。转租至少涉及四个当事人：设备供应商、第一出租人、第二出租人（第一承租人）、第二承租人。

转租至少涉及三份合同：购货合同、租赁合同、转让租赁合同。

二、金融资产管理公司

金融资产管理公司是各国主要用于清理银行不良资产的金融机构。金融资产管理公司通常是在银行出现危机或存在大量不良债权时由政府设立，其主要目标是：通过剥离银行不良债权向银行系统注入资金，重建公众对银行的信心；通过有效的资产管理和资产变现，尽可能多地从不良资产中回收价值；尽量减少对有问题银行或破产倒闭银行重组所带来的负面影响。无论从金融、经济运行还是社会发展稳定而言，成立金融资产管理公司都具有一定的合理性，一方面银行产生的大量不良贷款如果由自己处理，不仅资金实力不足，而且在法规限制和信息来源方面都有困难，如由政府出面组建金融资产管理公司来专门处理，有利于降低清理成本、盘活资产；另一方面，银行一旦出现危机，其传染的速度快、力度大，威胁整个金融体系和社会的稳定，及时的处置与援救，有利于恢复公众信心，减少负面影响。

1999年，为应对亚洲金融危机，化解金融风险，提高国有商业银行竞争力，促进国有企业改革脱困，党中央、国务院决定成立华融、长城、东方、信达四家金融资产管理公司，专门接收、管理和处罚银行不良资产。其经营目标是：金融资产管理公司以最大限度保全资产、减少损失为主要经营目标，依法独立承担民事责任。

到2005年前后，四大金融资产管理公司用了6年左右的时间圆满地完成政策性资产处置任务，既有利于支持国企改革和国有商业银行改制上市，又防范和化解了金融风险，维护了金融稳定。在基本完成政策性资产处置任务之后，2006年开始四大资产管理公司陆续开展了阶段性股权投资、委托代理和财务顾问等业务，陆续搭建了信托、租赁、银行、证券、保险等具有金融限制的转型平台。2009年之后，四大资产公司按照财政部的战略部署，发挥不良资产管理处理优势，协助各旗下子公司牌照业务，使金融发展模式道路逐渐清晰。2011年之后稳步推进商业化股份制改革转型，分别成功改制为多牌照综合金融服务集团。

经过十几年的发展，金融资产管理公司内部控制和风险管理水平不断提高，集团管理能力逐步增强，综合金融服务能力和盈利能力持续提升，增长模式日渐成熟，在为经济社会做出积极贡献的同时，自身也实现了平稳较快发展，成为我国金融体系中的一支重要力量。

三、财务公司

财务公司根据依附机构或投资主体的不同可分为公司（或集团）附属型和银行附属型。前者主要由大的制造业公司拥有，如美国通用电气、通用汽车、德国奔驰、大众汽车等大公司设立的财务公司，后者多是商业银行的全资子公司，除提供消费信贷外，其目的更多的是为逃避金融监管当局对银行的限制（如许多国家法律规定银行不能从事证券业务，但对财务公司没有此类限制）。国外发达国家的财务公司发展已有100多年的历史，全球500强企业中有2/3以上都有自己的财务公司。我国设立的财务公司属于集团财务公司，类似集团成员企业的信用合作社。

（一）企业集团财务公司概况

依据2004年7月27日实施的《企业集团财务公司管理办法》，企业集团财务公司是以加强企业集团资金集中管理和提高企业集团的资金使用效率为目的，为企业集团成员单位提供财务管理服务的非银行金融机构。作为"内部银行",财务公司对于优化企业财务结构、优化企业资金资源配置、提高企业资金使用效率、实现信贷结合与产融结合等都具有非常重要的作用。

1987年5月,我国批设了第一家企业集团财务公司——东风汽车工业财务公司。近些年来,企业集团财务公司平稳发展,机构数量、资产规模均有明显增长。截至2017年12月末,全国企业集团财务公司法人机构247家。

(二)企业集团财务公司经营范围

(1)对成员单位办理财务和融资顾问、信用鉴证及相关的咨询、代理业务。
(2)协助成员单位实现交易款项的收付。
(3)经批准的保险代理业务。
(4)对成员单位提供担保。
(5)办理成员单位之间的委托贷款及委托投资。
(6)对成员单位办理票据承兑与贴现。
(7)办理成员单位之间的内部转账结算及相应的结算、清算方案设计。
(8)吸收成员单位的存款。
(9)对成员单位办理贷款及融资租赁。
(10)从事同业拆借(须经过人民银行批准获得网上拆借资格)。
(11)中国银行保险监督管理委员会批准的其他业务(经批准发行财务公司债券;承销成员单位的企业债券;对金融机构的股权投资;有价证券投资;成员单位产品的消费信贷、买方信贷及融资租赁)。

四、汽车金融公司

汽车金融公司,是指经中国银监会批准设立的,为中国境内的汽车购买者及销售者提供金融服务的非银行金融机构。我国汽车产业已经进入了大众消费增长阶段,发达国家的经验证明,汽车金融公司对汽车工业发展起着巨大的推动作用。

2004年8月,上汽通用汽车金融有限责任公司的成立,标志着我国汽车金融行业迈向以汽车金融公司为主导的专业化发展道路。随着我国汽车产业的快速发展,汽车金融公司逐步增加,截至2023年12月末,全国已经成立营业的汽车金融公司有25家。

汽车金融公司可从事下列部分或全部人民币业务:
(1)接受境外股东及其所在集团在华全资子公司和境内股东3个月(含)以上定期存款。
(2)接受汽车经销商采购车辆贷款保证金和承租人汽车租赁保证金。
(3)发行金融债券。
(4)同业拆借。
(5)向金融机构借款。
(6)提供购车贷款业务、采购车辆贷款和营运设备贷款。
(7)提供汽车融资租赁业务。
(8)向金融机构出售或回购汽车贷款应收款和汽车融资租赁应收款业务。
(9)办理租赁汽车残值变卖及处理业务。
(10)从事与购车融资活动相关的咨询、代理业务及相关的金融机构股权投资业务等。

五、货币经纪公司

货币经纪公司是指经批准在中国境内设立的，通过电子技术或其他手段，专门从事促进金融机构间资产融通和外汇交易等经纪服务，并从中收取佣金的非银行金融机构。

货币经纪公司是在金融市场上为金融产品交易提供信息、促进交易达成的专业机构，是金融市场的信息和交易中介。

国际成熟市场上，货币经纪公司作为金融工具交易的媒介，业务涉及货币市场、资本市场、外汇市场等领域的主要产品，在金融市场上发挥重要作用。货币经纪公司最早起源于英国外汇市场，国际上成熟的金融市场都把货币经纪公司视为其重要的组成部分。

我国自2005年开始引入了货币经纪公司，目前银保监会共批准设立了上海国际、上海国利、平安利顺、中诚宝捷思和天津信唐5家货币经纪公司，可以从事境内外的外汇市场、货币市场、债券市场和衍生产品的经纪业务。

根据有关规定，货币经纪公司提供经纪服务属于金融中介服务，与目前证券公司开展的证券经纪业务有所不同，其主要业务模式是通过电子技术或其他手段作为中介人为交易双方提供信息并促进达成交易，按照约定费率向委托方收取服务佣金，其本身并不从事自营业务或者代理客户参与交易或结算业务。

2015年3月，上海证券交易所债券市场引入货币经纪公司为其债券交易提供中介服务。货币经纪作为金融工具交易的媒介，有助于降低金融机构之间的交易成本和货币管理当局迅速有效地开展公开市场操作，提高货币政策执行效果。截至2021年6月，我国已有6家货币经纪公司。

六、贷款公司

贷款公司是指经中国银保监会依据有关法律法规批准，由境内商业银行或农村合作银行在农村地区设立的专门为县域农民、农业和农村经济发展提供贷款服务的非银行类金融机构。贷款公司是由境内商业银行或农村合作银行全额出资的有限责任公司。

贷款公司可经营的业务包括办理各项贷款、票据贴现、资产转让、贷款项下的结算以及中国银保监会批准的其他资产业务。贷款公司不得吸收公众存款。贷款公司开展业务，必须坚持为农民、农业和农村经济发展服务的经营宗旨，贷款的投向主要用于支持农民、农业和农村经济发展。贷款公司发放贷款应当坚持小额、分散的原则，提高贷款覆盖面，防止贷款过度集中。贷款公司对同一借款人的贷款余额不得超过资本净额的10%，对单一集团企业客户的授信余额不得超过资本净额的15%。截至2017年12月末，我国有13家贷款公司。

七、消费金融公司

消费金融公司是指经中国银保监会批准，在中国境内设立的不吸收公众存款，以小额、分散为原则，为我国境内居民个人提供以消费为目的的贷款的非银行金融机构。

2010年1月6日，我国首批3家消费金融公司获得中国银监会同意筹建的批复。截至2017年12月末，我国有22家消费金融公司。

（一）消费金融公司业务

经中国银保监会批准，消费金融公司可以经营以下部分或者全部人民币业务：

金融管理实务

(1) 发放个人消费贷款（但不包括购买房屋和汽车）。
(2) 接受股东境内子公司及境内股东的存款。
(3) 向境内金融机构借款。
(4) 发行金融债券。
(5) 境内同业拆借。
(6) 与消费金融相关的咨询、代理业务。
(7) 代理销售与消费贷款相关的保险产品。
(8) 固定收益类证券投资业务。
(9) 经批准的其他业务。

(二) 国内消费金融公司开展业务形式

经过多年发展，消费金融公司产品不断创新，归纳起来可以分为三类：受托支付类、直接支付类及循环信用类贷款产品。

1. 受托支付类贷款

受托支付类贷款是目前消费金融公司的主要贷款产品，一般通过与手机专卖店、电器连锁、教育培训、家装家饰等商户合作办理，既方便客户办理贷款申请手续，也可避免资金被挪作他用。接到客户申请之后，消费金融公司通常在30~60分钟可完成贷款审批，审批通过后客户即可直接享受商品或服务，消费金融公司会将客户的贷款款项直接支付给合作商户，客户再分期将款项归还给消费金融公司。

2. 直接支付类贷款

直接支付类贷款一般由客户通过互联网、移动终端、自助机具、消费金融公司营业厅等平台进行申请。消费金融公司根据客户资质确定授信额度，审批通过后会将贷款直接发放到客户指定的账户上。直接支付类贷款授信额度一般较高，可满足多层次客户的用款需求。

3. 循环信用类贷款

循环信用类贷款是消费金融公司根据客户的信用情况，向客户提供可以循环使用的授信额度，在这个额度内客户可以提现或到合作商户直接消费。在循环信用贷款方式下，客户可随借随还，用款灵活，手续简便，贷款成本较低。

（注：三大支柱之一的银行将在下一个项目中阐述）

测试评价

一、学习测试

(一) 单项选择题

1. 在一国金融体系中，处于核心和领导地位的是（   ）。
   A. 中央银行　　　　B. 商业银行　　　　C. 专业银行　　　　D. 投资银行
2. 构成一国金融机构体系主体的是（   ）。
   A. 中央银行　　　　　　　　　　　　　B. 商业银行
   C. 专业银行　　　　　　　　　　　　　D. 银行类金融机构

3. 下列不属于中国人民银行具体职责的是（   ）。
   A. 发行人民币　　　B. 给企业发放贷款　　　C. 经理国库　　　D. 审批金融机构
4. （   ）是保险公司的主营业务，是保险企业对外承担风险或责任所获得的一种收入。
   A. 筹集资本金　　　　　　　　　　　B. 出售保单、收取保费
   C. 给付赔偿款　　　　　　　　　　　D. 经营资产
5. （   ）的业务可以概括为"受人之托、为人管业、代人理财"。
   A. 证券公司　　　B. 信托公司　　　C. 商业银行　　　D. 保险公司

（二）多项选择题
1. 下列是政策性银行的是（   ）。
   A. 国家开发银行　　　B. 中国进出口银行　　　C. 中国邮政储蓄银行
   D. 中国农业发展银行　　　E. 城市商业银行
2. 按功能不同，证券公司可以分为（   ）。
   A. 证券经纪商　　　B. 证券自营商　　　C. 证券投资商
   D. 证券交易商　　　E. 证券承销商
3. 保险公司的作用包括（   ）。
   A. 为投资者提供专业化的中介服务
   B. 分散风险，补偿损失
   C. 积蓄资金，参与社会资源配置
   D. 提供经济保障，稳定社会生活
   E. 为投资者提供资产管理服务
4. 人身保险主要包括（   ）。
   A. 人寿保险　　　B. 健康保险　　　C. 财产保险
   D. 人身意外伤害保险　　　E. 信用保险
5. 财产保险主要包括（   ）。
   A. 财产损失保险　　　B. 责任保险　　　C. 信用保证保险
   D. 人身保险　　　E. 健康保险

（三）判断题
1. 中央银行经营的对象是企业和个人。（   ）
2. 政策性银行也称政策性专业银行，它们不以营利为目标。（   ）
3. 农业银行的资金来源完全由政府拨款。（   ）
4. 非银行金融机构可以吸收公众存款，产品和服务灵活多样。（   ）
5. 责任保险的直接赔偿对象是被保险人，间接赔偿对象是第三者（受害人）。（   ）

（四）主观题
1. 当前我国金融机构体系的构成是怎样的？
   答：_____

2. 投资银行与商业银行的区别是什么？
   答：_____

3. 证券公司主要有哪些业务？

答：_____

_____

4. 投资基金管理公司主要有哪些业务？

答：_____

_____

5. 保险公司的基本业务有哪些？

答：_____

_____

6. 信托投资公司的经营特点是什么？

答：_____

_____

二、能力评价

（一）案例分析

值得借鉴的美国的金融机构体系——社区银行

美国的金融机构体系是全球最发达和最具影响力的体系之一，其结构复杂且功能齐全，为我国提供了许多值得借鉴的经验和案例。以下是一个具体案例，说明了美国金融机构体系的某些特点以及我们可以从中学习的地方。

案例描述：

社区银行模式：在美国，社区银行是一个非常重要的组成部分。这些银行通常规模较小，专注于为当地居民和企业提供金融服务。它们与大型银行相比，有着更为紧密的社区联系和更加个性化的服务。

社区银行在美国的经济发展中起到了关键作用。它们为小型企业和初创企业提供了必要的金融支持，促进了地方经济的增长。此外，社区银行还通过提供个人储蓄账户、住房抵押贷款、商业贷款等服务，满足了当地居民多样化的金融需求。

借鉴之处：

1. 服务本地化：社区银行注重本地化服务，与当地居民和企业建立了紧密的联系。这种服务模式使得银行能够更好地了解客户的需求，并提供更加个性化和贴心的服务。我国可以借鉴这种服务模式，通过发展地方性金融机构或鼓励大型银行加强本地化服务，更好地满足地方经济和社会的金融需求。

2. 支持小微企业和初创企业：社区银行通常更加关注小微企业和初创企业的融资需求，为这些企业提供了重要的金融支持。我国可以鼓励金融机构加大对小微企业和初创企业的支持力度，促进创新创业和经济发展。

3. 风险管理和创新：尽管社区银行规模较小，但它们仍然注重风险管理和产品创新。通过采用先进的技术手段和管理方法，社区银行能够有效地控制风险，并提供多样化的金融产品和服务。我国金融机构可以借鉴社区银行的风险管理经验和创新思路，提升自身的竞争力和服务能力。

总结：

美国的金融机构体系具有许多值得我们借鉴的特点和经验。通过学习和借鉴美国的社区银行模式等成功案例，我们可以更好地完善我国的金融机构体系，促进地方经济的增长和社会的发展。

问题：

通过这个案例，你觉得我们的金融机构应该怎么做？

答：_____

_____

_____

_____

_____

_____

（二）小组讨论

通过查阅图书、搜索网络等方式查找四大支柱的相关资料，分组讨论这四大支柱在金融体系中的作用和相互关系。

结论：（1）_____

（2）_____

（3）_____

（三）业务实训

1. 登录一家证券公司官方网站，了解搜集该证券公司基本信息，写出实训报告。实训报告至少包括以下内容：

（1）该公司的基本情况。

答：_____

_____

_____

（2）可以提供哪些产品？

答：_____

_____

_____

（3）通过比较分析，你认为该证券公司服务有哪些优缺点？

答：_____

_____

_____

2. 登录一家保险公司官方网站，了解搜集该保险的基本信息，写出实训报告。实训报告至少包括以下内容：

（1）该公司的基本情况。

答：_____

_____

_____

(2) 对个人客户可以提供哪些服务？

答：_____
_____

(3) 对企业客户可以提供哪些服务？

答：_____
_____

(4) 通过比较分析，你认为该保险公司服务有哪些优缺点？

答：_____
_____

3. 登录一家信托公司官方网站，了解搜集该信托公司的基本信息，写出实训报告。实训报告至少包括以下内容：

(1) 该公司的基本情况。

答：_____
_____
_____

(2) 可以提供哪些产品？

答：_____
_____
_____

(3) 通过比较分析，你认为该信托公司服务有哪些优缺点？

答：_____
_____
_____

项目六　商业银行与派生存款

项目概述

一、项目背景与目标

随着全球金融市场的不断发展，商业银行作为金融体系的核心组成部分，在促进经济增长、维护金融稳定等方面发挥着举足轻重的作用。派生存款是商业银行通过贷款等信用活动创造出的存款，对于扩大经济中的货币供应量具有关键作用。派生存款作为商业银行的重要业务之一，对于银行的资金运营、风险管理以及市场竞争力具有深远影响。本项目旨在详细解析商业银行的运营机制，以及派生存款的形成、影响和管理。

二、项目内容与结构

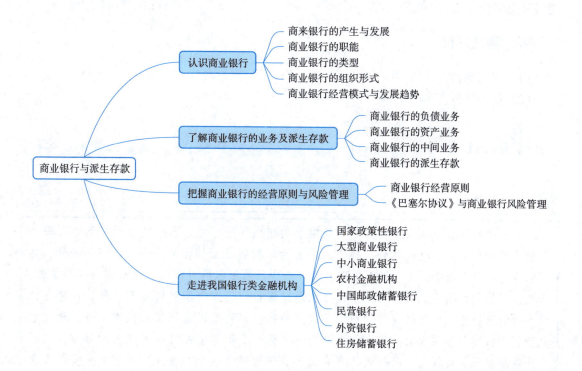

三、研究方法与步骤

（1）理论学习：通过课堂讲解、教材阅读等方式，学习有关商业银行的知识；理解商业银行创造派生存款的条件、创造过程与制约因素；把握商业银行的经营原则与风险管理。

（2）案例分析：选取典型商业银行的案例进行分析，探讨其运营模式和风险管理实践；分析其是如何通过信用活动影响特定经济领域或市场的；探讨其在金融危机中的作用和教训。

（3）小组讨论：通过查阅图书、搜索网络等方式收集相关资料，分组讨论《巴塞尔协议》是通过哪些方面控制商业银行风险的。

（4）实地考察：组织学生参观当地的大型商业银行，了解商业银行的组织形式，考察商业银行的业务范围。

四、预期成果

（1）能够简单分析商业银行的资产负债表。

（2）能分析盈利性、流动性和安全性的矛盾与协调关系。

（3）能理解《巴塞尔协议》是怎样控制商业银行风险的。

（4）能理解商业银行在社会主义市场经济体系中的角色和功能，认识金融服务对经济发展的支撑作用，树立社会主义市场经济理念。

（5）能理解金融机构在促进社会公平、支持小微企业发展等方面所承担的社会责任，增强社会责任意识。

五、测试评价

（1）学习测试。

（2）能力评价。

理论学习

情境导入 >>>

商业银行是金融体系中的主体和最重要的组成部分，是各国经济活动中的主要资金集散机构和中心。在现代社会，每个人的生活都同银行密切相关，例如，有了余钱，你可以存进银行，安全无忧又可以领取利息；当你亟须用钱的时候，可以从银行获得贷款，当然，代价是付出一定的利息；你也可以通过银行向远方的亲朋好友汇款转账；持有银行发放的银行卡，你可以在百货商场里潇洒购物；你还可以通过银行代发工资，代交水电费、手机费等各种款项，省去很多麻烦……银行是世界上拥有最多现金的地方，它不生产商品也不售卖货物，但每天都有成捆的金钱被送往这里。今天，对绝大多数人来说，将钱存入银行已经成为一种习惯。如果说货币对于国家经济的重要性，如同血液对于人体，那么银行就如同输送血液的心脏。商业银行在现代金融体系中占有重要的地位，但是信息技术革命带来的大数据时代已向商业银行提出了新的考验。比尔·盖茨在20

世纪末接受美国《新闻周刊》采访时认为，银行客户将在未来流失到其他高科技金融服务提供商那里，预言银行会成为21世纪的恐龙。马云也曾表示："如果银行不改变，我们将改变银行。"商业银行经营有哪些特性？其未来会走向何方？本项目将带你走进银行的大门，全面详细了解商业银行。

任务一 认识商业银行

商业银行，又称存款货币银行，是唯一能吸收存款、发放贷款并提供其他金融服务的金融中介机构。商业银行是现代金融体系的主体，是为适应市场经济发展和社会化大生产而形成的一种金融组织。商业银行具有一般企业的基本特征，如拥有独立的财产，依法经营，照章纳税，自负盈亏，以利润最大化为经营目标。但商业银行又是一种特殊的企业——金融企业，它的经营对象不是普通的商品，而是同每个人的利益都密切相关的货币。商业银行神通广大，被称为"金融百货公司"，可以提供包括存款、贷款、汇兑、结算、投资等日趋多样化服务的综合性、多功能的金融服务，并且还具有信用创造能力。由于商业银行对社会的特殊影响，国家对商业银行的管理要比对一般工商企业的管理严格得多。

一、商业银行的产生与发展

（一）银行的产生

关于银行最早的记载是公元前2000年以前古巴比伦的寺庙以及公元前6世纪希腊寺庙的货币保管和收取利息的放款业务，公元前5—前3世纪在雅典和罗马也先后出现了银钱商和类似银行的商业机构，这些被认为是商业银行的萌芽。

近代银行起源于意大利（意大利被称为世界银行的摇篮）。"银行"一词最早起源于意大利语Banco，意思是"长板凳"。在中世纪中期的欧洲，各国之间的贸易往来日益频繁，意大利的威尼斯、热那亚等几个港口城市由于水运交通便利，各国商贩云集，成为欧洲最繁荣的商业贸易中心。各国商贩带来了五花八门的金属货币，不同的货币由于品质、成色、大小不同，兑换起来比较麻烦。于是就出现了专门为别人鉴别、估量、保管、兑换货币的人。按照当时的惯例，这些人都在港口或集市上坐着长板凳，等候需要兑换货币的人，渐渐地，这些人就有了一个统一的称呼——"坐长板凳的人"，他们也就是最早的银行家。这些人在经营货币兑换的过程中慢慢发展，又开始为商人们提供汇兑业务。商人们可以把钱交给"坐长板凳的人"，换取一张票据，再到目的地的分支机构凭票据领取现金。

"坐长板凳的人"由于经常办理保管和汇兑业务，手里就一直有一部分客户没有取的现金。"坐长板凳的人"很快就发现了新的生财之道，他们把这部分暂时不用兑付的现金借给亟须用钱的人以赚取利息。后来，他们又开始吸收大家的闲钱，再把这些钱借出去来赚取利息。老百姓有了闲钱就可以存到"坐长板凳的人"那里去，需要的时候又可以到他们那里取出来。这些机构就像一个存钱的箱子，所以后来人们又把它们称为"Bank"，意思是"储钱柜"。这就是银行的英文名称"Bank"一词的由来。

在我国，过去主要使用银子作为流通货币，商铺又常常被称为"行"，所以"Bank"

翻译成中文就被称为"银行"。

1171年成立的威尼斯银行（被认为是世界上最早的银行）、1272年成立的巴尔迪银行、1310年成立的佩鲁奇银行、1593年成立的米兰银行、1609年成立的阿姆斯特丹银行等，都是为富有家庭经商方便而设立的私人银行，这些银行还不是真正的现代银行，属于高利贷性质的银行。

金融故事：英格兰银行的成立

世界上第一家现代银行是1694年成立的股份制银行——英格兰银行。

（二）中国传统的金融机构

公元前256年前后，周代出现办理赊贷业务的机构，《周礼》称之为"泉府"（"泉"通"钱"）。南北朝时期出现了以收取实物做抵押进行放款的机构"寺库"，即后来的当铺，当时由寺院经营，类似的机构在唐代称为"质库"，唐朝也出现了专门存款的机构"柜坊"。

钱庄和票号是近代银行产生之前中国主要的金融机构。

钱庄（又称钱铺、银号、银炉）产生于明朝末期，清初发展成具有一定规模的独立行业，是因货币的兑换（银、钱兼行）而产生的一种信用机构。钱庄主要活跃于一些经济繁荣的城市，以地区为限，外地有分支机构的较少，少数享有发行钱票、银票的权利。钱庄主要办理存款、贴现及签发"庄票"的业务，钱庄多采用独资或合伙经营的方式，资金实力薄弱，清末民初时依靠外国银行和票号拆款，对棉纱、土布、丝、茶等行业发放信用放款，一旦市面资金紧张，外国银行停止拆款，钱庄就会周转困难，发生支付危机甚至倒闭。

票号是清代出现的一种以异地之间款项汇兑为主营的金融机构，主要由山西商人创办经营，又俗称山西票号。票号始创于清道光初年（1823年），山西平遥西裕成颜料庄，为避京、晋货款调拨中现银镖运之险，首创汇兑办法，将西裕成颜料庄改为"日昇昌"票号。客户可将钱交给北京分号，开出汇票，到山西取现银。当时票号的主要客户是清政府，主要业务是军饷和政府的岁银（财政收入）调拨。票号产生之后，凭借强大的资金实力，影响力迅速扩大，遍布全国各大城市和商埠码头，有的在日本、朝鲜设立分号。辛亥革命之后，随着清王朝的崩溃，票号的特权和优越条件丧失，最终也走向衰落。

在我国第一个以银行命名的现代金融机构出现是1845年进入我国的英国丽如银行分行。1897年4月，中国通商银行在上海开业，这是第一家中国人办的银行，标志着中国民族资本商业银行业的开始。1905年清政府成立中国最早的官办银行"户部银行"，1908年改名"大清银行"，1912年改为"中国银行"。

金融人物：盛宣怀

二、商业银行的职能

商业银行作为一种最重要的金融机构，有如下职能。

（一）信用中介

信用中介是指商业银行最基本，最能反映其经营活动特征的职能。这一职能的实质，是通过银行的负债业务，把社会上的各种闲散货币资本集中到银行里来，再通过资产业务，把它投向社会经济各部门和单位。商业银行是作为货币资本的贷出者与借入者的中介人，来实现资本的融通。

商业银行通过信用中介的职能实现资本盈余和短缺之间的融通，并不改变货币资本的所有权，改变的只是货币资本的使用权。这种使用权的改变，对经济过程形成了多层次的调节关系。通过信用中介，闲置资本转化为职能资本，小额货币储蓄转化为巨额资本，短期资本转化为长期资本，提高了资金的配置效率，形成对经济结构的调节。

（二）支付中介

商业银行具有较高的信誉、较多的分支机构，且与各个企业和部门都有密切联系，商业银行通过存款在账户上的转移，代理客户支付；在存款的基础上，为客户兑付现款等，成为工商企业、团体和个人的货币保管者、出纳者和支付代理人，商业银行成为债权债务关系与支付的中心。支付中介职能的发挥大大减少了现金的使用，节约了社会流通费用，加速了结算过程和货币资本的周转，促进了社会再生产的扩大。

（三）信用创造

商业银行是指能够吸收各种存款的银行，利用其吸收的存款发放贷款，在支票流通和转账结算的基础上，贷款又转化为存款，在这种存款不提取现金或不完全提现的情况下，新增加了商业银行的资金来源，最后在整个银行体系形成了数倍于原始存款的派生存款。

商业银行不可能无限制地创造信用，更不能凭空创造信用，它要受以下几个因素的制约：法定存款准备金率、现金漏损率（指银行在信用及创造派生存款过程中，难免有部分现金会流出银行体系，保留在人们的手中而不再流回）、超额存款准备金率等。因此，对商业银行来说，具有重要意义的依然是存款，只有吸收的存款越多，才有可能扩大贷款规模，实现经营目标。

商业银行创造信用的实质，从整个社会再生产过程看，是信用工具的创造，并不是资本的创造。它的进步意义在于加强资本周转，节约流通费用，满足经济过程中对流通和支付手段的需要。

（四）金融服务

金融服务是商业银行利用其在国民经济活动中的特殊地位及其在执行职能时所获得的大批信息，运用电子计算机等现代化手段和工具，为客户提供其他服务。

商业银行提供的金融服务主要包括担保、代收代付、财产咨询、代理融资、信托、租赁、现金管理、计算机服务等。通过提供金融服务，商业银行一方面提高了社会联系和市场份额；另一方面取得了手续费收入，建立了与客户的广泛联系，进一步促进了资产负债业务的扩大。

三、商业银行的类型

按经营体制不同，商业银行可以分为两种类型：职能分工型商业银行和综合型商业银行。

（一）职能分工型商业银行

职能分工型商业银行是指在长短期资金融通和具体金融业务实行分离（即分业经营）的金融体制下，商业银行与其他金融机构在金融业务上有明确分工，其主要经营1年以下的短期工商信贷业务和提供结算服务，将银行、证券及保险等业务分开，以降低金融风险。

美国、日本等国家的商业银行在20世纪30年代大危机后长达60多年的时间里都采用这种模式。

(二) 综合型商业银行

综合型商业银行又称全能型商业银行，是指可以经营长短期资金融通以及其他所有金融业务的商业银行。这类商业银行可以经营一切银行业务（即混业经营），包括各种期限和种类的存款与贷款以及证券、保险业务等。德国、瑞士、奥地利等国长期采用这种模式，投资银行是商业银行的一个业务部门而存在。综合型商业银行能向客户提供全面的、综合的服务，增强与客户的全面联系；可以调剂银行各项业务的盈亏，通过业务多元化分散风险，从而有利于银行的经营稳定，提高商业银行的综合竞争力。

20世纪80年代以后，金融业的竞争日益激烈，商业银行不得不通过金融创新等方式从事各种更广泛的业务活动，各国金融管理当局也逐步放松了对金融市场和金融机构的管制。1999年11月12日，美国总统克林顿签署通过《金融服务现代化法案》。该法案的目的是使所有的美国人都能够获得一条龙式的金融服务，即客户可以在一家金融企业内办理其所需要的金融交易，如储蓄、信贷、证券、保险、信托等全方位的金融服务。该法案的通过标志着西方国家分业经营制度的最终结束。

中国的金融业经营在20世纪80年代比较混乱，银行和证券投资公司陆续设立证券兼营机构，从事证券业务，造成一定的金融混乱，一直到1995年情况才发生变化。1995年我国颁布的商业银行法中规定：商业银行不得从事信托投资和股票业务，不得投资于非自用不动产，不得向非银行金融机构和企业投资。自此，中国的银行、保险、证券业实行分业经营，并分别由中国银监会、保监会、证监会实行分业监管。

四、商业银行的组织形式

因各国的政治经济情况不同，商业银行的组织形式主要有以下四种形式。

(一) 单一银行制

单一银行制是指银行业务完全由一个独立的银行机构经营，不设或不允许设立分支机构的银行组织制度。目前，只有美国还部分地存在这种模式。美国是实行联邦制的国家，各州独立性较大，早期由于经济发展不平衡，一些相对落后的州通过银行立法禁止或限制开设分支行以保护本地区的经济，反对金融权力集中和银行间的相互吞并。但随着经济的发展、地区经济联系的加强以及金融业竞争的加剧，许多州对银行开设分支机构的限制有所放宽。1994年国会立法允许商业银行建立分支行机构，但由于历史原因，至今在美国仍有一些单一制银行。

单一银行制可以限制商业银行之间的相互吞并，不易形成金融垄断，有利于协调银行与地方政府之间的关系，业务经营上比较灵活，管理层次较少，从而决策层的意图传导较快。但商业银行在整体实力的扩展上会受到较大限制，竞争中常会处于不利的地位，业务发展和金融创新受到较大的限制。

(二) 总分行制

总分行制是指法律允许商业银行除设立总行外，还可在不同地区以及同一地区普遍设立分支行并形成庞大的分支网络。总分行制度是目前世界各国一般都采用的一种银行制度。总分行制经营规模庞大，有利于展开竞争，易于采用现代化设备，提供高效率和多层次服务，从而获得规模效益。它也能够在更大范围内及时调度资金，提高资金的使用效益，并且由于放款总额分散，有利于分散风险。但它在客观上形成了垄断，不利于同业公平竞争，在内部管理上由于层次多而给管理带来一定困难。

（三）控股公司制

控股公司制是指由一家控股公司持有一家或多家银行的股份，或者是控股公司下设多个子公司的组织形式。这些被控股的商业银行的实际业务与经营决策权统属控股公司掌握。控股公司发端于20世纪初，第二次世界大战以后获得长足发展，在美国最为流行。控股公司可以规避跨地区设立分支机构的法律障碍，实现多元化经营，有效地扩大资本总量，增强银行的实力，提高抵御风险和竞争的能力，弥补单一制的不足。但它容易形成银行业的集中和垄断，不利于银行之间开展竞争。目前在美国几乎所有的大银行都归属于控股公司，如美国花旗银行是花旗集团的全资附属机构，花旗集团以控股公司的形式出现。

（四）连锁银行制

连锁银行制是指两家以上商业银行受控于同一个人或同一集团，但又不以股份公司形式出现的一种的银行组织形式。连锁银行的成员都是形式上独立的小银行，它们一般环绕在一家主要银行的周围。其中的主要银行确立银行业务模式，并以它为中心，形成集团内部的各种联合。连锁银行制可以规避跨地区设立分支机构的法律障碍，实现多元化经营，但商业银行在业务经营中容易受到个人或集团的控制，在资本扩张、业务发展等方面的独立性和自主性较差。

五、商业银行经营模式与发展趋势

（一）商业银行的经营模式

商业银行产生后，它的发展基本上遵循以下两种传统模式。

1. 分业经营模式

分业经营模式下的商业银行只能经营其本身业务范围内的东西，不能与其他金融领域进行交叉交易，是一种银行业、证券业、保险业、信托业分别设立机构独立经营业务的经营方式。其目的是使金融业务规范化，维持金融秩序，提高监管水平，保证流动性、安全性，最大限度地避免坏账损失。

2. 混业经营模式

混业经营是指金融企业以科学的组织方式在货币和资本市场进行多业务、多品种、多方式的交叉经营和服务的总称。混业经营模式除了提供短期商业性贷款外，还提供长期贷款，甚至直接投资于企业股票和债券，替公司包销证券，参与企业的决策与发展，并向企业提供合并与兼并所需要的财务支持和财务咨询等投资银行服务。混业经营模式有利于银行业务的扩大，但同时也加大了风险性。在一个风险管理好的地区或国家，混业经营更能促进金融业的发展；但在一个风险治理还不算完善的地区或国家，分业经营更安全、更有利于国家经济的发展。

（二）商业银行经营的发展趋势

1. 商业银行经营国际化

商业银行经营国际化是指商业银行开展国际金融业务，建立境外机构，由国内经营发展到国外经营，从封闭走向开放的过程，包括银行机构国际化、业务活动国际化、市场和管理国际化。银行经营国际化的标志是成为同时在5个以上国家设立分支机构的跨国银行。商业银行国际化主要通过设立分支机构和跨国并购实现境外扩张。设置分支机构，母银行对海外机构的控制力强，但是海外网点成熟周期长、见效慢。海外并购可以迅速获得国外银行所有权，突破外国政府对金融机构设立的限制，更加快速有效，但不同银行之间的文化差异较大，组织协调、学习成本较高。

我国商业银行经营国际化，不仅是扩大经营规模、获得规模效应、提高国际竞争力的迫切需要，也是发挥金融支持经济发展，推动中国经济发展模式转型的迫切需要。

2. 电子化经营

金融电子化是信息技术革命的要求，也是银行生存与发展的物质基础。世界各国的大多数银行都提供电子银行业务，服务手段电子化是国际银行业发展的基础。今后，我国也会直接发行电子化的货币。随着手机技术的升级换代，手机快捷支付越来越普遍，应用范围越来越广泛，这就要求商业银行的计算机、网络体系进行升级，提高电子银行本身的智能化水平，同时电子银行的交易方式、交易平台也要进行相应调整，以便适应交易领域，使交易规模成倍增长。

3. 集中化经营

商业银行集中化经营能够提供多元化的金融服务、提高金融市场竞争能力、获取规模经济效应、增强风险抵御能力。目前，国家主要银行的业务十分集中。如中国银行、中国工商银行、中国建设银行、中国农业银行和中国交通银行5家国有商业银行占有51%的金融市场份额，美国25家最大银行占有60%以上的金融市场份额。但是银行过度集中、超大规模发展带来了"大而不能倒"的问题，在金融危机中被政府挽救会间接损害纳税人的利益。目前，各国政府都在试图通过法律手段解决这一问题。

4. 专业化经营

银行业在趋向集中化的过程中，灵活、目标单一的中小银行也找到了发展的方向。中小银行往往将自己定位为关系银行，通过发掘客户的"软信息"，提供个性化服务，拥有自己忠诚的客户，从而获得较高的资产回报率。中小银行做到小而精，在成本支出、风险管理、治理结构等方面扬长避短，也能取得很好的效益。活跃在中国县级、乡镇的邮政储蓄银行、城市信用社、农村商业银行、农村信用社、小额贷款公司都是为当地中小企业和个人提供金融服务的主力军。有自己特定的客户群体和经营方式，在为中小企业服务以及个性化服务方面具有特定的优势。

任务二　了解商业银行的业务及派生存款

商业银行经营的业务种类繁多，涉及多项金融商品和金融服务。将商业银行的业务按照其资产负债表结构分为负债业务、资产业务和中间业务三大类。

一、商业银行的负债业务

商业银行的负债业务是商业银行吸收资金并形成资金来源的业务，具体包括自有资本、存款业务、借款业务。

（一）自有资本

自有资本是商业银行拥有的永久归其支配使用的自有资金，是商业银行资产风险损失的物质基础。各国均以法律形式规定商业银行开业时的注册资本金最低限额。开业以后，商业银行在经营过程中还会随着规模的扩张或业务的发展，通过发行股票、债券或国家财政注资等方式补充资本金。

（二）存款业务

存款业务是银行接受客户存入货币资金，存款人可按规定时间支取款项的一种业务。存款业务是商业银行的传统业务，是最重要的负债业务。按支取方式不同，可将存款业务分为活期存款、定期存款和储蓄存款。

1. 活期存款

活期存款又称为支票存款，指没有期限上的规定，存款人随时可使用支票进行提取和支付的存款。开立这种存款账户的目的主要是通过银行进行各种支付结算。由于该类存款流动性大，存取频繁，西方国家一般不付利息或很低。我国商业银行的活期存款主要来自企业和单位存款，一般不面向个人。

2. 定期存款

定期存款是存款人与银行预先约定存款期限的存款，期满时银行必须无条件向存款人支付本金和利息。定期存款不能流通，利率高于活期存款，如提前支取则按活期利率计息。由于定期存款期限长，具有较强稳定性，是银行一项稳定的资金来源。

3. 储蓄存款

在我国，储蓄存款是居民个人为积蓄货币和获取利息而开立的存款账户。储蓄存款按存取方式不同可以分为活期储蓄存款和定期储蓄存款两种基本形式。活期储蓄存款虽然可以随时支取，但取款凭证——存折不能流通转让，也不能透支。定期储蓄存款类似定期存款，双方预先约定一个存储期限，如提前支取则按活期利率计息。在大部分国家一般只允许商业银行的储蓄部门和专门的储蓄机构经营储蓄存款业务，且管理比较严格。

（三）借款业务

借款业务是指商业银行向中央银行、同业银行机构等借入资金，以缓解资金周转的困难。借款业务是商业银行负债的又一种形式，主要包括向中央银行借款、同业借款、其他借款等。

1. 中央银行借款

中央银行是商业银行的"最后的贷款人"，商业银行向中央银行借款的主要形式有两种：一是再贷款，二是再贴现。所谓再贷款，是商业银行从中央银行得到的直接借款。再贴现是指商业银行以从客户贴现得来的未到期的商业票据向中央银行再次贴现，从而取得现款。

2. 同业借款

同业借款主要是指商业银行向其他银行、金融机构借入短期性资金而形成的银行借款负债，具有调剂各商业银行储备头寸的作用，目前也被当作商业银行资产负债管理的手段。

其具体形式包括同业拆借、转贴现、回购协议。

3. 其他借款

其他借款包括发行大额定期存单、金融债券，到国际金融市场借款等形式。

二、商业银行的资产业务

商业银行的资产业务，是指商业银行运用资金的业务，即商业银行将其吸收的资金贷放或投资出去赚取收益的活动。银行的资金运用一般有以下三个方面。

（一）现金资产

现金资产，是指商业银行占用在现金形态上的资产，是随时可以加以运用的资产，是所有资产中流动性最强的部分。

1. 库存现金

库存现金是指商业银行保存在金库中的现钞和硬币。库存现金的主要作用是银行用来应付客户提取现金和银行本身的日常零星开支。从经营的角度讲，库存现金不宜太多，保持适度的规模。

2. 在中央银行的存款

商业银行在中央银行存款由两部分构成：一是法定存款准备金；二是超额准备金。法定存款准备金是按照法定准备率向中央银行缴存的存款准备金，在正常情况下一般不得动用。超额准备金是指商业银行在中央银行存款账户上的实际准备金超过法定准备金的部分，只有超额准备金才是商业银行的可用资金。

3. 同业存款

同业存款是指商业银行存放在代理行和相关银行的存款。在其他银行保持存款的目的，是便于银行在同业之间开展代理业务和结算收付。由于存放同业的存款属于活期存款的性质，可以随时支用，因此可以被视同银行的现金资产。

4. 托收未达款

托收未达款是指在本行通过对方银行向外地付款单位或个人收取的票据。托收未达款在收妥之前，是一笔占用的资金，又由于通常在途时间较短，收妥后即成为存放同业存款，所以将其视同现金资产。

（二）贷款业务

贷款是指银行将资金按一定的利率贷放给客户并约定归还期限的业务。贷款业务是商业银行最主要的资产业务，是商业银行业务经营的重点。

由于贷款脱离了银行的控制，不能按时收回本息的风险较大，所以在发放一笔贷款时，都必须建立严格的贷款制度，其主要内容包括建立贷款关系、贷款申请、贷前调查、贷款审批及发放、贷后检查、贷款收回与展期，信贷制裁等。

贷款业务种类很多，按不同的标准划分，主要有以下几个类别。

1. 按贷款的期限划分，分为短期贷款和中长期贷款

（1）短期贷款。短期贷款期限在1年或者1年内，其特点是期限短、风险小、利率低，主要用于满足借款人对短期资金的需求。

（2）中长期贷款。中长期贷款期限在1年以上，其特点是期限长、利率高、流动性差、风险大。

2. 按贷款有无担保划分，分为信用贷款、担保贷款

（1）信用贷款。信用贷款是指借款人无须提供抵押品或第三方担保仅凭自己的信誉就能取得贷款。这种贷款手续简便，利率相对较高，但对银行来说，其风险较大。

（2）担保贷款。担保贷款包括保证贷款、抵押贷款和质押贷款。

① 保证贷款。保证贷款是指由第三人承诺在借款人不能偿还贷款时，按约定承担一般保证责任或连带责任而取得的贷款。

② 抵押贷款。抵押贷款指借款人以一定的抵押品作为物品保证向银行取得的贷款。抵押品通常包括不动产（比如土地、房屋）及特别动产（比如车、船等），抵押品在抵押期间不交与银行保管，继续由借款人使用。

③ 质押贷款。质押贷款是指借款人以动产或权利为质押物向银行取得的贷款。可作为质押的质物包括金融债券、AAA级企业债券、储蓄存单等有价证券。质押贷款的出质人应将权利凭证交与贷款人。

3. 按贷款的风险程度，分为正常贷款、关注贷款、次级贷款、可疑贷款、损失贷款

（1）正常贷款，借款人能够履行合同，没有足够理由怀疑贷款本息不能按时足额偿还。

（2）关注贷款，尽管目前借款人有能力偿还本息，但存在一些可能对偿还产生不利影响的因素。

（3）次级贷款，借款人的还款能力出现明显问题，完全依靠其正常收入无法足额偿还贷款本息，即使执行担保，也可能会造成一些损失。

（4）可疑贷款，借款人无法足额偿还贷款本息，即使执行担保，也肯定要造成较大损失。

（5）损失贷款，在采取了所有可能的措施后或者一切必要的法律程序后，本息仍然无法收回，或只能收回较少的部分。

前两类称为正常或优良贷款，后三类称为不良贷款。

（三）投资业务

投资业务是商业银行将资金用于买卖有价证券进行投资的活动。我国商业银行的投资业务主要是债券投资（不允许股票投资）。债券投资已成为商业银行的一种重要资产形式，部分商业银行的投资业务在总资产中的占比已经接近贷款所占比例。商业银行的投资可以起到分散风险、保持资产流动性和合理避税、提高收益的作用。

我国商业银行投资的对象主要包括国债、地方政府债券、中央银行票据、金融债券、企业债券等。

从中国工商银行的资产负债表（见表6-1）可以清晰了解商业银行资产及负债业务的种类及相互关系。

表6-1　中国工商银行资产负债表　　　　　　　　　　亿元人民币

资产		负债及所有者利益	
项目	2017年12月31日	项目	2017年12月31日
现金存放及央行款项	36 138.72	向央行借款	4.56
存放同业	3 700.74	同业存入及拆入	17 065.49
拆出资金	4 775.37	衍生金融工具负债	785.56

续表

资产		负债及所有者利益	
贵金属	2 387.14	交易性金融负债	4 259.48
交易性金融资产	4 409.38	卖出回购金融资产款	10 463.38
衍生金融工具资产	890.13	客户存款	192 263.49
买入返售金融资产	9 866.31	应付职工薪酬	331.42
应收利息	—	应交税费	825.5
发放贷款及垫款	142 334.48	应付债券	5 269.4
代理业务资产	—	递延所得税负债	4.33
可供出售金融资产	14 964.53	其他负债	5 584.52
持有至到期投资	35 421.84	负债合计	239 459.87
长期股权投资	324.41	股本	3 564.07
应收投资款项	2 771.29	其他权益工具	860.51
固定资产合计	2 456.87	资本公积	1 519.52
无形资产	—	其他综合收益	-620.58
商誉	—	盈余公积	2 327.03
递延税款借项	483.92	未分配利润	10 975.44
投资性房地产	—	一般风险准备	2 648.92
其他资产	3350.12	少数股东权益	135.65
		股东权益合计	21 410.56
资产合计	260 870.43	负债及股东权益总计	260 870.43

(资料来源：中国工商银行网站)

三、商业银行的中间业务

商业银行的中间业务是指不构成银行表内资产、表内负债，形成银行非利息收入的业务。商业银行依托其业务、技术、机构、信誉和人才等优势，以中间人的身份代理客户承办收付和其他委托事项，提供各种金融服务并据以收取手续费。

(一) 支付结算类业务

支付结算类业务是指由商业银行为客户办理因债权债务关系引起的与货币支付、资金划拨有关的收费业务。

传统的结算方式是指"三票一汇"，即汇票、本票、支票和汇款。在银行为国际贸易提供的支付结算及带有贸易融资功能的支付结算方式中，通常是采用汇款、信用证及托收。从信用证和托收又派生出许多带有融资功能的服务，如打包贷款、出口押汇、出口托收融资、出口票据贴现、进口押汇、提货担保等。近年来，又出现了电子汇兑、网上支付等结算方式。

(二) 银行卡业务

银行卡是指由经授权的商业银行向社会发行的具有消费信用、转账结算、存取现金等全部或部分功能的信用支付工具。按清偿方式不同,银行卡包括信用卡和借记卡。

信用卡是指记录持卡人账户相关信息,具备银行授信额度和透支功能,并为持卡人提供相关银行服务的银行卡。

借记卡是指银行发行的一种要求先存款后使用的银行卡。借记卡与储户的活期储蓄存款账户相联结,卡内消费、转账、ATM 取款等都直接从存款账户扣划,不具备透支功能。

(三) 代理类中间业务

代理类中间业务是指商业银行接受客户委托、代为办理客户指定的经济事务、提供金融服务并收取一定费用的业务。代理业务包括代收代付业务、代理银行业务、代理证券业务、代理保险业务、代销开放式基金及代理国债买卖等。

(四) 担保类中间业务

担保类中间业务指商业银行为客户债务清偿能力提供担保,承担客户违约风险的业务。主要包括银行承兑汇票、备用信用证、各类保函等。

银行承兑汇票,是指由收款人或付款人(或承兑申请人)签发,并由承兑申请人向开户银行申请,经银行审查同意承兑的商业汇票。

备用信用证,是指开证行应借款人要求,以放款人作为信用证的收益人而开具的一种特殊信用证,以保证在借款人破产或不能及时履行义务的情况下,由开证行向收益人及时支付本利。

各类保函业务,包括投标保函、承包保函、还款担保履、借款保函等。

(五) 承诺类中间业务

承诺类中间业务是指商业银行在未来某一日期按照事前约定的条件向客户提供约定信用的业务,主要指贷款承诺,包括可撤销承诺和不可撤销承诺两种。

可撤销承诺附有客户在取得贷款前必须履行的特定条款,在银行承诺期内,客户如没有履行条款,则银行可撤销该项承诺。可撤销承诺包括透支额度等。

不可撤销承诺是指银行不经客户允许不得随意取消的贷款承诺,具有法律约束力,包括备用信用额度、回购协议、票据发行便利等。

(六) 交易类中间业务

交易类中间业务是指商业银行为满足客户保值或自身风险管理等方面的需要,利用各种金融工具进行的资金交易活动,主要包括外汇交易业务和金融衍生业务。

(七) 基金托管类业务

基金托管类业务是指有托管资格的商业银行接受基金管理公司委托,安全保管所托管的基金的全部资产,为所托管的基金办理基金资金清算款项划拨、会计核算、基金估值、监督管理人投资运作。具体业务包括封闭式证券投资基金托管业务、开放式证券投资基金托管业务和其他基金的托管业务。

(八) 咨询顾问类

咨询顾问类业务是指商业银行依靠自身在信息、人才、信誉等方面的优势,收集和整理有关信息,并通过对这些信息以及银行和客户资金运动的记录和分析,形成系统的资料和方案,提供给客户,以满足其业务经营管理或发展需要的服务活动。具体业务包括:企业信息咨询业务、资产管理顾问业务、财务顾问业务、现金管理业务等。

金融链接:银行业该如何抓住智能金融发展机遇

(九) 其他类业务

其他类业务包括保管箱业务及其他不能归入以上八类的业务。

四、商业银行的派生存款

(一) 商业银行的原始存款与派生存款

商业银行的机构多、规模大、业务广泛,是整个社会货币运行的主要载体,而它具有创造信用货币的重要功能与它办理支票活期存款业务是密切相连的。吸收活期存款、创造货币是商业银行最显著的特征。

非现金结算和票据的广泛使用,使得贷款的发放、款项的支付并不需要提现,用票据作为转账的工具,债务就可以相互抵销。商业银行得到存款后,不必完全保留不动,留存一定比例的存款准备金之后,就可以把其余的存款贷放出去,因此就有了派生存款。

1. 商业银行的原始存款

商业银行的原始存款是指客户以现金形式存入商业银行的直接存款和中央银行对商业银行的再贷款。在现代信用货币制度下,现金和存款(尤其是商业银行的活期存款)只是货币的不同表现形式。因此,原始存款只是改变了货币的存在形式,并没有改变货币总量。

2. 商业银行的派生存款

商业银行的派生存款是指由商业银行通过发放贷款、购买有价证券等方式创造的存款。当商业银行吸收到原始存款后,它会按照规定将一部分现金作为应付提款的准备,而将剩余部分用于发放贷款或投资。在这些贷款或投资款项被客户提取并转入其银行账户后,就形成了商业银行的派生存款。这些派生存款又可以作为商业银行发放更多贷款的基础,从而进一步增加银行的存款规模。

派生存款是商业银行创造存款货币的主要方式之一,也是银行扩大资产规模和增加收益的重要手段。然而,派生存款的创造也受到中央银行法定存款准备金率、现金漏损率等因素的影响。法定存款准备金率是指商业银行必须将其吸收存款的一部分作为准备金存放于中央银行,这部分资金不能用于贷款或投资,从而限制了商业银行创造派生存款的能力。现金漏损率则是指客户提取现金的比例,如果客户大量提取现金,则商业银行的派生存款创造也会受到一定限制。

在现代经济中,商业银行通过创造派生存款的方式,为经济发展提供了重要的资金支持。同时,中央银行也通过调整法定存款准备金率等手段,对商业银行的派生存款创造进行调控,以维护金融市场的稳定和经济的健康发展。

3. 商业银行的派生存款与原始存款或普通存款有以下几个主要的区别

(1) 来源与创造方式:原始存款主要来源于客户直接存入银行的现金或中央银行对商业银行的贷款。而派生存款是商业银行以原始存款为基础,通过发放贷款或进行其他资产业务转化而来的存款。换句话说,派生存款是商业银行创造出来的存款货币,而不是客户直接存入的。

（2）稳定性与风险：原始存款相对较为稳定，因为它是客户直接存入的资金。而派生存款则相对较为不稳定，因为它依赖商业银行的贷款和投资决策，而这些决策可能受到市场波动、政策调整等多种因素的影响。此外，如果客户大量提取存款或市场出现流动性紧张，派生存款可能会迅速减少，给商业银行带来风险。

（3）对经济的影响：原始存款主要反映了客户的储蓄和投资需求，对经济的影响相对有限。而派生存款则通过商业银行的贷款和投资业务，对经济产生更为广泛和深远的影响。例如，商业银行可以通过派生存款支持企业扩大生产、促进消费等，从而推动经济的发展。

总之，商业银行的派生存款与普通存款在来源、创造方式、稳定性、风险及对经济的影响等方面都存在明显的差异。这些差异使得派生存款在商业银行的业务运营和货币政策传导中扮演了重要的角色。

(二) 商业银行创造派生存款的条件

商业银行之所以能创造派生存款，是因为部分存款准备金制度和非现金结算制度这两个条件的存在。

1. 部分存款准备金制度

早期的货币兑换所和金匠代客户保管现金相当于实行的是100%的准备金制度。也就是说，客户如果存入1 000元现金，货币兑换所和金匠除了把这1 000元现金锁入保险柜外，不会再有进一步的活动了。因此，除了客户自己存入的1 000元存款外，不会有别的存款增加，也就没有存款创造。由于货币兑换所和金匠代客户保管现金都不能从客户的存款中获得任何好处，因此，他们不但不能付给客户利息，反倒要征收客户的管理费。这种十足的现金准备演变为部分存款准备金制度，既是货币兑换所和金匠演变为现代银行的基础，也是商业银行进行存款创造的前提条件。

例如，一个银行家，当他融到了100万元资金时，只需留一小部分资金在银行里，以备支付储户提取现金使用，其余部分的资金则可拿去投资，让钱再生钱。之所以能这样，是因为所有的储户不大可能同时到银行提取现金。这就是"部分存款准备金制度"。

存款准备金的多少与派生存款量直接相关。银行提取的存款准备金占全部存款的比例称作"存款准备金率"。存款准备金率越高，提取的存款准备金越多，银行的可用资金就越少，派生存款量也相应越少；反之，存款准备金率越低，提取的存款准备金越少，银行的可用资金就越多，派生存款量也相应越多。

2. 非现金结算制度

假定法定存款准备金率为20%，商业银行在收到1 000元存款并扣除200元法定存款准备金后，就可以把余下的800元贷放出去。但是，如果借款人获得这笔贷款后，立即以现金的形式将它全部从这家银行取走，而且在贷款归还前，这笔贷款始终以现金的形式在市场上流通而不再存入商业银行，这种情况下商业银行也不会有存款创造。因为收入这1 000元存款的商业银行在800元现金被提走以后，就不再有多余的资金来扩大贷款了，从而也就不能创造出新的存款。同时，这笔现金也没有被存入其他商业银行，所以整个银行系统存款和货款的增加都是一次性的，不存在多倍存款创造。

但是在现实中，这种100%的现金提取几乎是不可能的。商业银行向某一借款人发出一笔贷款后，通常把该笔资金贷记在借款人的支票账户上，借款人利用这笔款项进行支付时，

金融管理实务

通常也只是通过票据清算把它转到收款人的账户上。收款人的账户可以与借款人在同一家商业银行,也可以在别的商业银行,这对整个商业银行系统来说没有什么区别。当然,借款人也可以把贷款提出来,用现金付款,但是收到现金的一方通常还要把它存入商业银行。因此,真正以现金形式游离在商业银行之外的只是贷款的一部分,而非全部。这就使得商业银行多倍的存款创造成为可能。

(三)存款货币的创造过程

虽然存款创造的基本原理适用于各类存款,但是通过活期存款的创造为例来说明这一原理更为清楚。

1. 四个假设

为了使分析简便,我们做出以下四个假设。

(1)假设整个银行体系是由一家中央银行和至少两家商业银行组成的。

(2)假设中央银行规定的法定存款准备金率为20%,而且商业银行不保留超额存款准备金。即商业银行吸收的存款除了向中央银行缴纳法定存款准备金外,其余的存款全部用于对外贷或投资。

(3)假设没有现金从银行系统流出,即客户不从他们的存款账户上提取现金,或者提取现金以后,收款的另一方又立即将现金存入银行。

(4)假设商业银行只有活期存款,没有定期存款和储蓄存款(二者称为非交易存款),以及活期存款向非交易存款的转化。

存款货币创造的过程实际上就是商业银行通过贷款、贴现和投资等行为,引起成倍派生存款的过程。

2. 存款创造

商业银行存款创造的过程如表6-2所示。与商业银行多倍存款创造的原理相对应,还有多倍存款收缩的原理。这两个过程的原理一致,只不过资金流动的方向相反。

表6-2 商业银行存款创造的过程　　　　　　　　　　万元

银行	活期存款增加额	贷款余额
A	1 000	800
B	800	640
C	640	512
D	512	409.6
…	…	…
合计	5 000	4 000

(四)商业银行创造派生存款时的制约因素

商业银行具有创造派生存款的能力,但派生存款的扩张不是无限度的,派生存款的总量取决于原始存款和派生倍数(K),而派生倍数的大小又受以下因素的制约。

1. 法定存款准备金率

一国金融当局以法律形式规定商业银行吸收的活期存款,必须按存款的一定比例缴存中央银行,这部分存款称作商业银行的法定存款准备金,法定存款准备金占存款总额的比率称作法定存款准备金率。

法定存款准备金率的高低与商业银行存款的派生倍数为负相关关系：法定存款准备金率越高，存款的派生倍数就越小；法定存款准备金率越低，存款的派生倍数就越大。

2. 现金漏损率

现金漏损率又称为提现率、现金比率，是指客户从存款中提取的现金金额与存款总额之比，即流通中的现金与商业银行活期存款的比率。

当出现现金漏损时，商业银行由吸收存款而可扩大贷款的资金相应减少，由此也就削弱了商业银行创造派生存款的能力。可见，现金漏损率与存款派生倍数为负相关关系，即客户提现的多少会影响存款派生倍数，进而影响货币供给量。

3. 超额存款准备金率

在经营过程中，商业银行为了安全或应付意外之需，实际持有的存款准备金总是高于法定存款准备金，从而形成了超额存款准备金。超额存款准备金率就是指商业银行超过法定存款准备金而保留的准备金占全部存款的比率。

商业银行的超额存款准备金率与可贷资金存在着负相关关系，即超额存款准备金率越高，商业银行可用于贷放的资金就越少，对应的存款派生能力也就越弱。所以，商业银行保留超额存款准备金，就会削弱其存款派生能力。因此，商业银行自主决定的超额存款准备金率对货币供给量有重要影响。

以上只是就银行创造派生存款过程中的可测量因素对存款派生倍数的影响所做的分析。如果考虑到客户对贷款的需求要受到社会经济发展的制约，那么并非任何时候银行都有机会将能贷出的资金全部贷出。也就是说，银行能否多放贷，不仅取决于银行行为，还要看客户是否需要贷款。在社会经济发展停滞和利润率下降的情况下，即使银行愿意多放贷，客户也可能不贷款，从而理论上可能的派生规模不一定能够实现。

考虑以上三个对活期存款派生倍数的影响，派生倍数公式应加以修正，即

派生倍数＝1/（法定存款准备金率＋现金漏损率＋超额存款准备金率）

任务三　把握商业银行的经营原则与风险管理

一、商业银行经营原则

《中华人民共和国商业银行法》中明确规定了商业银行"安全性、流动性、营利性"的经营原则。安全性、流动性、营利性三性统一是各国商业银行普遍认同的经营与管理的一般原则。银行经营者根据经营环境的变化，综合协调不同资产和负债的搭配，谋求最佳组合，从而实现"三性原则"之间的协调统一。

（一）安全性原则

安全性是指商业银行应努力避免各种不确定因素对它的影响，保证自身的稳健经营和发展。而银行经营条件特殊，尤其需要强调安全性，再加上银行自有资本较少，基本上是负债经营，因此经受不起较大损失。商业银行的安全性包括资产业务和负债业务的安全性。在负债业务中，主要面临客户随时提存的可能。在资产业务中，可能面临贷款和投资的规

模超过资金来源的问题。

影响银行经营安全的因素包括信用风险、利率风险、汇率风险、流动性风险、政策风险。在银行经营中确保安全性的措施包括：对于风险太大并注定会给银行带来损失的业务，银行要拒绝给以贷款，这样才能避免风险；在业务经营中，银行要合理安排贷款和投资的规模及期限结构，要加强对企业客户的资信调查和经营预测以减少或控制风险；银行资产要在种类和企业客户两个方面适当分散，避免过于集中而产生大的信用风险；银行可通过转让、保险及套期交易和互换交易等方式转移风险。

(二) 流动性原则

流动性是指商业银行能够随时满足客户提现和必要的贷款需求的支付能力，包括资产的流动性和负债的流动性。其中，资产的流动性是指资产在不受损失的情况下迅速变现的能力，负债的流动性是指银行能以较低的成本随时获得所需资金的能力。

银行保持流动性的主要方法包括建立分层次的准备资产制度。准备资产主要指银行持有的现金资产和短期有价证券。商业银行的库存现金、在中央银行的存款及同业存款等被称为一级准备，又称为现金准备。它们是货币性最强的部分，是商业银行为满足流动性需要的第一道防线，属于非营利性资产。商业银行拥有的短期证券、短期票据被称为二级准备金，这些资产既能保持一定的营利，又能随时或在短期内变现，其特点是期限短、质量高、销售快。如果商业银行流动性差，就要以增加负债的形式从市场上借入资金来满足流动性需要，包括向中央银行借款、发行大额可转让存单、同业拆借、利用国际货币市场融资等形式，但通过这些形式保持流动性需要考虑资金的成本及银行的信誉。

(三) 营利性原则

追求营利、实现利润最大化是商业银行的经营目标，也是商业银行企业性质的集中体现。利润水平是商业银行经营管理水平的体现，采取各种措施以获得更多的利润是商业银行的经营管理目标。商业银行要营利，需要适度扩大资产规模，合理安排资产结构，在保持银行资产流动性的前提下，尽可能减少非营利性资产，增加营利性资产所占的比重；应在多种筹资方式、筹资渠道之间进行比较、选择，以尽可能低的成本吸收更多的资金；充分利用自身所拥有的各项资源，积极开展中间业务和表外业务，同时提高工作效率，减少管理费用和营业成本的支出。

(四) "三性原则"的协调

"三性原则"在经营中既存在着互补的一面，也有着冲突的一面。安全性和流动性是紧密相连的。一般来讲，流动性越强的资产，其安全性越强，安全性是在流动性良好的前提下实现的。从短期来看，银行的流动性越充足，银行对抗意外的能力就越强，但如果流动性过多，银行可用于创造效益的资产就会减少，从而影响银行的营利性。但是从长远来看，安全性和流动性是为追求营利而存在的，只有保障了安全性和流动性，商业银行才能实现长期营利性。

银行经营要在安全性和营利性这一对矛盾关系中获得最大利润，流动性起着重要的调节作用。安全性高的银行资产不能给银行带来巨额的利润，因为高风险高收益，低风险低收益，没风险没收益。一个商业银行是不可能把风险和收益分开的，所以银行想要营利，就必须做好安全性和营利性之间的协调工作。做好流动性的工作就可以在兼顾安全性的基础上保证营利性，所以流动性在安全性和营利性之间起了重要的调节作用。

二、《巴塞尔协议》与商业银行风险管理

（一）《巴塞尔协议》的产生和演变

《巴塞尔协议》是国际清算银行（BIS）的巴塞尔银行业条例和监督委员会的常设委员会于 1988 年 7 月在瑞士的巴塞尔通过的《关于统一国际银行资本衡量和资本标准的协议》的简称。该协议第一次建立了一套完整的、国际通用的、以加权方式衡量表内与表外风险的资本充足率标准，有效地扼制了与债务危机有关的国际风险。尽管巴塞尔委员会发布的文件不属于国际条约，但是其所确立的监管标准已经成为一种国际惯例。

20 世纪 70 年代以后，金融国际化和全球化程度不断加深，金融创新日趋活跃。各国在放松国内金融规则的同时，也面临着对国际银行业进行监管的需要和挑战，要协调国际银行的监管。为促进世界各国间的公平竞争，并增强国际金融体系的安全性，1988 年，西方 12 国中央银行在瑞士巴塞尔达成了《关于统一国际银行资本衡量和资本标准的协议》，简称《巴塞尔协议》，规定 12 个参加国应以国际可比性及一致性为基础制定各自的银行资本的标准和规定。

《巴塞尔协议》的主要内容包括三方面：第一，资本的组成。对各类资本按照各自不同的特点进行明确界定，将银行的资本构成划分为核心资本和附属资本两个层次；第二，风险加权的计算。根据资产类别、性质及债务主体的不同，将银行资产的风险划分为五个等级，从"无风险"到"十足风险"，即 0、10%、20%、50% 和 100% 的风险权数；对资产负债表外项目采用"无风险"到"十足风险"的 0、20%、50%、100% 的信贷风险折算率；第三，资本与风险资产的目标标准比率。银行资本对风险加权资产的最低目标比率为 8%，其中核心资本至少为 4%。

《巴塞尔协议》本身在制度设计上存在缺陷。它是以规范信用风险为主的跨国规范，并没有考虑市场风险等其他风险，而随着金融全球化趋势的不断加强，国际银行业更加需要一个对于风险更加敏感的风险监管框架。2004 年 6 月 26 日，巴塞尔委员会正式公布了《统一资本计量和资本标准的国际协议修订框架》最终稿，这也就是俗称的《巴塞尔协议Ⅱ》。《巴塞尔协议Ⅱ》由三大支柱构成，其中最低资本要求是核心内容，而监督检查、市场约束是实现最低资本要求的有力保障，三者有机结合，构成了对银行全面风险监管的完整体系。

随着金融行业的不断发展，《巴塞尔协议Ⅱ》一直秉承的资本充足管理理念受到挑战，2007 年金融危机的爆发使得《巴塞尔协议Ⅱ》的问题也日益暴露出来。为了应对金融危机，2010 年 9 月，巴塞尔银行监管委员会宣布了《巴塞尔协议Ⅲ》的内容。该协议将商业银行的一级资本充足率从 4% 上调到 6%，并引入了 2.5% 的防护缓冲资本和不高于 2.5% 的反周期准备资本，使核心资本充足率的要求达到 8.5%~11%。此外，该协议还引入了杠杆比率、流动杠杆比率和净稳定资金来源比率的要求，以降低银行系统的流动性风险，并加强其抵御金融风险的能力。

《巴塞尔协议Ⅲ》突出了五个方面的改进，即提高银行资本质量、扩大资本框架的风险覆盖面、引入杠杆率、提出超额资本、建立流动性最低标准。

（二）《巴塞尔协议Ⅲ》与商业银行风险管理

《巴塞尔协议Ⅲ》代表了世界银行业管理发展的大方向，反映了当今先进的风险管理技

术,是银行业风险管理的最佳实践和指引,其中提出了对银行风险监管的三大支柱。实施《巴塞尔协议Ⅲ》有助于商业银行全面提高风险管理水平。在《巴塞尔协议Ⅲ》中,有三种方式可以降低商业银行的风险,分别是最低资本要求、监察审理程序和市场制约机能。

1. 最低资本要求

《巴塞尔协议Ⅲ》要求最低资本不得少于 8%,银行的核心资本不得少于 4%。目的是使银行对风险更敏感,能更有效地运作。在测算银行风险资产状况时,《巴塞尔协议Ⅲ》提供了两种可供选择的方案,即标准法和内部评级法。标准法是指银行根据外部的评级结果,以标准化处理方式计量信用风险;内部评级法是银行采用自身开发的信用风险内部评级体系进行运作,在实施时必须通过银行监管当局的明确批准。通过这两种方案能有效降低银行的经营风险。

2. 监察审理程序

监管者通过监测决定银行内部能否合理运行,并对其提出改进的方案。其中包括如何处理银行账户的利率风险、信用风险、操作风险,如何加强跨境交流与合作和资产证券化等方向的指引。这样做的目的是鼓励银行开发并使用更好的风险管理技术来检测和管理风险。

监察审理程序要求确立流动性风险监管标准,增强银行体系维护流动性的能力。目前我国对于银行业流动性比率的监管,已经存在一些较为明确的指标要求,如要求存贷比不能超过 75%,流动性比例大于 25%,核心负债依存度大于 60%,流动性缺口率大于-10%,以及限制了最大 10 户存款占比和最大 10 户同业拆入占比,超额存款准备金制度等,这些指标对于监控银行业的流动性起到了较好的作用。

3. 市场制约机能

《巴塞尔协议Ⅲ》要求银行提高信息的透明度,使外界能更准确地了解它的财务、管理等方面。巴塞尔银行监管委员会希望通过建立一套披露要求,达到促进市场纪律的目的,披露要求应便于市场参与者评价有关适用范围、资本、风险评估程序以及银行资本充足率等重要信息。用规范的一套披露程序,使银行经营更加透明化、规范化、纪律化。

金融链接:中央今日允许银行破产!只赔存款,不赔理财产品!

任务四 走进我国银行类金融机构

一、国家政策性银行

1994 年,为促进瓶颈产业的发展,促进专业银行向商业银行转化,我国成立了国家开发银行、中国进出口银行、中国农业发展银行三家政策性银行。

(一) 国家开发银行

国家开发银行成立于 1994 年 3 月,主要任务是贯彻国家宏观经济政策,支持经济发展和经济结构战略性调整,对关系国家经济发展命脉的基础设施、基础产业和支柱产业重大项目及配套工程建设提供长期融资。随着经济格局的深刻调整和国民经济的快速发展,政策性银行面临的经济金融环境及其所承担的任务和政策目标都发生了很大变化,2007 年的全国金融工作会议决定要逐步推进对政策性银行改革，全面推行商业化运作。2008年12月16日，国家开发银行转为国家开发银行股份有限公司，成为第一家由政策性银行转型而来的开发性金融机构。

（二）中国进出口银行

中国进出口银行成立于1994年4月，主要任务是执行国家产业政策和外贸政策，支持进出口贸易融资。中国进出口银行业务范围包括出口信贷、对外优惠贷款、国际银行间贷款、对外担保、国际结算等。

（三）中国农业发展银行

中国农业发展银行成立于1994年11月，主要任务是筹集农业政策性信贷资金，承担国家规定的农业政策性金融业务，代理财政性支农资金的拨付，为农业和农村经济发展服务。

二、大型商业银行

大型商业银行包括中国工商银行、中国农业银行、中国银行、中国建设银行、交通银行。前四者并称为"四大国有银行"或"四大行"，后来的交通银行发展壮大，五家银行统一归为"国有及国有控股大型商业银行"，并称为"大型商业银行"或"五大行"。

（一）中国工商银行

中国工商银行成立于1984年1月1日，2005年10月28日，整体改制为股份有限公司。2006年10月27日，成功在上交所和香港联交所同日挂牌上市。中国工商银行是目前中国资产规模最大的商业银行。

（二）中国农业银行

中国农业银行最早可追溯至1951年成立的农业合作银行。20世纪70年代末以来，中国农业银行相继经历了国家专业银行、国有独资商业银行和国有控股商业银行等不同发展阶段。2009年1月，中国农业银行整体改制为股份有限公司。2010年7月，中国农业银行分别在上海证券交易所和香港联合交易所挂牌上市。

（三）中国银行

1912年2月，中国银行正式成立。1979年中国银行成为国家指定的外汇外贸专业银行，1994年，随着金融体制改革的深化，中国银行成为国有独资商业银行。中国银行于2004年8月按照国务院的部署，首家试点，整体改制为股份有限公司，实现了产权多元化。然后在2006年6月1日，中国银行股份有限公司的H股在香港联合交易所挂牌上市，并在同年的7月5日，A股在上海证券交易所挂牌上市。

（四）中国建设银行

中国建设银行成立于1954年10月1日，曾隶属于财政部，1979年成为独立的经营长期信用业务的专业银行。2004年9月17日，中国建设银行整体改制为股份有限公司，随后，在2005年10月27日，其H股在香港联合交易所挂牌上市。2007年9月25日，建行A股在上海证券交易所挂牌上市。

（五）交通银行

交通银行始建于1908年，中国早期四大银行之一。1986年国务院批准重新组建交通银行。1987年，重新组建后的交通银行成为中国第一家全国性的国有股份制商业银行，交通银行于2005年6月在香港联合交易所挂牌上市，2007年5月在上海证券交易所成功挂牌上市。是第一家在境外上市的国有控股大型商业银行，总行设在上海。

三、中小商业银行

中小商业银行包括股份制商业银行和城市商业银行两大类。

（一）股份制商业银行

股份制商业银行在筹建之初，绝大多数是由中央政府、地方政府、国有企业（集团）、集体或合作组织出资创建，先后实行了股份制改造。从活动地域看，初建时明确有全国性、区域性商业银行之分，随着金融改革的深化，其中一些区域性银行的经营地界向其他城市或地域扩展。

股份制商业银行主要指中信银行、招商银行、平安银行、广发银行、兴业银行、中国光大银行、华夏银行、上海浦东发展银行、中国民生银行、恒丰银行、浙商银行、渤海银行12家商业银行。

股份制商业银行打破了计划经济体制下国家专业银行的垄断局面，促进了银行体系竞争机制的形成和竞争水平的提高，带动了整体商业银行服务水平、服务质量和工作效率的提高，较好地满足了中小企业和居民的融资和储蓄业务需求，大大丰富了对城乡居民的金融服务，方便了百姓生活。

（二）城市商业银行

城市商业银行是在原城市信用合作社（简称城市信用社）的基础上建立起来的。1979年，第一家城市信用社在河南省驻马店市成立，其宗旨是为城市和街道的小企业、个体工商户和城市居民服务。1994年，国务院决定通过合并城市信用社，成立城市合作银行，1998年，城市合作银行正式更名为城市商业银行。

近年来，城市商业银行在全面化解历史风险的基础上，逐步树立科学的发展理念，不断提升经营管理水平，积极转变业务发展方式，大力推进产品创新和科技创新，取得了显著的发展成效；同时，在维护区域金融稳定、推动市场竞争、促进金融服务水平提高、缓解小微企业融资难等方面发挥了积极作用。

截至2023年12月末，我国有128家城市商业银行。

四、农村金融机构

农村金融机构包括农村信用社、农村商业银行、农村合作银行、村镇银行和农村资金互助社。农村商业银行和农村合作银行是在合并农村信用社的基础上组建的，而城镇银行、农村资金互助社是2007年批准设立的新机构。

（一）农村信用社、农村商业银行和农村合作银行

2000年7月，农村信用社改革试点的大幕最先在江苏拉开。2001年11月29日，全国第一家农村股份制商业银行张家港市农村商业银行正式成立。2003年4月8日，我国第一家农村合作银行宁波农村合作银行正式挂牌成立。目前，农村信用社是我国农村地区机构网点分布最广、支农服务功能发挥最为充分的银行业金融机构，为农业增产、农民增收和

农村经济社会发展做出了历史性贡献。截至 2023 年 12 月末，我国有 965 家农村信用社、1 262 家农村商业银行以及 33 家农村合作银行。

（二）村镇银行和农村资金互助社

中国银监会于 2006 年按照"低门槛、严监管"的原则，积极培育发展村镇银行、贷款公司和农村资金互助社三类新型农村金融机构。2007 年 1 月，银监会发布并正式施行《村镇银行管理暂行规定》和《农村资金互助社管理暂行规定》。

村镇银行可经营下列业务：①吸收公众存款，发放短期、中期、长期贷款，办理国内结算，办理票据承兑与贴现；②同业拆借，银行卡业务，代理发行、代理兑付、承销政府债券；③代理收付款项及代理保险业务，经银行业监督管理机构批准的其他业务；④可代理政策性银行、商业银行和保险公司、证券公司等金融机构的业务。

农村资金互助社以吸收社员存款、接受社会捐赠资金和从其他银行业金融机构融入资金作为资金来源。农村资金互助社的资金应主要用于发放社员贷款，满足社员贷款需求后确有富余的可存放在其他银行业金融机构，也可购买国债和金融债券。农村资金互助社可以办理结算业务，并按有关规定开办各类代理业务；农村资金互助社不得向非社员吸收存款、发放贷款及办理其他金融业务，不得以该社资产为其他单位或个人提供担保。

截至 2023 年 12 月末，我国有 1 562 家村镇银行、48 家农村资金互助社。

五、中国邮政储蓄银行

中国邮政储蓄银行是在邮政储蓄的基础上组建的，我国邮政储蓄是在 1986 年开办的，当时的主要目的是回笼货币。2006 年 12 月 31 日，经国务院同意，银监会正式批准中国邮政储蓄银行成立。2007 年 3 月 20 日，中国邮政储蓄银行挂牌。2012 年 1 月 21 日，中国邮政储蓄银行整体改制为股份有限公司。

中国邮政储蓄银行的定位是：充分依托和发挥网络优势，完善城乡金融服务功能，以零售业务和中间业务为主，为城市社区和广大农村地区居民提供基础金融服务，与其他商业银行形成互补关系，支持社会主义新农村建设。

金融拓展：影子银行

六、民营银行

当前学术界对民营银行的定义大致可分为产权结构论、资产结构论和治理结构论三种。产权结构论认为由民间资本控股的就是民营银行，资产结构论认为民营银行是主要为民营企业提供资金支持和服务的银行，治理结构论则认为凡是采用市场化运作的银行就是民营银行。这三个定义分别从不同侧面罗列了民营银行的特征。民营银行的融入给金融业增添了发展动力，同时加快了我国金融产业的改革步伐，提升了市场原动力，改变了传统国有大银行垄断金融市场的不良金融运作环境。

2014 年 3 月，首批 5 家民营银行试点方案确定，同年 7 月，中国银监会首先批准深圳前海微众银行、温州民商银行和天津金城银行 3 家民营银行的筹建申请，随后又在 9 月批准成立浙江网商银行、上海华瑞银行。2015 年，民营银行发展再次迎来重大政策突破，李克强总理在政府工作报告中表示，要"推动具备条件的民间资本依法发起设立中小型银行等金融机构,成熟一家,批准一家,不设限额"。正是在这样的背景下,民营银行在 2 年的时间里实现了从无到有的蜕变式成长。2015 年 1 月 4 日,李克强总理在深圳前海微众银行敲下计算机回车键完成第一笔业务,标志着我国首家开业的互联网民营银行正式开业。截至 2022 年 12 月末,我国已有 19 家民营银行。

民营银行是现行金融改革体系的重要内容,也是金融业态的有益补充。在国家金融改革与创新的大背景下,民营银行的发展体现出了我国经济发展所释放出的活力。在顶层设计与客观所实现的效果来看,民营银行在打破中国国有商业银行的垄断和实现金融机构多元化方面,都有着突出的现实意义。作为金融市场的重要组成部分,民营金融机构特殊的产权结构和经营形式决定了其具有机制活、效率高、专业性强等一系列优点。可以说,民营银行也是中国国有金融体制的重要补充。另外,民营金融机构的建立必然会促进金融市场的公平竞争和国有金融企业的改革。建立一些具有国际先进水平的民营金融机构将有助于金融业参与国际竞争,缓和加入世界贸易组织后外资对国内金融业的冲击。

七、外资银行

外资银行是指按照中华人民共和国有关法律法规,经批准在中华人民共和国境内设立的下列机构:一家外国银行单独出资或者一家外国银行与其他外国金融机构共同出资设立的外商独资银行,外国金融机构与中国的公司、企业共同出资设立的中外合资银行,外国银行分行,外国银行代表处。

其中,外商独资银行、中外合资银行、外国银行分行统称为外资银行营业性机构。

截至 2023 年 12 月末,共有来自 52 个国家和地区的银行在华设立了机构,其中包括 41 家外资法人银行、116 家外国及中国港澳台银行分行和 132 家代表处。这些营业性机构的总数量达到 888 家,覆盖 32 个省、自治区、直辖市和计划单列市。外资银行深度参与我国金融市场,已成为我国银行业重要组成部分。

八、住房储蓄银行

住房储蓄银行是各国政府解决住房问题尤其中低收入人群住房问题的一种有效的金融支持工具。在 1987 年我国曾成立烟台住房储蓄银行与蚌埠住房储蓄银行。但由于两者成立之初,既面临着市场条件不具备的困难,主要是住房金融体系的不健全、配套的住房金融服务方向不明确,又面临着资金来源和运用渠道十分有限的局面。特别是随着各地住房公积金管理中心的纷纷成立,住房储蓄银行筹集住房基金的功能被移交,基本切断了其赖以生存的业务渠道,加之住房储蓄银行本身市场定位不准确,其改制转型就成了市场发展的必然。2001 年,蚌埠住房储蓄银行组建为蚌埠商业银行,2003 年,烟台住房储蓄银行改制为恒丰银行,均加入了城市商业银行行列。

2004 年 2 月 15 日,中德住房储蓄银行在天津成立。中德住房储蓄银行由中国建设银行和德国施威比豪尔住房储蓄银行合资成立,中国建设银行持股 75.1%,德国施威比豪尔住房储蓄银行持股 24.9%。德国施威比豪尔住房储蓄银行是欧洲最大、最成功的住房储蓄专业银行。目前中德住房储蓄银行是国内银行业中经中国银监会批注成立的唯一一家专业经营住房信贷业务的商业银行。

一、学习测试

（一）单项选择题

1. （　　）是商业银行最基本，最能反映其经营活动特征的职能。
   A. 信用中介　　　B. 支付中介　　　C. 信用创造　　　D. 金融服务
2. 1897年在上海成立的（　　），标志着我国民族资本商业银行业的开始。
   A. 交通银行　　　B. 浙江兴业银行　　C. 中国通商银行　　D. 北洋银行
3. 明朝末期因货币的兑换而产生的一种我国传统信用机构是（　　）。
   A. 钱庄　　　　　B. 银行　　　　　C. 票号　　　　　D. 当铺
4. （　　）是指不构成银行表内资产、表内负债，形成银行非利息收入的业务。
   A. 存款业务　　　B. 中间业务　　　C. 借款业务　　　D. 负债业务
5. （　　）是目前我国资产规模最大的商业银行。
   A. 中国银行　　　B. 中国人民银行　　C. 中国工商银行　　D. 中国农业银行

（二）多项选择题

1. 商业银行的负债业务包括（　　）。
   A. 贷款业务　　　B. 自有资本　　　C. 存款业务
   D. 资产业务　　　E. 借款业务
2. 商业银行的资产业务包括（　　）。
   A. 现金资产　　　B. 贷款业务　　　C. 存款业务
   D. 投资业务　　　E. 借款业务
3. 贷款按有无担保划分，可以分为（　　）。
   A. 正常贷款　　　B. 信用贷款　　　C. 次级贷款
   D. 担保贷款　　　E. 损失贷款
4. 贷款的五级分类中哪些是不良贷款？（　　）
   A. 正常　　　　　B. 关注　　　　　C. 次级
   D. 可疑　　　　　E. 损失
5. 下列属于商业银行中间业务的是（　　）。
   A. 贷款业务　　　B. 承诺业务　　　C. 代理业务
   D. 资产业务　　　E. 担保业务

（三）判断题

1. 商业银行可以无限制地创造信用。（　　）
2. 现金资产是商业银行资产风险损失的物质基础。（　　）
3. 法定存款准备金是商业银行的可用资金。（　　）
4. 我国商业银行的投资业务主要是股票投资。（　　）
5. 借记卡是指记录持卡人账户相关信息，具备银行授信额度和透支功能的银行卡。
（　　）

（四）主观题

1. 商业银行的职能是什么？

   答：_____

   _____

2. 商业银行的组织形式有几种？

   答：_____

   _____

3. 商业银行的负债业务主要包括哪些？

   答：_____

   _____

4. 商业银行的资产业务主要包括哪些？

   答：_____

   _____

5. 商业银行的中间业务主要包括哪些？

   答：_____

   _____

二、能力评价

（一）案例分析

从 2008 年全球金融危机看商业银行的作用与教训

背景描述：

2008 年全球金融危机是一场由次贷危机引发的全球性经济危机。在这场危机中，商业银行起到了关键作用。

2008 年，美国雷曼兄弟银行在次贷危机中遭受重大损失，无法偿还债务，最终宣告破产。这一事件引发了全球金融危机的高潮。

2007 年，英国北岛信托银行因过度依赖短期融资和次贷问题而遭受重大损失。最终，英国政府不得不接管该银行，并实施紧急救助措施。

2008 年，冰岛的三大商业银行（兰迪斯银行、凯韦拉兰迪斯银行和盖蒂银行）在全球金融危机中崩溃。冰岛政府被迫接管这些银行，并最终向国际货币基金组织（IMF）寻求援助。

问题：

1. 在 2008 年全球金融危机中，商业银行扮演了哪些角色？请详述其在危机中的具体作用。

   答：_____

   _____

   _____

2. 请分析商业银行在这场危机中的失误和不当行为，以及这些行为如何加剧了金融危机的爆发和影响。

答：_____

_____

_____

3. 从这场金融危机中，我们可以得到哪些关于商业银行风险管理和监管的重要教训？

答：_____

_____

_____

提示：

1. 商业银行在2008年全球金融危机中扮演了核心角色。它们过度依赖短期融资，大量发放高风险贷款，如次级抵押贷款，并进行了大量复杂的金融衍生产品交易。这些行为导致了银行资产负债表的不稳定，加剧了金融危机的爆发。

2. 商业银行在这场危机中的失误和不当行为主要包括过度追求高风险高回报的金融产品，忽视风险评估和内部控制；过度依赖短期融资，缺乏流动性风险管理；以及对市场风险和信用风险的认识不足，导致风险敞口过大。

3. 从这场金融危机中，我们可以得到的关于商业银行风险管理和监管的重要教训包括：加强风险评估和内部控制，确保银行业务的稳健性和可持续性；优化资本结构和流动性管理，降低银行对短期融资的依赖；强化对市场风险和信用风险的监测和管理，避免风险敞口过大；以及加强金融监管，确保银行遵守相关法规，防范金融风险的发生。

（二）小组讨论

通过查阅图书、搜索网络等方式收集相关资料，分组讨论《巴塞尔协议》是通过哪些方面控制商业银行风险的。

结论：（1）_____

（2）_____

（3）_____

（三）业务实训

选择一家商业银行官方网站登录，了解搜集该银行的基本信息，完成以下内容：

1. 了解该银行的基本概况。

答：_____

_____

_____

2. 对个人客户可以提供哪些服务？

答：_____

_____

_____

3. 对企业客户可以提供哪些服务？

答：_____

4. 通过比较分析,你认为该银行服务有哪些优缺点?对该银行的经营管理有何建议?

答:

项目七　中央银行与货币政策

项目概述

一、项目背景与目标

中央银行作为国家的金融管理核心，通过制定和实施货币政策来调节经济，维持物价稳定，促进经济增长。货币政策的有效性、透明度和前瞻性对于市场预期的引导、金融市场的稳定以及经济的长期健康发展至关重要。本项目旨在帮助学生深入了解中央银行的职能和货币政策的重要性，以及其对宏观经济的影响；理解中央银行的货币政策，培养在复杂环境下做出合理决策的能力和分析货币政策效果及其对经济指标影响的能力。

二、项目内容与结构

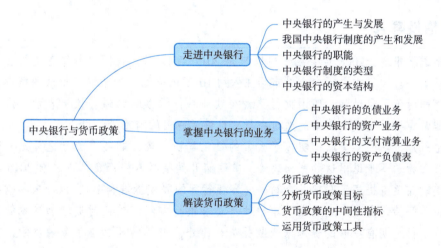

三、研究方法与步骤

（1）理论学习：通过课堂讲解、教材阅读等方式，系统传授有关中央银行的性质、职能、业务以及地位和作用；解读货币政策的含义、特征、指标及货币政策工具的运用等。

（2）案例分析：选取典型中央银行货币政策失误的案例进行分析，查找其存在的问题及对于我国中央银行在制定和执行货币政策方面的借鉴意义。

（3）小组讨论：通过查阅图书、搜索网络等方式收集相关资料，分组讨论我国从2008年金融危机以来的货币政策变化。

金融管理实务

（4）实地考察：组织学生参观当地的人民银行，了解中国人民银行的性质、职责及业务范围等。

四、预期成果

（1）能够比较中、英、美等国中央银行的发展差异。
（2）能够根据经济现象分析中央银行的特殊地位。
（3）能够基本解读中央银行资产负债表。
（4）能够分析解读我国目前的货币政策。
（5）能够根据央行的货币政策工具，分析该政策工具的基本运作及影响。
（6）能够在复杂情况下基于数据和实证分析做出合理判断和科学决策。
（7）能够认识到货币政策对社会各方面的深远影响，尤其是对普通民众生活的影响，从而增强服务社会、服务人民的责任意识。

五、测试评价

（1）学习测试。
（2）能力评价。

理论学习

情境导入 >>>

> 据路透社报道，2008年金融危机以来至2017年11月，美国联邦储备委员会、欧洲央行、英国央行和日本央行向金融市场注入约10万亿美元，如今它们正试图摆脱宽松货币政策，同时不引起动荡。四国央行总裁在欧洲央行举办的沟通会议上表示，沟通对此次举动非常重要，这就是所谓的通过央行官员讲话做出的前瞻性指引。
>
> 在金融危机期间，美联储实施了大量的量化宽松政策，购买了数万亿美元的国债和其他资产。为了逐步退出这些宽松政策，美联储开始缩减其资产负债表。自2015年年底开始，美联储逐步提高了联邦基金利率（即银行间的隔夜拆借利率），以此来影响整体市场利率。美联储还实施了逆周期资本缓冲，要求银行在经济繁荣时期增加资本储备，以便在经济下行时期有足够的资源来吸收损失。此外，美联储还加强了金融监管，特别是对银行业的监管，以确保金融机构具有足够的资本和流动性来应对潜在的风险。
>
> 随着经济的改善，英国央行逐步减少了量化宽松政策的规模，并逐步退出这一政策。英国央行通过调整基准利率来影响借贷成本和消费者支出。随着经济的复苏和通胀压力的上升，英国央行逐步提高了基准利率，以平衡经济增长和物价稳定。与美联储类似，英国央行也提供了关于未来利率路径的前瞻性指引，以影响市场预期和决策。英国央行加强了对金融市场的宏观审慎监管，通过实施一系列措施来限制金融市场的过度风险承担和泡沫形成。这包括对银行和金融机构的资本和流动性要求，以及对房地产市场的监管。英国央行注重与市场的沟通和透明度，通过定期发布政策决策、经济预测和市场分析等信息，来引导市场预期和稳定市场情绪。

> 随着经济复苏和通胀压力的上升，欧洲央行逐步提高了再融资利率、边际借贷利率和存款利率，来影响欧元区的借贷成本和通货膨胀预期。随着经济的改善，欧洲央行逐步减少了资产购买的规模，并最终在2018年结束了其量化宽松政策。
>
> 在金融危机后，为了刺激经济，日本央行将利率降至接近零的水平，并维持了长时间的超低利率政策。随着经济的复苏和通胀压力的上升，日本央行逐步提高了利率水平，以逐步退出宽松的货币政策。
>
> 在当代信用货币制度条件下，每个经济活动的参与者已无法忽略对各国中央银行行为的关注，那么究竟为何中央银行有如此重要的地位与作用？中央银行的业务有何特殊？本项目将介绍中央银行的产生与发展、性质与职能、业务运行与原则及货币政策工具的运用等内容。

任务一　走进中央银行

现代市场经济的运作和管理离不开稳定、完善的金融体系，而中央银行肩负着为金融业服务和对国民经济进行宏观调控的双重使命。中央银行是专门制定和实施货币政策、统一管理金融活动并代表政府协调对外金融关系的金融管理机构。中央银行是特殊的银行，其从事货币信用业务的目的不是营利，而是实现特定的社会经济目标。中央银行的活动范围仅限于宏观金融领域，一般不面对企业和个人，只同政府、商业银行和其他金融机构发生业务往来。中央银行一般都享有国家赋予的特权，主要依靠业务活动调剂货币供应量、利率、信贷、汇率等经济变量来发挥其宏观经济管理职能。

一、中央银行的产生与发展

中央银行及中央银行制度是以银行为代表的金融业发展到一定历史阶段的产物。

（一）中央银行产生的历史背景

1. 统一银行券发行的要求

18世纪后半叶，资本主义银行业得到空前的发展，数量急剧膨胀，竞争加剧，许多中小银行难以保证所发行银行券的兑现，导致银行券流通不稳定，货币分散发行给经济带来的问题越来越严重。客观上需要一家或几家资金雄厚、有权威的银行，发行能够在全社会流通的货币，限制和取消一般银行的货币发行权。

2. 统一票据清算的要求

随着银行业务的扩大，银行每天收授票据的数量不断增长，票据交换业务越来越繁重，由单个银行或几家银行自行处理票据交换和清算的方式已不能满足商品经济发展和银行业务迅速扩展的需要，迫切要求建立一个全国统一和公正的权威性清算机构，作为金融支付体系的核心快速清算银行间各种票据，使资金顺畅流通。

3. 银行的支付保证能力和最后贷款人

随着银行业务规模的扩大和复杂化，银行的经营风险不断增大，资金调度困难和支付能力不足的情况经常出现。为了保护存款人的利益和金融体系的稳定，客观上需要有一家权威机构,在商业银行发生资金困难时,给予必要的贷款支付,充当银行的"最后贷款人"。

4. 金融监管的要求

由于金融业的特殊性,政府对金融业的监督管理和金融市场的调控,应由专门机构通过运用市场手段而不是行政手段,利用金融市场的运作机制实现,该机构既要有技术和操作手段,还要在业务上与普通的银行有密切联系。中央银行由于保管银行的一部分存款准备金,又承担各银行之间的清算,就成为理想的监督管理机构。

总之,中央银行制度的建立既有客观原因又有主观原因,是历史发展的产物。

(二) 中央银行发展

中央银行主要通过两种方式建立并发展起来。

第一种方式是由信誉好实力强的大银行逐步演变而成。在逐步演变的过程中,政府根据客观需要不断赋予大银行某些特权,使其逐步具有某些中央银行的特征,最终成为中央银行。其形成过程大体是:货币经营机构—高利贷银行—大银行—银行的银行—中央银行。英国的中央银行——英格兰银行就是这种方式的典型代表。

1689年,威廉三世成为英国国王,在征服爱尔兰及反法战争中需要筹集战争资金,但在1689年的时候英国王室筹到的战争资金只有200万英镑。为筹集更多军费,亟须用钱的英国国王和议会迅速采纳了一位叫威廉·佩特森的苏格兰商人的提议——成立一家可向政府贷款的银行。1694年7月27日,伦敦城的1 268位商人合股出资,正式组建了英格兰银行。这家私人拥有的银行向政府提供120万英镑的现金作为政府的"永久债务",年息8%,每年的管理费4 000英镑,以全民税收做抵押。

1833年,英国国会规定英格兰银行发行的银行券具有无限法偿资格,但并没有垄断货币发行权。1844年,英国通过《银行特许条例》,赋予英格兰银行国家发行银行的地位。1854年,英格兰银行成为英国银行业的票据交换中心。1872年,英格兰银行开始担负最后贷款人的角色。1928年,英格兰银行最终成为英国唯一的发行银行。从此,只有英格兰银行发行的银行券在流通中使用,其他的全部退出流通领域。1931年9月,英国放弃金本位制后,英格兰银行发行的钞票成为可兑换的管理货币。1946年,英国议会通过《英格兰银行法案》,正式将英格兰银行收归国有。

英格兰银行虽然在成立时间上稍后于瑞典国家银行(瑞典银行成立于1656年,1668年成为名义上的国家银行,但不具备中央银行的各项功能,1897年,获得货币发行的独占权,成为真正的中央银行),但由于它最早具备了现代中央银行的各项职能,而且还成为许多国家银行仿效的样板,因此,英格兰银行是现代中央银行的"鼻祖",它的创立是中央银行制度发展史上一个最重要的里程碑。

第二种方式是通过立法直接建立中央银行,这种方式的典型首推美国联邦储备体系。

美国独立战争以后,根据当时的财政部部长亚历山大·汉密尔顿的建议,于1791年批准设立美国历史上第一家国家银行——美国第一国民银行,总股本为1 000万美元,其中私人股占80%,联邦政府持股20%。国会立法规定该行经营年限为20年。美国第一国民银行因遭到各州立银行和共和党的反对,当1811年经营期满申请换领营业执照时,以一票之差被国会否决。

第一国民银行关闭以后,银行数量剧增,货币发行混乱,物价飞涨。美国联邦政府于

1816 年批准设立第二国民银行，总股本为 3 500 万美元，其中联邦政府持股 20%，以公债支付，其余 80%的股份则有个人、公司和州政府认购，经营期限为 20 年。第二国民银行在许多方面类似于第一国民银行，没有真正起到中央银行的作用，既没能集中货币发行权，也无力控制各州立银行的货币发行。1836 年经营期限届满后被总统安德鲁·杰克逊否决延期。

第二国民银行停止后，美国金融业进入更加混乱的自由银行制度时期，每隔数年就发生一次金融恐慌。1913 年，国会经过反复讨论、权衡利弊，为了建立一个更加安全稳妥、更加机动灵活的银行货币体系，12 月 23 日通过了联邦储备法案，美国联邦储备体系正式成立，标志着美国中央银行制度的正式形成。美国联邦储备体系是以私有形式组织的行使公共目的的政府机构，其核心机构是联邦储备委员会，简称美联储。美联储的 94%利润转交给美国财政部，剩余 6%用于给会员银行发放股息。

1920 年，比利时首都布鲁塞尔举行了历史上第一次国际金融会议，会议建议各国应建立中央银行。1922 年，国际经济会议在瑞士日内瓦召开，重申和强调了布鲁塞尔会议的决议，建议尚未建立中央银行的国家尽快建立中央银行。

第一次世界大战结束至第二次世界大战发生之间，设立中央银行成为全球性的普遍现象，许多国家纷纷设立中央银行。"二战"之后，各国政府加强对中央银行控制，通过立法明确与规范中央银行宏观调控与监督管理的目的与任务。

二、我国中央银行制度的产生和发展

（一）晚清及民国时期的中央银行

我国现代银行业发展起步较晚，直到 19 世纪末，才刚刚出现我国自己的银行。我国中央银行的形成则更晚，直到 20 世纪还处于萌芽状态。

为了整顿币制，统一货币，解决财政困难，1905 年清政府设立户部银行，除办理一般商业银行业务外，还享有铸造货币、代理国库、发行纸币等特权，是中国最早的中央银行。1908 年 7 月，户部银行更名为大清银行。

辛亥革命以后，大清银行也被改组为中国银行，成为一家商业银行。北洋军阀政府时期，中国银行和交通银行一起，部分行使了中央银行的职责。1924 年 8 月，国民革命政府的中央银行在广州成立，为政府筹集军费。

1927 年 11 月 1 日国民党政府中央银行正式在上海开业，与中国银行、交通银行以及中国农民银行共同负责银行券的发行，但也没有能有效监管各民间银行。1939 年 10 月，国民党政府设立中央银行、中国银行、交通银行、中国农民银行四行联合办事处，即"四联总处"，作为金融机构的最高权威。以后，中央信托局、邮政储金汇业局、中央合作金库也相继加入，从而形成以中央银行为首的"四行两局一库"金融垄断体制。1942 年 7 月 1 日，公布统一钞票发行办法，规定中央银行为唯一的货币发行银行，原中国银行、交通银行、中国农民银行的货币发行业务移交中央银行。1949 年，国民党政府中央银行撤离大陆，成为我国台湾地区的所谓的"中央银行"。

（二）中国人民银行的建立及其发展历程

1931 年，中国共产党在江西瑞金成立中华苏维埃国家银行并于次年开业。苏维埃国家银行行长毛泽民，业务人员最初只有 4 人，被称为世界上最小的中央银行，办公地点在瑞金城外一农家小屋，启动资金是作战行动中没收征集的30担金银珠宝、外币及法币。1935年苏维埃国家银行与陕甘晋苏维埃银行合并，并更名为中华苏维埃共和国国家银行西北分行，1937年改组成陕甘宁边区银行。

1948年12月1日，在原解放区的华北银行、北海银行、西北农民银行的基础上，于石家庄正式成立了中国人民银行，同时开始发行钞票。1949年，中国人民银行总行迁入首都北京，成为中华人民共和国的国家银行。1955年2月1日，全国的公私合营的银行并入当地的中国人民银行储蓄部，中国人民银行一身兼任中央银行和商业银行二职，垄断全国的农业、工业、商业短期信贷和城乡居民储蓄业务，形成了计划经济体制下"大一统"的中央银行体制。

十一届三中全会以后，随着金融体制改革的不断深入，各专业银行以及其他金融机构相继恢复和建立。1979年2月，原中国人民银行农村业务部和国外业务部分别独立出去，成立了中国农业银行和中国银行。1980年，中国人民保险公司从中国人民银行独立出来并恢复了中断20年之久的国内保险业务。1983年，中国人民银行办理的工商信贷和城镇储蓄结算业务改由新成立的中国工商银行承办。1984年，中国人民银行开始正式行使中央银行的职能。1995年3月18日，《中华人民共和国中国人民银行法》颁布，以法律形式明确了其中央银行的地位。1998年年底中央银行进行管理体制改革，改行政区划为经济区划，全国设立9家大区行，并设重庆和北京两个营业管理部。2003年9月设立中国银行业监督管理委员会，彻底分拆了中央银行传统的货币政策管理和金融监管职能。

金融人物：
周小川

三、中央银行的职能

（一）发行的银行

所谓发行的银行是指中央银行垄断货币发行权，是该国唯一的货币发行机关，这是中央银行首要和基本的职能。享有货币发行的独占权，是中央银行的一个重要标志。一部中央银行史，首先是一部中央银行垄断货币发行的历史。目前为止，在实行中央银行制度的国家中，除了极少数特殊情况以外，其货币发行权基本上都由中央银行一家独占，其他银行和金融机构则无权发行钞票。如美国《联邦储备法案》第16条规定，联邦储备系统理事会授权发行联邦储备券，此钞票为美国政府债券，所有国民银行、会员银行及联邦银行都应接受这种联邦储备券。

中央银行独占货币发行权有利于中央银行统一通货形式，保持币值稳定，中央银行可根据经济发展的客观要求，直接准确地调节流通中的货币供应量，使中央银行控制铸币税（即发行纸币的面值与实际制造纸币的成本之差）及货币发行的数量。因而，货币政策的行使权可完全掌握在中央银行手中。

（二）银行的银行

中央银行作为银行的银行，是指其与商业银行和其他金融机构的特殊业务关系，这种特殊业务关系主要体现在以下三个方面。

1. 集中存款准备金

现代的中央银行通常规定，商业银行和其他金融机构必须依法向中央银行缴存一部分存款准备金，也就是所谓的法定存款准备金制度。其一方面保证存款机构的清偿能力，以备客户提现，从而保证存款人的资金安全以及银行等金融机构的安全；另一方面有利于中央银行调节信用规模和控制货币供应量。

2. 最终贷款人

最终贷款人，是指中央银行负有维护金融稳定的责任，可以根据情况向出现流动性问题的商业银行和金融机构提供资金援助，避免由于支付链条中断而引起的金融危机。商业银行和其他金融机构在发生资金短缺、周转不灵时，可以以票据（包括国库券）再贴现和再抵押方式，向中央银行要求融通资金，中央银行为商业银行和其他金融机构在资金上的最后贷款人。

3. 组织全国清算

存款准备金制度下，商业银行等金融机构必须在中央银行开立存款账户，各银行间的票据交换和资金清算业务，可以通过这些账户转账和划拨，并直接增减存款准备金。这样做一方面简化了金融机构资金清算程序，减少了清算费用，节约了资金的占用；另一方面也便于中央银行利用清算系统强化对整个金融体系的监管和控制。

（三）国家的银行

中央银行作为国家银行的职能，主要体现在以下几个方面。

1. 代理国库

代理国库业务，是指政府收入与支出均通过财政部在中央银行开立的各种账户进行，具体包括按国家预算要求协助财政、税务部门收缴库款，根据财政支付命令向经费单位划拨资金，随时反映经办预算收支上缴下拨过程中掌握的预算执行情况。

2. 代理国家债券发行

中央银行通常代理国家发行债券及债券到期时的还本付息事宜。

3. 对国家给予信贷支持

中央银行作为国家的银行，在国家财政出现收不抵支的情况下，一般有提供信贷支持的义务，支持方式包括直接给国家财政贷款、购买国家公债。

4. 保管和管理黄金、外汇储备

中央银行为国家管理黄金外汇储备，以及根据国内国际情况适时适量购进、卖出外汇和黄金储备，可以起到稳定货币和汇率、调节国际收支、保证国际收支平衡的作用。

5. 制定并监督执行有关金融管理法规

作为政府的金融业务管理部门，中央银行要制定一系列的法律规章，对商业银行等金融机构进行监督管理，确保金融市场的稳健安全。

6. 代表政府参与国际金融事务

中央银行代表政府参加国际金融组织，出席各种国际金融会议，在国内外经济金融活动中，充当政府的金融顾问，提供经济、金融情报和决策建议。

四、中央银行制度的类型

作为制定和执行金融政策，领导监管全国金融的最高当局，中央银行需要通过一定的组织形式来发挥其职能。由于各国政治与经济制度各不相同，因而在中央银行制度的类型和结构上呈现出较大的差异。

（一）单一式中央银行制度

单一式中央银行制度是指在一个国家内只设立一家高度集权的中央银行，集中行使中央银行职能，统一领导全国金融事业的中央银行制度。实行这种制度的中央银行总行一般设在一个国家的首都，并根据需要在全国范围内设置若干分支机构。一般来说，这类中央银行的货币政策决策权集中在总行，分支行无权独立制定货币政策，只负责执行总行制定的政策、监管管辖范围内的金融机构和金融市场。同时，实行单一式中央银行制度的中央银行，往往根据经济发展和金融监管的需要将分支行设在一些经济中心。

单一式中央银行制度具有权力集中、决策迅速、职能完善、组织机构齐全等特点。目前世界上大多数国家都采用单一式中央银行制度，比较典型的有英国、法国、日本和瑞典等。例如，英格兰银行总行设在伦敦，下设国库委员会、监察委员会等5个职能机构。同时英格兰银行在全国4个大区、53个郡、91个区设有分行和办事处，开展地方性业务。

（二）复合式中央银行制度

复合式中央银行制度是指在一个国家内设立一个一级中央银行机构，并在地方设立若干个二级中央银行机构，共同组成统一的中央银行体系的中央银行制度。中央一级的机构享有制定货币政策、指导地方一级机构工作的最高权力，地方一级的机构执行中央决策机构制定的金融方针和政策，但在管辖区内行使职能时享有较大的自主权，既不受州政府和地方政府的管辖，与中央一级的机构也无直接的领导与被领导关系。这种中央银行制度的特点是地方一级的机构享有较大的独立自主权，对管辖区内金融机构和金融市场的监管具有较强的针对性，效率更高。采用复合式中央银行制度的国家主要是一些联邦制国家，较为典型的国家有美国、澳大利亚等。

美国联邦储备体系由中央一级的联邦储备委员会和地方一级的联邦储备银行组成。在中央一级，联邦储备委员会是联邦储备体系的最高决策机构，直接对国会负责，制定货币政策，行使领导和管理职能。此外，还设有制定和执行公开市场政策的联邦公开市场委员会和负责向联邦储备委员会提供咨询和建议的联邦顾问委员会等平行机构。在地方一级，全国划分为12个联邦储备区，每个区设一家联邦储备银行，12家地方一级的联邦储备银行拥有较大的独立自主权，都有自己的理事会，有权发行联邦储备券，可根据辖区内特殊情况制定和执行自己的金融政策，如规定再贴现率，但须报联邦储备委员会批准。

（三）准中央银行制度

准中央银行制度是一个国家（或地区）没有通常意义上的中央银行，而是由类似中央银行的机构或者由政府授权的某个或几个商业银行，代行中央银行部分职能的中央银行制度。这类中央银行制度又可根据设立的原因不同而分为两种情况。

一些经济相对较为发达的国家（或地区），由于经济体制和经济结构特殊、行政区域较小或为了节省行政开支等原因，没有设立通常意义上的中央银行，而是设立货币管理局一类的类似于中央银行的机构，行使部分中央银行的职能，如发行货币和监管金融机构、代理国库、控制信贷等。新加坡、巴林和我国的香港地区实行的就是这一类中央银行制度。

一些发展中国家，由于经济欠发达、金融体制不够健全或历史原因，国内流通的主要货币是外国货币或本国货币的发行要依赖外国货币的支持，因而设立职能不完全的中央银行。这些国家的中央银行无权发行货币或无法控制货币供应，因而无法独立制定和执行货币政策，它们实行的是依附外国的中央银行制度。利比里亚、莱索托、斯威士兰等国便是实行这类中央银行制度的典型。

（四）跨国中央银行制度

跨国中央银行制度是指两个以上的国家结成货币联盟，所有成员国设立一个共同的中央银行的中央银行制度。货币联盟的中央银行负责发行共同的货币，为成员国制定共同的金融政策，实施统一的外汇管理制度，执行成员国一致通过的决议。参加货币联盟成员国的中央银行，无权制定自己的货币政策，执行货币联盟中央银行统一制定的货币政策。目前，实行这一中央银行制度的货币联盟有：西非货币联盟、中非货币联盟、东加勒比海货币管理局和欧洲货币联盟等。

欧洲货币联盟的中央银行是欧洲中央银行，总部位于德国法兰克福，成立于1998年6月2日，其负责欧盟欧元区的金融及货币政策。欧洲中央银行是欧洲经济一体化的产物。1999年1月1日，欧洲央行开始正式采用欧元。2002年7月1日欧元开始成为欧元区（截至2023年12月，欧元区的成员国共有19个，包括德国、法国、意大利、荷兰、比利时、卢森堡、爱尔兰、西班牙、葡萄牙、奥地利、芬兰、立陶宛、拉脱维亚、爱沙尼亚、斯洛伐克、斯洛文尼亚、希腊、马耳他和塞浦路斯）唯一法定货币，另有9个国家和地区（摩纳哥、圣马利诺和梵蒂冈等）采用欧元作为当地的单一货币。

五、中央银行的资本结构

由于各国社会经济制度、文化历史背景等各不相同，因而其中央银行资本的所有制构成也存在很大差异。

（一）资本全部为国有

中央银行的全部资本归国家所有，这类中央银行也叫国有化中央银行。目前世界上大多数国家的中央银行的所有权都全部归国家所有。主要有两种形式：一种形式是直接由国家全额投资创建中央银行，代表国家有中国、匈牙利及智利；另一种形式是由国家逐步把中央银行收归国有，代表国家有法国、英国、荷兰等。国家拥有中央银行的全部资本，可促使中央银行具有独立性和权威性，能更好地代国家调控国民经济。

（二）资本为私人持股

中央银行的资本全部由私人股东投入，经过政府授权，从而执行中央银行的职能。采用私人持股形式的典型代表是意大利和美国等。意大利中央银行（意大利银行）是由意大利的储蓄银行、信贷银行和社会保险机构等金融机构共同出资认购的中央银行。在美国，所有地方一级的联邦储备银行的股东全部由辖区内会员银行集体提供。凡参加美国联邦储备体系的会员银行都必须按实收资本和公积金的6%认购所参加联邦储备银行的股份，并享受根据实缴资本享受年息6%的股息。

（三）资本为公私合股

即国家持有中央银行的一部分资本金，一般占一半以上，其余的资本金则由私人提供，私股持有者没有管理国家银行的权力。日本中央银行（日本银行）的资本由政府认购55%，其余45%则由本国的金融机构、证券公司、其他法人和个人认购，私股持有者唯一的权利是每年领取最高5%的股息。另外，瑞士、墨西哥、比利时等国的中央银行也采用这种所有

制形式。

(四) 无资本金的中央银行

中央银行在建立之初就没有资本,由国家授权其执行中央银行的职能。其典型代表为新西兰储备银行和韩国银行。

(五) 资本为多国共有

跨国中央银行的资本不为某一个国家单独所有,而是由跨国中央银行的各成员国共同所有,由于跨国中央银行是为其成员国执行中央银行职能的,所以其资本通常由各成员共同提供。例如,欧洲中央银行成员国的中央银行都必须根据其人口数量和国内生产总值认购欧洲中央银行的股份,从而成为欧洲中央银行的股东。

中央银行的资本金无论属于国有、集体,还是公私混合所有,通常都不会对中央银行的性质和业务活动产生实质性的影响,国家对中央银行拥有直接控制和监督的权力,私人持股者既无决策权也无经营管理权,任何一个国家的中央银行本质上都是政府机构。

金融故事:
美联储的秘密

任务二 掌握中央银行的业务

中央银行作为特殊的金融机构有着自己独特的金融业务。根据中央银行资产负债表所反映的资金运动关系,中央银行的金融业务包括负债业务、资产业务和支付清算业务。

一、中央银行的负债业务

中央银行的负债,是指政府、金融机构、其他经济部门及社会公众所持有的对中央银行的债权。

(一) 资本业务

资本业务是中央银行筹集、维持和补充自有资本的业务。中央银行应该拥有一定数量的自有资本以保证其正常业务活动。中央银行自有资本主要有三个来源:政府出资、地方政府或国有机构出资、私人银行或部门出资。

政府出资是指由中央政府拨款形成中央银行的自有资本,通常由政府财政部门代表政府持有这部分资本的所有权或股权。目前世界上绝大多数国家的中央银行都由政府出资。

地方政府或国有机构出资是指政府不直接持有中央银行的股份,而是由地方政府、国有银行、公共部门等出资构成中央银行资本,如瑞士中央银行。

私人银行和部门出资是指中央银行的股份资本由私营机构,如银行、公司持有,如美国和意大利。尽管这些国家的中央银行资本由私人拥有,但私人股东无权参与中央银行管理,也不能转让持有股份。

(二) 货币发行业务

货币发行业务是中央银行最主要的负债业务,是中央银行与商业银行区别的重要标志。社会上流通的现金都是通过货币发行业务流出中央银行,货币发行形成中央银行对社会的负债。货币发行有两重含义:一是指中央银行将货币投放给商业银行或其他金融机构的行为；二是指货币从中央银行流出的数量大于从流通中回笼的数量。这两者通常都被称为货币发行。从中央银行流出的数量大于从流通中回笼的数量形成净投放，反之则为净回笼。中央银行的货币发行是其提供基础货币的主要构成部分。中央银行通过货币发行业务，一方面满足社会商品流通不断扩大和商品经济不断发展对货币流通量的需要；另一方面也是中央银行筹集资金、满足自身履行各项重要职能的需要。

中央银行货币发行的渠道包括再贴现、发放贷款、购买证券、收购金银和外汇等。中央银行通过这些业务活动将纸币投入流通，并通过这些相同的渠道逆向组织货币的回笼，从而满足国民经济发展对流通手段和支付手段的需求。

（三）存款业务

中央银行吸收存款、组织资金来源不以营利为目的，主要是调控信贷规模与货币供应量，维护金融业的安全，便于资金清算。

1. 商业银行存款

商业银行在中央银行的存款，是商业银行向中央银行缴存现金所形成的存款，具体包括法定存款准备金和超额准备金两部分。这是中央银行最大的存款来源。法定存款准备金是商业银行按规定的比率，在其所吸收的存款总额中缴存中央银行的存款；超额准备金是商业银行为保证存款支付和资金清算而存在中央银行的资金。

2. 财政性存款

财政性存款是中央银行吸收各级财政机关、政府机关、社会团体的存款，这些存款从性质上讲都是国家预算资金或与国家预算有直接联系的资金。在当代，世界各国的财政收支的流量巨大，因此财政部门常年在中央银行都有一笔存款，其数额仅次于商业银行缴存中央银行的存款准备金。

3. 特种存款

特种存款是指中央银行根据商业银行、专业银行和其他金融机构信贷资金的营运情况以及银根松紧和资金调度的需要，以特定方式从这些金融机构集中起来的一部分资金。特种存款是中央银行直接控制的存款之一，它是中央银行调整信贷资金结构和信贷规模的重要措施。

4. 其他存款

中央银行所吸收的存款还有非银行金融机构存款、外国政府或外国金融机构存款。非银行金融机构在中央银行的存款，同商业银行在中央银行的存款在性质和范围上都基本相同，只是在具体操作和缴存比例上略有不同。外国政府或外国金融机构在中央银行的存款构成这些国家政府或金融机构的外汇，随时可以用于贸易结算和清偿债务。

（四）其他负债业务

1. 发行中央银行债券票据

中央银行通过发行债券或票据，可从社会回笼资金，实现调控货币供应量的目的。当中央银行认为社会流动性过于充足或为了压缩社会货币资金时，增加债券或票据发行；相反，则通过回收债券或票据向社会增加货币供给。

2. 对外负债

对外负债主要包括从国外银行借款、对外国中央银行的负债、国际金融机构的贷款、在国外发行的中央银行债券等。这些对外负债目的在于平衡国际收支、维持本币汇率稳定、

应付货币危机或金融动荡。

二、中央银行的资产业务

中央银行的资产是指中央银行在一定时点上所拥有的各种债权。中央银行的资产业务是中央银行资金运用的业务。

（一）贷款业务

贷款业务充分体现了中央银行"最后贷款人"的作用，中央银行贷款业务不以营利为目的，以短期放款为主。贷款对象主要是商业银行和政府。

1. 对商业银行的贷款

对商业银行的贷款是中央银行最主要的贷款。当商业银行资金周转不灵时，商业银行获得中央银行的贷款后可以解决周转困难，同时可以扩大信贷，增加货币供应量。当社会货币供应过量，出现通货膨胀时，中央银行则收回贷款，从而起到稳定经济的作用。

2. 对政府贷款

在政府财政收支出现困难时，中央银行可对政府贷款或透支。对财政贷款，多为短期，应按期归还；透支则是通过货币发行来弥补财政赤字，一般国家不允许。

许多国家为了防止财政部滥用借款权利，都制定了限制性措施，或者规定年度最高借款限额，或由国会每年批准一次借款权。

《中华人民共和国中国人民银行法》规定，中国人民银行不得对政府财政透支，不得直接认购、包销国债和其他政府债券，不得向地方政府、各级政府提供贷款。

（二）再贴现业务

再贴现业务是商业银行和其他金融机构持有已贴现的商业汇票，向中央银行进行票据再转让的一种行为。

从广义上看，贴现业务也属于贷款业务的范畴。但贴现业务与贷款业务有两点不同：第一，贴现是贷款人在提供借款时先收取利息，而贷款却是在所提供的资金使用一段时间后再收取利息，借款人实际用款时间存在差异；第二，中央银行对合格的商业票据进行再贴现所增加的资金投放，体现了商品经济发展对货币量上的需求，不属于财政发行，票据到期后，中央银行有把握收回原先投放出去的货币。而通过贷款投放出去的货币不一定是商品交易的正常需要，贷款到期后中央银行也不一定能收回投放出去的货币，如果这种情况大批发生，金融动荡的局面就很难避免。

在票据业务发达的国家，中央银行办理票据再贴现成为向商业银行融通资金的重要方式。在票据业务不发达的国家，再贴现规模小，中央银行主要靠再贷款业务向商业银行融通资金。

（三）证券买卖业务

证券买卖业务是中央银行在金融市场买卖各种有价证券的活动，其目的不在于营利，是根据市场银根松紧调节和控制货币供应量并与存款准备金政策和再贴现政策配合使用，以免给经济造成不必要的震荡。买进有价证券可以增加货币供应，卖出有价证券可以减少货币供应。

在公开市场被中央银行买卖的证券通常是政府公债、国库券及其他市场流动性极高的有价证券。中国人民银行在银行间债券市场上买卖国债、政策性金融债和中央银行票据等。

(四) 黄金和外汇储备业务

黄金、外汇储备是各国进行国际支付和稳定国内货币币值的重要保证。中央银行为保证国际收支平衡、汇率稳定及本国货币币值的稳定,要统一掌握和负责管理国家的黄金、外汇储备。一国的国际储备通常包括以下几种。

1. 黄金

黄金是指货币当局持有的货币性黄金。尽管 20 世纪 70 年代中期黄金非货币化后其作为国际储备的重要性下降,但黄金仍为国际储备的重要组成部分。

2. 外汇

外汇是指一国当局持有的对外流动性资产,具体包括国外银行存款、外国政府债券以及其他可在国外兑现的外国银行支票、外国商业票据等。外汇储备占 IMF 会员国国际储备总额的 90%以上。充当国际储备的外汇必须具有可兑换、被各国普遍接受、价值相对稳定等特征。

3. 在 IMF 的储备头寸

储备头寸也称为普通提款权,是会员国在 IMF 普通账户中可自由提取和使用的资产。包括三部分:①会员国向 IMF 认缴份额中 25%的黄金和可兑换货币;②IMF 为满足会员国借款需要而使用掉的本国货币;③IMF 向该国借款的净额,即会员国对 IMF 的债权。

4. IMF 创设的特别提款权(SDRs)

特别提款权是 IMF 创设的作为会员国账面资产的无形货币,可用于向会员国换取可兑换货币、支付国际收支差额、偿还 IMF 贷款,但不能直接用于贸易与非贸易支付。特别提款权采取无偿分配的方式,具体数额取决于各会员国向 IMF 认缴的份额。分配给一国,而没有被使用的部分构成了该国的国际储备。特别提款权目前仅占各会员国国际储备总量的 1%左右。

中央银行保管黄金外汇储备资产应注意确定合理的储备资产规模,国际储备过多是一种资源上的浪费,而过少又将有可能陷入国际支付能力不足的困难局面。目前各国在确定合理储备水平的通行做法是将本国储备规模保持在能够支付 2~3 个月的进口额这一水平上。

中央银行保管黄金外汇储备资产同时也要合理确定黄金与外汇、不同外汇币种之间的比例构成问题,考虑资产安全性、流动性和营利性之间的关系。在黄金与外汇比例一定的情况下,外汇储备资产应力求做到多元化,以求降低汇率风险。

(五) 其他资产业务

除以上四项外,未列入的所有项目之和都可列入其他资产,主要包括代收款项和固定资产等。

三、中央银行的支付清算业务

中央银行的支付清算业务是指中央银行以一国支付清算体系的管理者和重要的参与者出现,通过一定的方式、途径,使金融机构之间的债权债务清偿及资金转移顺利完成并维护支付系统的平稳运行,从而保证经济活动和社会生活的正常进行。

(一) 中央银行支付清算体系

中央银行支付清算体系是中央银行向金融机构及社会经济活动提供资金清算服务的综

合安排，包括支付清算机构、支付清算系统及支付清算制度等。

1. 支付清算机构

支付清算机构是指为金融机构提供资金清算服务的中介组织。票据交换所是最传统和最典型的清算机构。票据交换所是组织同一城市中各商业银行每日定时将各自收到的票据集中进行交换以清算相互间债权债务的机构。票据交换后轧抵的差额，通过各银行在中央银行或当地管辖行的存款进行划账清算。此外，还可以采用清算中心和清算协会等组织形式。

2. 支付清算系统

支付清算系统是指在既定的规则框架下，由提供支付服务的中介机构和专业技术手段共同组成，用以实现债权债务清偿及资金转移的一种综合金融安排。

3. 支付清算制度

支付清算制度是关于支付清算活动的规则、操作程序、实施范围与标准等的规定与安排。中央银行有义务根据国家经济发展状况、金融体系构成、金融基础设施及银行业务经营等，制定支付结算制度，并根据经济与社会发展需要对其实施变革。

(二) 中国人民银行支付系统

中国人民银行支付系统是中国人民银行按照我国支付清算需求，利用现代科学技术自主开发设计，通过向支付清算机构发送支付指令，最终完成款项的清算及转移的通道。

中国人民银行支付系统的发展可分为三个阶段：第一个阶段，1991—2005年，第一代支付系统，运行自1989年国务院批准中国人民银行建设金融卫星通信专用网开始，电子联行系统从1991年开始投产到2005年退出。第二阶段，2005—2013年，2005年开始大额支付系统推广至全国，之后陆续开发小额支付系统、支票影像交换系统、境内外币支付系统、电子商业汇票系统和网上跨行支付清算系统。这些系统的建成投产运行为我国金融业银行机构提供了广泛的支付服务系统，加快了社会资金的周转。第三阶段，2013年至今，第二代支付系统投产运行。为适应市场发展需求，中国人民银行自2009年着手开发建设第二代支付系统。

除中国人民银行支付系统外，城商行资金清算中心、中国银联、农信银资金清算中心相继面向特定对象和特定业务提供清算业务，网联清算服务有限公司也已建成运行。

金融拓展："网联"平台上线，第三方支付受规范

四、中央银行的资产负债表

中央银行的资产负债表是中央银行全部业务活动的会计记录，综合反映中央银行的资产负债情况。中央银行通过自身的业务来调节商业银行的资产负债和社会货币总量，借以实现宏观金融调控的目标。由于各个国家在金融体制和信用方式等方面的差异，中央银行的资产负债表表内项目有所不同。通常资产项目包括国外净资产、对政府债权、对其他存款性公司债权、对其他金融性公司债权、对非金融性公司债权，负债项目包括储备货币、发行债券、政府存款、自有资金、其他负债。

从中国人民银行资产负债表（见表7-1）中可以看出我国中央银行的负债主要是银行存款和流通中的通货，资产主要是外汇储备以及其他金融机构的贷款。

表 7-1 中国人民银行资产负债表　　　　　　亿元人民币

项目	金额	项目	金额
国外资产	221 164.12	储备货币	321 870.76
外汇	214 788.33	货币发行	77 073.58
货币黄金	2 541.50	其他存款性公司存款	243 802.28
其他国外资产	3 834.29	非金融机构存款	994.90
对政府债权	15 274.09	不记入储备货币的金融性公司存款	5 019.23
其中：中央政府	15 274.09	发行债券	
对其他存款性公司债权	102 230.35	国外负债	880.00
对其他金融性公司债权	5 986.62	政府存款	28 626.03
对非金融性部门债权	101.95	自有资金	219.75
其他资产	18 174.48	其他负债	6 315.84
总资产	362 931.62	总负债	362 931.62

（数据来源：中国人民银行网站）

任务三　解读货币政策

一、货币政策概述

货币政策是一个国家宏观经济间接调控的重要手段，在整个国民经济宏观调控体系中居于十分重要的地位。

（一）货币政策的含义

货币政策是指中央银行为实现既定的目标，运用各种工具调节货币供求以实现货币均衡，进而影响宏观经济的各种方针和措施的总称。货币政策通过调节货币供求和利率、汇率等金融价格作用于各经济变量，进而影响币值稳定、充分就业、国际收支、经济增长和金融稳定。

货币政策是现代市场经济国家最重要的宏观经济调控手段之一。中央银行在国家法律授权的范围内独立地或在中央政府的领导下制定货币政策，并运用其拥有的货币发行特权和各种政策手段，利用其领导和管理全国金融机构的特殊地位，组织货币政策的实施。

货币政策包括四个方面的内容：政策目标、操作指标、中介指标和政策工具。这些基本内容紧密联系，构成一个国家货币政策的有机整体。

货币政策的实施过程通常表现为：中央银行运用货币政策工具，直接作用于操作指标；操作指标的变动引起中介指标的变化；通过中介指标的变化实现中央银行的最终政策目标。在这个过程中，中央银行需要及时进行监测和预警，以便观察政策工具的操作是否使操作指标和中介指标进入目标区，并根据情况变化随时调整政策工具的操作。

(二)货币政策的特征

1. 货币政策属宏观经济政策范畴

货币政策属宏观经济政策范畴,而非微观经济政策。货币政策一般涉及的是整个国民经济运行中的经济增长、通货膨胀、国际收支以及与此相联系的货币供应量、信用量、利率、汇率、金融市场等问题,而不直接涉及单个银行或企业的金融行为。

2. 货币政策是一种调节社会总需求的政策

货币政策是一种调节社会总需求的政策,而非调节社会总供给的政策。在市场经济条件下,社会总需求是指有货币支付能力的总需求,货币政策调节宏观经济是通过调节社会总需求中的投资需求、消费需求、净出口需求等实现的。货币政策通过对社会总需求的调节间接地影响到社会总供给的变动,从而促进整个社会总需求与总供给的平衡。

3. 货币政策是一种间接的控制措施

货币政策是一种间接的控制措施,而非直接的控制措施。货币政策对整个经济活动的影响是间接的,即使对社会总需求的调节,也不是采取直接的行政控制措施,而主要是采用经济控制措施和法律控制措施,以调整经济当事人的经济行为来实施间接调控。

4. 货币政策是一种长期连续的经济政策

货币政策是一种长期连续的经济政策,而非短期的经济政策。这是就货币政策的四大目标而言的,无论是稳定通货、充分就业、促进经济增长,还是国际收支平衡,都是一种长期性的政策目标。尽管各种具体的货币政策措施是短期的,但需要连续操作才能逼近或达到上述长期目标。

二、分析货币政策目标

(一) 货币政策目标

货币政策目标,是指通过货币政策的制定和实施所期望达到的最终目的,是中央银行的最高行为准则。货币政策目标是货币政策理论的出发点,又是中央银行实施货币政策的归宿。

1. 币值稳定

币值稳定是指中央银行通过货币政策的实施使币值保持稳定,从而保持一般物价水平和汇率的基本稳定,物价既不持续地上升,也不持续地下降。币值稳定通常是各国中央银行货币政策的首要目标。

严重的通货膨胀将导致社会分配不公,信贷风险增加,价格体系遭到破坏,引发经济秩序混乱、货币严重贬值,可能导致货币体系的彻底崩溃。通货紧缩将严重地影响投资和消费预期,制约投资需求和消费需求的增长,经济增长停滞甚至严重衰退,陷入经济危机。

在经济全球化迅速发展的今天,各国之间交往越来越密切,汇率的波动会影响本国生产和服务、物价水平、国际资本流动等,甚至引发货币危机,本币汇率的稳定也是货币政策关注的目标。

2. 充分就业

充分就业是指凡有能力并自愿参加工作者,都能在较合理的条件下,随时找到适当的工作。一个国家或地区通常以失业率作为衡量劳动力就业程度的指标，失业率等于失业人数除以劳动力总数（劳动力总数=失业人数+就业人数）。如果失业率降到社会可以接受的水平，可视为充分就业。充分就业代表社会资源被充分利用，社会比较稳定。许多国家都把充分就业作为最重要的宏观经济目标之一。

充分就业并不意味着消除失业，因为在多数国家，即使社会提供工作机会与劳动力完全均衡，也可能存在摩擦性失业（或结构性失业）和自愿失业。摩擦性失业，是由于经济制度的动态结构、技术、季节等原因，短期内劳动力的供求失调而造成的失业。自愿失业，指人们不愿意接受现行的工资水平或嫌工作条件不好而造成的失业。这两种失业是任何社会经济制度下都难以避免的。因此，充分就业政策目标并不是追求零失业率，而是要把失业率降低到自然失业率水平。

我国目前统计城镇登记失业率指标。城镇登记失业人员指在劳动年龄（16 周岁至退休年龄）内，有劳动能力，有就业要求，处于无业状态并在公共就业服务机构进行失业登记的城镇常住人员。2023 年我国城镇登记失业率平均为 5.2%。

3. 经济增长

经济增长是指一个国家一定时期内所生产的商品和劳务总量（通常以 GDP 作为衡量指标）的增加。经济增长保持合理、较高的速度，是提高社会生活水平的物质保障，是国家经济实力的综合反映，也是保护国家安全的必要条件。常见的衡量经济增长的指标包括 GDP 增长率和人均 GDP 增长率。

经济的合理增长需要多种因素的配合，其中最重要的是要增加各种经济资源并提高各种经济资源的生产率。中央银行作为经济运行中的货币供给部门，能够影响到其中的财力部分，即对资本的供给和配置产生一定效果。中央银行可以通过增加货币供给量，降低实际利率水平的办法来促进投资增加；或通过控制通货膨胀率，以降低或消除通货膨胀率产生的不确定性对投资的影响。

作为宏观经济目标的增长应是长期稳定的增长，过度追求短期的高速甚至超高速增长可能导致经济比例的严重失调，经济的剧烈波动。作为国家干预经济的重要手段，保持国民经济的长期稳定增长是货币政策不可推卸的责任。

2023 年我国 GDP 总量达到 1 260 582 亿元，比上年增长 5.2%。全年人均 GDP 为 89 401 元，按年平均汇率折算达 12 692 美元，比上年增长 3%。

4. 国际收支平衡

国际收支是指一定时期（通常是一年）内一国对其他国家或地区，由于经济、政治、文化等往来而引起的全部货币收支。保持国际收支平衡是保证国民经济持续稳定增长和经济安全甚至政治稳定的重要条件。巨额的国际收支逆差可能导致外汇市场对本币信心的急剧下降，资本大量外流，外汇储备急剧下降，本币大幅度贬值，并导致严重的货币和金融危机；而长期的巨额国际收支顺差，将使大量的外汇储备闲置，造成资源的浪费，而且要购买大量的外汇必须增发本国货币，可能导致或加剧国内通货膨胀；此外，巨额的经常项目顺差或逆差还可能加剧贸易摩擦。

因此，中央银行货币政策的国际收支平衡目标，就是要努力实现该国对外经济来往中的全部货币收入和货币支出大体平衡或略有顺差、略有逆差，避免长期的巨额顺差或逆差，使国际收支大体平衡。

5. 金融稳定

在现代货币信用经济中，金融稳定是经济和社会稳定的重要条件。保持金融稳定是避免货币危机、银行危机和金融危机的重要前提。在当今世界经济一体化、金融全球化浪潮的冲击下，保持一个国家的金融稳定具有更加重要的意义。

货币危机是由货币严重贬值带来的货币信用危机。在不兑换的信用货币体系下，一旦发生货币信用危机，将可能直接威胁到该货币的流通及其生存。货币危机既可能由国内恶性通货膨胀对内严重贬值所致，也可能由对外严重贬值所致。银行危机是指银行过度涉足（或贷款给企业）高风险行业（如房地产、股票），从而导致资产负债严重失衡，不良资产负担过重而使资本运营呆滞而破产倒闭的危机。金融危机主要指由银行支付危机带来的大批量金融机构倒闭，并威胁到金融体系的正常运行。

中央银行把金融稳定作为其政策目标，就是要通过适当的货币政策决策与操作，以维持利率与汇率的相对稳定，防止银行倒闭，保持本国金融的稳健运行，并与各国中央银行和国际金融机构合作，共同维护国际金融的稳定。

（二）货币政策目标之间的关系

货币政策的五个目标，都是国家经济政策的战略目标的组成部分，它们有统一性，如充分就业与经济增长，二者呈正相关关系；但更多表现为矛盾性。

1. 币值稳定与充分就业

币值稳定与充分就业之间通常存在一种此高彼低的交替关系。最先在理论上总结、分析币值稳定（稳定物价）与充分就业之间矛盾的经济学家是英国的经济学家菲利浦。1958年菲利浦根据1861—1957年美国的失业率和货币工资变动率的统计资料实证研究发现，在失业水平和工资变动率之间，存在着一种稳定的负相关关系：在失业率降低时，货币工资增长率较高；反之，当失业率较高时，货币工资增长率较低。由于货币工资增长率与通货膨胀率之间的联系，该研究表示：失业率与通货膨胀率之间存在此消彼长、相互交替的关系。

货币政策要实现充分就业的目标，只能通过扩张信用和增加货币供给量来刺激投资和消费，促进就业，但伴随而来的将是一般物价水平的上涨，中央银行也只能以牺牲稳定物价的政策目标为代价。因此物价稳定与充分就业之间是相互矛盾的，很难做到同时实现。中央银行只能根据当时的社会经济条件，寻求失业率和通货膨胀率之间的某一适当的组合点，即所谓的相机选择。

2. 币值稳定与经济增长

币值稳定与经济增长作为两大货币政策目标有统一性的一面：币值稳定是经济增长的条件，经济增长是币值稳定的基础。但币值稳定同经济增长更多情况是存在一定的矛盾性，经济增长经常伴随着物价上涨，在短期内尤其如此。政府在促进经济增长时，往往会采用扩张信用和增加投资的办法，其结果必然造成货币供应量的增加和价格上涨。而为抑制通货膨胀采取的提高利率、减少货币供应量等紧缩性货币政策又可能会因抑制投资而影响经济增长。

3. 币值稳定与国际收支平衡和金融稳定

本国出现通货膨胀时，由于本国价格水平上涨而使外国商品价格相对低廉，国内商品出口减少而外国商品进口增加，结果是国际收支严重失衡，出现大量逆差。本国价格稳定而他国发生通货膨胀的情况下,他国商品价格相对高于本国商品价格,使得出口增加而进口减少,发生国际收支失衡,出现大量顺差。

国际收支不平衡,不论是顺差还是逆差,都会给国内货币流通的稳定带来不利的影响,集中表现为商品运动与外汇(货币)运动的脱节。大量顺差可能形成部分外汇收入的闲置浪费,没有商品与原来投放收购出口商品的货币所形成的购买力相对应,从而影响币值稳定。而且,收购大量外汇会引起新的货币投放,进而引起通货膨胀。国际收支大量逆差,由于商品进口多而增加了国内市场商品供应量,有利于币值稳定,但为了解决逆差问题所采取的措施可能造成价格的不稳定。

国际收支平衡有利于金融的稳定,国际收支失衡,如贸易赤字和资本大显外流,将导致货币危机;金融的稳定也有利于国际收支的平衡,金融动荡将加剧资本外流,加剧国际收支失衡。

4. 经济增长与平衡国际收支

一方面,经济增长通常会带来国际收支状况的改善;另一方面,经济增长与国际收支平衡之间相互矛盾,难以同时兼顾。随着经济增长,就业人数增加,收入水平提高,对进口商品的需求通常也会相应增加,从而使进口贸易增长得更快,其结果是出现贸易逆差。为了平衡国际收支,消除贸易逆差,中央银行需要减少货币供给,以抑制国内的有效需求,但是生产规模也会相应缩减,从而导致经济增长速度放慢。

由于五大货币政策目标之间既有统一性又有矛盾性,货币政策就不可能同时兼顾这五个货币政策目标,这就出现了货币政策目标的选择问题。由于宏观调控体系的各个组成部分各有其特点,因而其各自的调控目标也各有其侧重点。宏观经济环境在不断变化,不同时期的货币政策的相对重点也在变化。货币政策目标相对重点不是固定不变的,而是随国内和国际经济环境的变化而变化的。

1995 年颁布的《中华人民共和国中国人民银行法》中,货币政策的最终目标确定为"保持货币币值的稳定,并以此促进经济增长"。货币政策目标的这种表述,一方面表示中央银行以抑制通货膨胀、稳定货币币值为己任;另一方面,由于我国"瓶颈"资源已经缓解,经济可以在币值比较稳定的条件下高速增长。

三、货币政策的中间性指标

由于货币政策的最终目标是中央银行难以直接实现的结果,因此中央银行在货币政策的操作中必然选择某些与最终目标关系密切、可以直接影响并在短期可度量的金融指标作为实现最终目标的中间性指标,通过对这些指标的控制和调节最终实现政策目标。中间性指标主要由操作指标(近期指标)和中介指标(远期指标)两个层次构成。

(一)中间性指标基本要求

货币政策操作指标和中介指标的选取要具备以下几个基本要求。

1. 可测性

可测性是指中央银行能够迅速获得这些指标的准确的资料数据,获取它们并不需要花费多大的精力、时间和成本,并且能够较容易地观察和识别指标信息,并及时进行处理和传递,对指标变量的变动趋势做一般的观测和估计。

2. 可控性

可控性是指中央银行能够通过某些政策工具对其施加较大的影响,即使该变量有偏离中央银行预定目标的趋势,中央银行也能够通过努力使这一趋势扭转过来。

3. 相关性

相关性是指该指标与货币政策最终目标有极为密切的关系,在一定程度上的变化必将引起一定程度的最终目标的变化。控制住这些指标就能基本实现政策目标。

4. 抗扰性

抗扰性是指该指标受非政策因素的干扰程度低,能够较好地传递和反映货币政策的作用。

(二) 货币政策操作指标

1. 货币政策操作指标概念

货币政策操作指标是中央银行通过货币政策工具操作能够有效、准确实现的政策变量。操作指标属于近期指标,中央银行对它们的控制力较强,离货币政策的最终目标较远。一般来说,操作指标是在中央银行体系之内的可控性指标。

操作指标具有两个特点:第一,直接性,是指可以通过政策工具的运用直接引起这些指标的变化;第二,灵敏性,是指这类指标对政策工具的运用反应极为灵敏。

2. 可选择的操作指标变量

(1) 存款准备金。存款准备金是中央银行货币政策工具影响中介指标的主要传递指标,也是中央银行可直接操作的指标。银行体系的存款准备金,是中央银行创造的负债的一部分,它由商业银行的库存现金和在中央银行的准备金存款两部分组成。

存款准备金作为货币政策操作指标,任何时候都是可以满足可测性要求的,中央银行只要翻开自己的账本,商业银行的存款准备金总额便一目了然。

就可控性而言,存款准备金也是容易满足要求的。存款准备金是中央银行的负债组成部分,只要中央银行控制住了创造负债的总规模,也就能控制住存款准备金。即使中央银行对商业银行的部分准备金缺乏直接的控制能力,但是,通过法定存款准备金比率的调整,也能将这部分准备金控制住。对于存款准备金总额中的超额准备金部分,中央银行则是难以准确控制的。因为每家银行持有多少超额准备金,并不是由中央银行所能决定的,而是由商业银行根据该银行的资产负债比例及结构状况以及对经济形势的估计和判断自主决定的。因此,存款准备金指标的可控程度也是不够理想的。

(2) 基础货币。基础货币或高能货币是指由中央银行创造的、处于流通领域的公众手持现金以及商业银行持有的准备金(包括商业银行的库存现金和在中央银行的准备金存款)的总和,也就是中央银行货币性负债的总额。在现代信用货币流通的条件下,中央银行增加纸币发行和向商业银行的放款,是增加基础货币的最主要途径。这是增加社会货币供应量最有决定意义的一部分。因为,其他条件不变,中央银行如果不增加基础货币的投放,社会的货币供应总量很难有什么变化;相反,即使基础货币发生微小的变化,也会通过存款的派生过程引起社会货币供应量多倍变动,因此,中央银行以基础货币作为货币政策的操作指标,有十分重要的意义。

从可测性来看,基础货币表现为中央银行的负债,这部分资料也是可以随时掌握的,因此,基础货币指标能够满足可测性的要求。从可控性来看,基础货币是由中央银行负责控制和决定的。中央银行的负债主要是通过以下几个途径形成的：一类是每年中央银行向社会注入的现金量。中央银行每年向社会注入多少现金，一般情况下是按照经济发展的要求结合社会经济、金融形势自主决定的；二是向商业银行的贷款，中央银行对于这部分贷款也是可以直接自主控制的；三是向财政的放款，中央银行愿意对财政放多少款，弥补多少赤字，一般来说，也是由中央银行自行决定的。因此，一般而言，基础货币作为货币政策操作指标是能够满足可控性要求的。就基础货币与货币政策目标的相关性而言，由于基础货币能由中央银行控制，而基础货币又是商业银行创造信用的基础，因此，中央银行通过对基础货币的操纵，就能使商业银行及社会大众调整其资产的构成，改变社会的货币供应量，从而调节市场的利率、价格以及整个社会的经济活动，进而影响货币政策最终目标的实现。

除了准备金和基础货币之外，还有中央银行自行决定的利率，如再贴现率、再贷款利率、准备金存款利率、央行票据利率等。这些指标与最终目标的相关性较强，但是要选用这些指标作为中央银行的操作指标，最重要的条件是要有一个发达的货币市场。

金融故事：
有何不一样？

（三）货币政策中介指标

1. 货币政策中介指标概念

货币政策中介指标处于最终目标和操作指标之间，属于远期指标，是中央银行通过货币政策操作和传导后能够以一定的精确度达到的政策变量。中介指标不在中央银行体系之内，而是受整个金融体系影响，中央银行对中介指标的可控性较弱，但中介指标与最终目标之间的关系十分密切。中央银行主要通过政策工具直接作用于操作指标，进而控制中介指标，最终达到期望的政策目标。

2. 可选择的中介指标变量

（1）利率。选取利率作为中介指标，其优点是可测性和相关性都较强，能有效地作用于货币和金融变量，调节市场总供求。不足之处在于，作为中介指标的必须是市场利率，其本身是由经济体系内部因素决定的内生变量，抗干扰性较差。因此利率作为内生变量和政策变量，在实践中很难区分，中央银行较难判断货币政策操作是否已经达到了预期的目标。

（2）货币供应量。选取货币供应量作为中介指标，其优点在于该项指标与经济发展状况联系密切，社会总供给与总需求失衡会通过货币供应量的过多或过少反映出来，并且这一指标与货币政策最终目标比较接近，相关性较强，中央银行比较容易判断其政策效果。在金融发展稳定的阶段，货币供应量的可测性、可控性和抗干扰性都较强。但是，近年来随着金融创新的活跃，货币供应量的统计口径越来越难以清晰界定，可测性在减弱，中央银行控制货币供应量的难度也在加大，同时各经济主体的行为对货币乘数的影响很不稳定，降低了该指标的抗干扰性。

除了利率和货币供应量之外，还有一些指标可充当中介指标，主要有贷款规模和汇率。贷款规模具有较好的相关性、可测性和可控性，但贷款规模是利用行政手段而非经济手段发挥作用，不利于市场机制作用的发挥。汇率充当中介指标时，由于汇率的决定和影响因素比较复杂，可控性和抗干扰性较弱，同时因汇率的传导机制有较大的不确定性，其与最终目标之间的相关性也较弱。

(四) 我国货币政策的操作指标与中介指标

1994年《国务院关于金融体制改革的决定》中明确提出，我国今后货币政策中介指标主要有四个：货币供应量、信用总量、同业拆借利率和银行超额储备金率。在实际工作中，人民银行货币政策的操作指标主要是：基础货币、银行的超额储备金率和货币市场基准利率（上海银行间同业拆放利率、银行间债券市场的回购利率）；中介指标主要是货币供应量和以商业银行贷款总量、货币市场交易量、社会融资规模为代表的信用总量。

近年来，随着我国金融市场快速发展，金融产品不断创新，金融结构多元发展，证券、保险类机构对实体经济的资金支持加大，对实体经济运行产生重大影响的金融变量不仅包括传统意义上的货币与信贷，也包括信托、债券、股票等其他金融资产，宏观监测需要一个更为合适的、能够全面反映金融与经济关系的中间指标，即社会融资规模。社会融资规模是指一定时期内，实体经济（企业和个人）从金融体系获得的全部资金总额。社会融资规模目前已成为我国货币政策监测的重要指标之一。

四、运用货币政策工具

货币政策中介指标和最终目标都是通过货币政策工具的运用来实现的。货币政策工具是中央银行为实现货币政策目标而使用的各种策略手段。不同国家在不同的经济基础、不同的经济发展阶段和金融发展的条件下，中央银行都会采取不同的货币政策工具组合，为经济和金融的稳定和发展注入必要的流动性。货币政策工具是中央银行可以直接控制的，其运用可对基础货币、货币供应量、利率、金融机构的信贷活动产生直接或间接的影响，有利于中央银行货币政策目标的实现。

中央银行对货币和信用的调节政策有两大类：一类是从收缩和放松两个方向调整银行体系的准备金和货币乘数，从而改变货币供应量，这就是一般性货币信用管理，它影响货币信用的总量，属宏观性措施；另一类是用各种方式干预信贷市场的资金配置，有目的地调整某些经济部门的货币信贷供应量，从而引起货币结构变化，这就是选择性信贷管理，属微观性措施。所以，中央银行的货币政策工具可分为一般性货币政策工具、选择性货币政策工具及其他货币政策工具。

(一) 一般性货币政策工具

一般性货币政策工具是对货币供给总量或信用总量进行调节和控制的政策工具，主要包括法定存款准备金政策、再贴现政策和公开市场业务三大政策工具，俗称三大法宝。

1. 法定存款准备金政策

法定存款准备金政策是指中央银行在法律所赋予的权力范围内，对商业银行等存款货币机构的存款规定存款准备金率，强制性地要求商业银行等存款货币机构按规定比率上缴存款准备金；中央银行通过调整法定准备金率以增加或减少商业银行的超额准备，以改变货币乘数，控制商业银行的信用创造能力，间接地控制货币供应量的政策措施。存款准备金政策初始意义在于保证商业银行的支付和清算，之后逐渐演变成货币政策工具。目前实行中央银行制度的国家，一般都实行存款准备金制度。

(1) 存款准备金政策的内容：

① 规定法定存款准备率。商业银行吸收的存款必须按照法定比率保留一定的准备金，其余部分才能用于放款或投资。法定存款准备金比率，一般考虑以下几个方面的因素，首先是存款的类别，存款的期限越短，其流动性越强，规定的存款准备金比率越高；相反，存款的期限越长，其流动性越弱，规定的存款准备金比率就越低。其次是存款规模的大小。最后是银行所处经营环境的好坏也是影响存款准备金比率高低的因素。

② 规定可充当法定存款准备金的资产内容。作为存款准备金的资产，只能是存在中央银行的存款，商业银行持有的其他资产不能充当存款准备金。自2016年1月25日起，中国人民银行对境外金融机构在境内金融机构存放执行正常存款准备金率政策。

③ 规定存款准备金的计提基础。即规定哪些存款应该缴存存款准备金以及计提的基数。中国人民银行自2016年7月15日起，人民币存款准备金的考核基数由考核期末一般存款时点数调整为考核期内一般存款日终余额的算术平均值。

(2) 存款准备金政策的作用：

① 保证商业银行等存款货币机构资金的流动性。法定准备金制度的建立，强制银行将准备金存入中央银行，可避免商业银行受较好的贷款条件的诱惑而将资金大量贷出，保证银行资金的流动性。

② 集中一部分信贷资金。存款准备金缴存于中央银行，使中央银行可以集中一部分信贷资金，用以履行其中央银行职能，办理银行同业间的清算、向金融机构提供信用贷款和再贴现贷款。

③ 调节货币供应总量。法定存款准备金率的调整直接影响商业银行等存款货币机构创造派生存款的能力，从而影响货币乘数。同时，法定存款准备金率的调整还直接影响商业银行等存款货币机构的准备金结构。当提高法定存款准备金率时，商业银行的法定准备金增加，超额准备金减少，将降低商业银行的信用创造能力；反之亦然。

(3) 存款准备金政策的作用机制：当中央银行提高法定存款准备金比率时，一方面，增加了商业银行应上缴中央银行的准备金量，从而减少了商业银行的超额准备金量，降低了商业银行放款及创造信用的能力；另一方面，法定存款准备金比率的提高，货币乘数值就变小，从而也就降低了整个商业银行体系创造信用、扩大信用规模的能力，其结果是社会的银根收紧，货币供应量减少，利率提高，社会的投资及其他支出相应缩减。当中央银行降低法定存款准备金比率时，情况相反。

(4) 法定存款准备金政策工具的局限性：法定存款准备金政策作为一种货币政策工具，其优点在于它对所有存款银行的影响是平等的，对货币供应量具有极强的影响力，力度大，速度快，效果显著。但作为一种货币政策工具，存款准备金政策存在着明显的局限性。

① 存款准备金政策缺乏弹性。存款准备金比率的调整所带来的效果较强烈，因而对经济造成的振动强烈。由于整个银行存款规模巨大，存款准备金率的轻微变动将会带来法定存款准备金的巨大变动，中央银行难以确定调整准备金率的时机和调整的幅度，因而法定存款准备金率不宜随时调整，不宜作为中央银行日常控制货币供应的工具。

② 法定存款准备金率的提高，可能使超额准备率较低的银行立即陷入流动性困境，必然被迫出售其流动性资产或增加向中央银行的借款。为了减少这种冲击力，中央银行将被迫通过公开市场业务或贴现窗口向急需流动性的银行提供流动性支持。

③ 由于存款准备金政策对商业银行的超额准备金、货币乘数及货币供应量均有较强烈的影响，存款准备金率的调整，对整个经济和社会大众的心理预期等都会产生显著的影响，因而存款准备金率有固定化倾向。

④ 存款准备金政策对各类银行和各地区银行的影响也不一致。中央银行调整准备金率时，对各家银行的影响也就不一致，往往对大银行有利，而对小银行不利，甚至会导致小银行破产。

正因为如此，20世纪90年代以来，世界许多国家中央银行降低了法定存款准备金率，欧元区降至2%，加拿大、澳大利亚等则已降至0%。

（5）我国存款准备金政策的特点：中国人民银行自1984年专门行使中央银行职能后开始实行存款准备金制度，在我国货币政策的实施中发挥了积极作用。

① 调整相对频繁。近些年以来，我国存款准备金率不断调整，具体来说，2011年以来，共调整29次，其中2011年一年调整次数合计达到7次，2015年调整4次，2018—2020年各3次，2021—2022年各2次及2023年1次。准备金率已经成为我国中央银行货币政策操作中运用比较频繁的政策工具之一。

② 有同有异。我国准备金率不区分存款是活期存款还是定期存款，存款规模无论是大还是小，实行统一的法定准备金率，但是对不同机构或地区差别对待。中国人民银行决定，从2018年4月25日起，下调大型商业银行、股份制商业银行、城市商业银行、非县域农村商业银行、外资银行人民币存款准备金率1个百分点，即大型金融机构人民币存款准备金率15.5%，股份制商业银行、城市商业银行、非县域农村商业银行、外资银行人民币存款准备金率12%，其他小型金融机构人民币存款准备金率13%。

③ 对准备金存款付息。我国从1984年起就一直对法定准备金和超额准备金存款支付利息。超额准备金存款利率也在不断调整，总体上略低于中央银行一年期贷款利率。法定准备金和超额准备金的存款利率不相同，体现了中央银行的政策导向，成为中央银行利率体系中的一个工具。

2. 再贴现政策

再贴现政策是指中央银行通过制定和调整再贴现率来干预和影响市场利率及货币市场的供给和需求，从而调节货币供应量的手段。中央银行通过再贴现向商业银行等金融机构提供融资、进行货币政策操作，是西方国家中央银行最早拥有的货币政策工具。

（1）再贴现政策的内容：

① 规定再贴现率的高低。中央银行可根据市场资金供求状况调整再贴现率，一方面，能够影响商业银行借入资金的成本，进而影响商业银行向社会提供的信用量；另一方面，反映中央银行的政策意向，在金融市场上产生一种告示效应，对市场利率有重要的导向作用。

② 规定再贴现的资格。中央银行对再贴现资格条件的规定与调整，能够改变或引导资金流向，可以发挥抑制或扶持作用。

（2）再贴现政策作用机制：

① 当中央银行提高再贴现率，商业银行向中央银行贴现的资金成本上升，就会减少向中央银行贴现，商业银行就会收缩对客户的贷款或投资规模，从而也就缩减了市场的货币供应量，随着市场货币量的缩减，市场利率相应上升，社会对货币的需求也相应减少。与之相反，当中央银行降低再贴现率时，则会增加货币供应量和社会对货币的需求。

② 通过规定向中央银行申请再贴现的票据资格，来调整商业银行及全社会的资金投向，尤其在金融市场发达的国家，票据种类繁多，对再贴现的票据种类进行规定，能够保证再贴现政策的有效性，抑制投机。

（3）再贴现政策的局限性：尽管再贴现政策具有明显的效果，但它仍存在一些局限性。

① 主动权并不完全在中央银行。是否申请再贴现，取决于商业银行的行为，中央银行能够调整再贴现率，但不能强迫商业银行借款。

② 再贴现率的调节作用是有限度的。在经济繁荣或经济萧条时期，再贴现率无论高低，都无法限制或阻止商业银行向中央银行再贴现，这也使中央银行难以有效地控制货币供应量。

（4）我国的再贴现与再贷款政策：中国人民银行的再贴现业务至1986年正式开展以来，在一个较长的时间内再贴现的总量很小，加上再贴现利率与其他贷款利率一样，由国家统一规定，其政策效果小到可以忽略不计。1994年以后，中国人民银行加大了开展再贴现业务的力度，全国再贴现业务发展较快，再贴现政策的效果逐渐明显。

再贷款是中国人民银行对商业银行融资的一种重要形式。计划经济时代，市场化的货币政治工具难以运用，再贷款是中国人民银行最主要的货币政策工具，也是投放基础货币最主要的渠道。中国人民银行可以根据经济形势自主决定贷款数量和贷款对象，通过再贷款控制信贷规模和货币供应量，效果比较明显。1994年以后，由于汇率制度改革和金融业市场化程度的迅速提高，外汇占款逐渐成为中国人民银行最主要的基础货币投放渠道，随着公开市场业务等间接调控的政策工具运用越来越普遍，再贷款的重要性相应下降。

3. 公开市场业务

公开市场业务是指中央银行在金融市场买进或卖出有价证券，进而控制和影响货币供应量实现货币政策目标的一种货币政策手段。它是许多西方国家和新兴工业化国家中央银行广泛使用的货币政策工具。

（1）公开市场业务的效果：中央银行在公开市场上买卖有价证券，可以产生以下三方面的效果。

① 调控存款货币银行准备金和货币供给量。中央银行在金融市场上买入有价证券，实际上是向经济体系注入基础货币，增加商业银行的准备金，从而增加商业银行创造信用和货币供应量的能力；相反，中央银行卖出各种证券，则是削弱了商业银行创造信用和货币供应量的能力。

② 影响利率水平和利率结构。中央银行通过在公开市场买卖有价证券可从两个渠道影响利率水平：当央行买进有价证券时，一方面，证券需求增加导致其价格上涨，影响市场利率；另一方面，商业银行储备增加，货币供给增加，影响利率。当央行卖出有价证券时，利率的变化方向相反。此外，中央银行在公开市场买卖不同期限的有价证券，可直接改变市场对不同期限证券的供求平衡状况，从而使利率结构发生变化。

③ 与再贴现政策配合使用，可以提高货币政策效果。当中央银行提高再贴现率时，如果商业银行持有较多超额准备而不依赖央行贷款，使紧缩性货币政策难以奏效。此时，中央银行若以公开市场业务相配合，在公开市场卖出证券，则商业银行的储备必然减少，紧缩政策目标得以实现。

(2) 公开市场业务的优点：

① 与再贴现政府相比，央行实施公开市场业务可以取得主动权，其操作规模大小完全受中央银行控制。

② 与法定存款准备金政策相比，中央银行利用公开市场业务，可以对货币供应量进行微调，对经济的震动较小。

③ 公开市场业务可以进行主动性、连续性的操作，具有较强的伸缩性，是中央银行进行日常性调节的较为理想的工具。

④ 公开市场业务具有极强的可逆转性，当中央银行在公开市场操作中发现错误或金融市场情况发生变化时，可立即逆向使用该工具做反方向操作，因而能产生一种连续性效果，这种效果使社会对货币政策不易做出激烈反应。

⑤ 公开市场业务可迅速地操作。当中央银行决定要改变银行储备和基础货币时，只要向公开市场交易商发出购买或出售的指令，交易便可很快执行。

(3) 公开市场业务的局限性：

① 公开市场操作较为细微，技术性较强，政策意图的告示作用较弱。

② 公开市场政策要产生预期的效果，前提条件是必须有一个高度发达的有价证券市场，并且是具有相当的深度、广度和弹性的市场。中央银行也必须持有相当的库存证券才能开展业务。如果市场发育程度不够、交易工具太少等都将制约公开市场业务的效果。

③ 尽管央行通过公开市场交易可以收缩和扩张商业银行准备金，但在某些情况下，商业银行的贷款规模可以脱离中央银行的控制，通过其他方式弥补准备金的不足，从而使公开市场政策不能很好地发挥作用。

(4) 我国的公开市场业务：1994 年，我国正式开始在上海银行间外汇市场通过买卖外汇进行公开市场操作，1995 年通过中央银行融资券的买卖在本币市场开始尝试公开市场业务，1996 年以国债为对象进行公开市场业务操作。随着改革的深入和市场化程度的提高，公开市场业务的基础和条件日益成熟，1999 年后公开市场业务已成为中国人民银行货币政策日常操作最重要的工具，通过日常的外汇买卖、发行中央银行票据、回购业务等政策操作，在调控货币供应量和商业银行流动性水平、引导货币市场利率走势等方面发挥了积极的作用。

（二）选择性货币政策工具

选择性货币政策工具是指中央银行针对某些特殊的经济领域或特殊用途的信贷而采用的信用调节工具。与一般性货币政策工具不同，选择性货币政策工具对货币政策与宏观经济调控的影响不是全局性的而是局部性的，偏重于调整资金结构和经济结构。选择性货币政策工具是一般性货币政策工具的必要补充，可以选择使用。主要有以下几种：

1. 消费者信用控制

消费者信用控制是指中央银行对不动产以外的各种耐用消费品的销售融资予以控制，如规定分期购买耐用消费品首付款的最低限额、规定分期付款等消费信贷的最长期限、规定可用消费信贷购买耐用消费品的种类等。随着消费信贷的发展，这一选择性货币政策工具通过广泛的消费信贷参与者，扩大了中央银行货币政策的调控效果。例如，通过消费信用控制，中央银行可以影响消费者对耐用消费品的购买能力，起到抑制消费需求、抑制国民经济总需求的作用。

2. 证券市场信用控制

证券市场信用控制是指中央银行对于凭信用购进有价证券的交易，规定应支付的保证金,目的在于限制用借款购买证券的比重。中央银行根据经济形势和金融市场的变化,随时调整保证金比率,这样中央银行就间接地控制了流入证券市场的资金数量。例如,中央银行规定投资者融资买入证券时的保证金最低比例为50%,则买方要交纳购进证券价格50%的现款,只能向银行或证券公司借款50%。

3. 不动产信用控制

不动产信用控制是指中央银行对商业银行办理不动产抵押贷款的限制性措施,如规定不动产贷款的最高额度、分期贷款的期限、首付款金额及还款条件等。其主要目的是抑制房地产及其他不动产交易。例如,为加快商品房去库存,中国人民银行联合银监会发布房贷新政,在不实施限购的城市,在不实施"限购"措施的城市,居民家庭首次购买普通住房的商业性个人住房贷款,原则上最低首付款比例为25%,各地可向下浮动5个百分点。也就是说,最低首付款比例不得低于20%。

4. 优惠利率

优惠利率是指中央银行按国家产业政策要求重点发展的经济部门或产业,规定较低贴现利率或贷款利率的一种管理措施,目的在于实现产业结构和产品结构的协调发展。优惠利率有两种形式:一是中央银行对重点发展的部门、行业和产品制定较低的贷款利率,由商业银行执行;二是对需要重点发展的部门、行业和产品的票据制定较低的再贴现率。例如,对一般贷款,银行采取每月结转一次的计息方法,而对技术改造贷款,则采取"利随本清"的计息方法。

(三) 其他货币政策工具

1. 直接信用工具

直接信用工具是指中央银行以行政命令或其他方式,直接对金融机构尤其是商业银行的信用活动进行控制,其手段包括利率最高限额、信用配额、流动性比率和直接干预等。

(1) 利率最高限额。利率最高限额是中央银行规定商业银行存贷款的利率上限和利率下限,是最常见的手段之一。其目的是防止商业银行用提高利率的办法在吸收存款方面进行过度竞争和为谋取高额利润进行高风险贷款。

(2) 信用配额。信用配额是中央银行根据金融市场资金供求状况和客观经济需求,对各个商业银行的信用规模或贷款规模加以合理分配和限制。这种办法在资金供给不足的发展中国家被广泛采用。

(3) 流动性比率。流动性比率是中央银行为了限制商业银行的信用能力,规定商业银行的流动性资产占总资产的比重。商业银行要保持中央银行规定的流动性比率,必须缩减长期贷款,扩大短期贷款和增加易变现的资产,从而限制信用扩张。

(4) 直接干预。直接干预是中央银行依据有关法令的授权,直接对商业银行的授信业务进行合理干预。如直接规定商业银行贷款范围和额度;直接干预商业银行对存款的吸收;对业务不当的商业银行可拒绝再贴现或采取惩罚利率等。

2. 间接信用工具

间接信用工具是指中央银行通过道义劝告、窗口指导等办法间接影响商业银行和其他金融机构的信用创造。间接信用工具较为灵活方便,但要求中央银行必须在金融体系中有较高的威望和地位,拥有控制信用的足够法律权利和手段。

(1) 道义劝告。道义劝告是中央银行利用其声望和地位,对商业银行和其他金融机构

金融管理实务

发出通告、通知或与金融机构的负责人进行面谈、交流信息、解释政策意图,使商业银行和其他金融机构自动采取相应措施来贯彻中央银行的政策。

(2) 窗口指导。窗口指导是中央银行根据市场情况、物价趋势和金融市场动向,规定商业银行的贷款重点投向和贷款变动数量,以保证经济优先发展部门的资金需要。如商业银行不执行,中央银行可削减对该银行的贷款额度甚至采取停止提供信用等制裁措施。窗口指导虽然不具备法律效力,但其作用有时也很大。

测试评价

一、学习测试

(一) 单项选择题

1. 下列不属于中央银行业务对象的是(　　)。
   A. 政府　　　　　　　　　　B. 城市商业银行
   C. 居民　　　　　　　　　　D. 国有商业银行

2. 货币发行是中央银行的(　　)。
   A. 负债业务　　B. 资产业务　　C. 清算业务　　D. 其他业务

3. 证券买卖业务是中央银行的(　　)。
   A. 负债业务　　B. 资产业务　　C. 中间业务　　D. 清算业务

4. (　　) 是中央银行与商业银行区别的重要标志。
   A. 货币发行业务　B. 存款业务　　C. 证券投资业务　D. 结算业务

5. 中央银行提高法定存款准备金比率,会(　　)商业银行放款及创造信用的能力。
   A. 提高　　　　B. 降低　　　　C. 不影响　　　D. 无法判断

(二) 多项选择题

1. 下列中央银行的业务和服务中,体现其"国家的银行"的职能的是(　　)。
   A. 发行货币　　　B. 代理国库　　　C. 代理国家债券发行
   D. 保管黄金外汇储备　E. 代表政府参与国际金融事务

2. 在中央银行的下述业务中,属于资产业务的项目有(　　)。
   A. 货币发行业务　B. 贷款业务　　　C. 黄金外汇储备业务
   D. 再贴现业务　　E. 证券买卖业务

3. 中央银行货币发行的渠道包括(　　)。
   A. 发放贷款　　　B. 购买证券　　　C. 收购金银外汇
   D. 再贴现　　　　E. 存款准备金

4. 货币政策操作指标和中介指标的选取应具备的要求包括(　　)。
   A. 可测性　　　　B. 相关性　　　　C. 稳定性
   D. 可控性　　　　E. 抗扰性

5. 直接信用控制政策工具手段包括(　　)。
   A. 利率最高限额　B. 信用配额　　　C. 流动性比率管理
   D. 直接干预　　　E. 特别存款

（三）判断题
1. 中央银行通过发行债券或票据，可从社会回笼资金，实现调控货币供应量的目的。（　　）
2. 《中华人民共和国中国人民银行法》规定，中国人民银行必要时可对政府财政透支。（　　）
3. 法定存款准备金是商业银行为保证存款支付和资金清算而存在中央银行的资金。（　　）
4. 消费信用控制目的在于限制用借款购买有价证券的比重。（　　）
5. 流动性比率是指流动资产与银行资产的比率。（　　）

（四）主观题
1. 中央银行有哪些职能？
答：_____
_____

2. 中央银行的负债业务包括哪些？
答：_____
_____

3. 中央银行的资产业务包括哪些？
答：_____
_____

4. 一般性货币政策工具有几种？
答：_____
_____

5. 选择性货币政策工具有几种？
答：_____
_____

二、能力评价

（一）案例分析

瑞典克朗危机（1992年）

案例描述：

1992年，瑞典经历了一场由中央银行货币政策漏洞导致的金融危机。瑞典在20世纪80年代后期至90年代初期实施了一项宽松的货币政策，旨在刺激经济增长和抑制高失业率。然而，这一政策导致了过度的信贷扩张和资产价格泡沫的形成。

瑞典中央银行（Riksbanken）在维持低利率的同时，未能及时识别和控制信贷扩张的风险。随着资产价格泡沫的膨胀，瑞典的经济出现了严重的不平衡，房地产和股票市场过热，而实体经济则面临生产过剩和竞争力下降的问题。

最终，在1992年，泡沫破裂，瑞典克朗大幅贬值，金融市场陷入混乱。这场危机导致瑞典经济遭受重创，失业率大幅上升，国际投资者信心严重受损。

问题：

从瑞典克朗危机事件中可以看到瑞典中央银行在货币政策上存在的问题及对我国中央

银行在制定和执行货币政策时具有的借鉴意义。

答：_____

_____

_____

提示：

1. 货币政策的及时性和前瞻性：瑞典中央银行未能及时识别和调整其货币政策，导致资产价格泡沫的膨胀和最终破裂。这强调了中央银行在制定货币政策时需要具备前瞻性和灵活性，及时应对经济中的风险和问题。

2. 风险管理和监控：瑞典中央银行在风险管理和监控方面存在不足，未能有效控制信贷扩张和资产价格泡沫的风险。因此，中央银行应加强风险管理和监控能力，及时发现和应对经济中的不平衡和风险。

3. 金融市场的稳定性：瑞典克朗危机表明，金融市场的稳定性对于经济的健康发展至关重要。中央银行应密切关注金融市场的动态，采取必要的措施维护市场的稳定和健康发展。

总结：瑞典克朗危机是一个因中央银行货币政策漏洞导致的危机事件，它提醒我们在制定货币政策时需要具备前瞻性和灵活性，加强风险管理和监控能力及维护金融市场的稳定性。这些经验和教训对于我国中央银行在制定和执行货币政策时具有重要的借鉴意义。

（二）小组讨论

通过查阅图书、搜索网站等方式查阅相关资料，分组讨论我国从2008年金融危机以来的货币政策变化。

结论：（1）_____

（2）_____

（3）_____

（三）业务实训

1. 登录中国人民银行网站 http://www.pbc.gov.en/。

（1）了解人民银行机构设置。

答：_____

_____

_____

（2）查询人民银行最近一个月份的资产负债表数据，将之与2023年12月数据进行对比，比较其差异。

答：_____

_____

2. 登录中国人民银行网站 http://www.pbc.gov.cn/rmyh/105145/index.html，了解中国人民银行货币政策工具。

答：_____

_____

_____

项目八　货币供求与货币均衡

项目概述

一、项目背景与目标

货币供求与货币均衡是宏观经济学中的核心概念,对于理解经济运行、预测经济趋势以及制定货币政策具有重要意义。随着全球经济的不断发展和金融市场的不断创新,货币供求与货币均衡的关系日益复杂多变。本项目旨在剖析货币供求的基本原理与货币均衡的条件及对经济运行的影响;理解通货膨胀与通货紧缩的概念,理解指标、类型、成因、危害和治理对策。

二、项目内容与结构

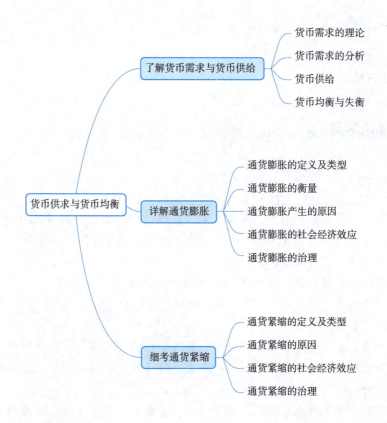

· 197 ·

三、研究方法与步骤

（1）理论学习：通过课堂讲解、教材阅读等方式，系统传授货币需求、货币供给与货币均衡的概念，理解通货膨胀与通货紧缩的概念、类型及成因、危害和治理对策等内容。

（2）案例分析：选取典型国家或地区的货币政策实践案例进行分析；探讨案例中货币政策的制定、实施及其效果；分析案例对货币供求与货币均衡理论的实际应用。

（3）小组讨论：通过查阅图书、搜索网络等方式查找最近发生过的某一次通货膨胀或通货紧缩事件，并分析其形成的具体原因及应对的策略。

（4）业务实训：对我国2013—2022年的CPI指标进行分析，找出出现通货膨胀或通货紧缩的年份并分析其形成原因。

四、预期成果

（1）能够根据宏观经济发展简单分析货币供求状况。
（2）能基于货币层次理论，解释各国货币层次划分的依据及合理性。
（3）能依托货币供求均衡理论，分析实现货币均衡的条件。
（4）能够分析通货膨胀产生的具体原因及通货膨胀治理对策。
（5）能够根据通货紧缩的基本理论分析经济体出现的通货紧缩现象。
（6）能认识货币稳定对经济健康发展的重要性，形成正确的货币观念和经济价值观。

五、测试评价

（1）学习测试。
（2）能力评价。

理论学习

情境导入 >>>

中央银行作为货币管理当局，其基本职责是通过宏观金融调控实现货币均衡，从而达到社会总供求的均衡。通货膨胀和通货紧缩是宏观经济的失衡的两种截然相反的状态，都是威胁经济健康运行的毒瘤。

纵观人类历史，通货膨胀和通货紧缩都会对经济造成巨大危害。特别是通货膨胀，它如同大规模杀伤性武器，危害大众，伤及伦理。当通货膨胀来临，投机者可一夜暴富，诚实劳动者却可能日益贫困。

自改革开放以来，我国的货币增长率长期高于经济增长率，使得货币资产膨胀速度远快于实物资产膨胀速度，为什么我国有那么多货币呢？当通货膨胀或通货紧缩来临时我们要如何应对？

本项目将介绍货币供给与需求的相关理论，剖析通货膨胀及通货紧缩这两种货币失衡的表现。

任务一　了解货币需求与货币供给

一、货币需求的理论

（一）货币需求的概念

货币需求是指宏观经济运行和微观经济经济主体对货币的需求，即指商品流通或商品交换过程中对货币的需求。商品通过市场实现其价值时，需要货币充当流通媒介、支付手段和价值储藏手段。

货币需求的实质是市场需求。市场和市场经济由多种系统和因素构成，其中供给与需求是市场体制的重要构成部分。供给是指商品和劳务的供给；需求是指货币需求，一国统一形态的货币需求对应着各种各样的商品和劳务供给，若没有与商品和劳务供给相对应的货币需求，就没有商品流通或商品交换，也就不存在着市场和市场需求问题。

货币需求也是市场体系的重要构成要素。市场体系包括商品市场、劳动力市场、金融市场和技术市场等。其中，金融市场又包括货币市场和资本市场，在货币市场和资本市场，同样都包括货币需求和货币供求两个方面。

（二）我国古代的货币需求思想

我国古代已有货币需求思想的萌芽，约在 2 000 年前的《管子》一书中，就有"币若干而中用"的提法，意思是铸造多少钱町以够用。在论述兼并时，有这样的内容："人君铸钱，民庶之通施也。人有若干百千之数矣，然而人事不及、用不足何也？"其意思是说：君王给百姓所铸造的用于流通的钱币已经达到每人平均"若干百千之数"，不应该不够了。这种按每人平均铸币多少即可满足流通需要的思路，一直是控制货币数量的主要思路。

东汉章帝年间（公元 84—87 年），尚书张林针对当时物价发表意见："今非但谷贵也，百货皆贵，此钱贱故耳；宜令天下悉取布帛为租，市买皆用之，封钱勿出，如此，则钱少，物皆贱矣。"在当时就提出了流通中货币的数量多少，决定了商品价格的高低的思想。

（三）古典经济学家关于货币需求的观点

货币理论包括货币需求理论和货币供给理论，货币需求理论的发展比货币供给理论要早。从重商主义开始，西方经济学家就开始探讨货币需求问题并形成了各种观点，产生了各种流派。

1. 洛克的货币需求思想

17 世纪英国著名的哲学家和经济学家约翰·洛克以数量论的观点，分析了影响贸易所需要的货币量和商品价格与货币数量间的关系，最早提出了商品价格取决于货币数量的学说。如果增加或减少某一地方贸易中流通的货币数量，商品价格将会变动。

2. 休谟的货币需求说

18 世纪英国经济学家货币数量论的代表人物大卫·休谟认为，商品价格取决于流通中的货币数量。在进入流通以前，商品没有价格，货币没有价值，只有在进入流通以后，通过现有的商品和货币的比较，商品和货币才取得各自的价格和价值。而货币的价值实际上是虚构的，如果商品数量增加，商品的价格就会降低；如果商品数量减少，商品的价格就会提高，货币的价值就会降低。所以，一国的商品价格取决于其国内流通中的货币量，流通中的货币与市场上的商品之间的比率决定货币的价值。

3. 李嘉图的货币需求理论

英国古典政治经济学的杰出代表和完成者大卫·李嘉图，以价值论的观点分析认为，在使用金属货币的任何一个国家中，流通手段的数量首先取决于货币本身的价值；其次取决于流通中的商品价值总额；最后取决于流通手段的节约程度，即同一货币的流通速度。

4. 马克思关于流通中货币量的理论

卡尔·马克思的价值论货币需求理论的创建，是在吸收前人关于价值论的有益成分，分析批判传统货币数量论的非科学性，以劳动价值论为基础建立起来的。马克思以完全的金币流通为假设条件，对货币的需求量是以金币价值与商品价值对比关系为前提，其论证是：①商品进入交换前，首先由货币发挥价值尺度职能衡量商品的价值，商品的价值取决于生产过程，所以交换前商品是带着价格进入流通的。②商品进入交换后，根据商品价格的高低以一定量的流通手段加以实现，比如价值5克金的商品就需要5克金来购买。③商品与货币交换后，商品退出流通，货币却留在流通之中为新进入流通的商品价值的实现而流转，从而一定数量的货币，流通几次就可使相应倍数价格的商品得以出售。因此有：

$$M = \frac{PT}{V}$$

式中，M 为一定时期内执行流通手段的货币量；P 为商品价格；T 为商品数量；V 为货币流通速度。此式也称为马克思的货币必要量公式。

上式表明，在影响货币量的诸多因素中，决定性的因素有三个：①商品的价格；②商品数量；③货币流通速度。

马克思的以上论证有一个重要假设，即在经济中存在着一个数量足够大的黄金储藏，在流通中需要较多的黄金时，黄金从储藏中流出，进入流通；在流通中需要较少的黄金时，黄金则退出流通，转化为储藏。正是有了这一假设，经济中存在一个调节器，使得流通中需要多少货币，就有多少货币存在于流通之中。但在实际经济中，并不一定存在这样的假设条件。

马克思也对纸币流通条件下，货币量与价格之间的关系进行了分析。马克思认为，纸币是由金属货币衍生而来的，纸币之所以能够流通，是因为国家的强力支持；纸币本身没有价值，只有流通才能作为金币的代表。如果说，流通中可以吸收的金量是客观决定的，那么流通中无论有多少纸币也只能代表客观所要求的金量。例如，流通中客观需要10万克黄金，政府发行10万张纸币，每张纸币代表了1克黄金；若政府增发纸币到20万张，则每张纸币代表了0.5克黄金。从而使得原价格为1克黄金的商品，用纸币表示，由1张增加为2张，物价上涨了1倍。因此，在纸币作为唯一流通手段的条件下，商品价格会随着纸币数量的增减而涨跌；而在金币流通条件下，流通所需要的货币数量是由商品价格总额决定的。

马克思还曾分析银行券的流通规律。他认为这类信用货币的流通规律也服从他根据金币流通分析出来的规律。

（四）现代货币需求理论

1. 货币数量需求理论

（1）费雪方程式。1911年美国耶鲁大学教授艾尔文·费雪在《货币购买力》一书中提出了现金交易方程式。这一方程式从货币和商品交易的数量关系入手来分析货币的需求。

费雪认为，货币购买力不取决于货币的价值与商品价值的比例，而取决于货币所能购买到的其他商品的数量的表示。一国的物价水平取决于流通中的货币数量，流通货币的效率即流通速度，商品的交易数量这三个因素。根据这三个因素与物价的关系，给出的现金交易方程式为：

$$MV = PT$$

式中，M 为一定时期内用以购买商品和劳务的货币平均数量；P 为各类商品价格的加权平均数；T 为社会总产出，也称社会交易总量；PT 为总支出，也称为名义收入或名义国民生产总值；V 为货币流通速度，$V=PT/M$，为名义收入除以货币数量，也就是每 1 元钱用来购买经济中最终产品和劳务总量的平均次数，也称为货币周转率。该方程揭示了名义收入和货币数量与货币流通速度的关系。上式经变换可表示为下式：

$$P = \frac{MV}{T}$$

在这一恒等式中，P 的值取决于 M、V、T 这三个变量的相互作用。费雪认为，V 由经济中影响交易方式的制度和技术进步决定，在较长时间内经济中的制度和技术进步才会对 V 有轻微影响，所以，在短期内 V 是相对稳定的，故可视为常数。费雪还认为，工资和价格是完全有弹性的，所以在正常年份整个经济的总产出 T 总是维持在充分就业水平上，所以在短期内总产出 T 不变，即短期内社会交易总量不变，也可视为常量。因此，P 的值就取决于货币数量 M，即货币数量决定商品价格。

费雪方程式说明，在货币流通速度与商品交易总量不变的条件下，物价水平随着货币数量变动而变动，利率对货币需求没有影响。

（2）剑桥方程式。许多经济学家认为费雪方程式存在一个缺陷，即它没有考虑微观主体对货币需求的影响。以英国经济学家阿尔弗雷德·马歇尔和其弟子阿瑟·塞西尔·庇古为代表的剑桥学派，在研究货币需求时，强调了微观主体对货币需求的影响。他们认为，人们为了便于进行日常支付，对货币便有一定的需求，即将其资产的一部分以现金形式持有。若以 R 表示总资产，以 K 表示持有的货币形式的资产对总资产的比率，以 M 表示货币数量，以 P 表示货币单位价值或商品价格，则有如下方程：

$$\frac{1}{P} = \frac{KR}{M}$$

上式说明，在社会总资产 R（社会总资产包含社会总收入和总财富）和货币数量 M 不变的情况下，K 成为决定货币价值和物价水平的关键变量，因此，后称为"剑桥系数"，该方程称为剑桥方程式。该方程式既保持了数量论需求说的观点，又说明了人们在通常情况下所保持的货币量（或现金）与收入水平之间总是保持着一个较为稳定的比例关系。通常用 M 表示需求量，Y 表示实际收入，上述方程可转换为：

$$M = KPY$$

上式说明，人们对货币的需求取决于影响 K、P、Y 的各种因素，以及人们认为应该保持多少货币为宜，利率对货币需求成为一个不可忽略的因素。

2. 凯恩斯的货币需求理论

现代西方经济学最有影响的经济学家之一，英国著名经济学家约翰·梅纳德·凯恩斯放弃了古典学派将货币流通速度作为常量的观点，发展了强调利率重要性的流动性偏好理论。他从货币需求的动机来研究货币需求,他认为,人们的货币需求行为取决于三种动机,即交易动机、预防动机和投机动机。

(1) 交易动机。交易动机是指个人、企业为应付正常交易活动而持有货币的动机。交易性货币需求量与收入、商业制度及惯例有关,但其主要取决于收入水平。收入水平越高,交易性货币需求量越大,持币量越大。

(2) 预防动机。预防动机是指个人、企业为预防意外支出而持有货币的动机。虽然从个人角度看,预防性货币需求量取决于个人对意外事故的看法,但从整个社会来看,预防性货币需求量也取决于收入。

若用 M_1 表示由以上两种动机产生的货币需求量,用 Y 表示名义收入,用 K 表示两种动机的货币需求量与名义收入的比例关系,用 L_1 表示 Y 与 M_1 的函数关系,则有如下关系式:

$$M_1 = L_1(y) = KY$$

上式说明,交易性和预防性货币需求与收入之间存在着正向变动关系,即交易性和预防性货币需求是收入的递增函数。

(3) 投机动机。投机动机是指人们为了抓住有利的购买有价证券的机会而持有一部分货币的动机。债券价格与利率之间存在着反向变动关系。如果人们预期将来利率会跌,则会买入债券,对持有货币的需求将会降低;如果人们预期将来利率会涨,则会卖出债券而持有货币,对货币的需求将会增加。所以,投机性货币需求与利率之间存在着反向变动关系,即投机性货币需求是利率的递减函数。若用 M_2 表示投机性货币需求,r 表示利率,h 表示投机性货币需求对利率的反应系数,用 L_2 表示 r 与 M_2 的函数关系,负号表示投机性货币需求与利率成反向变动,则有如下关系式:

$$M_2 = L_2(r) = -hr$$

三种动机产生的货币需求可表示为:

$$M = M_1 + M_2 = L_1(y) + L_2(r) = L(y, r) = KY - hr$$

上式说明,货币需求与收入之间存在着正向变动关系,与利率之间存在着反向变动关系。即货币需求是收入的递增函数,是利率的递减函数。

也就是说,货币的总需求是由收入和利率两个因素决定的。但是,当利率降至一定低点之后,货币需求就会变得无限大,即进入了凯恩斯所谓的"流动性陷阱"。所谓"流动性陷阱",是凯恩斯分析的货币需求发生不规则变动的一种状态。凯恩斯认为,一般情况下,由流动偏好决定的货币需求在数量上主要受收入和利率的影响。其中交易性货币需求是收入的递增函数;投机性货币需求是利率的递减函数,所以,货币需求是有限的。但是当利率降到一定低点之后,由于利息率太低,人们不再愿意持有没有什么收益的生息资产,而宁愿以持有货币的形式来持有其全部财富。这时,货币需求便不再是有限的,而是无限大了。如果利率稍微下降,不论中央银行增加多少货币供应量,都将被货币需求所吸收。也就是说,利率在一定低点以下对货币需求是不起任何作用的。这就像存在着一个大陷阱,中央银行的货币供给都落入其中,在这种情况下,中央银行试图通过增加货币供应量来降低利率的意图就会落空。

3. 弗里德曼的货币需求理论

1976 年诺贝尔经济学奖得主美国经济学家米尔顿·弗里德曼作为现代货币主义的代表人物,基本上承袭了传统货币数量论的观点,非常看重货币数量与物价水平之间的因果联系。同时，他也接受了剑桥学派和凯恩斯以微观主体行为作为起点，把货币看成受利率影响的一种资产的观点。在其所著的《货币数量说的重新表述》一文中，对影响人们的货币持有量的各个因素加以分析得出如下货币需求函数：

$$Md/P = f(Y, W, Rm, Rb, Re, Gp, U)$$

式中，Md/P 表示实际货币需求，即货币需求除以物价水平（P）；Y 表示恒久性收入，即预期未来可以稳定获得的收入；W 表示非人力财富占总财富的比例，即除人力以外的资产占总资产的比例；Rm 表示货币的预期名义收益率；Rb 表示债券的预期收益率；Re 表示股票的预期收益率；Gp 表示物价水平的预期变动率，也称为实物资产的预期收益率；U 表示影响货币需求的其他因素，包括人们的偏好、风尚、技术进步和制度变化等。

这个方程式表明，货币需求是由多个因素共同决定的。恒久性收入（Y）和非人力财富占总财富的比例（W）与货币需求呈正相关关系，即收入越高、非人力财富占比越大，人们愿意持有的货币量就越多。而货币的预期名义收益率（Rm）、债券的预期收益率（Rb）和股票的预期收益率（Re）与货币需求呈负相关关系，即这些资产的预期收益率越高，人们越愿意持有这些资产而不是货币。此外，物价水平的预期变动率（Gp）也与货币需求呈负相关关系，因为当预期物价上涨时，人们会减少对货币的需求而增加对实物资产的需求。最后，其他影响货币需求的因素（U）也会对货币需求产生影响。

弗里德曼的货币需求函数强调了货币需求的稳定性和可预测性，认为货币需求是由长期因素决定的，而不是短期因素。这为货币政策的制定提供了重要的理论依据，即中央银行应该关注货币供应量的变化，而不是试图通过调整利率来影响货币需求。

弗里德曼将财富分为人力财富和非人力财富，人力财富主要指个人的能力，它不容易转化为货币，如失业时人力财富就无法取得收入。所以，在总财富中，人力财富所占比例越大，出于谨慎动机的货币需求就越大；而非人力财富所占比例越大，则货币需求就越小。因此，非人力财富在个人总财富中所占的比例与货币需求为负相关。恒久性收入 Y 是弗里德曼在分析货币需求中所提出的概念，可以理解为预期平均长期收入，它与货币需求正相关。

弗里德曼认为，货币需求变量中的四种资产——货币、债券、股票和非人力财富的总和，即人们持有的财富总额，其数值大致可以用恒久性收入 Y 作为代表性指标。强调恒久性收入对货币需求的重要影响作用是弗里德曼的货币需求理论的一个特点。

弗里德曼最具有概括性的论断是：由于恒久收入的波动幅度比现期收入的波动幅度小得多，且货币流通速度（恒久收入除以货币存量）也相对稳定，货币需求因而也是比较稳定的。

金融人物：马克思、凯恩斯、弗里德曼

二、货币需求的分析

（一）各种货币需求的相关概念

1. 主观货币需求与客观货币需求

货币需求通常可以理解为人们对货币的占有欲望，由于人们的欲望是无限的，所以对货币的需求也是无限的。根据这种占有欲望是否符合客观实际且有能力达到，可将货币需求分为主观货币需求与客观货币需求。

主观货币需求也称为潜在货币需求,是指各经济主体在主观上希望拥有多少货币,它是一种对货币占有的欲望。然而在经济学中,货币需求是指一种能力与愿望的统一,它必须同时满足两个基本要素:一是必须有得到或持有货币的欲望;二是必须有得到或持有货币的能力。只有同时满足这两个条件才称其为有效的需求,所以,主观货币需求是一种无效需求。

客观货币需求是指在一定时期内,各经济主体究竟需要多少货币才能够满足商品生产和商品交换的需求。它是有支付能力的有效需求,是客观的货币需求。在金融学中我们研究的货币需求是以客观货币需求为对象的。

2. 名义货币需求与实际货币需求

名义货币需求是指经济主体在一定时期内不考虑价格变化时的货币需求,其实质是用货币单位来表示的货币需求。名义货币需求是在物价上涨的情况下,同一枚货币单位所能购买的商品和劳务数量。例如,原来100元所能购买到的商品,由于物价上涨1倍,现在需要200元才能买到,这200元就是名义需求,而实际需求仍为原来价值100元的商品。

名义货币需求理论内容如下:

(1) 货币的价值是交换价值,交换价值也就是货币的购买力。而货币的购买力是指可以购买到的商品、劳务的数量,它是物价水平的倒数。

(2) 名义货币需求与价格的涨跌是按同比例变动的。可表示为:

$$Md = \frac{PQ}{V}$$

式中,Md 为名义货币需求;P 为在市场上与货币交换的所有商品和劳务价格的加权平均指数;Q 为以货币形式交换的商品和劳务的数量;V 代表一定时期内每一单位货币周转或流通的次数,即流通速度。

(3) 名义货币需求取决于货币供应量。名义货币需求与货币价值按同一比例不同方向变动;物价水平与货币供应量按同一比例同方向变动,即货币量增加一倍,物价就上涨一倍。用公式表示:

$$\frac{\Delta M}{M} = P$$

式中,M 为名义货币需求,ΔM 为名义货币需求增量;P 为物价,ΔP 为物价的增量。

实际货币需求是剔除了物价变动或通胀因素以后的货币需求,以货币所实际对应的商品和劳务表示的货币需求,也是指用国民生产总值平减指数平减后所表示的货币需求量。其实质是以实物价值来表示的货币需求,又称为实际余额需求。名义货币需求一般用 M 表示,实际货币需求用 $\frac{Md}{P}$ 表示;它们之间的区别在于是否剔除了物价变动的影响。实际货币需求用公式表示有:

$$\frac{Md}{P} = KQ$$

式中,K 为国民所得以货币形式所拥有的份额;Q 表示国民生产总值。从上式可知,实际货币需求不受物价变动的影响,而只随 K 和 Q 的变动而变动。例如,假设1995年国民生产总值 $Q = 2\,000$ 亿元,实际货币需求 $M = \frac{Md}{P} = 1\,000$ 亿元;2000年按不变价计算国民生产总

值 $Q=4\,000$ 亿元，$M=2\,000$ 亿元；这时流通中的货币量增加 1 倍剔除了物价影响，1995 年 1 000 亿元货币能够买到的商品和劳务，在 2000 年也同样能买到。在现实经济中，通货膨胀是一种经济的常态，所以包含物价因素的名义货币需求不能直接反映经济主体对货币的实际需求，因而人们更加注重考察实际货币需求。

3. 微观货币需求和宏观货币需求

微观货币需求是指从微观经济主体即个人、家庭、企业的角度进行考察，研究微观经济主体在既定的收入水平、利率水平和其他经济条件下，持有多少货币在手，使得机会成本最少，所得利益最大。宏观货币需求指从宏观经济主体的角度进行考察，研究一国或一地区在一定时期内，经济发展与商品生产流通所必需的货币量，这一货币量既能满足一国经济发展的客观要求，保证充分就业和经济稳定增长，又不会引起通货膨胀率上升。

微观货币需求和宏观货币需求是相互联系的，从数量上看，微观货币需求的全部加总即为相应时期的宏观货币需求，两者密不可分、不可脱节。

综上所述，我们讨论的货币需求是经济学意义上的货币需求概念，重点研究的货币需求是客观货币需求中的宏观货币需求，但也不能忽视客观货币需求中的微观货币需求。

（二）货币需求的分析

1. 货币需求量的界定

前面，我们已经对货币需求进行了定性分析，但在经济运行中，如何合理预测货币需求数量，以确定货币供给数量，对宏观货币政策的操作显得尤其重要。

在经济分析中，存量反映的是某一时点的数量，通常称为余额、持有额等；流量反映的是某一时期内的加总数量，通常称为发生额、周转额等。货币需求量是一个存量指标，通常是从存量意义加以观察和计算的。但在研究货币需求及货币政策时，我们要关注和分析的并不是某一时点上的货币需求量，而是某一时期内货币需求量变动的趋势和范围，因此，在讨论货币需求的数量时，必须同时分析存量和流量，进行静态和动态的研究，考察货币需求的流量。

货币需求量总是处于不断的变化之中。如果进行事后分析，货币需求是一个确定的量值，不同的产出水平对应着不同的货币需求量，如果进行的不是事后分析，而是本期或下期的货币需求分析，则货币需求不会是一个确定的量值（见图 8-1）。

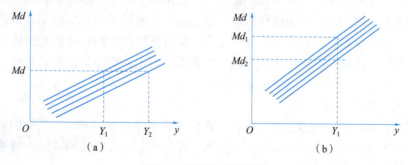

图 8-1 货币需求曲线簇

如果曲线有宽度，货币需求就可以描述为如图 8-1 所示那样的一簇曲线。如果曲线有宽度，那会有如下两种情况：若收入变动，从 Y_1 增至 Y_2，但货币需求可以不变，如图 8-1（a）所示；在同样的收入时，货币需求却是一个值域 $Md_1 \sim Md_2$，如图 8-1（b）所示。

总之，在实际操作中为了不至于在货币政策选择上陷于过分简单的境地，我们不应将货币需求看成一个确定的量；考虑到经济结构、政局、心理因素等影响货币流通速度，以及货币本身的增值性、周转灵活性或容纳弹性，较为贴近现实的思路是把一定时期流通中的货币需求看作一个具有一定宽度的值域。

2. 货币需求的研究方法

（1）微观分析与宏观分析相结合。货币需求的微观分析是指从微观主体的持币动机、持币行为考察货币需求变动的规律，通过建立充分反映客观实际的模型，以此剖析货币需求变化的原因。剑桥方程式、凯恩斯的货币需求模型、弗里德曼的货币需求模型都是从货币需求的微观角度分析货币需求的模型。货币需求的宏观分析则是根据可以解释货币需求的变化（其中包括国民经济总量指标和一些重要机会成本变量），来估算总体货币需求，并作为货币供给决策的依据。如前面介绍的马克思的货币必要量公式、费雪的现金交易方程式都属于宏观模型。在考察货币需求时，应该既从宏观角度进行需求分析，又从微观角度进行需求分析，并将两者进行有机的结合；从宏观和微观角度进行货币需求分析各有其侧重点和优劣势，在理论研究和实践中应相互配合互为补充。

（2）理论分析与实证分析相结合。货币需求的理论分析是使用抽象的方法揭示货币需求的内在规律，找出影响和制约货币需求的主要因素，并在吸收前人研究成果的基础上，结合本国经济的特点和发展情况，提出更完善、更科学的理论主张。货币需求的实证分析是着重对一国经济中的事实、情况和关系进行描述和研究分析，通过大量的实证材料和数据得出相关的结论。理论分析离不开实证分析，理论分析的结果必须通过实践和实证分析加以检验、修正和完善。实证分析的结论要通过理论分析和研究，使之得以提升，使其具有普遍性和规律性来指导经济实践活动。

在进行理论分析与实证分析的过程中，可以采取定性分析与定量分析相结合的方法；在市场经济发展比较充分的环境里，定量分析以数据说话更有说服力、实用性更强。

（3）货币供给相结合。在国民经济中，货币需求与货币供给是相互联系不可分割的两个方面。研究货币需求是为了在经济运行中提供与之相适应的货币供给，以使货币供求达到均衡。在现代金融体制下，即使正确地掌握了货币需求，也很难按货币需求量供给相应的货币，因为在货币供给的过程中有一系列的传导机制，传导机制是否畅通、传导机制的完善与否、传导过程的延迟等一系列因素都会对货币的供给产生影响，货币供给还取决于微观经济主体的反映行为。预测得到的货币需求量为实施货币供给提供了数量依据，但必须注意到，货币供给对货币需求也会有反作用，货币供给的变动会使微观经济主体的行为发生相应的变化，这种变化会反过来影响货币需求。因此，要使货币供求达到均衡，不仅要研究分析货币需求，还要研究分析货币供给。

3. 货币需求量的测算方法

（1）经验数据法。经验数据法是以商品零售额代表经济发展水平，通常用正常年份的社会商品零售额与市场现金流通量的比例关系，即货币流通次数来测算货币流通量，经验数据为1∶8，其公式表示为：

$$货币流通次数 = \frac{某年社会商品零售额}{某年流通中的平均现金量}$$

具体算法是，在我国，一般认为1965年经过调整后，国民经济发展状态较好，这一年商品零售额为413亿元，平均货币供给量为51.3亿元，两者的比例即货币流通次数为8.05

次，即 1 元货币相当于 8 元商品流转额，将其作经验数据。如果其他条件不变，某年的货币流通次数为 6 次，说明当年 1 元货币对应于 6 元商品，与经验数据对比可知此时货币多商品少，应该相应减少货币供给。这种方法根据货币购买力与商品供应量的关系进行调节，在我国，1979 年前经常采用，其中 1∶8 的比例只计算现金，不计算非现金需求量。货币流通速度的概念已不科学，因为根据货币流通规律，货币流通速度减慢，货币需求量会相应增加。

（2）基本公式法。基本公式法是以经济增长率、物价、货币流通速度这三个因素来确定货币需求量增长率。与前一种方法比较，其特点是：①扩大了货币需求的范围，即包括现金和存款的货币需求；②从静态观察货币需求转向动态观察货币需求；③不以某一年的数据为依据，而是直接计算货币总量，还可以分层次进行测算。其公式为：

$$货币增长率 = \frac{(1+预期经济增长率) \times (1+预期调价幅度)}{1 \pm 货币流通速度变化率} - 1$$

根据微积分原理，当各种因素变化比率很小时，上式可进一步简化为：

$$货币增长率 = 预期经济增长率 + 预期物价上涨率 \pm 货币流通速度变化率$$

改革开放以后，该式在我国对货币需求理论的运用中广为流传。上式说明货币增长率与预期经济增长率和预期物价上涨率呈正相关，与货币流通速度变化率呈负相关。在式中没有利率变量，这反映出在我国改革开放多年以来，由于各种因素的影响，利率所起的作用不大；式中列入了通货膨胀率，反映了我国已由计划经济体制下的隐性通货膨胀很快转化为显性的通货膨胀。

由于不同层次媒介的商品范围不同，货币流通速度也不同，故可分层次测算。

在计算现金增长率时，因现金主要用于购买消费资料，包括生产资料和其他劳务支出，因此，货币流通速度变化率应该为社会商品零售额增长率和消费物价变动幅度。在计算狭义货币量 M_1（现金+活期存款）时，货币流通速度变化率应该为社会总产值增长率和预期价格变动幅度。

（3）回归分析法。回归分析法是运用数理统计原理和线性回归分析的方法确定经济增长与货币增长之间的函数关系。在测算时，根据自变量的多少，可以采用一元回归方程或多元回归方程进行测算。经济增长可用社会总产值、工农业总产值、国民收入或国民生产总值来代表，货币增长用现金加全部存款来计算。测算方法如下：首先根据自变量的个数，确定采用一元或多元回归方程；再根据历史数据建立样本，计算出回归方程中的待定系数；然后将待定系数代入回归方程，利用该回归方程将测算年度的国民生产总值等因变量代入进行计算，最后求出货币需求量的测算值。

具体算法是，以一元线性回归方程为例，用 y 表示货币需求量的测算值（现金加存款），a 表示国民生产总值，b 表示待定系数，则回归方程表达式如下：

$$y = a + bx$$

（4）比例法。根据经济增长与货币增长之间的比例系数直接计算货币需求量。具体方法是根据历史数据求得经济总量（以社会总产值或国民生产总值为指标）每增长 1%，货币需求增长百分之几。具体计算方法可参考货币供给量的计算。

三、货币供给

货币供给是对应于货币需求的另一个方面，货币供给量的多少会对国民经济产生重要的影响。中央银行实施货币政策,使货币需求与货币供给相适应,保持货币和物价的稳定,为经济发展创造一个良好的货币环境。

(一) 货币供给及层次划分

1. 货币供给的概念

货币供给是指货币供给主体——银行向货币需求主体供给货币的经济行为,它是一个动态概念。货币供给的数量表示货币供给量,它是一个静态概念,是指政府、企业、个人持有的由银行体系所承担的债务总量。货币供给可以包含着多重口径,货币供给量也有宽窄之分。

货币供给按流通性从大到小,口径从小到大依次划分为 M_0、M_1、M_2 和 M_3 等若干个层次。在各国的货币口径中,只有通货 M_0 和 M_1 这两项大体一致。通货 M_0 指不兑现的银行券和辅币,在我国习惯上称为现金,都是指通货与支票存款之和,在我国也称为准货币。各国中央银行都有自己的货币统计口径,其划分的基本依据和意义却相同,都以流动性的大小,即以流通手段和支付手段的方便程度作为标准。流动性高,说明其在流通中周转方便,变现损失小,形成购买力的能力强。这个标准对于考察市场均衡、实施宏观调控有重要意义。

2. 货币层次的划分

(1) 国际货币基金组织对货币层次的划分。国际货币基金组织将货币划分为 M_0、M_1、M_2 三个层次。

M_0 指流通于银行体系以外的现钞和铸币,不包括商业银行业务库的现钞和铸币。

$M_1 = M_0 +$ 商业银行活期存款 + 邮政汇划或国库接受的私人活期存款。

许多国家把活期存款视同现钞,因其可以随时提取现金,商业银行的活期存款是 M_1 的主要构成部分。一般将 M_1 称为狭义货币,它是现实的购买力,对一国的经济生活有明显的影响,特别是使用现金较多的国家。

$M_2 = M_1 +$ 准货币。

准货币也称为亚货币或近似货币,是指定期存款和政府债券。一般认为准货币不是真正意义的货币,不是现实货币,但定期存款和政府债券可以兑换成现实货币,其变现能力仅次于活期存款,变现中可能会有一定利息损失。M_2 与 M_1 相比具有更广泛意义的货币层次,其兑现后会加大流通中的货币量,对预测未来货币流通的趋势具有重要作用。

(2) 我国的货币层次的划分。经 2001 年 6 月中国人民银行修订后的划分层次如下:

$M_0 =$ 流通中的现金,也称为通货含纸币和硬币。

狭义货币 $M_1 = M_0 +$ 活期存款。

广义货币 $M_2 = M_1 +$ 定期存款 + 储蓄存款 + 其他存款 + 证券公司客户保证金。

将广义货币量减去狭义货币量 $M_2 - M_1$,称为准货币。

(3) 美国的货币层次的划分。美国中央银行货币供给量统计由 M_1、M_2、M_3 三个层次组成,同时公布大口径货币范围的流动性资产 L 的数值。

$$M_1 = 流通中的现金 + 旅行支票 + 活期存款 + 其他支票存款$$

流通中的现金是指处于国库、联邦储备系统和存款机构之外的通货;旅行支票是指非银行发行的旅行支票;活期存款指商业银行的活期存款,不包括存款机构、美国政府、外国银行和官方机构在商业银行的存款。

$$M_2 = M_1 + 小面额定期存款 + 储蓄存款 + 货币市场存款账户 + 货币市场互助基金居民份额 + 隔日回购协议 + 隔日欧洲美元$$

隔日回购协议是存款机构发行的；隔日欧洲美元是美国银行在世界上的分支机构向美国居民发行的。

$$M_3 = M_2 + 大面额定期存款 + 货币市场互助基金机构份额 + 定期回购协议 + 定期欧洲美元$$

$$L = M_3 + 短期财政部证券 + 商业票据 + 储蓄债券 + 银行承兑票据$$

（4）欧洲中央银行的货币层次的划分。欧盟的货币供给量体系由狭义货币 M_1、中间货币 M_2 和广义货币 M_3 三个层次组成，其重点监测的指标是 M_3。

$$狭义货币\ M_1 = 现金 + 具有即时支付能力的存款$$

具有即时支付能力的存款，如隔夜存款是欧洲中央银行统计中流动性最强的货币，处于货币体系的最底层。

$$中间货币\ M_2 = M_1 + 期限为 2 年以下的定期存款$$

$$广义货币\ M_3 = M_2 + 回购协议 + 货币市场基金 + 货币市场票据 + 期限为两年以内的债券$$

广义货币 M_3 中不包括期限超过两年的定期存款，但将期限超过两年的定期存款数据统计公布作为一个参考指标。

（5）日本的货币层次的划分。

$$M_1 = 现金 + 活期存款$$

现金为企业、个人和地方政府等持有的现金，但不包括日本银行持有的现金；活期存款为企业、个人和地方政府等持有的活期存款，包括企业活期存款、活期储蓄存款、通知即付存款、特别存款和纳税准备金存款。

$$M_2 + CD = M_1 + 准货币 + CD\ 大额可转让存单$$

准货币指活期存款以外的一切公私存款，如定期存款、外币存款等。

（二）名义货币供给与实际货币供给

1. 名义货币供给

名义货币供给是指一国的货币当局即中央银行根据货币政策的要求提供的货币量。这个量并不是完全以一国真实商品和劳务表示的货币量，它包括由供给量引起的价格变动的因素。因此，名义货币供给也是以货币单位（如元）表示的货币量，是现金和存款之和。

在理解名义货币供给的含义时，注意在当代信用货币流通的条件下，流通中的通货都是由中央银行通过贷款投放基础货币，这些基础货币通过商业银行对社会经济主体进行一系列的存贷款活动，从而扩大整个社会的名义货币供给。

名义货币供给在实际操作中可能高于或低于实际货币需求。在这种情况下，货币价值论的观点认为，商品的价格由商品价值与货币代表的价值的比例决定；若名义货币供给超过了实际货币需求，就会引起货币贬值，具体表现为商品的价格上涨；反之，若名义货币供给不变，实际货币需求增加，此时会引起货币升值，商品的价格下降。按照货币数量论的观点，商品价格由实际货币需求与名义货币供给的比例决定。假设社会的实际货币需求为 100 亿千克棉花，名义货币供给量为 500 亿元，则每千克棉花售价为 5 元。如果实际货币需求增加到 125 亿千克棉花，名义货币供给量不变，此时每千克棉花售价为 4 元，货币升值 20%。若实际货币需求不变仍为 100 亿千克棉花，而名义货币供给量增加至 600 亿元，则每千克棉花售价为 6 元，货币贬值 20%，由此说明商品价格的变动是由名义货币供给量决定的。

2. 实际货币供给

实际货币供给是名义货币供给与一般物价指数平减后所得的货币供给，也就是剔除了物价上涨因素而表现出来的货币所能购买的商品和劳务总额。用公式表示为：

$$实际货币供给 = \frac{M_3}{P_0}$$

式中，M_3 表示名义货币供给，P_0 表示平减后的一般物价指数。该式说明一国在一定时期内的实际货币供给受名义货币供给与一般物价指数的综合影响，当名义货币供给增加时，可能引起实际货币供给的增加，同时，若名义货币供给不变，价格的上涨也会引起实际货币供给的购买力的减少。因为，实际货币供给是剔除了物价因素后，所能购买的商品和劳务的总额，因此实际货币供给实质上取决于实物形态的国民总产出。为了保持实际货币供给与实际货币需求相适应，实际货币供给应该与用实物形态表示的国民总产出成一定的比例关系，用公式表示为：

$$\frac{M_3}{P_0} = Ky$$

上式表明，实际货币供给必须与国民总产出 y 保持同步增长。如果实际货币供给 $>Ky$，说明货币供给大于实际货币需求，可能引起通货膨胀的发生；反之，如果实际货币供给 $<Ky$，说明货币供给小于实际货币需求，出现投资紧张，消费减少，失业增加，经济不景气。

（三）货币供给的形成机制

货币总量有存量和流量之分，货币存量是指一国在某一时点上实际存在于整个经济中的货币数量；而货币流量是指一国在某一时期内货币流通的总量，它是货币存量与货币流通速度的乘积，即货币流量$=MV$，货币存量 M 就是我们所说的货币供给量。讨论货币供给量的总量，就得分析货币供给的形成机制。

在现代金融体系下，货币供给是由两个层次的货币供给机制形成的，第一个层次是一国的货币当局中央银行提供的基础货币和对货币供给所实施的宏观货币政策；第二个层次是商业银行的创造存款货币功能。

1. 商业银行与货币供给

在现代金融制度下，商业银行是货币供给体系中的一个重要层次，是整个货币运行的最主要的载体。商业银行通过办理支票活期存款，发放贷款完成创造货币的功能。

（1）商业银行的存款派生与收缩。商业银行创造多倍的派生存款必需的条件，一是在整体银行体系下进行，即不止一家银行；二是在信用制度发达的条件下，即银行客户的活期存款不全部用现金提取，且商业银行实行的是部分准备制。

（2）存款派生倍数的制约因素。假设商业银行不持有超额准备金，只保留法定存款准备金，其余的全部贷出或购买证券，并且客户将贷款存入银行不提取现金，在此假设条件下，商业银行创造货币能力的大小主要取决于活期存款的法定准备金率。但是，除了法定存款准备金率这个主要因素外，商业银行的存款能力还受超额准备金、现金漏损率或通货率、定期存款的法定准备金率等因素的影响。

2. 中央银行与货币供给

（1）基础货币。基础货币也称为货币基数，强力货币，又称为高能货币（High

Powered Money），是公众持有的现金 C 与商业银行以现金形式持有的准备金 R 之和。以 H 表示基础货币则有：

$$H = C + R$$

基础货币可以从其来源和运用两个方面加以分析。从其来源看，它是指货币当局对公众的负债，即由货币当局投放并为货币当局所能直接控制的那部分货币，它是整个货币供给量的一部分。从其运用来看，它由两个部分构成：一是商业银行的存款准备金，它包括商业银行的库存现金和商业银行在中央银行的法定准备金存款；二是流通于银行体系之外而为社会公众持有的现金。这两者的实质都是中央银行对社会公众的负债总额。基础货币的伸缩或增减对商业银行的信用规模有着非常重要的影响，它直接决定了商业银行准备金的增减，从而决定了商业银行的信用规模扩张和收缩。

（2）基础货币的决定因素分析。基础货币的实质是中央银行对社会公众的负债总额，我们可以从中央银行资产负债表（见表8-1）中加以分析，研究基础货币的决定机制。

表8-1 中央银行资产负债表

资产	负债
贴现及放款	流通中的通货
政府债券和财政借款	国库及公共机构存款
外汇、黄金储备	商业银行及金融机构存款
其他资产	其他负债和资本项目
合计	合计

在中央银行体制下，中央银行有着这样的特权，其扩大资产业务并不以负债的增加为前提，从资产与负债关系来看，中央银行不需要负债的扩大就可以扩大其资产，而只要扩大了资产就必然有等额的负债扩大来平衡。例如中央银行向某商业银行发放一笔贷款，它会使资产负债表左侧的资产增加，得到贷款的商业银行在中央银行的存款准备会相应增加，使资产负债表右侧的负债增加。如果中央银行资产总额增减，则基础货币必定会随之增减。若中央银行的资产中有增有减，基础货币是否增减则视各项资产增减变动的情况而定。

① 贴现及放款对基础货币的影响。中央银行的资产业务主要是对商业银行的资产业务，其主要形式是票据再贴现和再贷款。在再贴现业务中，反映在中央银行资产负债表中，则是增加了以票据形式持有的资产；在再贷款业务中，反映在中央银行资产负债表中，则是增加了对商业银行的债权。这两种业务都相应增加了其负债，即商业银行在中央银行的准备存款，从而引起基础货币的等额增加。若中央银行减少再贴现业务或收回再贷款，则会导致基础货币相应减少。

② 政府债券和财政借款对基础货币的影响。中央银行通过公开市场业务使其增加持有的国债资产，那么金库存款就会减少，与此同时，商业银行的准备存款会相应增加，基础货币也会相应增加。反之，减少其持有的国债资产，资金回笼，商业银行的准备存款会相应减少，导致基础货币会相应减少。同理，若中央银行增加财政贷款或直接贴现国债，使中央银行金库存款减少，那么商业银行的准备存款会相应增加，基础货币也会相应增加。反之，若减少财政贷款，基础货币会相应减少。

③ 外汇、黄金储备对基础货币的影响。中央银行通过收购外汇、金银，来增加其外汇、黄金储备，形成中央银行的资产，但会增加通货的投放，使社会公众在商业银行的存款增加，导致基础货币会相应增加。相反，若中央银行出售外汇、金银，减少持有的外汇、黄金储备资产，那么就会使社会公众在商业银行的存款减少，导致基础货币会相应减少。

总之，中央银行资产业务的扩大会相应增加商业银行的准备存款，导致基础货币的增加。

（3）货币乘数。货币乘数又称为货币创造乘数，是指基础货币每增加或减少一个单位所引起的货币供给量增加或减少的倍数，即当基础货币变动 1 单位时，货币供给量的变动规模，它反映了由基础货币变化引起的货币供给量增减的幅度。中央银行提供 1 单位基础货币，其构成中的一部分即商业银行的准备金会成为创造存款，供给货币的基础，另一部分通货则不存在创造存款这样的扩张，因而最终形成的货币供给量与基础货币之间会有一个系数关系，称为货币乘数。货币供给的基本模式可以表示为：

$$M_s = mH$$

式中，M_s 为货币供给总量；H 为基础货币，由公众持有的现金 C 与商业银行以现金形式持有的准备金 R 组成；m 为货币乘数。

（4）决定货币乘数的因素分析。在实际经济生活中，银行提供的货币和贷款会通过数次存款、贷款等活动产生出数倍于它的存款，即通常所说的派生存款。通过以上的分析，我们可以知道货币供给量是由基础货币和货币乘数共同决定的。一般认为，基础货币 H 的变动可由中央银行决定，即通过向商业银行发放和收回贷款以及证券的买进和卖出操作来主动调控。但中央银行并不能完全控制货币供给量 M，因为货币乘数的大小决定了货币供给扩张能力的大小，而货币乘数的大小主要受以下四个因素影响。

① 法定准备金率。定期存款与活期存款的法定准备金率均由中央银行直接决定。通常，法定准备金率越高，货币乘数越小；反之，货币乘数越大。

② 超额准备金率。商业银行持有的超过法定准备金的准备金与存款总额之比，称为超额准备金率。超额准备金的存在相应减少了银行创造派生存款的能力，因此，超额准备金率与货币乘数之间也呈反方向变动关系，超额准备金率越高，货币乘数越小；反之，货币乘数就越大。

③ 现金比率。现金比率是指流通中的现金与商业银行活期存款的比率。现金比率的高低与货币需求的大小正相关。因此，凡影响货币需求的因素，都可以影响现金比率。如银行存款利息率下降，导致生息资产收益减少，人们就会减少在银行的存款而宁愿多持有现金，加大现金比率。现金比率与货币乘数负相关，现金比率越高，说明现金退出存款货币的扩张过程而流入日常流通的量越多，制约了存款派生能力。

④ 定期存款与活期存款间的比率。由于定期存款的派生能力低于活期存款，各国中央银行通常规定定期存款的法定准备金率要比活期存款的低。这样即便在法定准备金率不变的情况下，定期存款与活期存款间的比率改变也会引起实际的平均法定存款准备金率改变，最终影响货币乘数的大小。一般来说，在其他因素不变的情况下，定期存款对活期存款比率上升，货币乘数就会变大；反之，货币乘数会变小。

四、货币均衡与失衡

(一) 货币均衡与失衡概念

货币均衡是指一国在一定时期内,货币供给与货币需求基本相适应的货币流通状态。货币均衡可以表示为:$M_s = M_d$。货币均衡是一个动态的概念,是一个由均衡到失衡、再调整恢复到均衡的动态调整过程,货币均衡的实现具有相对性。

货币失衡,是同货币均衡相对应的概念,是指在货币流通过程中货币供给偏离货币需求,从而使二者之间不相适应的货币流通状态。货币失衡的表现形式主要有两种类型:一种是 $M_s > M_d$,若这种状态持续发展,则往往会出现通货膨胀;另一种是 $M_s < M_d$,若这种状态持续发展,则往往会出现通货紧缩。

(二) 货币供求均衡与社会总供求平衡

从形式上看,货币均衡不过是货币领域内因货币供给与货币需求相互平衡而导致的一种货币流通状态,但其实质则是社会总供求平衡的一种反映。货币均衡与总供求均衡不过是一个问题的两个方面。

货币均衡与社会总供求均衡之间存在四边联动关系:①总供给决定货币需求,总供给决定了需要多少货币来实现价值,从而引出货币需求;②货币需求是货币供给的决定依据;③货币供给形成了社会总需求,成为总需求的载体;④总需求对总供给有决定性的影响。

(三) 货币均衡的实现条件

市场经济条件下货币均衡的实现有赖于以下两个条件。

1. 健全的利率机制

利率作为金融市场上货币的价格,既能够灵敏地反映货币供求的状况,又能够调节货币供求关系并使之实现均衡。

2. 发达的金融市场

活跃和发达的金融市场特别是货币市场,能提供众多的金融工具供投资者选择,货币与其他各种金融工具之间可以便利而有效地相互转化,从而调节货币供求。

(四) 影响货币均衡实现的因素

除了受利率机制影响以外,货币均衡的实现还受以下因素影响。

1. 中央银行的市场干预和调控

在现代信用货币制度下,通常由中央银行垄断货币发行权,中央银行经常性地通过货币政策工具对货币供给进行调整,能更有效地实现货币均衡。

2. 财政收支的基本平衡

一国的财政收支出现大量财政赤字,往往迫使政府向中央银行借款,这会使中央银行为弥补财政赤字而增加货币投放,进而可能引发通货膨胀。

3. 经济结构的合理性

一国的经济结构如果不合理,就会出现某些部门的产品供给不足与供给过剩并存,最终会引起货币供求失衡。

4. 国际收支的基本平衡

国际收支如果不平衡就容易引起汇率波动,使本币对外升值或贬值,进而直接影响国内市场价格的稳定,并影响中央银行的基础货币投放,从而也会使货币供求关系发生变化。

任务二　详解通货膨胀

通货膨胀是一个古老的经济范畴,也是当代经济学和日常生活中使用频率很高的词汇,老百姓对它的理解就是"钱毛了",东西涨价了。

一、通货膨胀的定义及类型

(一) 通货膨胀的定义

通货膨胀是指一定时期货币供给过多而引起的货币贬值、物价普遍持续上涨的经济现象。通货膨胀是需求过度的一种表现,在这种状态下,过多的货币追逐过少的商品,货币的价值下跌。

对通货膨胀的理解要注意以下几方面:第一,通货膨胀所指的物价上涨并非个别商品或劳务价格的上涨,而是指全部物品及劳务(不包括股票、债券等金融资产)的总水平的上涨;第二,在通货膨胀中,一般物价水平的上涨是一定时间(具体时间尚无定论,通常认为 6 个月左右)内的持续上涨,而不是一次性的、暂时性的上涨,而是一个过程,在这个过程中价格有持续上涨趋势且不可逆转;第三,通货膨胀是信用货币制度经常发生的现象,但通货膨胀并非纸币流通条件下的特有产物,在金属货币流通条件下也有可能发生。

金融链接:最早的通货膨胀

(二) 通货膨胀的类型

在经济分析中,我们可以按照不同标准对通货膨胀进行分类。

1. 按照通货膨胀的表现形式不同,分为公开型通货膨胀和隐蔽型通货膨胀

(1) 公开型通货膨胀,是指通过物价水平变动反映出来的通货膨胀,物价总水平明显地、直接地上涨,物价上涨的幅度准确地反映通货膨胀的程度。这时市场机制较为完善,价格对供求反应比较灵敏,过多的需求能以物价水平上涨的形式表现。

(2) 隐蔽型通货膨胀,是指在市场商品的价格受到管制的情况下,通货膨胀状况不能通过市场物价的变动而灵敏地反映出来的通货膨胀。但在现行价格水平下存在物质短缺、有价无市凭票供应和黑市猖獗等现象。

2. 按照物价上涨的速度分类,分为爬行式、温和式、奔腾式和恶性通货膨胀

(1) 爬行式通货膨胀,是指一般物价水平缓慢而持续地上升,年物价上涨率在 1%~3%,这种较缓慢的物价水平上升并不会导致经济生活出现通货膨胀预期,对人们的生产、生活并没有产生不利影响,人们对未来的货币购买力还有足够的信心。

(2) 温和式通货膨胀,是指一般物价水平年平均上涨率在 3%以上但未达到两位数的通货膨胀,这种通货膨胀使人能够感觉到并产生通货膨胀还将持续的心理预期。

(3) 奔腾式通货膨胀,又称为较严重的通货膨胀,是指物价年平均上涨率达到两位数以上,人们对物价上涨有明显感觉,对货币失去信心,产生恐慌心理,普遍抢购商品或寻找其他保值方式。

(4) 恶性通货膨胀，又称为极度通货膨胀，价格飞速上涨，货币贬值达到天文数字，正常的经济活动遭到破坏，最后导致整个货币信用制度的崩溃。恶性通货膨胀一般是社会处在战争或政治变革的特殊时期，政府不得已大量印制钞票弥补开支时发生。例如第一次世界大战后的德国、第二次世界大战后的匈牙利及20世纪三四十年代的中国都出现过上述恶性通货膨胀。

二、通货膨胀的衡量

通常采用价格指数衡量通货膨胀，常见的价格指数包括以下三个。

(一) 居民消费价格指数 (CPI)

居民消费价格指数，是反映居民家庭购买的消费商品和服务价格水平变动情况的宏观经济指标。它是度量代表性消费商品及服务项目的价格水平随时间而变动的相对数。这种指数是由各国政府根据各国若干主要食品、衣服和其他日用消费品的零售价格以及水、电、住房、交通、医疗、娱乐等服务费用而编制计算。居民消费价格指数的优点是能及时反映消费品供给与需求的对比关系，资料容易搜集，公布次数较为频繁，能够迅速直接地反映影响居民生活的价格趋势。其缺点是范围较窄，只包括社会最终产品中的居民消费品这一部分，不包括公共部门的消费、生产资料和资本产品及进出口商品，从而不足以说明全面的情况。

我国从1953年就开始编制价格指数，目前，我国居民消费价格指数 (CPI) 的调查内容分为食品、烟酒及用品、衣着、家庭设备用品及服务、医疗保健及个人用品、交通和通信、娱乐教育文化用品及服务、居住8大类，共263个基本分类（国际分类标准），约700种商品和服务项目。价格调查范围涉及全国31个省（区、市）的500多个市县、50 000多个调查网点。国家统计局直属的全国调查系统采取定人、定时、定点的直接调查方式，由近3 000名专职物价调查员到不同类型、不同规模的农贸市场和商店现场采集价格资料。

编制CPI所用权数是依据全国12万户城乡居民家庭调查资料中的消费支出构成确定的。随着人民生活水平的提高，消费结构在不断变化。为此，我国的CPI权数每年都做一些小调整，每5年做一次大调整。因此，可以说经过20多年实践的检验，我国CPI的编制方法是科学可靠的，数据反映了我国居民消费价格变动的实际情况，为我国价格体制改革、宏观经济调控、国内经济核算提供了科学可靠的依据。

(二) 生产者价格指数 (PPI)

生产者价格指数，是衡量工业企业产品出厂价格变动趋势和变动程度的指数，是反映某一时期生产领域价格变动情况的重要经济指标，也是制定有关经济政策和国内经济核算的重要依据。生产者价格指数衡量生产者在生产过程中所需采购品的物价状况，包括原料、半成品和最终产品等三个生产阶段的物价资讯。生产者价格指数 (PPI) 反映生产环节价格水平，居民消费价格指数 (CPI) 反映消费环节的价格水平。整体价格水平的波动一般首先出现在生产领域，然后通过产业链向下游产业扩散，最后波及消费。

(三) 国内生产总值物价平减指数 (GDP Deflator)

国内生产总值物价平减指数，是指按现行价格计算的国内生产总值与按不变价格计算的国内生产总值的比率。所谓按不变价格计算，实际上是按照某一基期年份的价格进行计算。如某国 2010 年的国内生产总值按当年价格计算为 18 000 亿美元，而按 1980 年的不变价格计算则为 10 000 亿美元，1980 年基期指数为 100，则 2010 年的国内生产总值物价平减指数为 180（18 000/10 000×100＝180），表示和 1980 年相比，2000 年物价上涨了 80%。

国内生产总值物价平减指数的优点是范围广泛，除了居民消费品外，还包括公共部门的消费品、生产资料和资本产品以及进出口商品，因此能较准确地反映一般物价水平的趋向。其缺点是资料较难搜集，需要对不在市场上发生交易的商品和劳务进行换算，因此公布次数不如消费物价指数频繁。

以上三种指数是西方国家衡量通货膨胀的主要指标，各有其优缺点，而且由于三种指标涉及商品和劳务的范围不同，计算口径不一致，即使在同一国家、同一时期，各种指数反映的通货膨胀程度也有不同，所以需要合理适当地选择指数，才能正确地把握通货膨胀的程度。一般而言，在衡量通货膨胀时，居民消费价格指数使用得最为普遍。2013—2022 年中国 CPI 数据（见表 8-2）反映了我国近些年来的物价变动情况。

表 8-2　2013—2022 年中国 CPI、PPI 数据

项目	2013	2014	2015	2016	2017	2018	2019	2020	2021	2022
CPI/%	2.6	2.0	1.4	2.0	1.6	2.1	2.9	2.5	0.9	2.0
PPI/%	-1.9	-1.9	-5.2	-1.4	6.3	3.5	-0.3	-1.8	8.1	4.1

（数据来源：根据中国人民银行网站资料整理）

三、通货膨胀产生的原因

从本质上看，通货膨胀是货币供大于求的一种失衡状况，各国不同时期通货膨胀的具体原因多种多样，常见的通货膨胀的原因可归为以下几点。

（一）需求拉上

通货膨胀是由于总需求与总供给的对比处于供不应求状态，过多的需求拉动价格水平上涨。在现实生活中，供给表现为市场上的商品和服务，需求体现在用于购买和支付的货币上，所以对通货膨胀可以表述为"过多的货币追求过少的商品"。在假定总供给不变的情况下，能对物价水平产生需求拉上作用的一种因素主要是投资，如果利率、投资收益的状况有利于扩大投资，则投资需求增加，总供给与总需求的均衡被打破，物价水平上升；另一种因素是货币，即使货币供给无增长，如果经济体系对货币需求大大减少，原有的货币存量也会相对过多，更多的时候是货币供给增加过快，超过经济体系对货币的需求，货币贬值，物价上涨。

（二）成本推动

通货膨胀是在商品和劳务的需求不变的情况下，因产品成本的提高而推动物价的上涨。导致产品成本提高的原因主要有工资推进和利润推进两种情况。

1. 工资推进

在完全竞争的劳动力市场条件下，工资率取决于劳动的供求，而当工资是由工会和雇主集体议定时，这种工资则会高于竞争的工资。并且由于工资的增长率超过劳动生产率，企业就会因人力成本的加大而提高产品价格，以维持盈利水平。这就是从工资提高开始而引发的物价上涨。工资提高引起物价上涨，价格上涨也会引起工资的提高，形成工资—价格螺旋上升。

2. 利润推进

大多数公用事业领域，包括煤气、电力、电话、铁路、通信等部门，都存在着垄断经营的情况。在完全竞争市场上，商品价格由供求双方共同决定，没有哪一方能任意操纵价格。但在垄断存在的条件下，卖主就有可能操纵价格，使价格上涨速度超过成本支出的增加速度，以赚取垄断利润。如果这种行为的作用大到一定程度，就会形成利润推进型通货膨胀。

（三）供求混合推动

在现实经济社会中，通货膨胀的原因究竟是需求拉上还是成本推动很难分清，既有来自需求方面的因素，又有来自供给方面的因素，即所谓"拉中有推，推中有拉"。例如，通货膨胀可能从过度需求开始，但由于需求过度所引起的物价上涨会促使工会要求提高工资，因而转化为成本（工资）推进的因素。另外，通货膨胀也可能从成本方面开始，如迫于工会的压力而提高工资等。但如果不存在需求和货币收入的增加，这种通货膨胀过程是不可能持续下去的。因为工资上升使失业增加或产量减少，结果将会使"成本推进"的通货膨胀过程终止。可见，"成本推进"只有加上"需求拉上"才有可能产生一个持续性的通货膨胀。现实经济中，这样的论点也得到论证：当非充分就业均衡严重存在时，则往往会引出政府的需求扩张政策，以期缓解矛盾。这样，成本推动与需求拉上并存的混合型通货膨胀就会成为经济生活的现实。

（四）经济结构因素

在没有需求拉动和成本推动的情况下，只是由于经济结构因素的变动，也会出现一般价格水平的持续上涨。即物价上涨是在总需求并不过多的情况下，而对某些部门的产品需求过多，造成部分产品的价格上涨的现象，把通胀起因归结为经济结构本身特点。

社会经济发展中，可以根据生产率的高低将经济部门分成两大类，其中一些部门生产率提高速度快，发展迅速，同世界市场联系十分密切（开放部门）；另一些部门生产率提高速度慢，渐趋衰落，同世界市场没有紧密联系（非开放部门）。现代社会经济结构不容易使生产要素从生产率低的部门转移到生产率高的部门，从渐趋衰落的部门转移到正在迅速发展的部门，从非开放部门到开放部门。但是生产率提高慢的部门、正在趋向衰落的部门以及非开放部门在工资价格问题上都要求"公平"，要求向生产率提高速度快部门、发展迅速的部门、同世界市场联系十分密切的部门看齐，结果导致一般价格水平的上涨。

金融链接：津巴布韦的通货膨胀

四、通货膨胀的社会经济效应

通货膨胀通过作用于社会再生产过程广泛地影响着社会经济生活，从总体上看，它对社会经济的危害远远大于其短暂发挥的刺激作用。

（一）通货膨胀对产出的效应

轻微的通货膨胀对经济增长具有一定的刺激作用，因此通货膨胀曾在"二战"后一些西方国家的经济发展过程中发挥过一定的作用。但 20 世纪 80 年代以来，西方国家普遍放弃了以通货膨胀刺激经济增长的政策，因为通货膨胀对经济增长的刺激作用是暂时的、有限的，而且随着通货膨胀的发展，其负效应日益显露出来并远远大于正效应。

1. 通货膨胀会使市场价格信号失真

商品价格升降并不能真正反映商品供求关系的变化。失真的价格导向会使社会资源盲目流动和组合，从而引起社会资源的巨大浪费。防止物价进一步上升，人们对商品过度需求，较少考虑这种商品是否必需，又会进一步加剧通货膨胀。

2. 通货膨胀导致生产衰退

在通货膨胀下，由于原材料等初级产品的价格上涨往往快于产成品，从而会增加生产性投资的风险和经营成本，投资不如投机、生产不如囤积的现象便会普遍出现。其结果，一方面使生产领域的资金大量流向流通领域，导致生产萎缩；另一方面造成原材料越短缺、越囤积，出现短缺或积压并存的恶果。

3. 通货膨胀影响企业的技术进步

一方面，企业的技术改造成本增加，另一方面，企业由于产品热销而不重视技术改造，只看重短期利益，结果导致技术进步缓慢，降低了劳动生产率和产品的升级换代能力，造成资源浪费及产业结构不合理，使经济畸形发展。

（二）通货膨胀的分配效应

由于社会各阶层收入的来源、所拥有的资产类型不同，在通货膨胀时期，各种所得来源、资产收益受通货膨胀的影响各不相同，这就是通货膨胀的分配效应。具体表现在以下四个方面。

1. 国家得利，居民受损

国家通过通货膨胀会占有一部分实际资源。货币是以政府信用发行的，可看成政府对国内的负债，通货膨胀是将其债务的实际价值缩减了。借助通货膨胀，政府可以秘而不宣地没收其公民的大部分财富。

2. 固定收入者吃亏，浮动收入者得利

对于在相当长的时期内所获得的收入是固定不变的收入阶层来说，实际收入会因通货膨胀而减少，生活水平降低。对于浮动收入者，收入上涨如果发生在企业价格水平和生活费用上涨之前，则会从通货膨胀中得到好处。如果产品价格上升速度比工资和原材料上升速度快，企业主也会由于利润增加而从通货膨胀中获得好处。

3. 实际财富持有者得利，货币财富持有者受损

实际财富包括不动产、珠宝、古董、艺术品等在通货膨胀时期价格会随物价上涨而提高；而包括现金、银行存款、债券等金融资产的货币财富，因其名义价值大多较为固定，其实际价值会因物价上涨而下降。因此，通货膨胀有降低储蓄的倾向。

4. 债务人得利，债权人吃亏

一般来说，债务人获得货币便会马上使用，待其偿还时，由于通货膨胀的作用，等量货币的实际购买力已经下降，使债权人受损，债务人获利。但如果通货膨胀被预期到，在借贷合同中附加通货膨胀条款，则这种再分配效应就不存在了。

五、通货膨胀的治理

通货膨胀特别是恶性的通货膨胀，对经济社会具有巨大的破坏作用，各国政府为减轻或消除通货膨胀的压力做出了不懈的努力，拟定和执行着各种通货膨胀对策。现介绍几种较为常见的通货膨胀对策方案。

（一）宏观紧缩政策

这是比较传统的抑制和治理通货膨胀的手段，其主要思路就是通过紧缩政策来抑制需求，从而达到社会总供给和总需求平衡、稳定物价的目标。

1. 紧缩性的货币政策

即货币当局通过限制商业银行信贷规模，减少货币供给量，实现宏观紧缩的目的。我国习惯上称为抽紧银根。具体措施包括以下几种。

（1）提高法定存款准备金率，以缩小货币扩张乘数，削弱商业银行创造派生存款的能力，从而达到紧缩信贷规模、减少投资、压缩货币供应量的目的。

（2）提高再贴现率，影响商业银行的借款成本，促使其提高贷款利率和贴现率，导致企业利息负担加重，利润减少，抑制企业贷款需求，减少投资。

（3）公开市场业务操作时卖出有价证券，以减少商业银行的存款准备金和企业、居民手持现金或商业银行存款，从而达到减少货币供应量的目的。

2. 紧缩性的财政政策

紧缩性的财政政策即政府通过增加财政收入、减少财政支出的办法来抑制总需求的增长，实现宏观紧缩。常见的具体措施包括以下几种。

（1）增加税收，使企业和个人的利润和收入减少，从而抑制投资需求和消费需求，同时可以增加政府的收入，减少财政赤字，达到减少货币发行量的目的。

（2）削减政府财政开支，以消除财政赤字，从而减少货币发行，同时政府开支的减少，也直接地减少了总需求，消除通货膨胀的隐患。

（3）降低政府转移支付，减少社会福利费用，从而减少个人收入，抑制个人消费需求。

宏观紧缩政策抑制总需求有一定的效果，但如果使用不当会产生一些不利的消极后果，会导致失业率的大幅上升和产出的下降。1996年诺贝尔经济学奖获得者维克利曾经指出：在温和的通货膨胀环境中，罪恶不在于通货膨胀本身，而在于抑制通货膨胀的不适当的手段。所以，应根据经济发展的不同状态搭配使用货币政策与财政政策。

（二）收入—价格政策

政府为抑制通货膨胀制定一系列限制物价和工资上涨的经济政策，这些政策的实施，可以是自愿性的，也有可能是强制性的。常见的具体措施主要有以下几种。

1. 收入政策

收入政策就是政府为了降低一般物价水平上涨而采取的强制性或非强制性的限制货币工资价格的政策，目的在于在控制通货膨胀同时又不会引起大规模的失业。收入政策可以采取的方式有三种。

（1）以指导性为主的限制。对特定的工资或物价进行"权威性劝说"或施加政府压力，迫使工会或雇主协会让步；对一般性的工资或物价，政府根据劳动生产率的提高等因素，制定一个增长标准，作为工会或雇主协会双方协商的指导线，要求他们自觉遵守。

（2）以税收为手段的限制。政府以税收作为奖励和惩罚的手段来限制工资和物价的增长。如果增长率保持在政府规定的幅度之内，政府就以减少个人所得税和企业所得税作为奖励；如果超过界限，就增加税收作为惩罚。

（3）强制性限制。政府颁布法令对工资和物价实行管制，甚至实行暂时冻结。

2. 价格政策

（1）政府与企业订立反涨价合同。政府与企业界达成协议，订立合同，直接限定价格（包括商品和劳务）或规定其波动的幅度和范围。

（2）立法限制垄断高价。许多国家都制定有反托拉斯法。垄断高价是通货膨胀的诱发和推动因素之一。对于垄断行业、部门或企业的产品价格实行限制，有助于物价的全面稳定。

（3）非常时期，政府往往采用管制和冻结物价的强制性措施。当经济运行出现非常情况或通货膨胀达到一定程度，政府当局有时会采取比较激进的冻结物价措施来阻止迅速上涨的价格水平。

（三）收入指数化政策

收入指数化是按物价变动情况自动调整收入的一种分配方案，是一种旨在与通货膨胀"和平共处"的适应性政策，避免或减少通货膨胀所带来的损失，并减弱由通货膨胀所带来的分配不均问题。

实行收入指数化政策可以缓解通货膨胀造成的不公平的收入再分配，从而消除许多不必要的扭曲。但是，指数化强调的是工资和物价交替上升的机制，所以往往使物价越发不稳定，而不是有利于通货膨胀率的下降。因此，收入指数化是一种消极的对付通货膨胀的政策，并不能对通货膨胀起到多大的抑制作用。

（四）反通货膨胀的其他对策

各国政府在长期的反通货膨胀斗争中，针对不同的经济发展状况总结经验，提出了许多有针对性的反通货膨胀的其他对策。

1. 供给政策

长期以来各国政府一直注重对需求方面来制定一系列反通货膨胀的对策，而忽视了商品供给方面的因素——通过运用刺激生产力的方法，增加有效供给，降低通货膨胀。供给政策具体包括：

（1）改善产业结构，通过消除产业部门的"瓶颈"来增加有效供给。

（2）减税，使企业和居民的税后净收入增加，以促进生产和投资，增加供给。

（3）取消政府对企业不必要的管制，政府给企业等微观经济主体松绑，减少对企业活动的限制，让企业在市场经济原则下更好地扩大商品供给。

增加有效供给应该说是治理通货膨胀最根本的手段，但它要受到生产力发展水平和供给弹性的限制。

2. 改革市场结构

改革市场结构主要针对市场结构的不合理，可能会造成物价上扬。这里的市场结构，主要指的是劳动力市场和商品市场的结构。在劳动力市场方面，除应取缔或减少对就业和转业的限制外，政府当局也应设法提供有关就业的信息，对失业者提供转业训练，否则，易引起劳动力的部门不平衡，增加劳动力成本，从而引发成本推动的通货膨胀；在商品市场上，应打破垄断，降低关税，鼓励消费者成立保障消费者权益的团体，以便增加对物价任意上涨的抗力。不过，这些措施奏效的时间周期较长，且易引起既得权益集团的反对。

3. 国际通力合作

通货膨胀已成为一种世界性现象，通货膨胀会在国家间传递，单靠一个或几个国家对付通货膨胀很难办到。要彻底减轻或消除通货膨胀的压力，则需要世界各国货币金融当局通力合作。如认为世界通货膨胀的根源在于过快的货币增长率，则需要各国货币当局共同紧缩本国通货；如认为根源在于垄断组织的操纵，则应由各国联合起来，共同打击这些垄断价格。

任务三　细考通货紧缩

通货不仅会膨胀，还会紧缩。通货膨胀、物价上涨对咱老百姓不好，可是物价下跌、买东西更便宜了也不好吗？实际上，通货紧缩的危害一点也不比通货膨胀小，严重的时候它甚至会把经济拖入衰退和萧条的深渊，老百姓也自然会深受其苦。

一、通货紧缩的定义及类型

（一）通货紧缩的定义

通货紧缩是与通货膨胀相对立的一个概念，通货紧缩是指社会价格总水平即商品和劳务价格持续下降，货币不断升值的过程。通货紧缩是需求过少的一种表现，在这种状态下，过少的货币追逐过多的商品，导致货币的价值上升。

准确理解通货紧缩的定义，应注意把握以下几个方面的内容：第一，通货紧缩从本质上说是一种货币现象，即太少的货币追逐太多的商品，它在实体经济中的根源是总需求对总供给的偏离，当总需求持续小于总供给，则会出现通货紧缩现象；第二，通货紧缩的特征表现为一般物价水平持续与普遍的下跌；第三，通货紧缩的同时经常伴随着生产下降、经济衰退，失业人数增加，总需求更加小于总供给。

（二）通货紧缩的类型

总体而言，产生通货紧缩应该是由需求不足或供给过剩引起的，为此，我们可将通货紧缩划分为需求不足型通货紧缩和供给过剩型通货紧缩。

需求不足型通货紧缩是指由于总需求（包括消费需求、投资需求、国外需求）不足，正常的供给显得相对过剩而出现的通货紧缩。

供给过剩型通货紧缩是指由于技术进步和生产效率的提高，在一定时期产品数量出现绝对过剩而引起的通货紧缩。

另外，按通货紧缩的程度不同，可将其分为轻度通货紧缩、中度通货紧缩和严重通货紧缩。

二、通货紧缩的原因

从各国发生通货紧缩的实践考察，形成通货紧缩的原因是多种多样的，但总需求相对不足是其主要原因，引起总需求不足的具体情况分析如下。

(一) 紧缩性货币政策导致通货紧缩

紧缩性货币政策执行到一定阶段就要防止紧缩货币政策掌握不当而走向通货膨胀的反面——通货紧缩。过度紧缩的货币政策会导致货币供应量急剧减少，使大量的商品追逐较少的货币，致使单位商品的货币数量减少，可能会产生物价的持续下跌。20世纪30年代为了抑制股市投机，美联储采取了紧缩银根的政策，结果资产泡沫破裂，商品滞销，物价剧烈下跌，引发经济危机，这是典型的紧缩性货币政策引起的通货紧缩。

(二) 生产能力过剩引起通货紧缩

社会总供给大于社会总需求是导致一国出现通货紧缩的主要原因。当生产能力出现过剩，便会产生商品供过于求的现象，并出现物价的持续下跌。此外，较低的融资成本导致过量的资本设备投资，也会加剧生产能力的进一步过剩，形成通货紧缩的压力。例如，中国连续多年的高投资增长造成了产能扩张的结果，包括钢铁、汽车、纺织、造船、化工、房地产等部门都出现严重的产能过剩，商品供过于求，价格下降。

(三) 政府削减支出引起通货紧缩

如果政府打算紧缩财政预算、降低财政赤字，政府部门会大力削减公共开支，降低社会福利，减少转移支付，这会使总需求趋于减少，可能导致商品和劳务市场出现供求失衡，导致通货紧缩形成。

另外，投资和消费预期下降、重大技术进步、汇率制度僵硬、金融体系效率低下等因素也会使有效需求减少，加剧通货紧缩。

通货紧缩从本质上说是一种货币现象，即太少的货币追逐太多的商品，它在实体经济中的根源是总需求对总供给的偏离，当总需求持续小于总供给，则会出现通货紧缩现象。

三、通货紧缩的社会经济效应

通货紧缩对经济发展和社会稳定造成严重危害，严重的通货紧缩会使可利用资源闲置浪费，经济萎缩，失业增加，人民生活水平下降，引发社会和政治问题。

(一) 通货紧缩会造成经济衰退、失业增加

持续的、普遍的物价下跌，使生产者的利润减少甚至出现亏损，这会严重挫伤生产者的积极性，使他们缩减产量或不愿生产，从而放慢经济增长的速度。另外，为了降低成本，他们会大量裁员从而使失业率上升，而失业率的上升又会使消费需求进一步萎缩，物价继续下跌，企业破产率上升，继而又是失业率上升……形成恶性循环。同时，商家会降低在职员工的工资水平，使其收入下降，而这又进一步加剧了社会总需求不足的状况，使整个宏观经济陷入衰退。

(二) 通货紧缩抑制投资需求

在通货紧缩时期，物价的下跌会提高实际利率水平，使企业投资成本增加，使投资项目变得越来越没有吸引力。同时，社会消费总量下降，使企业出现利润下降甚至亏损的情况，因此企业不愿意扩大再生产，投资意愿下降。

(三) 通货紧缩抑制消费需求

对消费者来说，通货紧缩意味着以同样数量的货币可以购买到更多数量的商品，即货

币的购买力增强,这将促使人们更多地增加储蓄、削减消费。同时,消费者常常"买涨不买跌",在预期价格水平进一步下跌、失业率可能上升、收入水平可能下降的情况下,消费者会因此缩减支出,增加储蓄。这样,通货紧缩就会抑制个人消费支出,使消费总量趋于下降。

(四) 通货紧缩会引起银行的危机

通货紧缩情况下,名义利率水平上升,加重了贷款者的实际负担,同时产品价格下降,经济效益低下,贷款者归还银行贷款的能力减弱,资产的抵押或担保价值也会下降,银行贷款面临的风险也随之增大。如果预期资产或商品价格会下降,银行就会惜贷,这容易造成信贷供给和需求的进一步萎缩。

金融链接:日本的泡沫经济与通货紧缩

四、通货紧缩的治理

在面对通货紧缩时,各国政府常见的对策包括实施积极的财政政策和货币政策,调整经济结构等,以此来恢复市场信心,扩大消费,增加有效需求,使物价回升。

(一) 扩张性的货币政策

(1) 降低法定存款准备金率,以增加货币扩张乘数,提高商业银行创造派生存款的能力,从而达到扩张信贷规模、刺激投资、增加货币供应量的目的。

(2) 降低再贴现率,降低商业银行的借款成本,促使其下调贷款利率和贴现率,减轻企业利息负担,促进企业投资。

(3) 公开市场业务操作时买入有价证券,以增加商业银行的存款准备金和企业、居民手持现金或商业银行存款,增加货币供应量。

(二) 扩张性的财政政策

(1) 减少税收,使企业和个人的利润和收入增加,从而刺激投资需求和消费需求增长。

(2) 增加政府财政开支,适度扩大财政赤字,增加货币发行,扩大政府需求。

(3) 增加政府转移支付,调高社会福利费用,从而增加个人收入,扩大个人消费需求。

(三) 加快产业结构调整

通货紧缩表现为总供给水平大于总需求水平,导致物价总水平下降。除了总需求不足的原因外,在供给方面的原因主要就是供给结构不合理,由于产业结构和产品结构与需求结构不对称,供给相对过剩。因此,治理通货紧缩在供给方面的任务更为艰巨,加快技术进步、提高产品质量、避免重复生产、适时调整产业结构和产品结构,增加有效供给。

金融链接:国内外治理通货紧缩的经验教训

测试评价

一、学习测试

(一) 单项选择题

1. (　　) 是指一定时期内一国银行系统向经济中投入或抽离货币的行为过程。
   A. 货币需求   B. 货币供给   C. 货币均衡   D. 货币失衡

2. (　　) 由社会公众持有的流通中现金和银行体系的准备金两部分构成,是整个银行体系扩张存款、创造货币的基础。

  A. 货币供给量 B. 基础货币 C. 货币需求批量 D. 货币乘数

  3. （ ）是指在货币流通过程中货币供给偏离货币需求，从而使二者之间不相适应的货币流通状态。

  A. 货币均衡 B. 货币失衡 C. 通货膨胀 D. 通货紧缩

  4. 货币当局采取（ ）的货币政策，可以限制商业银行信贷规模，减少货币供给量。

  A. 提高法定存款准备金率 B. 降低法定存款准备金率

  C. 降低再贴现率 D. 公开市场业务操作时买入有价证券

  5. 货币当局采取（ ）的货币政策，可以扩张商业银行的信贷规模，增加货币供给量。

  A. 提高法定存款准备金率 B. 提高再贴现率

  C. 降低再贴现率 D. 公开市场业务操作时卖出有价证券

（二）多项选择题

1. 货币乘数的大小主要受（ ）因素影响。

A. 法定准备金率

B. 超额准备金率

C. 现金比率

D. 定期存款与活期存款间的比率

E. 活期存款数量

2. 市场经济条件下货币均衡的实现条件包括（ ）。

  A. 财政收支平衡 B. 经济结构合理 C. 健全的利率机制

  D. 发达的金融市场 E. 国际收支平衡

3. 下列关于通货膨胀的表述正确的是（ ）。

A. 通货膨胀是供给过度的一种表现

B. 过多的货币追逐过少的商品

C. 通货膨胀所指的物价上涨包括股票、债券等金融资产价格的上涨

D. 通货膨胀是信用货币制度经常发生的现象，是纸币流通条件下的特有产物

E. 一般物价水平的上涨是一定时间内的持续上涨

4. 下列关于通货膨胀的分配效应表述正确的是（ ）。

A. 国家得利，居民受损

B. 固定收入者吃亏，浮动收入者得利

C. 实际财富持有者受损，货币财富持有者得利

D. 实际财富持有者得利，货币财富持有者受损

E. 债务人得利，债权人吃亏

5. 下列关于通货紧缩形成的原因表述正确的是（ ）。

  A. 过度紧缩的货币政策 B. 过度扩张的货币政策 C. 政府削减支出

  D. 政府增加支出 E. 生产能力过剩

（三）判断题

1. 货币需求是一种能力与愿望的统一体，以收入或财富的存在为前提。 （ ）

2. 货币乘数是基础货币每增加或减少一个单位所引起的货币供给量增加或减少的倍数。
（ ）

3. 生产者价格指数（PPI）反映消费环节价格水平，居民消费价格指数（CPI）反映生产环节的价格水平。（ ）

4. 轻微的通货膨胀对经济增长具有一定的刺激作用，因此通货膨胀曾在"二战"后一些西方国家的经济发展过程中发挥过一定的作用。（ ）

5. 积极的财政政策和货币政策有利于扩大消费，增加有效需求，使物价回升。（ ）

(四) 主观题

1. 货币均衡的实现条件是什么？

答：＿＿＿＿＿＿＿＿＿＿＿＿＿＿＿＿＿＿＿＿＿＿＿＿＿＿＿＿＿＿＿＿＿＿

＿＿＿＿＿＿＿＿＿＿＿＿＿＿＿＿＿＿＿＿＿＿＿＿＿＿＿＿＿＿＿＿＿＿＿＿

2. 通货膨胀的类型包括哪些？

答：＿＿＿＿＿＿＿＿＿＿＿＿＿＿＿＿＿＿＿＿＿＿＿＿＿＿＿＿＿＿＿＿＿＿

＿＿＿＿＿＿＿＿＿＿＿＿＿＿＿＿＿＿＿＿＿＿＿＿＿＿＿＿＿＿＿＿＿＿＿＿

3. 通货膨胀的治理对策方案包括哪些？

答：＿＿＿＿＿＿＿＿＿＿＿＿＿＿＿＿＿＿＿＿＿＿＿＿＿＿＿＿＿＿＿＿＿＿

＿＿＿＿＿＿＿＿＿＿＿＿＿＿＿＿＿＿＿＿＿＿＿＿＿＿＿＿＿＿＿＿＿＿＿＿

4. 如何理解通货紧缩？

答：＿＿＿＿＿＿＿＿＿＿＿＿＿＿＿＿＿＿＿＿＿＿＿＿＿＿＿＿＿＿＿＿＿＿

＿＿＿＿＿＿＿＿＿＿＿＿＿＿＿＿＿＿＿＿＿＿＿＿＿＿＿＿＿＿＿＿＿＿＿＿

5. 通货紧缩的治理对策方案包括哪些？

答：＿＿＿＿＿＿＿＿＿＿＿＿＿＿＿＿＿＿＿＿＿＿＿＿＿＿＿＿＿＿＿＿＿＿

＿＿＿＿＿＿＿＿＿＿＿＿＿＿＿＿＿＿＿＿＿＿＿＿＿＿＿＿＿＿＿＿＿＿＿＿

二、能力评价

(一) 案例分析

我国 2020 年 CPI 异常波动及其应对措施分析

背景介绍：

2020 年，我国面临新冠疫情的严重冲击，导致 CPI（消费者物价指数）出现异常波动，特别是食品和服务价格受到严重影响，给民众生活带来了压力。

任务描述：

分析 2020 年我国 CPI 异常波动的原因，并评估政府所采取的应对措施的效果。在评估时，请考虑以下几个方面：

1. CPI 异常波动的主要原因是什么？

答：＿＿＿＿＿＿＿＿＿＿＿＿＿＿＿＿＿＿＿＿＿＿＿＿＿＿＿＿＿＿＿＿＿＿

＿＿＿＿＿＿＿＿＿＿＿＿＿＿＿＿＿＿＿＿＿＿＿＿＿＿＿＿＿＿＿＿＿＿＿＿

＿＿＿＿＿＿＿＿＿＿＿＿＿＿＿＿＿＿＿＿＿＿＿＿＿＿＿＿＿＿＿＿＿＿＿＿

2. 政府采取了哪些应对措施？

答：_____

_____

_____

3. 这些措施对稳定 CPI 有何影响？

答：_____

_____

_____

4. 还存在哪些挑战和需要进一步改进的方面？

答：_____

_____

_____

关键信息：

1. 2020 年，我国 CPI 因疫情出现异常波动，特别是食品和服务价格。
2. 政府采取了一系列应对措施来稳定物价和保障民生。
3. 需要评估这些措施的效果，并识别未来的挑战和改进方向。

提示：

1. 原因分析：

（1）疫情导致生产和供应链中断，特别是食品生产和流通受到严重影响。

（2）消费者需求结构发生变化，对食品和服务的需求增加，推高了相关价格。

（3）国际市场波动，如石油价格暴跌，也对 CPI 产生了一定影响。

2. 应对措施分析：

（1）短期措施：

① 实施价格临时管制，确保关键民生商品价格的稳定。

② 增加对低收入家庭和受影响行业的补贴，减轻他们的生活和经济压力。

③ 加强市场监管，打击囤积居奇、哄抬物价等不正当竞争行为。

（2）中长期措施：

① 鼓励农业生产，保障食品供应稳定。

② 促进服务业恢复和发展，提高服务质量。

③ 实施稳健的货币政策和财政政策，支持经济复苏。

（3）效果评估：

① 短期措施有效地缓解了 CPI 上涨对民众生活的影响，稳定了关键民生商品的价格。

② 中长期措施为经济复苏和物价稳定奠定了基础，但仍需要继续关注挑战和改进方向。

（4）挑战和改进方向：

① 如何平衡物价稳定和经济增长的关系，避免过度宽松或紧缩的政策对物价产生不利影响？

② 如何加强市场监管，防止不正当竞争行为对物价产生冲击？

③ 如何提高供应链的韧性和稳定性，减少外部市场波动对 CPI 的影响？

（5）总结：

2020 年我国面临 CPI 异常波动的挑战，政府采取了一系列有效的应对措施来稳定物价和保障民生。这些措施在短期内取得了显著效果，但仍需要继续关注挑战和改进方向，确保物价稳定和经济增长的双重目标得以实现。

（二）小组讨论

通过查阅图书、搜索网络等方式查找最近发生过的某一次通货膨胀或通货紧缩事件，并分析其形成的具体原因及应对的策略。

结论：（1）_____

（2）_____

（3）_____

（三）业务实训

对我国 2013—2022 年的 CPI 指标进行分析，完成下面任务：

1. 哪些年份出现通货膨胀，其类型是属于哪种？

答：_____

_____

_____

2. 查阅资料分析通货膨胀的形成原因。

答：_____

_____

_____

3. 哪些年份出现通货紧缩，查阅资料分析其形成原因。

答：_____

_____

_____

项目九 外汇与国际收支平衡

项目概述

一、项目背景与目标

外汇与国际收支平衡是国际金融领域的重要议题，对于国家经济的稳定和发展具有至关重要的作用。随着全球化进程的加速，国家间的经济交往日益密切，外汇市场波动和国际收支平衡问题日益凸显。本项目旨在通过介绍外汇的含义和世界上几种主要外币，使学生熟悉汇率及标价方法，理解国际收支平衡表，掌握外汇风险管理和对冲策略。

二、项目内容与结构

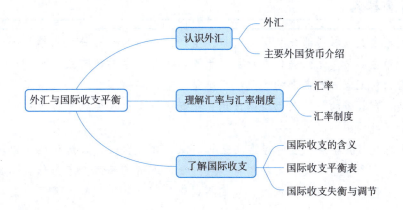

三、研究方法与步骤

（1）理论学习：通过课堂讲解、教材阅读等方式，系统学习外汇、汇率与汇率制度、国际收支及国际收支平衡表等内容。

（2）案例分析：选取典型国家或地区的外汇与国际收支平衡案例进行分析；探讨案例中的成功经验与失败教训，进行国际比较与借鉴；分析案例对实际操作的启示。

（3）小组讨论：通过查阅图书、搜索网络等方式搜集近年来各国的国际收支平衡表，讨论一下国际收支顺差与逆差分别对经济产生的影响。

（4）模拟实验：利用专业外汇买卖的模拟操作软件，注册模拟账号进行模拟操作；学生可以在虚拟环境中体验外汇的交易和管理，熟悉外汇套利与外汇套期保值等运作。

（5）实地考察：组织学生参观当地的中国银行等涉及外汇交易的金融机构，了解外汇行情及买卖，加深对买入价、卖出价及中间价等外汇牌价的理解。

四、预期成果

（1）能根据外汇牌价分析汇率行情和预测汇率走势。
（2）能根据某银行外汇牌价进行外汇兑换。
（3）能正确利用汇率计算可兑换货币金额。
（4）能根据即期汇率和升贴水点数计算远期汇率。
（5）能简单分析国际收支平衡表。
（6）能发现国际经济活动中潜在的风险，学会采取必要措施进行有效防范和管理。

五、测试评价

（1）学习测试。
（2）能力评价。

理论学习

情境导入　　　　　　　　　　　　　　　　　　　　　　　　　　　　>>>

> 某家生产企业原材料部分从国外进口，生产的产品约有三分之一销往国外，企业出口收汇的货币主要是美元，进口支付的货币除美元外，主要还有欧元和英镑，公司在经营中要经常面对汇率波动带来的风险；小李是一名即将出国留学的大学毕业生，他需要到银行兑换一定数量的外汇以供留学之用；张女士一家近期要到欧洲去旅游，欧元汇率的上涨增加了她的旅行成本……
>
> 经济全球化日益扩展，国际经济交往日趋深入和频繁，金融活动往往超出一国的界限，汇率深刻影响着企业及个人的切身利益。如何理解汇率？汇率为什么如此重要？国际收支平衡表包含哪些项目？本项目我们将认识外汇、熟悉汇率，揭开外汇与汇率神秘的面纱。

任务一　认识外汇

在经济全球化进程中，国与国之间的商品、技术、服务等交流急剧增加，一国的企业和个人等经济主体不仅仅在本国范围内活动，而且要有对外的经济交往活动，一般情况下，一国货币只能在这个国家内部使用，出了国就不能在别的国家流通，就需要把它兑换成对方认可的货币才能进行正常的交易流通，这必然涉及外汇的使用、支付、兑换等问题。

一、外汇

（一）外汇的定义

通常我们所说的外汇指的是以外币表示的，可以用作国际清偿的支付手段。

我国于 2008 年 8 月 1 日修订后的《中华人民共和国外汇管理条例》中规定外汇包括：

（1）外币现钞，包括纸币、铸币。
（2）外币支付凭证或者支付工具，包括票据、银行存款凭证、银行卡等。
（3）外币有价证券，包括债券、股票等。
（4）特别提款权。
（5）其他外汇资产。

对于外汇的理解应注意以下三点：

第一，通常只有外币才可能是外汇，本币不会被称为外汇。

第二，并不是所有的外币都算作外汇，这种外币应该在国际上被广泛认可，具有完全的可兑换性，即持有人在外汇市场上可自由兑换成其他国家货币，不必经发行国的批准或审核，大家普遍接受它，例如，美元、欧元、英镑等，如果是某个非洲小国的货币没人接受它，也就不能被当作外汇。

第三，凡是以外币表示的，能够用于直接偿还对外债务、实现购买国际转移的外币资金或资产，都属于外汇范畴，而不仅仅是外国的钞票和硬币，更不能是某种外币计价的实物资产。

（二）外汇的分类

1. 按其买卖的交割期不同，分为即期外汇和远期外汇

（1）即期外汇，是指在外汇买卖成交后，当天或是在成交后两个营业日内办理交割（即实际支付）的外汇。

（2）远期外汇，是指买卖双方事前订立合同，约定在将来的一定时期内（一般为 1 年以内）按照约定的远期汇率、外汇金额、交割日期办理交割的外汇。

2. 根据形式的差别，分为外汇现钞和外汇现汇

（1）外汇现钞，主要指的是由境外携入或个人持有的可自由兑换的外国货币，简单地说就是指个人所持有的外国钞票，包括纸币及硬币，如美元、日元、英镑等。在国际支付中，以现钞作为支付手段通常在非贸易往来中的文化交流、旅游等方面使用。人民币是我国的法定货币，外币现钞在我国境内不能作为支付手段，只有在境外才能成为流通货币。银行需要把它运往国外并存入国外的银行里才能使用。

（2）外汇现汇，是指由国外汇入或由境外携入、寄入、直接存入银行的外币票据和凭证，在我们日常生活中能够经常接触到的主要有境外汇款和旅行支票等。现汇作为账面上的外汇，使用时比现钞更加方便，它的转移出境只需进行账面上的划拨就可以了。

（三）外汇的用途

除了具有货币的基本职能外，外汇作为一种特殊的货币还具有一些特殊的用途。

1. 用于国际支付

国际贸易及国际支付涉及不同的国家的居民，需要使用外汇结算双方之间的货款及支付工资、利润、利息、股息等。例如，一家浙江的厂商与一家南非的公司谈成一笔服装出口生意，双方签约时一般会选择美元计价而不会用南非货币"兰特"或人民币，被普遍接受作为支付手段的外汇使这笔跨境贸易得以实现，外汇对于国际贸易和经济金融的发展起到了极大的促进作用。

2. 有利于国际资本流动

外汇作为一种普遍被认可的货币可以冲出国门，走向世界，在全球范围内流动，促进跨越国界的投资，如中国 2017 年全年吸引外商直接投资总计 1 310 亿美元，这些外资会以外汇的形式进入中国市场并兑换成人民币投资到中国的各行各业。

3. 充当国际储备

国际储备是一国货币当局持有的，用于国际支付、平衡国际收支和维持其货币汇率的金融资产，外汇是其中占比最大的资产。充足的外汇储备可以稳定本国货币、有效防范金融风险，也是一国金融实力的象征。1997 年亚洲金融危机中泰国、菲律宾等国因为外汇储备规模有限，不能抵御国际游资的冲击而导致本币大幅贬值，危机蔓延。

二、主要外国货币介绍

全世界有 210 多个国家和地区，有近 200 种货币，常见的货币有 50 多种，如美元、欧元、英镑、日元、港币、澳大利亚元、加拿大元等。

1973 年国际标准化组织为各国（地区）货币制定了一套国际货币标准代码，用于贸易、商业和银行使用，它由三个英文字母组成，前两个表示国家（地区）名称，后一个表示货币单位。常见货币的货币代码如表 9-1 所示。

表 9-1　常见货币的货币代码

货币名称	货币代码	货币名称	货币代码
人民币	CNY	英镑	GBP
美元	USD	港币	HKD
欧元	EUR	澳大利亚元	AUD
日元	JPY	加拿大元	CAD
瑞士法郎	CHF	新加坡元	SGD

（一）美元

美元，货币符号 $，发行机构是美国联邦储备体系，主管部门是美国国库，发行权属于美国财政部，国际标准货币符号 USD。

1785 年，美国国会正式通过将元（Dollar）作为法定货币单位，但由于财政窘迫、政局混乱，直到 1793 年，美元才终于问世。1861 年，国会为了筹措南北战争的军费而发行 5.5 亿元无黄金担保票据，当时出于防伪考虑使用了难以照样复制的绿色油墨，美元因此被称为"绿背"并一直沿用至今。美元辅币进位为 1 美元等于 100 美分（Cents）。目前，流通的纸币面额有 1 元、2 元、5 元、10 元、20 元、50 元、100 元，流通的美元钞票不分面额大小，尺寸统一，都是 156 毫米×66.3 毫米。每张钞票正面印有券类名称、美国国名、美国国库印记、财政部官员的签名。美钞正面人像是美国历史上的知名人物，背面是著名建筑物。1963年以后各版美钞在背面图画的上方或下方又加印了一句话"IN GOD WE TRUST"（我们信仰上帝）。铸币有1分、5分、10分、25分、50分和1元。美国历史上曾有6位著名总统的头像分别出现在这6种面额的硬币上。美国的本币、外币出入境自由，但超过1万元须向有关部门声明。美元由美国铸币局负责印造，1美元的制作成本约为5.5美分，100美元的制作成本约为9.9美分。目前在全世界流通的美元约三分之二为美国境外持有。美元钞票的正面和背面如图9-1所示。

图9-1 美元钞票的正面和背面

"一战"以后，美元逐步取代英镑成为世界主要的货币，也成了20世纪以来最著名的钱币，在国际贸易和金融中占绝对重要的地位。

（二）欧元

欧元是欧元区国家的货币，发行机构是欧洲中央银行，货币符号€，国际标准代码EUR，欧元辅币进位为1欧元=100欧分（Cents）。

金融人物：美元纸币上的头像人物

1999年1月1日，欧元在欧元区各成员国范围内正式发行，它是一种具有独立性和法定货币地位的超国家性质的货币，2002年1月1日起正式流通，各成员国原有货币停止流通。截至2017年12月，欧元区的19个会员国分别是：爱尔兰、奥地利、比利时、德国、法国、芬兰、荷兰、卢森堡、葡萄牙、西班牙、希腊、意大利、斯洛文尼亚、塞浦路斯、马耳他、斯洛伐克、爱沙尼亚、拉脱维亚、立陶宛。另外欧元也是6个非欧盟国家的货币，它们分别是：摩纳哥、圣马力诺、梵蒂冈、黑山、科索沃和安道尔。

欧元创建以来，纸币共有7种面额，分别是5欧元、10欧元、20欧元、50欧元、100欧元、200欧元和500欧元。票面由窗户、大门和桥梁三个基本建筑要素构成，分别代表欧盟之间的开放、合作与沟通精神，不同的纸币使用不同的主题色调以便区分。硬币有1分、2分、5分、10分、20分、50分、1元、2元8种面值。所有的欧元硬币的正面都是相同的，标有硬币的面值，称为"共同面"，硬币背面的图案则是由发行国自行设计，欧元钞票的正面和背面如图9-2所示。

（三）英镑

英镑，是英国的本位货币，由英格兰银行统一发行，货币符号£，国际标准代码GBP。

英镑最初由成立于1694年的英格兰银行发行，1821年成为英国的标准货币单位。一直到20世纪初叶，英镑一直是资本主义世界最重要的国际支付手段和储备货币。第一次世界大战后，英镑的国际储备货币地位趋于衰落，逐渐被美元取代。英镑在欧元被采用后，成为历史最悠久的仍然被使用的货币，英镑目前占全球外汇储备的第三名（在美元和欧元之

图 9-2 欧元钞票的正面和背面

后），是全球第四大外汇交易币种（在美元、欧元、和日元之后）。

英格兰银行发行的纸币正面都印有英国君主头像、编号及币值，不同币值的纸币还印有不同的名人像。英国的硬币主要由有着 1 000 多年历史的英国皇家铸币局铸造发行，所有硬币正面皆为英国君主像，背面除铸有币值外，在不同行政区所铸的硬币绘有不同的图案，但不论硬币在哪个行政区铸造，皆全国通用。

英镑的纸币面值有 5 英镑、10 英镑、20 英镑和 50 英镑，目前流通的英镑纸币正面是英国女皇伊丽莎白二世不同时期的头像，背面为英国名人头像。硬币的面值有 1 便士、2 便士、5 便士、10 便士、20 便士、50 便士、1 英镑和 2 英镑。英镑钞票的正面和背面如图 9-3 所示。

图 9-3 英镑钞票的正面和背面

（四）日元

日元，全称日本圆，是日本的货币单位名称，货币符号￥，在数字后日元的表示方法是加一个 E 字，比如￥10 000E。国际标准代码为 JPY。日元辅币为分，1 日元等于 100 分，日元分别由日本政府和日本银行发行，日本政府负责发行少量的辅币，日本银行负责发行纸币，由日本国立印刷局制造，称为日本银行券。

流通中的日元纸币面值有 1 000 元、2 000 元、5 000 元、10 000 元，硬币面额有 1 元、5 元、10 元、50 元、100 元、500 元。1984 年以后流通的日元纸币上全部用明治维新时期的学者肖像，以此来鼓舞国民的士气，日元钞票的正面和背面如图 9-4 所示。

图 9-4　日元钞票的正面和背面

任务二　理解汇率与汇率制度

外汇作为一种货币，它本身的价值是通过另一种货币表示出来的，这就是汇率。汇率不仅可以影响个人的生活、公司的成长，甚至可以影响一个国家的经济，汇率是继货币之后人类在金融领域又一次伟大的创造。

一、汇率

（一）汇率的含义

在国际经济贸易中，将一种货币兑换成另一种货币，必须有一个兑换比率，才能达成交易，这个比率就是汇率。汇率又称汇价、外汇行市、外汇牌价，是两种货币的兑换比率，即用一国货币表示的另外一国货币的价格。例如，"1 美元折合 7.194 8 元人民币"就是美元与人民币的汇率，即美元的人民币价格。国家间的经济往来所产生的债权债务关系到期要进行结算，而国际结算就是通过货币的兑换或者说是通过外汇的买卖来完成的。汇率就是外汇买卖的价格。

在国际汇兑中，不同的货币之间都可以相互表示对方的价格，外汇汇率具有双向表示的特点。

表示汇率时涉及的两种货币可以分别称为基准货币和标价货币。基准货币是指数量固定不变的货币，标价货币是指数量变化的货币。汇率的表示方式通常为 1 个（或 100）单位基准货币能兑换多少标价货币，即基础货币在前，标价货币在后，中间以"/"（或用文字"兑""对"）分隔。

例如，中国人民银行授权中国外汇交易中心公布，2023 年 12 月 1 日银行间外汇市场人民币汇率中间价为：1 美元对人民币 7.101 8 元，1 欧元对人民币 7.804 5 元，100 日元对人民币 4.083 62 元，1 港元对人民币 0.909 8 元，1 英镑对人民币 8.965 3 元。

汇率也可用货币代码表示，例如，USD/CNY＝7.101 8，或 USD1＝CNY7.101 8。

汇率通常用 5 位（或 6 位）数字来表示，小数点前面的为"元"，小数点后最后一位为"基点"。通常汇率的变动指的是最后一位数字的变动。如 USD/CNY 现行报价 7.101 8，如果升了 10 个基点,就是 7.102 8,如果跌了 10 基点就是 7.100 8。

(二) 汇率的标价方法

根据基准货币和标价货币的不同,国际上通行的汇率标价的方法有三种:直接标价法、间接标价法和美元标价法。

1. 直接标价法

直接标价法,是用若干单位的本币表示一定单位的外币的汇率表示方法,直接标价法是以外国货币为商品,用本国货币为之标价,即表示方法是外币(基准货币)在前,本币(标价货币)在后,直接标价法与商品买卖的常识相类似,譬如超市里的苹果作为商品标价 5 元/斤。目前世界上大多数国家采用直接标价法,我国也采用直接标价法(对非主要货币林吉特、卢布等除外)。

直接标价法下,外币的数量固定不变,折合本币的数量随着外币币值和本币币值的变化而变化,汇率的涨跌都用本币数额的变化表示。如果一定单位的外币折合成本币的数额比原来增加,则说明外汇汇率上升,本币汇率下降;反之,如果一定单位的外币折算成本币的数额比原来减少,则说明外汇汇率下降,本币汇率上升。本币标价额的增减,直接表现了外汇汇率的涨跌。

如前例在中国外汇市场美元与人民币汇率:USD/CNY=7.101 8,如果某日此汇率变化为:USD/CNY=7.102 8,说明外汇(美元)升值,本币(人民币)贬值;如果某日此汇率变化为:USD/CNY=7.100 8,说明外汇(美元)贬值,本币(人民币)升值。

2. 间接标价法

间接标价法是用若干单位的外币表示一定单位的本币的汇率表示方法。间接标价法是以本国货币为商品,用外国货币为之标价,即表示方法是本币(基准货币)在前,外币(标价货币)在后。譬如偶尔我们会在市场里看到标价 10 元 3 斤的苹果。英国、美国(对英镑、欧元、澳元、新西兰元除外)、欧元区、澳大利亚、新西兰、我国对非主要货币林吉特、卢布等采用间接标价法。

间接标价法下,本币的数量固定不变,折合外币的数量随着本币币值和外币币值的变化而变化,汇率的涨跌都以外币数额的变化表示,如果一定单位的本币折合成外币的数额比原来增加,则说明本币汇率上升,外汇汇率下降,反之,如果一定单位的本币折算成外汇的数额比原来减少,则说明本币汇率下降,外汇汇率上升。外币标价额的增减,直接表现了本币汇率的涨跌。

如在纽约外汇市场汇率报价:美元/加元 1.348 3,如果某日此汇率变化为:美元/加元 1.349 3,说明外汇(加元)贬值,本币(美元)升值;如果某日此汇率变化为:美元/加元 1.347 3,说明外汇(加元)升值,本币(美元)贬值。

直接标价法、间接标价法虽然基准不同,但站在同一国家角度看,二者是互为倒数的关系,在说明某种货币汇率高低涨跌时,必须明确在哪个国家、哪种标价方法,以免发生混淆。

3. 美元标价法

美元标价法是以一定单位的美元为基准,计算应兑换多少单位的其他国家货币的汇率表示方法,在国际外汇市场上通常采用美元标价法,所有货币(英镑、欧元等除外)的汇率都用美元来报价表示,因为在国际外汇市场中,一笔外汇交易所涉及的两种货币可能没有一种是本币,很难确切地用直接标价法和间接标价法的概念对报价进行规范。美元是国际外汇市场上最主要的货币,交易量大,用美元标价法便于进行业务活动。

例如,在东京外汇市场:USD/HKD = 7.824 3,如果某日此汇率变化为:USD/HKD = 7.825 3,说明美元升值,港元贬值;如果某日此汇率变化为:USD/HKD 7.823 3,说明美元贬值,港元升值。

(三) 汇率的分类

在实际应用中,汇率可以从不同的角度去理解和划分。

1. 基准汇率与套算汇率

按制定方法不同,汇率分为基准汇率与套算汇率。

基准汇率是指本币与对外经济交往中最常用的主要货币之间的汇率,由于美元在国际货币体系中的特殊地位,目前各经济体的货币一般以美元为基本外币来确定基准汇率,2006年8月以后我国基准汇率主要指人民币兑美元、欧元、日元、港元和英镑的汇率。

套算汇率是指根据本币基准汇率和国际金融市场行情套算出本币兑换非主要货币的汇率或套算出其他外币之间的汇率。人民币兑美元、欧元、日元、港元和英镑以外的其他外币的汇率为套算汇率。

2. 买入汇率、卖出汇率

按银行买卖外汇的角度不同,汇率分为买入汇率与卖出汇率。

银行是老百姓买卖外汇的主要场所,如果个人要出国旅游或企业进口商品,可以到银行购买外汇,银行将外汇出售给客户,称为售汇;个人或企业也可将外汇收入卖给银行,称为结汇。企业或个人同银行进行外汇兑换时,就要弄清楚银行的外汇牌价。银行的外汇报价一般都采用双向报价法,即同时报出买入汇率和卖出汇率。

买入汇率,又称为买入价,指银行从同业或客户买入外汇时所使用的汇率,表示银行买入一定数额的外汇需要付出多少数额的本币。企业出口结汇或客户到银行以外汇兑换本币,使用买入汇率。例如,上海某外贸公司向美国出口水果,将收回的货款90万美元卖给银行,银行为买入美元,假设当天银行美元兑人民币买入汇率是6.151 5,银行买入90万美元外汇需支付这家公司人民币6.151 5×900 000 = 5 536 350(元)。

买入汇率又可分为现汇买入汇率与现钞买入汇率,由于外国钞票既不能在本国流通,也不能直接对外支付,银行买入外国钞票后,必须将其运送到发行国转换为存款才能使用,这样既花费运费和保险费,又要损失在运送途中的利息。因此,银行现钞买入价汇率通常要稍低于现汇买入汇率。

卖出汇率,又称为卖出价,指银行向同业或客户卖出外汇时所使用的汇率。表示银行卖出一定数额的外汇需要收回多少数额的本币。银行售汇或客户到银行以本币兑换外汇,使用卖出汇率。例如,上海某外贸公司从美国进口化妆品,需支付货款90万美元,到银行用人民币买入美元,银行为卖出美元,假设当天银行美元兑人民币卖出汇率是6.192 5,银行卖出90万美元外汇需收取这家公司人民币6.192 5×900 000 = 5 573 250(元)。

卖出汇率可分为现汇卖出汇率与现钞卖出汇率,一般银行的现汇卖出汇率与现钞卖出汇率一致。

银行的外汇买卖业务遵循的原则是低买高卖,外汇银行低价买入外汇,同时高价卖出外汇,买入价和卖出价之间的差价就是外汇银行的收益,一般为1%~5%。

金融管理实务

汇率的标价方法不同，买入汇率和卖出汇率的确定也不相同。外汇牌价数字的标价排列总是前一数字小，后一数字大，因而在不同的标价法下，买卖价的排列顺序也就不同。在直接标价法下，汇价的前一数字为买入价，后一数字为卖出价。如在东京外汇市场，USD/JPY = 112.12－112.57，则美元的买入价是 USD/JPY = 112.12，卖出价是 USD/JPY = 112.57。在间接标价法下，汇价的前一数字为卖出价，后一数字为买入价。如在纽约外汇市场，USD/HKD = 7.722 5－7.728 0，则银行买入 7.728 0 港元需付 1 美元，卖出 7.722 5 港元收入 1 美元。

买入汇率和卖出汇率的平均数称为中间汇率。从理论上说，中间汇率＝（买入汇率+卖出汇率）÷2，但在操作中视具体情况而定。中间汇率不含银行买卖外汇的利润，中间汇率主要用于新闻报道和经济分析中衡量预测某种货币汇率变动的趋势和幅度，我国外汇管理局公布的基准汇率均为中间汇率。从中国银行 2024 年 2 月 23 日公布的外汇牌价可以了解买入汇率、卖出汇率及中间汇率之间的关系（见表 9-2）。

表 9-2　2024 年 2 月 23 日中国银行外汇牌价　　　　　　　　　　　　　　元

货币名称	现汇买入价	现钞买入价	现汇卖出价	现钞卖出价	中间价
英镑	909.03	891.04	915.12	917.77	902.09
港币	91.86	91.39	92.21	92.21	90.85
日元	4.765 5	4.673 6	4.797 5	4.799 4	4.740 1
美元	718.65	714.96	721.51	721.51	710.64
欧元	777.13	761.76	782.57	784.6	771.02

（资料来源：中国银行网站）

3. 即期汇率与远期汇率

按照外汇买卖的交割期限不同，汇率分为即期汇率和远期汇率。

即期汇率是指买卖双方成交后在两个营业日内办理交割时所使用的汇率。远期汇率是指买卖双方事先约定的，在未来一定时期（或时点）进行外汇交割时所使用的汇率。

远期汇率和即期汇率之间的价差，可以用绝对数或相对数表示。远期汇率高于即期汇率称为升水，远期汇率低于即期汇率称为贴水，二者相等称为平价。

4. 电汇汇率、信汇汇率与票汇汇率

按照汇兑方式不同，汇率分为电汇汇率、信汇汇率与票汇汇率。

电汇汇率是银行卖出外汇后，以电信方式通知国外分行或代理行付款给收款人时所使用的一种汇率。这种方式付汇最快捷，银行利用客户在途资金的时间较短，可规避汇款期间汇率变动风险，所以电汇汇率高于其他汇兑方式的汇率。电汇汇率是外汇市场的基准汇率，是其他汇率制定的基础。

信汇汇率是银行卖出外汇后，开具付款委托书，用信函方式通知国外分行或代理行解付款项所采用的汇率。由于银行占用客户在途资金的时间较长，所以信汇汇率低于电汇汇率。

票汇汇率是以票据作为支付工具进行外汇买卖时所使用的汇率。票汇汇率因其速度慢而低于电汇汇率。

（四）汇率的变动及其影响

1. 影响汇率变动的主要因素

一国汇率的变动要受到许多因素的影响，汇率变动是一个极其复杂的问题，下面从七个方面分析影响汇率变动的因素。

（1）国际收支状况。国际收支是一定时期内一国居民与非居民之间全部经济交易的系统记录，一国国际收支大体上能够反映该国对外汇的供求状况。当一国国际收支顺差时，该国外汇收入大于外汇支出，即外汇供大于求，外币有贬值趋势、本币趋于升值；当一国国际收支逆差时，该国外汇支出大于外汇收入，即外汇供不应求，外币有升值趋势、本币趋于贬值。国际收支状况是影响汇率变化的一个直接也是最主要的因素。

（2）通货膨胀差异。国内外通货膨胀率的差异是决定汇率长期趋势的主要因素。如果一国通货膨胀率高于他国，则该国商品出口竞争力下降，引起贸易收支逆差，从而导致本币贬值，外汇汇率上升。另外，通货膨胀使一国实际利率下降，资本流出引起资本项目逆差，从而引起本币贬值，外汇汇率上升。

（3）利率差异。作为资本的价格，利率的高低直接影响金融资产的供求。国际利率的差异会引起短期资本在国际流动。如果一国的利率水平相对于他国提高，就会刺激国外资金流入增加，本国资金流出减少，由此改善资本账户，提高本国货币的汇率；反之，如果一国的利率水平相对于他国水平下降，将导致资本流出增加，恶化资本账户，造成本币汇率下跌。

（4）经济增长。经济增长对汇率变动的作用是多方面的。在一国经济高速增长的初期，该国居民对外汇的需求往往超过供给，本币汇率会出现一段下跌的过程。从长期来看，经济增长一方面意味着收入增加，从而进口需求增加；另一方面较高的经济增长率往往伴随着劳动生产率的提高，这会使生产成本降低，从而使本国产品的竞争力增强，有利于扩大出口。净影响要看两方面作用的力量对比。可见，一国在经济高速增长的初期，会引起本币汇率贬值，但长期来看，较高的经济增长率会对本国币值起到有力的支持作用，并且这种影响的持续时间较长。

（5）中央银行对外汇市场的干预。各国货币当局为保持汇率稳定，或为操纵汇率的变动以服务于某种经济政策，都会对外汇市场进行干预，如在外汇市场买进或卖出外汇，或发表声明来影响人们对外汇变动的心理预期。这种干预虽然无法从根本上改变汇率的长期走势，但对汇率的短期走势会产生一定的影响。

（6）政治因素。重大的政治事件对汇率也会产生影响，如大选、战争、政变、边界冲突等。当一国发生政变、战乱、政府官员丑闻时，都会对该国货币汇率产生不利影响。主要原因是外汇作为国际性流动资产，在动荡的政治格局下所面临的风险会比其他资产大，并且外汇市场具有流动速度快的特点，又会进一步加剧外汇行市在政治动荡时的波动。

（7）预期因素。预期因素是影响国际资本流动的一个重要因素。随着国际资本流动规模的日益庞大，预期因素对汇率的影响越来越大。预期变化受到政治和经济因素的影响。如果市场上预测某国通货膨胀率将比别国提高，实际利率将比别国降低或者经常项目将发生逆差等不利因素时，该国的货币就会在市场上大量被抛售，其汇率就会下跌；反之，其汇率就会上涨。人们对某种货币的心理预期往往会引起市场投机活动，从而加剧市场汇率波动。

总之，影响汇率变动的因素是很复杂的，上面列举的是在现代纸币流通条件下影响汇率的一些主要因素。这些因素往往与其他一些次要因素交织在一起对汇率产生影响。这些影响有时互相促进，有时互相抵消，因而对汇率的总体影响是不确定的。

2. 汇率变动的主要影响

（1）汇率变动对进出口的影响。一般来说，本币贬值意味着可以提高本国商品的国际竞争力，能起到促进出口、抑制进口的作用；若本币升值则有利于进口，不利于出口。

但是汇率变化对进出口的影响有一个条件，即进出口需求有价格弹性（进出口商品价格的变动对进出口商品的需求会有影响）。如果进出口需求对汇率和商品价格变动的反应灵敏，即需求弹性大，那么一国汇率贬值和相应降低出口商品价格则可以有效刺激出口；而由于进口商品国内价格上涨，则可以有效抑制对进口商品的需求，从而减少进口数量。就出口商品来说，也有一个出口供给弹性的问题，汇率贬值后出口商品量能否增加，还要受商品供给扩大的可能程度所制约。

（2）汇率变动对物价的影响。本币汇率贬值可能引起进口商品和原材料在国内的价格上涨。反之，本币汇率升值，其他条件不变，进口商品的价格有可能降低，从而可以起到抑制物价总水平的作用。

汇率贬值，有利于扩大出口，但在出口商品供给弹性小的情况下，出口扩大会引发国内市场对此类商品的抢购，从而抬高其国内价格，甚至有可能进一步波及国内的物价总水平。

（3）汇率变动对资本流动的影响。影响长期资本的流动的因素主要在于利润及风险，汇率的变动对长期资本流动的影响较小。

短期资本流动常常受到汇率的较大影响。在存在本币对外贬值的趋势下，本国投资者和外国投资者，持有以本币计值的各种金融资产的意愿降低，并会将其转兑成外汇，发生资本外流现象。反之，当存在本币对外升值的趋势时，本国投资者和外国投资者就力求持有以本币计值的各种金融资产，并引发资本的内流。

**金融链接：
免费喝啤酒**

二、汇率制度

汇率制度是指一国货币当局对本国汇率水平的确定、汇率的变动方式等问题所做的一系列安排与规定。

（一）汇率制度的类型

按照汇率变动的幅度，汇率制度可分为固定汇率制和浮动汇率制。

1. 固定汇率制

固定汇率制是指一国货币的汇率基本固定，汇率的波动幅度被限制在较小的范围内，各国中央银行有义务维持本币币值基本稳定的汇率制度。

在金属货币制度下，主要是依据不同货币的重量和成色计算不同货币之间的兑换比率，例如，在公元前3世纪的地中海沿岸，同为黄铜铸币的黄铜赛斯特贴姆与古罗马铜币因为重量相比是两倍，所以两种货币的兑换比率是2∶1。1930年，1英镑含金量0.648克，1美元含金量0.133克，所以英镑兑换美元的比率在4.866 5左右上下波动。一直到1973年，世界各国的汇率制度基本上属于固定汇率制度。

20 世纪 30 年代国际金本位制崩溃后,国际金融秩序混乱无序,国际贸易经济发展严重受阻。1944 年,在美国布雷顿森林召开了一次国际货币金融会议,确定了以美元为中心的汇率制度,被称为布雷顿森林体系下的固定汇率制度。其核心内容为:美元与黄金挂钩,直接钉住黄金。美国政府承诺各国中央银行可以按 35 美元兑换 1 盎司黄金向美国兑现黄金。其他各国货币按固定比价与美元挂钩,各国货币当局有义务通过干预外汇市场使汇率波动不超过上下限各 1% 的幅度。确立了以"美元—黄金"为本位的可调整的固定汇率制度。

2. 浮动汇率制

浮动汇率制是指政府不规定汇率波动的上下限,允许汇率随外汇市场供求关系的变化而自由波动,各国中央银行只是根据需要自由选择是否进行干预的汇率制度。现实中,各国中央银行对于汇率通常会或多或少加以适度调剂,干预方式可以是直接参与外汇市场活动进行外汇买卖,也可以是通过调整国内利率水平进行间接调节,被称为有管理的浮动汇率制度。

从 1944 年到 1971 年,美国的黄金储备减少了近 70%,美国失去了维持 35 美元兑换 1 盎司黄金的能力,1971 年 8 月美国政府宣布停止美元兑换黄金,布雷顿森林体系就此结束,大多数西方国家都实行浮动汇率,直到 1971 年 12 月后,才恢复固定汇率。1973 年年初,又爆发了一次新的美元危机,各主要金融市场大量抛售美元,抢购马克和日元,金价上涨,外汇市场关闭。同年 2 月 12 日,美国政府再次将美元贬值 10%,黄金官价从每盎司 38 美元提高到 42.23 美元。美元第二次贬值后,西方各国普遍实行浮动汇率制。1976 年 1 月,国际货币基金组织正式承认浮动汇率制度。1978 年 4 月,国际货币基金组织理事会正式废止以美元为中心的国际货币体系。至此,浮动汇率制度在世界范围取得了合法的地位。

一些发展中经济体,由于经济实力的限制难以使本国货币保持稳定的汇率水平,或为了稳定与关系最密切的国家的经济往来,而采用一种钉住汇率制,把本国货币与主要贸易伙伴的货币确定一个固定的比价,而对其他经济体的货币则随该货币铀的浮动而浮动,货币当局需要在外汇市场上进行干预。

当前各国汇率制度的选择呈现明显的多样性,严格的固定汇率制与浮动汇率制的二分法已不符合各国汇率制度安排的实际。国际货币基金组织在 1999 年之后将各成员国事实上的汇率制度安排分成三大类,包括固定汇率制度、中间汇率制度和浮动汇率制度。其中中间汇率制是指固定汇率制和浮动汇率制之外的各种汇率安排。

金融链接:港元联系汇率制

(二) 国际货币制度

为适应国际贸易与国际支付需要,各国政府对货币在国际范围发挥世界货币职能所确定的原则,采取的措施和建立的组织机构,统称为国际货币制度。它主要包括汇率制度、国际储备资产以及国际收支调节机制等内容,其中国际储备资产是国际货币制度的基础,汇率制度是国际货币制度的核心。不同历史时期,国际货币制度有所不同,主流的国际货币制度主要有国际金本位制、布雷顿森林体系及牙买加体系。

1. 国际金本位制

历史上第一个国际货币制度是国际金本位制，金本位制是以一定重量和成色的黄金为本位货币，并建立起流通中各种货币与黄金间固定兑换关系的货币制度。金本位制下，银行券可自由兑换金币，金币可自由铸造，黄金可自由输出输入，货币储备使用黄金，国际结算使用黄金。

2. 布雷顿森林体系

布雷顿森林体系是"二战"后为重塑世界货币体系而建立的一种人为的国际货币制度，其核心内容是实行双挂钩的汇率制度，即美元与黄金挂钩，各国货币与美元挂钩。

3. 牙买加体系

牙买加体系是20世纪70年代布雷顿森林体系崩溃后形成的新的国际货币体系，其核心思想是汇率制度安排多样化、黄金非货币化、国际储备多元化、国际收支调节机制多样化。

（三）人民币汇率制度

中华人民共和国成立以来，人民币汇率体制改革经历了一个由高度集中的计划管理模式转变为以供求关系为基础、市场调节为主的管理模式。

1. 计划经济时期的人民币汇率制度（1949—1981年）

建国初期，人民币没有规定含金量，不能按照两国货币的黄金平价来确定汇率，而是以"物价对比法"作为基础来计算，人民币汇率是固定汇率制。人民币兑美元的汇价从1955—1981年基本未动，一直保持在1美元折合2.246 18元人民币的水平。

2. 转轨经济时期的人民币汇率制度（1981—1993年）

从1981年起我国外贸管理体制开始进行改革，实行两种汇价制度，即另外制定贸易外汇内部结算价，并继续保留官方牌价用作非贸易外汇结算价。这就是所谓的"双重汇率制"或"汇率双轨制"。这一时期的汇率双轨制又可分为两个阶段：一是贸易内部结算价与官方牌价的双轨制（1981—1984）；二是官方汇率与外汇调剂市场汇率的双轨制（1985—1993）。1985年1月1日，我国取消了贸易外汇内部结算价，重新恢复单一汇率制，1美元折合2.80元人民币。1986年1月1日，人民币放弃钉住一篮子货币改为管理浮动，1986年7月5日，人民币汇率再度大幅调低至1美元折合3.703 6元人民币。

3. 市场经济时期的人民币汇率制度（1994至今）

从1994年1月1日起，我国实行人民币官方汇率和外汇调剂市场汇率并轨，我国人民币对美元的汇率为8.70。实行银行结售汇制，建立全国统一的银行间外汇市场，实行以市场供求为基础的、单一的、有管理的浮动汇率。

2005年7月21日，为实现"完善人民币汇率形成机制，保持人民币汇率在合理、均衡水平上的基本稳定"的改革目标，中国人民银行开始实行以市场供求为基础、参考一篮子货币进行调节、有管理的浮动汇率制度。2008年4月10日，人民币对美元汇率中间价突破7.00。2011年9月21日，人民币对美元汇率中间价突破6.50关口。

2015年8月11日，中国人民银行宣布调整人民币对美元汇率中间价报价机制，做市商在每日银行间外汇市场开盘前，需参考上日银行间外汇市场收盘汇率、外汇供求情况及国际主要货币汇率变化，向外汇交易中心提供中间价报价。此次汇率改革旨在提高人民币对美元汇率中间价形成的市场化程度，扩大市场汇率的实际运行空间，使汇率向均衡水平回归。

任务三　了解国际收支

国际收支是由一个国家对外经济、政治、文化等各方面往来活动而引起的。生产社会化与国际分工的发展，使得各国之间的贸易日益增多，国际交往日益密切，从而在国际产生了货币债权债务关系，这种关系必须在一定日期内进行清算与结算，从而产生了国际的货币收支。

一、国际收支的含义

国际收支是在一定时期内一个国家或地区与其他国家或地区之间进行的全部经济交易的系统记录。国际收支记录的是居民与非居民之间发生的对外贸易、对外投资及其他国际经济交往的总和，既包括用外汇收付的经济交易，也包括以实物、技术形式进行的经济交易。国际收支是一个流量概念，反映本期间的变化。

国际收支的内涵包括三个方面：

（一）国际收支的内容是以货币记录的经济交易

国际收支的内容包括金融资产与金融资产、商品劳务间的交换，商品劳务相互间的物物交换，也包括单方面的商品劳务转移和金融资产转移。

（二）国际收支是一定时期的货币流量，是一个流量概念

所谓一定时期，指的是各类交易发生的时间段，这个时间段可以是一年，也可以是一个月或一个季度。各国通常以一年作为一个统计时间段。

（三）国际收支记录的经济交易必须发生在居民与非居民间

居民与非居民是以居住地为标准划分的。凡是在一国居住满一年及一年以上的自然人和法人，无论什么国籍，均属该国居民。单居住在一国领土内的外国使馆和联合国机构、驻外军事人员、出国留学和出国就医者，即使在一国居住超过一年，也被当作该国的非居民。国际货币基金组织、世界银行等国际机构是任何国家的非居民。

为了保障国际收支状况的国际可比性以及历史可比性，国际货币基金组织制定了《国际收支手册》，指导成员国采用统一的定义及标准来编制和发布本国的国际收支状况。目前，国际货币基金组织的成员国，一般都按照国际货币基金组织推荐的《国际收支手册》编制和发布本国的国际收支状况。

二、国际收支平衡表

（一）国际收支平衡表的概念

国际收支平衡表是指按照一定的编制原则和格式，对一个国家一定时期内的国际经济交易进行分类、汇总，以反映和说明该国国际收支状况的统计报表。

国际收支平衡表按照复式记账原则编制，把全部对外经济交易划分为项目、借方和贷方三栏，分别反映一定时期内各项对外经济活动的发生额。一切收入项目，财务、服务和

资产的减少，负债的增加，计入平衡表的贷方；一切支出的项目，财务、服务和资产的增加，负债的减少，计入平衡表的借方。每笔国际经济交易的发生，都应该在国际收支平衡表的借方和贷方同时反映，有借必有贷，借贷必相等。因此，国际收支平衡表的借方总额与贷方总额是相等的。

（二）国际收支平衡表的内容

国际货币基金组织（IMF）2008年编制的第六版《国际收支手册》列出，国际收支平衡表的标准组成部分包括三大项目，即经常账户、资本和金融账户、错误和遗漏账户。各国的国际收支平衡表的详尽程度和格式略有不同，但都包括这三个账户。

1. 经常账户

经常账户又称为经常项目，是本国在国际交往中经常发生的经济交易，反映一国与国际实际资源的转移情况，是国际收支平衡表中最基本、最重要的项目。经常项目又包括三个子账户。

（1）货物和服务。货物记录一国商品的进口和出口，包括一般商品、用于加工的货物、货物修理、各种运输工具的港口购买的货物和非货币黄金。其中借方记录进口总额，贷方记录出口总额。服务主要记录劳务的输出和输入，包括运输、旅游、通信服务、建筑服务、保险服务、金融服务、计算机和信息服务、专利使用费和特许费、其他商业服务、个人文化和娱乐服务、政府服务等。其中借方记录劳务的输入，贷方记录劳务的输出。

（2）收入。收入反映生产要素（劳动和资本）在国际流动引起的要素报酬收支。收入包括职工报酬和投资收入两项内容。职工报酬是指一国居民在另一国（或地区）工作而得到的现金或实物形式的工资、薪水和福利。投资收入是指一国资本在另一国投资而获得的利润、股息、利息等，主要包括直接投资收益、证券投资收益和其他投资收益（如借贷产生的利息）。

（3）经常转移。经常转移记录居民与非居民之间的不涉及经济回报的实际资源和金融资产的转移，又称为无偿转移、单方面转移。经常转移包括各级政府转移和其他转移两项内容。各级政府转移主要包括政府间经济援助、军事援助、战争赔款、捐款等；其他转移包括侨民汇款、年金、赠予等。

2. 资本和金融账户

资本和金融账户是对资产所有权在国际流动进行记录的账户，反映国际资本流动，包括资本和金融两个子账户。

（1）资本。资本账户记录资产在居民和非居民之间的转移，包括资本转移和非生产、非金融资产的收买和放弃。资本转移包括三项所有权转移：固定资产所有权的转移，同固定资产收买或放弃相联系或以其为条件的资产转移，债权人不索取任何回报而取消的债务。非生产、非金融资产的收买或放弃是指各种无形资产如专利、版权、商标、经销权，以及租赁和其他可转让合同的交易。

（2）金融。金融记录居民与非居民之间投资与借贷的增减变化，包括直接投资、证券投资、储备资产和其他投资。①直接投资是投资者对另一经济体的企业投资而拥有永久利益，这意味着投资者和企业之间存在着长期关系。②证券投资主要是股本证券和债务证券投资，后者通常为期限在一年以上的中长期债券、货币市场工具和其他派生金融工具。③储备资产是一国货币当局为弥补国际收支赤字和维持汇率稳定而持有的在国际可以被普遍接受的流动资产，包括货币性黄金、特别提款权 SDR、在基金组织的储备头寸、外汇资产和其他债权。④其他投资是所有直接投资、证券投资或储备资产未包括的金融交易，包括长期和短期贸易信贷、贷款、货币和存款以及其他可收支项目。

3. 错误和遗漏账户

按照复式记账原则，国际收支账户的借方总额和贷方总额应该相等，借贷双方的净差额应该为零，但实际中并非如此。因此认为设立净差错与遗漏项目，用于抵消国际收支平衡表中借贷双方因不可避免的统计误差、错漏而出现的差额，使国际收支平衡表在形式上平衡。例如，表内各账户中的统计数据来源不同，各部门统计口径的差异，当事人故意瞒报或虚报统计数据等。错误和遗漏账户的设置可以使国际收支平衡表的借贷总额保持平衡。

在实际中，国际收支平衡表的每项具体项目的借方和贷方经常出现不平衡，收支相抵后总会有差额，如果收入大于支出，出现盈余，称为顺差；如果支出大于收入，出现亏损，称为逆差。分析国际收支平衡表主要是对国际收支中的各种差额进行分析。

（三）我国的国际收支平衡表

国际货币基金组织制定的《国际收支和国际投资头寸手册》（第六版）提供了国际收支平衡表的账户分类标准。各国国际收支平衡表的格式基本相同，可以根据本国具体情况对其进行必要的调整。

我国现行国际收支平衡表项目分为三类：经常账户、资本和金融账户及净误差与遗漏。

1. 经常账户

经常账户是指居民与非居民之间的货物、服务、初次收入和二次收入各项交易的流量记录。

（1）货物和服务。货物指经济所有权在我国居民与非居民之间发生转移的货物交易，包括一般商品、转手买卖的货物及非货币黄金。贷方记录货物出口，借方记录货物进口。服务包括加工服务，维护和维修服务，运输，旅行，建设，保险和养老金服务，金融服务，知识产权使用费，电信、计算机和信息服务，其他商业服务，个人、文化和娱乐服务及别处未提及的政府服务。贷方记录提供的服务，借方记录接受的服务。

（2）初次收入。初次收入指由于提供劳务、金融资产和出租自然资源而获得的回报，包括雇员报酬、投资收益和其他初次收入。贷方记录我国居民从非居民获得的相关收入，借方记录我国居民向非居民进行的相关支付。

（3）二次收入。二次收入指居民与非居民之间的经常转移，包括现金和实物。经常转移指的是不以获取收入或者支出为目的的单方面交易行为，包括政府间经济援助、军事援助、战争赔款、捐款、侨民汇款、年金、赠予等。贷方记录我国居民从非居民处获得的经常转移，借方记录我国向非居民提供的经常转移。

2. 资本和金融账户

资本和金融账户记录资本在的国际流动，包括资本账户和金融账户。

（1）资本账户。资本账户指居民与非居民之间的资本转移，以及居民与非居民之间非生产、非金融资产的取得和处置。包括资本性质的转移和非生产性、非金融性资产的获得或者出让。资本性质的转移包括生产设备的无偿转移、国外投资款项的汇入和向国外投资款项汇出及单方面的债务减免等。非生产性、非金融性资产的获得或者出让指的是专利、版权、商标等资产的一次性买断、卖断。贷方记录我国居民获得非居民提供的资本转移，以及处置非生产、非金融资产获得的收入，借方记录我国居民向非居民提供的资本转移，以及取得非生产、非金融资产支出的金额。

（2）金融账户。金融账户指发生在居民与非居民之间涉及金融资产与负债的各类交易。根据会计记账原则，当期对外金融资产净增加记录为负值，净减少记录为正值；当期对外负债净增加记录为正值，净减少记录为负值。金融账户细分为非储备性质的金融账户和储备资产。

① 非储备性质的金融账户包括直接投资、证券投资、金融衍生工具和其他投资。

直接投资是以投资者寻求在本国以外运行企业获取有效发言权为目的的投资，包括直接投资资产和直接投资负债两部分。

证券投资是投资者在证券市场上运用股权和债券等投资工具进行的投资，包括证券投资资产和证券投资负债。

金融衍生工具用于记录我国居民与非居民金融衍生工具和雇员认股权交易情况。

其他投资是除直接投资、证券投资、金融衍生工具和储备资产外，居民与非居民之间的其他金融交易，包括其他股权、货币和存款、贷款、保险和养老金、贸易信贷和其他应收/应付款。

② 储备资产。储备资产指我国中央银行拥有的对外资产，包括外汇、货币黄金、特别提款权、在基金组织的储备头寸。

3. 净误差与遗漏

国际收支平衡表是按复试记账原理编制，每笔经济交易要同时记录有关项目的借方和贷方，数额相等。但是在实践中，由于不可能完全跟踪每项经济交易进行记录，所以国际收支平衡表的编制是通过对各个子项目的统计进行。由于各个子项目的统计数据来源不一、时间不同等原因，借方合计与贷方合计之间总是存在一定的差额，为此就需要有一个平衡项目——净误差与遗漏，当贷方大于借方时，就将差额列入该项目的借方；当借方大于贷方，就将差额列入该项目的贷方。2023年中国国际收支平衡表如表9-3所示。

表9-3　2023年中国国际收支平衡表　　　　　　　　　　　亿元

项目	行次	2023年四季度	2023年
1. 经常账户	1	3 983	18 611
贷方	2	71 330	267 945
借方	3	-67 348	-249 334
1. A 货物和服务	4	6 686	26 821
贷方	5	67 008	248 279
借方	6	-60 322	-221 458
1. A.a 货物	7	11 088	43 115
贷方	8	60 895	225 406
借方	9	-49 807	-182 291

续表

项目	行次	2023年四季度	2023年
1．A．b 服务	10	−4 402	−16 294
贷方	11	6 113	22 873
借方	12	−10 515	−39 167
1．A．B．1 加工服务	13	231	853
贷方	14	253	917
借方	15	−22	−64
1．A．B．2 维护和维修服务	16	81	291
贷方	17	203	709
借方	18	−122	−418
1．A．B．3 运输	19	−1 606	−6 089
贷方	20	1 572	6 163
借方	21	−3 178	−12 252
1．A．B．4 旅行	22	−3 629	−12 804
贷方	23	425	1 130
借方	24	−4 054	−13 934
1．A．B．5 建设	25	239	567
贷方	26	391	1 122
借方	27	−152	−555
1．A．B．6 保险和养老金服务	28	−184	−665
贷方	29	41	483
借方	30	−224	−1 148
1．A．B．7 金融服务	31	6	45
贷方	32	73	308
借方	33	−67	−262
1．A．B．8 知识产权使用费	34	−584	−2 248
贷方	35	169	774
借方	36	−752	−3 022
1．A．B．9 电信、计算机和信息服务	37	448	1 369
贷方	38	1 066	4 109

续表

项目	行次	2023年四季度	2023年
借方	39	-619	-2 740
1. A. B. 10 其他商业服务	40	664	2 680
贷方	41	1 863	6 954
借方	42	-1 198	-4 274
1. A. B. 11 个人、文化和娱乐服务	43	-72	-187
贷方	44	28	99
借方	45	-100	-286
1. A. B. 12 别处未提及的政府服务	46	2	-106
贷方	47	31	106
借方	48	-28	-212
1. B 初次收入	49	-3 019	-9 285
贷方	50	3 625	17 009
借方	51	-6 644	-26 294
1. C 二次收入	52	316	1 074
贷方	53	697	2 656
借方	54	-381	-1 582
2. 资本和金融账户（含当季净误差与遗漏）	55	-3 983	-17 259
2.1 资本账户	56	-6	-22
贷方	57	3	13
借方	58	-9	-35
2.2 金融账户（含当季净误差与遗漏）	59	-3 977	-17 238
2.2.1 非储备性质的金融账户（含当季净误差与遗漏）	60	-3 103	-16 223
其中：2.2.1.1 直接投资	61	-1 881	-10 881
2.2.1.1.1 直接投资资产	62	-3 126	-13 151
2.2.1.1.1.1 股权	63	-1 913	-7 853
2.2.1.1.1.2 关联企业债务	64	-1 213	-5 297
2.2.1.1.2 直接投资负债	65	1 245	2 269
2.2.1.1.2.1 股权	66	1 674	4 357
2.2.1.1.2.2 关联企业债务	67	-429	-2 088

续表

项目	行次	2023 年四季度	2023 年
2.2.2 储备资产	68	-874	-1 015
2.2.2.1 货币黄金	69	0	-792
2.2.2.2 特别提款权	70	-65	-145
2.2.2.3 在国际货币基金组织的储备头寸	71	-7	82
2.2.2.4 外汇储备	72	-802	-160
2.2.2.5 其他储备	73	0	0
3. 净误差与遗漏	74	—	-1 351

三、国际收支失衡与调节

（一）国际收支失衡含义

国际收支平衡表中的各个项目可以区分为两种不同性质的交易：自主性交易和调节性交易。自主性交易是指企业单位和个人由于自身的需要而进行的交易，如商品和服务的输出入、赠予、侨民汇款和长期资本流入。自主性交易是由生产经营、单方面支付和投资的需要所引起，与国际收支其他项目的大小无关。

调解性交易是指在自主性交易产生不平衡时所进行的用于平衡收支的补偿性交易，如向国外银行和国际金融机构借用短期资本、进口商取得分期付款的权利以及动用国际储备等。调节性交易是因为国际收支其他项目出现差额需要去弥补，才相应发生。

国际收支失衡通常是指自主性交易所产生的借方金额与贷方金额不相等的现象。国际收支失衡有两种表现：国际收支顺差和国际收支逆差。若收入大于支出称为顺差，反之若收入小于支出则称为逆差。

（二）国际收支失衡对经济的影响

1. 国际收支逆差的影响

一国的国际收支出现逆差，一般会引起本国货币汇率下浮；如逆差严重，则会使本币汇率急剧下跌，该国货币当局如不愿接受这样的后果，就要对外汇市场进行干预，即抛售外汇和买进本国货币，这一方面会消耗外汇储备，甚至会造成外汇储备的枯竭，从而严重削弱其对外支付能力；另一方面会形成国内的货币紧缩形势，促使利率水平上升，影响本国的经济增长，从而导致失业的增加和国民收入增长率的下降。

如果国际收支逆差是贸易收支逆差所致，将会造成国内失业的增加；如果国际收支逆差是资本流出大于资本流入所致，则会造成国内资金的紧张，从而影响经济增长。

2. 国际收支顺差的影响

一国的国际收支出现顺差，有利之处在于可以增加其外汇储备，加强其对外支付能力。但国际收支顺差一般会使本国货币汇率上升，不利于其出口贸易的发展，从而加重国内的失业；国际收支顺差虽然可以加大国内的黄金和外汇储备，但也会使本国货币供应量增长，从而加重通货膨胀；一国的国际收支出现顺差，意味着有关国家国际收支发生逆差，易引起对方采取报复性措施,加剧国际摩擦;对于发展中国家来说,国际收支顺差往往是由于出口过多所形成的贸易收支顺差,减少国内可供使用资源,不利于经济的长期可持续发展。

(三) 国际收支的调节

当一国国际收支失衡时,若不及时进行调整,会直接影响该国对外扩大交往的能力和信誉,不利于国内经济的发展。若某国出现国际收支大量逆差,就会由于外汇供应短缺,造成外币汇率上涨,本币汇率下跌。此时,短期资本就会大量外逃,影响该国经济的发展,使该国的国际收支恶化。若某国出现国际收支大量顺差,则在造成外币汇率下跌的同时,本币汇率就会上升。其结果就是抑制出口,并增加了国内货币供应和通货膨胀的压力。因此,当一国出现国际收支失衡时,该国通常都要采取措施进行调节。世界各国根据自身国际收支失衡的原因和特点,会采取相应的措施进行调节。调节国际收支失衡的措施一般有以下几种。

1. 外汇缓冲政策

所谓外汇缓冲政策,是指一国政府为应对国际收支不平衡,把黄金和外汇储备作为缓冲体。通过该国的中央银行在外汇市场上买卖外汇来消除国际收支不平衡所形成的外汇供求缺口,从而使该国的国际收支不平衡所产生的影响仅限于外汇储备的增减,而不造成汇率的急剧变动,避免影响本国的经济发展。外汇缓冲政策的优点是简便易行,但它也有局限性,因为一国的外汇储备数量总是有限的,所以它不适用于应对长期、巨额的国际收支逆差。如果一国完全依靠外汇缓冲政策,将可能导致该国外汇储备的枯竭。

2. 财政政策

财政政策是指一国的财政部门用扩大或缩小财政开支和提高或降低税率的办法来平衡该国的国际收支的政策措施。当一国的国际收支发生逆差时,该国往往实行紧缩性的财政政策。这样一方面可以削减财政支出,另一方面还可以提高税率,以增加财政收入,减少投资和消费,降低对商品的需求,使物价下跌,从而达到扩大出口、减少进口,改善国际收支的目的。若一国的国际收支发生顺差,则该国应实行扩张性货币政策的财政政策,抑制出口、增加进口,以减少国际收支顺差。

3. 货币政策

货币政策亦称金融政策,是发达国家调节国际收支经常采用的政策措施,通常采用存款准备金制度、再贴现政策、公开市场业务等货币政策调控货币供应量来稳定国际收支。例如,当一国出现国际收支逆差时,中央银行调高存款准备金率会限制商业银行的信用扩张能力,信贷规模缩小会降低消费需求和进口,进而可促使国际收支恢复平衡;中央银行提高再贴现率,商业银行得到的资金就会减少,同时市场利率的提高也有利于吸收国外资本,从而可改善国际收支不平衡状况;中央银行在公开市场卖出有价证券可减少市场基础货币供应量,从而带动国内利率上升,利率上升会促使外国资本流入增加,资金流出减少,如此可以改善国际收支中的资本账户状况。

4. 汇率政策

汇率政策是指一国通过汇率的调整来实现国际收支平衡的政策措施,即当一国的国际收支出现逆差时,该国采取降低本币汇率、提高外汇汇率的办法,使本国商品在国外市场上以外币计算的价格下跌,以达到扩大出口、抑制进口的目的。反之,若一国出现国际收支顺差,则该国可采取能使本币升值导致外汇汇率下降的办法,扩大进口、抑制出口,以减少该国的国际收支顺差。通过汇率的调整，一国的国际收支失衡可以得到改善。

5. 直接管制

直接管制是指政府通过发布行政命令，对国际经济交易进行行政干预，以调节国际收支的政策措施。直接管制包括贸易管制和外汇管制。贸易管制是指对外贸本身实行的直接管制，如对进口许可证、进口配额等的管理。外汇管制是指对外汇汇率、外汇买卖、外汇收支和国际结算等采取的限制性措施。

当一国出现长期性国际收支逆差时，该国一般会加强直接管制使该国的国际收支逆差减少；当一国出现长期性国际收支顺差时，该国应放松直接管制，使该国的国际收支顺差减少。直接管制常能起到迅速改善国际收支的作用，但并不能真正解决一国的国际收支失衡问题，而且一旦取消管制，国际收支不平衡的问题就会重新出现。此外，国家对贸易和外汇实行管制政策，既为国际经济组织所反对，又会引起他国的不满和报复，所以在运用这项政策时应十分谨慎。

当一国的国际收支出现不平衡时，该国须针对其形成的原因，采取相应的政策措施，有时还需要各种措施的配套使用，才会使国际收支的调节得到比较理想的效果。

测试评价

一、学习测试

（一）单项选择题

1. （　　）是用若干单位的外币表示一定单位的本币的汇率表示方法。
   A. 直接标价法　　　B. 间接标价法　　　C. 美元标价法　　　D. 固定标价法

2. （　　）是用若干单位的本币表示一定单位的外币的汇率表示方法。
   A. 直接标价法　　　B. 间接标价法　　　C. 美元标价法　　　D. 固定标价法

3. （　　）是以一个单位的美元为基准，计算应兑换多少单位其他国家货币的汇率表述方法。
   A. 直接标价法　　　B. 间接标价法　　　C. 美元标价法　　　D. 固定标价法

4. 外汇汇率最贵的是（　　）。
   A. 电汇汇率　　　B. 信汇汇率　　　C. 票汇汇率　　　D. 现钞汇率

5. 本币升值可能产生的影响是（　　）。
   A. 有利于进口，不利于出口　　　B. 有利于出口，不利于进口
   C. 进口商品的价格提高　　　D. 资本外流

（二）多项选择题

1. 下列对于外汇的理解正确的是（　　）。
   A. 本币也可以被称为外汇
   B. 外汇可以是外币计价的实物资产
   C. 外币就是外汇
   D. 外汇应具有完全的可兑换性
   E. 外汇是以外币表示的，能够用作国际清偿的支付手段

2. 外汇的用途包括（　　）。
   A. 用于国际支付　　　B. 有利于国际资本流动　C. 充当国际储备
   D. 支付中介　　　　　E. 信用中介
3. 下列对于汇率的表述正确的是（　　）。
   A. 套算汇率是本币与对外经济交往中最常用的主要货币之间的汇率
   B. 买入汇率是银行向同业或客户卖出外汇时所使用的汇率
   C. 卖出汇率是银行向同业或客户卖出外汇时所使用的汇率
   D. 银行的现钞买入汇率通常要稍低于现汇买入汇率
   E. 一般银行的现汇卖出汇率与现钞卖出汇率一致
4. 下列能对汇率变动产生影响的因素是（　　）。
   A. 国际收支状况　　　B. 通货膨胀差异　　　C. 利率差异
   D. 经济增长　　　　　E. 政治因素
5. 我国现行国际收支平衡表项目分为（　　）。
   A. 经常账户　　　　　B. 资本和金融账户　　C. 货物和服务
   D. 净误差与遗漏　　　E. 直接投资

（三）判断题
1. 外币现钞在我国境内不能作为支付手段，只有在境外才能成为流通货币。（　　）
2. 直接标价法与间接标价法是互为倒数的关系。（　　）
3. 银行将外汇出售给客户称为结汇。（　　）
4. 远期汇率高于即期汇率称为贴水。（　　）
5. 当一国国际收支顺差时，外币有贬值趋势、本币趋于升值。（　　）

（四）主观题
1. 外汇有几种分类？
   答：_____
   _____

2. 什么是汇率？如何表示？
   答：_____
   _____

3. 影响汇率变动的主要因素有哪些？
   答：_____
   _____

4. 汇率变动对经济变盘有哪些影响？
   答：_____
   _____

5. 国际货币制度有几种？
   答：_____
   _____

（五）计算题
已知某年某月某日中国银行外汇牌价 USD100＝CNY（612.69-620.12），请计算：

1. 假如你有 10 000 美元，到中国银行可兑换多少元人民币？

解：

2. 假如你有 10 000 元人民币，到中国银行可兑换多少美元？

解：

二、能力评价

（一）案例分析

案例背景：

一家名为"欧亚贸易"的进出口公司，主要从事欧洲和亚洲之间的商品贸易。公司的主要收入来自欧元，但大部分支出是以美元进行。近期，公司签订了一份价值 1 000 万美元的进口合同，预计三个月后完成交货并支付款项。由于过去一年里欧元对美元的汇率波动较大，欧亚贸易担心在支付时面临汇率的不利变动，导致实际支付金额高于预期。为此，欧亚贸易使用远期外汇合约进行外汇套期保值的操作。

1. 确定交易目标：首先，欧亚贸易需要明确其交易目标。这包括确定预期的支付金额（例如 1 000 万美元）以及支付的时间（三个月后）。

2. 寻找合适的交易平台或银行：欧亚贸易需要寻找一个受监管、信誉良好的金融机构或银行，该机构或银行应提供远期外汇交易服务。

3. 分析市场：在进行远期外汇交易之前，欧亚贸易应对市场进行技术和基本面分析，以预测未来三个月内欧元对美元的汇率走势。

4. 协商并确定远期汇率：欧亚贸易与金融机构或银行协商，确定一个双方都接受的远期汇率。这个汇率将在三个月后的交割日期使用。

5. 签署远期外汇合约：一旦确定了远期汇率，欧亚贸易将与金融机构或银行签署一份远期外汇合约。合约中将明确交易货币对（欧元/美元）、交易金额（1 000 万美元）、交割日期以及汇率等细节。

6. 支付保证金或费用：根据合约规定，欧亚贸易可能需要支付一定的保证金或费用，以确保交易的顺利进行。

7. 等待交割日期：在签署合约后的三个月内，欧亚贸易将等待交割日期的到来。在此期间，公司可以继续其正常的业务活动，而不必担心汇率波动的影响。

8. 交割：当交割日期到来时，欧亚贸易将按照合约中约定的汇率，用美元支付 1 000 万美元给金融机构或银行，同时收到相应金额的欧元。这样，欧亚贸易就成功地锁定了支付金额，避免了汇率波动带来的风险。

通过使用远期外汇合约，欧亚贸易可以确保在支付时以预定的汇率进行交易，从而降低由于汇率波动带来的潜在损失。

问题：

1. 欧亚贸易面临的主要风险是什么？

答：_____

_____

2. 为了降低这种风险，欧亚贸易可以考虑哪些外汇套期保值策略？

答：_____

_____

3. 假设欧亚贸易决定使用欧元/美元期货进行套期保值，请简要描述其操作步骤。

答：_____

_____

4. 在实际操作中，欧亚贸易可能面临哪些挑战或限制？

答：_____

_____

提示：

1. 欧亚贸易面临的主要风险是汇率风险，即欧元对美元的汇率在三个月内可能发生不利变动，导致实际支付金额高于预期的 1 000 万美元。

2. 为了降低汇率风险，欧亚贸易可以考虑以下外汇套期保值策略：

（1）购买欧元/美元期货合约：欧亚贸易可以在期货市场上购买与预期支付金额相等的欧元/美元期货合约，从而锁定未来的汇率。

（2）使用远期外汇合约：与期货类似，欧亚贸易可以与银行或其他金融机构签订远期外汇合约，约定未来的汇率。

（3）购买欧元期权：欧亚贸易可以购买欧元对美元的买权或卖权，这允许公司在未来以特定汇率购买或出售欧元。

3. 如果使用欧元/美元期货进行套期保值，欧亚贸易的操作步骤可能包括：

（1）确定预期支付金额：欧亚贸易需要确定三个月后预计支付的 1 000 万美元。

（2）计算期货合约数量：根据当前的欧元/美元汇率，计算需要购买多少期货合约以覆盖预期的支付金额。

（3）在期货市场购买合约：在期货市场上，欧亚贸易会购买相应数量的欧元/美元期货合约。

（4）到期交割：三个月后，当实际支付发生时，欧亚贸易将在期货市场上进行交割，以锁定的汇率进行支付。

4. 在实际操作中，欧亚贸易可能面临的挑战或限制包括：

（1）市场流动性：如果期货市场或远期外汇市场的流动性不足，可能会影响套期保值的效果。

（2）成本：购买期货或期权合约通常需要支付一定的费用或保证金。

（3）操作风险：错误的套期保值策略或执行错误可能会导致额外的损失。

（4）汇率变动：虽然套期保值可以降低风险，但不能完全消除汇率变动的可能性。

（二）模拟实验

利用专业外汇买卖的模拟操作软件，注册模拟账号进行模拟操作；学生可以在虚拟环境中体验外汇的交易和管理，熟悉外汇套利与外汇套期保值等运作。

体验：（1）_____

（2）_____

（3）_____

（三）小组讨论

通过查阅图书、搜索网络等方式搜集近年来各的国际收支平衡表，讨论一下国际收支顺差与逆差分别对经济产生的影响。

顺差的影响：

（1）_____

（2）_____

（3）_____

逆差的影响：

（1）_____

（2）_____

（3）_____

（四）业务实训

1. 访问国内 2 家银行网站，分别查阅该银行的美元、英镑、日元及欧元外汇牌价并进行比较。

答：_____

_____

2. 访问国家外汇管理局网站，查阅近期中国国际收支平衡表下列项目数据：

（1）经常账户差额_____亿美元，

（2）资本和金融账户差额_____亿美元，

（3）净误差与遗漏_____亿美元。

（4）分析近期我国国际收支状况。

答：_____

_____

_____

项目十　金融风险与金融监管

项目概述

一、项目背景与目标

随着金融市场的不断发展和创新，金融风险日益凸显，成为影响金融稳定和经济发展的重要因素。同时，金融监管作为维护金融市场秩序和保障金融安全的重要手段，也面临着诸多挑战和变革。因此，本项目旨在深入探究金融风险与金融监管的内在联系和相互作用，为完善金融监管体系、防范金融风险提供理论支撑和实践指导。

二、项目内容与结构

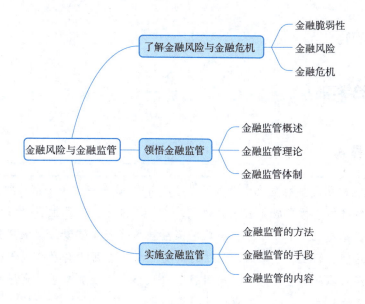

三、研究方法与步骤

（1）文献收集与梳理：收集国内外关于金融风险与金融监管的经典文献和最新研究成果，进行系统的回顾与梳理，为项目研究提供理论支撑。

（2）理论学习与阅读：通过课堂讲解、教材阅读等方式，掌握金融风险、金融危机、金融机构等概念、特征、类型；理解我国与西方主要国家在金融监管体系的构成、职能、运作机制等方面的异同。

金融管理实务

(3) 案例研究与比较：选择典型国家或地区的金融风险与金融监管实践进行案例研究，总结成功经验和失败教训，进行国际比较与借鉴。

(4) 小组讨论：围绕教材里"2008年金融危机"和"从'万宝之争'看中国混业经营、金融创新下的金融监管"两个金融链接内容分组讨论金融监管的必要性。

(5) 实地考察：组织学生参观当地的金融监管机构，了解其工作职能，加深对我国金融市场监管现状的理解。

四、预期成果

(1) 能够对某次金融危机进行综合分析。
(2) 能根据经济现象解释金融监管的必要性。
(3) 能运用不同的金融监管方法和手段对金融行业进行监管。
(4) 能解释经济实务中银行业监管、证券业监管和保险业监管的内容。
(5) 能够分析我国金融监管体制变动的背景及意义。
(6) 能够理解金融监管的法律法规，增强遵守法律法规、维护金融秩序稳定的意识。

五、测试评价

(1) 学习测试。
(2) 能力评价。

 理论学习

 情境导入

2008年发生的国际金融危机中断了世界经济持续30多年的黄金增长期，金融体系的去杠杆和实体经济的下行形成具有放大效应的负反馈循环，导致世界经济陷入长时期的深度衰退。危机爆发已经十多年了，全球经济金融尽管有所恢复，但依然笼罩在危机的深度阴霾下，这使我们从一个不同于以往的角度再次感悟到"金融是现代服务的核心"，也迫使我们更深入地反思金融风险与金融监管。从金融发展史来看，金融危机并不是人们想象中的小概率事件，一部金融史就是一部危机史。

研究发现，在过去四分之一个世纪中，国际上平均每年会发生6次或大或小的金融危机。基于过去800多年金融历史数据的研究发现，金融危机并非无迹可寻。"历史不会重复自己，但会押着同样的韵脚"，此次危机并不是"这次不一样"。每一次金融危机都意味着政府与市场关系的严重失调，每一次危机都意味着金融监管的失败和随之而来的重大变革。为什么会发生金融危机？通过有效监管金融危机是否可以避免？

本项目将深入研究金融风险、金融危机及金融监管的相关内容。

任务一　了解金融风险与金融危机

金融本身具有天生的脆弱性，这种脆弱性导致金融内在的不确定性，当不确定性积累到一定程度并得不到有效处理就会产生杀伤力极强的金融危机。

一、金融脆弱性

（一）金融脆弱性的定义

金融脆弱性又叫作金融不稳定性，与强健、坚固相对立，强调金融体系内生的病态特征。金融脆弱性有狭义和广义之分。狭义的金融脆弱性指的是由金融业高负债经营的行业特性决定的脆弱性，有时也称"金融内在脆弱性"。广义的金融脆弱性，指一种趋于高风险的金融状态，泛指一切融资领域中的风险积聚，包括内在和外在的金融脆弱性。现在更多的是从广义的角度研究金融脆弱性。

（二）金融脆弱性根源

1. 信息不对称

信息不对称的存在导致了逆向选择和道德风险，而这些又将危机严重化。银行等金融机构的出现在资金需求方和资金供应方之间形成了一条有效的纽带，在这个资金纽带上存在两个层面的博弈：一是储户和金融机构之间，二是企业和金融机构之间。

（1）储户与金融机构之间的信息不对称。储户总是不能充分地了解银行资产质量的优劣，一旦银行发生意外事件，储户便会有去银行挤兑的冲动。银行会因为挤兑人数众多、数额巨大而耗尽资金，无力支付。由此而产生的结果则是储户不能及时地拿回他们的存款，这意味着人们可能对金融市场丧失信心。

（2）企业与金融机构之间的信息不对称。约束银行和贷款人（企业）的是债务合约，当企业有足够的利润和能力支付利息，那么银行的资产不会受到任何威胁。但是当企业无法偿还贷款时，那么这笔贷款将对银行的资产质量带来威胁甚至伤害。虽然银行也可以通过限制性契约等手段去约束企业，但是这只能预防一部分的风险，而不是所有。

2. 资产价格波动

资产价格总是在不断地波动。以股票为例，因为市场上有很大一部分投机人员，他们主要为追涨杀跌的人群，当某些股票价格上涨时，他们会购买此类股票，又由于羊群效应，股票的价格被过度抬高，以至脱离了基础经济因素，产生了对市场的威胁。世界大部分市场上价格并不能完全反映市场的信息、预测未来趋势，也不能完全杜绝内幕信息。

3. 金融自由化

金融自由化主张改革金融制度，改革政府对金融的过度干预，放松对金融机构和金融市场的限制。金融自由化在增强金融市场效率的同时，在其他方面往往又具有降低金融市场效率的作用，在提供了提高安全性的金融工具的同时又是增加风险的因素。经济学家研究了1830—1087年85个系统性金融危机事件，发现其中21个金融危机与金融自由化有关。金融自由化制度下，银行致力于金融创新的动力明显下降，利率和汇率管制的解除导致市场波动幅度剧增，金融机构、金融市场之间的联系更加密切，单一危机冲击金融体系稳定性的危险加大，客户面对极端复杂的衍生工具极易受到欺诈，金融自由化加剧了金融脆弱性。

二、金融风险

（一）金融风险的定义及特征

1. 金融风险的定义

金融风险是指经济主体在金融活动中遭受损失的不确定性或可能性。金融机构或资金经营者在资金融通、经营过程中及其他金融业务活动中，由于各种事先无法预料的不确定因素带来的影响，其实际收益或所达水平与预期收益或预期水平可能发生一定的偏差，从而有蒙受损失和获得额外收益的机会或可能性。

2. 金融风险的基本特征

（1）客观性。现代经济社会中各类经济主体的行为及其面临的经济环境的不确定性决定了金融风险存在的客观性。金融风险是与金融经营活动相伴而生的，只要有货币、信用、银行活动，金融风险就必然存在。

（2）不确定性。金融风险的大小是不确定的，因为金融系统、金融活动、金融决策本身并不是封闭的，它涉及生产、流通、消费、服务、分配等领域。金融风险的大小一般以损失发生的大小及损失发生的概率来进行综合衡量。

（3）高杠杆性。与工商企业相比，金融企业负债率偏高，财务杠杆大，导致负外部性大。另外，金融工具创新、衍生金融工具等也伴随着高度金融风险。

（4）传染性。金融活动与国民经济各部门有密切关系，它能通过利率、汇率、收益率等经济变量关系在各领域之间形成多米诺骨牌效应。在世界经济一体化日趋增强的今天，金融风险比过去任何时期都更具有传染性。

（二）金融风险的类型

1. 按照风险产生的原因，分为信用风险、市场风险、操作风险、流动性风险、国家风险、声誉风险和法律风险

（1）信用风险。信用风险又称违约风险，指债务人或交易对手未能履行合同所规定的义务或信用质量发生变化，从而给经济主体带来损失的可能性。信用风险是金融机构最为复杂的风险种类，也是金融机构面临的最主要的风险。

（2）市场风险。市场风险是指因市场价格（包括利率、汇率、股票价格和商品价格）的不利变动而使金融机构发生损失的可能性。市场风险包括利率风险、汇率风险、股票价格风险和商品价格风险四大类。

（3）操作风险。操作风险是指由于不完善或有问题的内部程序、人员及信息科技系统或外部事件所造成损失的风险。操作风险可分为由人员、系统、流程和外部事件所引发的四类风险。操作风险存在于金融机构业务和管理的各个方面，而且具有可转化性。

（4）流动性风险。流动性风险是指无法在不增加成本额或资产价值不发生损失的条件下及时满足客户流动性需求，从而使金融机构遭受损失的可能性。

（5）国家风险。国家风险是指经济主体在与非本国居民进行国际经贸与金融往来中，由于他国经济政治和社会等方面的变化而遭受损失的可能性。在国际经济金融活动中，不论是政府、银行、企业，还是个人，都可能遭受国家风险所带来的损失。

（6）声誉风险。声誉风险是由于违约、违法、违规、操作失误或其他问题对银行的声誉产生负面影响，客户或整个市场对金融机构的信心产生动摇，金融机构处于困境或有发生损失的可能性。金融机构通常将声誉风险看作是对其市场价值最大的威胁，因为金融机构的业务性质要求它能够维持客户和整个市场的信心。

（7）法律风险。法律风险是指金融机构在日常经营活动或各类交易过程中，因为无法满足或违反相关的商业准则和法律要求，导致不能履行合同，发生争议、诉讼或其他法律纠纷，而可能给金融机构造成经济损失的风险。

2. 按照风险是否可以回避或消除，分为系统性风险和非系统性风险

（1）系统性风险。系统性风险是指对于金融市场中各类金融资产都产生影响的全局性风险。系统性风险的来源一般是宏观性的因素或对宏观变量产生影响的一些指标，如宏观经济形势的变化、经济政策的调整、政治因素等。系统性风险主要包括市场风险、国家风险等。系统性风险不可能通过资产组合和多样化来回避或消除，又被称为不可分散风险。

（2）非系统性风险。非系统性风险是指某一企业或行业特有的风险。非系统性风险产生的根源来自一些局部性的因素，主要包括信用风险、操作风险及声誉风险等。非系统性风险可以通过资产组合和多样化回避或消除，也称可分散风险。

三、金融危机

（一）金融危机的定义

一般认为，金融危机是指起始于一国或一个地区乃至整个国际金融市场或金融系统的动荡超出金融监管部门的控制能力，造成金融制度混乱，进而对整个经济造成严重破坏的过程。金融危机具体表现为金融资产价格大幅下跌，或金融机构倒闭或濒临倒闭，或某个金融市场如股市或债市暴跌等。

金融危机发生时，人们对经济产生了悲观的预期，整个区域内货币币值出现幅度较大的贬值，经济总量与经济规模出现较大的损失，经济增长受到打击。金融危机往往伴随着企业大量倒闭、失业率提高、社会普遍的经济萧条，甚至有些时候伴随着社会动荡或国家政治层面的动荡。

社会各类经济主体行为表现的共同点：一是强制清理旧债；二是商业信用剧烈缩减；三是银行资金呆滞；四是存款者大量提取存款；五是部分金融机构连锁倒闭；六是有价证券行市低落；七是有价证券发行锐减；八是货币短缺严重，借贷资金缺乏，市场利率急剧提高，金融市场动荡。

在资本主义发展早期的金融危机，影响特别大的有 16 世纪欧洲银行家对国王贷款狂潮的破灭（1557 年）、17 世纪荷兰的郁金香狂潮（1636 年）、18 世纪英国的南海泡沫和法国的密西西比泡沫（1720 年）。20 世纪 30 年代，美国的大萧条曾将金融危机推至巅峰，危机最严重的 1933 年，美国倒闭的银行达 4 000 家，占银行总数的 20%。

金融链接：2008 年金融危机

第二次世界大战后，全球经济经历了近 30 年的平稳发展。1971 年 9

月,尼克松实行"新经济政策",美元不再与黄金挂钩,使得布雷顿森林体系瓦解,国际金融市场震荡的幅度开始加剧。随着经济和金融全球化的步伐加快,金融脆弱演化为金融危机的速度大大加快,金融危机变得日益经常化和全球化。1997 年 7 月爆发的亚洲金融危机、2008 年爆发的金融风暴对全球经济和金融产生了巨大影响。

(二) 金融危机的分类

1. 按金融危机的影响地域,分为国内金融危机、区域金融危机和世界性金融危机

(1) 国内金融危机。国内金融危机往往起因于某些国家的经济、金融因素,其影响面仅局限于一国国内,一般通过整顿国内金融秩序加强法制或由金融当局救助,可得到缓解或化解。

(2) 区域金融危机。区域金融危机往往最先爆发于一体化组织中某个成员国,而后迅速传导到其他成员国,对于集团外国家和国际经济金融形势一般没有大的直接影响。通过集团内国家间金融当局的政策协调,以及借助集团外部或者国际社会的财政援助,可以化解与解决。

(3) 世界性金融危机。世界性金融危机即全球金融危机,其主要特征是危机无论首先发生在哪个国家,都会传导到欧美主要发达国家,进而波及全球金融市场,并且在一定条件下极可能引发世界经济危机或全球经济衰退。世界性金融危机化解的条件是发达国家政策协调、有关国际金融机构资金援助、相关国家的经济金融体制甚至国际金融体制改革。

2. 按金融危机的性质或内容,分为货币危机、银行业危机、资本市场危机、债务危机和综合性金融危机

(1) 货币危机。货币危机是指投机冲击导致一国货币的对外比值大幅度贬低,或同时迫使该国金融当局为保卫本币而动用大量国际储备或急剧提高利率。

(2) 银行业危机。银行业危机是指现实的或潜在的银行破产致使银行纷纷终止国内债务的清偿,或同时迫使政府提供大规模援助以阻止事态的发展。

(3) 资本市场危机。资本市场危机表现为资本二级市场上金融资产价格剧烈波动,股票市场、债券市场、基金市场及与之相关的衍生金融产品市场的价格发生急剧、短暂的暴跌,可以称为股市崩盘。

(4) 债务危机。债务危机是指一国处于不能支付其外债本息的情形,不论这些债权是属于外国政府还是非居民个人。

(5) 综合性金融危机。综合性金融危机是指主要的金融领域都出现严重混乱,如货币危机、银行业危机、股市崩溃及债务危机同时或相继发生。近年来的金融危机越来越呈现出某种混合形式的危机。

(三) 金融危机的防范

1. 稳定的宏观经济环境

健全的宏观经济环境和合理的产业结构是防范金融危机的必要宏观环境。健全的宏观经济环境主要包括适度的经济增长、较低的失业率、较稳定的物价水平、没有长期性的大规模的国际收支赤字、平衡的政府财政收支和适度的政府债务规模等。

2. 建立合理的企业治理结构

有效的企业治理结构是防范金融危机的微观基础。有效的企业治理结构可以最大限度地防止融资中的道德风险和逆向选择。有效的企业治理结构包括对企业经理人员的激励和约束两个方面，如对企业经理人员利益的奖赏和不负责任行为的惩罚，促使经理人员采取有效率的行动。合理的企业治理结构减少了给商业银行带来不良贷款的可能性，同时也会提高公司的盈利能力，从而给其投资者带来更高的回报，为股票价格的稳定上涨奠定良好的基础。

3. 选择合理的汇率制度和资本项目开放

不合理的汇率制度与资本项目开放可能带来货币危机。例如，选择固定汇率制度与资本项目开放就是一组错误的搭配。在固定汇率制下，一国货币的汇率往往会被高估，但由于资本项目开放，当该国货币汇率被高估后，就很容易受到投机冲击，从而使固定汇率制度崩溃，该国货币汇率大幅度地降低，引发货币危机。

4. 有效的金融监管

有效的金融监管可以减少道德风险和逆向选择，维护金融体系的安全；保障存款人和公众的利益；鼓励公平、有效的竞争，保证金融机构和金融市场的健康发展；保证中央银行货币政策的顺利实施，推动宏观经济的健康发展。总而言之，有效的金融监管有助于建立一个稳定、公平、高效的金融体制，预防金融危机的发生，为本国宏观经济健康发展服务。

5. 完善金融机构的内控制度

金融机构健全的内部控制制度可以防微杜渐，减少金融机构内部的道德风险。例如，科学的决策程序就可能避免导致严重不良后果的选择；严格的内部稽核与审核就可能及早地发现潜在的问题等。此外，金融机构内部良好的激励与约束机制使金融机构的业务人员在开展业务时更为审慎，减少高风险的活动。

（四）金融危机的治理

1. 稳定金融市场

（1）动用外汇储备干预外汇市场。针对国际投机资本的侵入，中央银行可以运用本外币资金入市干预，以稳定汇率。1997年亚洲金融危机时，泰国、印度尼西亚等国中央银行先后动用近百亿美元外汇储备购买本国货币，以阻止本币贬值。对冲性干预确实能在一定时期内减少汇率波动幅度和打击投机，但一国进行这种干预能持续多久，要受该国外汇储备的规模、从国际金融市场所能获得的外汇规模等制约。

（2）提高利率，增加借用本币资金成本。提高短期利率的目的，在于拉高投机者在进行卖空投机操作时借入本币的成本。但提高利率来捍卫货币的有效性也会受到制约，投机者可以利用金融衍生工具的操作来应对高利率，同时提高利率对本国经济的副作用也很大。1997年金融危机时，中国香港金融管理局将隔夜拆借利率提高至300%，银行业遭遇了严重的流动性匮乏。

（3）动用财政资金，稳定股市。金融当局可以通过建立股市稳定基金，当股价下跌到某一水平运用基金进行护盘，降低股价下跌对金融市场的冲击。

（4）保障金融债权，维护存款人信心。政府可以通过提供储蓄业务和外债的全面保证，或者允许储蓄存款保险机构设立特别结算账户以扩大保险范围等方式保障金融债权、维护储户和债权人的利益。

2. 管理国际资本流动

国际资本流动具有极强的冲击性，任其自由流出流入可能会给一个经济体带来严重的负面影响，因此对国际资本流动有必要进行适当的限制和政策引导，加强资本账户管制。例如对于短期资本流动，一种曾被广为应用的措施是对其课税，降低短期资本流动的速度，减轻国际投机对经济的负面影响。

国际资本管理的另外一个重要的方面是加强外债管理。外债管理有两个基本方面：一是规模管理，二是结构管理，包括期限、来源、投向、币种等方面。控制短期外债余额，限制私人企业从外部借款，减少对从国外借款的税收优惠和管理优惠，利用法律的手段，确保各企业和金融机构增加外债透明度。

3. 重组和改革金融部门

发生了金融危机，金融部门难辞其咎。在金融危机之后，大规模的金融部门重组和改革势在必行。金融部门的重组和改革包括：确立金融部门重组和改革的规划及其执行机构；多渠道分离和处置不良资产，维持公众对银行的信心；多途径充实银行资本金，主要措施包括动用留存利润、发行债券、提高坏账准备的提取率等；允许或吸引外资参与重振国内金融业；加强金融机构的公司治理，突破陈规陋习；合并、重组有问题的金融机构。

金融人物：
乔治·索罗斯

4. 推进宏观及结构性改革

推进宏观及结构性改革主要包括实施扩张性的财政政策、扩张性的货币政策，调整经济结构。

任务二　领悟金融监管

金融监管本质上是一种具有特定内涵和特征的政府规制行为，凡是实行市场经济体制的国家，无不客观地存在着政府对金融体系的管制。

一、金融监管概述

(一) 金融监管的概念

金融监管是金融监督和金融管理的总称，金融监督是指金融监管当局对金融机构实施全面的、经常性的检查和督促，并以此促使金融机构依法稳健地经营、安全可靠和健康地发展。金融管理是指金融监管当局依法对金融机构及其经营活动实行的领导、组织、协调和控制等一系列的活动。

金融监管有狭义和广义之分。狭义的金融监管是指金融监管当局为保障金融机构的稳健经营和金融市场的健康发展，保护公众利益并促进社会经济发展，对金融机构及其金融业务实施的外部监管。广义的金融监管不仅包括狭义的金融监管，即金融监管当局对金融业的监管，还包括金融机构的自我监管和内部控制、金融行业同业自律及社会中介组织的监管等。

从金融监管的概念可以看出，金融监管的主体是一个国家和地区的金融监管当局；客体是金融市场活动和金融行业，包括金融市场的配置机制、金融企业、金融产品消费者；金融监管的依据是有关金融法律、法规、条例和政策。

金融监管形式：一是直接干预金融市场配置机制的金融监管制度，如利率管制、金融产权管制；二是通过影响金融产品消费者决策而影响金融市场均衡的金融监管制度；三是通过干扰金融企业决策从而影响金融市场均衡的管制，包括对金融企业投入、服务和技术的限制导致金融企业产品组合方面的制约。

（二）金融监管的必要性

1. 金融外部性

外部性又称为溢出效应、外部影响或外差效应，指一个人或一群人的行动和决策使另一个人或一群人受损或受益的情况。经济外部性是经济主体（包括厂商或个人）的经济活动对他人和社会造成的非市场化的影响，其私人利益（或成本）不等于社会利益（或成本）。外部性包括正的外部性和负的外部性。正的外部性是指个人或企业的行动和决策使其他人或群体受益，反之，负的外部性是使其他人或群体受损。金融具有外部性，金融风险具有很强的传染性，一家金融机构存在的问题或风险可能会殃及这个金融体系甚至经济体系。按照福利经济学的观点，外部性可以通过征收庇护税来进行补偿，但是金融活动巨大的杠杆效应——个别金融机构的利益与整个社会的利益之间严重的不对称性使这种办法丧失效果。科斯定理从交易成本的角度说明，外部性也无法通过市场机制的自由交换得以消除。因此，需要一种市场以外的力量介入来限制金融体系的负外部性影响。金融监管可以将风险控制在一定范围之内，并将金融的负外部性减小到最低限度，维护金融体系的稳健运行。

2. 金融市场的信息不对称

金融机构与服务对象的交易中存在明显的信息不对称现象。金融机构以信息为基础，在获得和加工信息的过程中做出决策，然而这种信息是不完全的。这种信息不对称可能产生逆向选择和道德风险问题，从而影响金融体系的稳定。

（1）逆向选择。逆向选择是指由于交易双方信息不对称和市场价格下降而产生了劣质品驱逐优质品的现象，进而导致市场交易产品平均质量下降。如在健康保险市场，投保人比保险人拥有更多的有关自己身体状况的信息，投保人尤其是风险较高的群体有可能会不如实告知与自己身体状况有关的信息，甚至制造虚假信息。那么在订立保险合同时，保险公司则无法鉴别隐瞒信息的高风险投保人，而采取了将保险费率设定为一个较高费率的措施，以避免高风险人群给其带来损失，这就会导致那些身体状况较好的人放弃投保，于是保险人就会面临着较高风险的投保群体，存在较大的赔付概率，甚至可能亏损。逆向选择，是一种典型的事前机会主义行为，它是对于（事前的）状态（产品质量和投保人体质）的信息不对称。

（2）道德风险。道德风险，亦称道德危机，来源于保险行业，是20世纪80年代西方经济学家提出的一个经济哲学范畴的概念，是指从事经济活动的人在最大限度地增进自身效用的同时做出不利于他人的行动，或者说是当签约一方不完全承担风险后果时所采取的自身效用最大化的自私行为。道德风险最典型的例子就是投保后（签订保险合同）的人会改变自己的行为，做出有利于自身效用而有损保险人利益的事情。如投保人给自己的车买了车险，投保后他会在驾驶或者是停车时比没有保险的人更加大意。投保人在投保后的行为改变会给保险人带来损失，但是因为事后的信息不一致的存在，保险公司无法实时对投保人进行全面彻底的监控，所以要保证行为在投保前后的一致性只有靠投保人的道德自律。道德风险则是对于（事后的）行为或状态（冒险行为、实际运营成本、财务状况和管理方法）的信息不对称。

不论是保险机构还是商业银行或其他金融机构都存在逆向选择或者道德风险的情况，这种信息不对称会造成金融机构的亏损甚至使其陷入困境。然而，收集和处理信息的高额成本又会使金融机构不堪重负，因此需要政府及金融监管当局采取必要的措施减少金融体系中的信息不对称，以维护金融体系的稳定。

3. 金融机构面临巨大的金融风险

随着金融行业的发展，金融体制和金融产品不断创新，一方面，可以节省货币，降低机会成本，但另一方面也可能会加大金融机构的风险。金融风险加大、金融形势恶化导致金融危机、经济下滑、社会动荡不安，近几十年来，金融危机层出不穷，1994年的墨西哥金融危机，1997年的亚洲金融风暴，2000年的拉美金融危机以及2008年的全球金融危机，这几次金融危机对经济体系的巨大不利影响也越来越引起更多国家的重视。金融的全球化发展将使一国国内金融危机对整个世界金融市场的作用表现得更为直接、迅速。因此，加强对金融业的监管，可以降低社会成本，从而防范金融风险、减少金融危机对实体经济的冲击。

（三）金融监管的目标

金融监管的目标是金融监管理论和实践的核心问题，对金融监管目标的认识直接决定或影响着金融监管理论的发展方向，也主导着具体监管制度和政策的建立与实施。虽然不同历史时期、不同国家和地区金融监管的目标会有所不同，但概括起来主要有以下两个目标。

1. 维护金融市场体系的安全与稳定

这是金融监管的首要目标，金融机构是经营货币信用的特殊企业，是风险很大的行业。任何一家金融机构经营出现严重问题都会引起连锁反应，由此导致经济、金融秩序的严重混乱，甚至引发经济危机。因此，世界各国均将金融市场体系视为国民经济的神经中枢，千方百计地维持和保护。

2. 保护存款人与投资人的利益

这是金融市场的具体目标，存款人通过银行机制成为事实上的贷款人，保护存款人的利益实质上是维护信用制度，也使银行得以生存。投资人是金融市场上的参与主体，作为资金的输出方，也是各种交易中的信息弱势群体，需要受到保护。因此，金融监管当局要保证存款人和投资人的利益不受损害。

以上两个目标之间存在密切联系、相辅相成，维护金融市场体系的安全和稳定是保护存款人和投资者利益的前提条件。金融市场机构一旦出现危机，遭受损失的首先是存款人和投资者。同时，保护存款人和投资者利益，又可促进金融市场体系的安全与稳定。

（四）金融监管的基本原则

1. 依法监管原则

依法监管是指金融监管必须依据法律，符合法律，不得与法律相违背。具体要求是，金融监管主体由法律确定，违反合法性原则的金融监管没有法律效力。金融监管主体的产生由立法解决。在主体多元化的情况下，各金融监管主体的地位和职权范围由法律确定，同一主体内部不同部门或不同级别机构的职权由法律或根据法律明确。金融监管主体必须在法律授权的范围内行使权力，逾越权限的监管行为是对相对人权利的侵犯。金融监管主体行使权力不得有悖法律,其中不仅要符合实体法规定,而且必须符合程序性规定。若金融监管主体行使权力时程序违法,其行为仍归无效。其特定情况下,金融监管主体可以授权他人代行部分监管职权。这是因为金融监管事务十分庞杂,在一些技术性和操作性的烦琐事务中,监管主体难以独立承担职责,不得不由其他主体分担。如我国现金管理的主管机关是中国人民银行,但它同时又授权开户银行负责现金管理的具体工作。金融监管职权的委托和转授,须有法律依据,并依法定程序进行,否则便违反了合法性原则。

依法监管原则包含几重含义:一是对金融机构进行监督管理,必须有法律、法规为据;二是金融机构对法律、法规所规定的监管要求必须接受,不能有例外;三是金融管理当局实施监管必须依法行事。只有依法,才能保持监管的权威性、严肃性、强制性和一贯性,才能保证监管的有效性。

2. 合理、适度竞争原则

面对千变万化的金融世界,在具备合法性的前提下,金融监管主体拥有行使职权的自由性,即自由裁量权。自由裁量权是金融监管主体履行职责的需要,但由于较少受到法律的严格约束,常常出现滥用的情况。合理性原则便是作为在实质上约束自由裁量权而提出的。合理性的基本要求:金融监管行为的动因应符合金融监管目的,金融监管行为应建立在正当考虑的基础上,金融监管行为的内容应合乎情理。

合理性原则实质上是要求金融监管主体行使职权时要求符合常理(法律精神)。一般而言,在实施金融监管时,具有不正当动机(目的)及不合理内容的决定,就是滥用自由裁量权的行为,它有悖于法律精神。所谓不正当动机,是指违背金融监管宗旨的动机,如由于私利和其他利害关系的考虑,实行过严或过松的监管。不相关考虑是指实施金融监管行为时考虑了法律要求以外的条件,如考核证券公司领导人时考虑其与自己的关系。不合理内容是指金融监管行为的内容不合政策、道德和常理。动机不正及内容不合理在实践中往往是相互联系的,而动机正当、考虑相关及内容合理则共同构成金融监管自由度的一种控制,成为对金融监管主体自由裁量的一种约束。然而,对自由裁量权的约束必须适当,过度的限制等于取消自由裁量,而没有限制则易形成监管专横。

因此,合理性原则是避免监管专横与自由裁量丧失的设计,其实质是要求金融监管行为符合法律精神。合理性原则既有利于保障被监管人的利益,又有利于保障自由裁量权的自由行使。在金融监管性违背合理性原则时,应有一个"纠偏机制"予以修正。

竞争是市场经济条件下的一条基本规律。适度竞争原则要求金融监管当局的监管重心应放在保护、维持、培育、创造一个公平、高效、适度、有序的竞争环境上,既要避免造成金融高度垄断、排斥竞争,从而丧失效率与活力,又要防止出现过度竞争、破坏性竞争,从而波及金融业的安全和稳定。

3. 协调性原则

协调性原则要求金融监管行为应具有协调性,这种协调性主要包括以下三条。

第一,不同金融监管主体之间的协调性。首先,不同监管主体之间的职责范围要明确合理划分,既不能冲突,又不能留有监管死角和空白;其次,不同金融监管主体之间在执法时应加强协调,不得互相推诿或相互扯皮。

第二,同一金融监管主体不同职能部门之间及上下级机构之间职责划分要合理明确、相互协调。

第三，金融监管与宏观金融调控之间要相互协调，从某种意义上讲，有效的金融监管是搞好金融宏观调控的基本条件。

4. 自我约束和外部强制相结合的原则

外部强制管理再缜密严格，其作用也是相对有限的。如果管理对象不配合、不愿自我约束，而是千方百计设法逃避、应付、对抗，那么外部强制监管也难以收到预期效果。反之，如果将全部希望寄托在金融机构本身自觉自愿的自我约束上，则不可能有效地避免种种不负责任的冒险经营行为与道德风险的发生。

5. 安全稳定与经济效率相结合的原则

要求金融机构安全稳健地经营业务，历来都是金融监管的中心目的。为此所设置的金融法规和一系列指标体系都是着眼于金融业的安全稳健及风险防范。但金融业的发展毕竟在于满足社会经济发展的需要，追求发展就必须讲求效率。因此，金融监管不应是消极地单纯防范风险，而应是积极地把防范风险同提高金融效率这个最基本的要求协调起来。

效率原则有两个含义，一是金融监管不得压制竞争，要鼓励、倡导和规范竞争，创造适合金融竞争的外部环境，防止垄断，提高金融市场体系的整体效率；二是金融监管本身也要讲求效率，降低金融监管成本，减少社会支出，从而增加社会净福利。

（五）金融监管机构与监管对象

目前各国的金融管理性机构，主要构成有四类：一是负责管理存款货币并监管银行业的中央银行或金融管理局；二是按分业设立的监管机构，如中国的银监会、证监会、保监会（2018 年 4 月，银监会与保监会合并成立中国银保监会）；三是金融同业自律组织，如行业协会；四是社会性公律组织，如会计师事务所、评估机构等。其中，中央银行或金融管理局通常在一个国家或地区的金融监管组织机构中居于核心位置。

金融监管的传统对象是国内银行业和非银行金融机构，但随着金融工具的不断创新，金融监管的对象逐步扩大到那些业务性质与银行类似的准金融机构，如集体投资机构、贷款协会、银行附属公司或银行持股公司所开展的准银行业务等，甚至包括与债券市场业务有关的出票人、经纪人的监管等。目前，一国的整个金融体系都可被视为金融监管的对象。

二、金融监管理论

政府对金融活动的最早监管可以追溯到 1720 年英国颁布的旨在防止过度证券投机的《泡沫法》，起因是 17 世纪英国的"南海泡沫"案和 18 世纪法国的"密西西比泡沫"案。在 20 世纪 30 年代之前，金融监管理论主要集中于货币监管和防止银行挤提方面，焦点集中在要不要建立以中央银行为主体的安全网。20 世纪 30 年代以后，金融监管理论在政府管制理论的基础上，结合对金融业特性的分析，逐步发展和完善起来。目前，金融监管理论主要包括：金融风险论、社会利益论、投资者利益保护论和管制供求论等。

（一）金融风险论

该理论主要从关注金融风险的角度，论述了对金融业实施监管的必要性。

1. 金融业是一个特殊的高风险行业

与一般企业不同，高负债率是金融机构的特点。以银行业为例，其资本只占总资产很小的比例，大量的资产业务都要靠负债来支撑，并通过资产负债的匹配来达到营利的目的。

在其经营过程中，利率、汇率、负债结构、借款人偿债能力等因素的变化，使得银行业时刻面临着利率风险、汇率风险、流动性风险和信用风险，成为风险集聚的中心。而且，金融机构为获取更高收益而盲目扩张资产的冲动，更加剧了金融业的高风险和内在不稳定性。当社会公众对其失去信任而挤提存款时，银行就会发生支付危机甚至破产。

2. 金融业的风险具有较大的传染性

金融机构作为整个社会金融活动的中介和信用网络的基础，其风险极易扩散、传染，最有可能产生多米诺骨牌效应，通过金融恐慌引起市场丧失信心，最终可能导致金融危机和经济危机的发生。进一步，由于现代信用制度的发达和国家之间经济的密切联系，一国的金融危机还会影响到其他国家，并可能引发区域性甚至世界性的金融动荡。

3. 金融体系的风险，直接影响着货币制度和宏观经济的稳定

信用货币制度的确立，在货币发展史上具有极其重要的意义，它极大地降低了市场交易的成本，提高了经济运行的效率。但与此同时，实体经济与货币供给的约束作用也越来越弱，货币供给超过实体经济需要而引发通货膨胀的过程一直对许多国家形成威胁。存款货币机构的连锁倒闭又会使货币量急剧减少，引发通货紧缩，将经济拖入萧条的境地。

（二）社会利益论

该理论认为，金融监管的基本出发点首先就是要维护社会公众的利益。而社会公众利益的高度分散化，决定了只能由国家授权的机构来执行这一职责。

1. 稳定、高效、公平的金融体系是一种公共产品

作为公共产品，就会面临"搭便车"问题，经济主体有动力消费这一物品，却没有有效地激励提供这种公共品，从而会导致该公共品的供给不足。因此，政府应该通过提供监管，保持金融业的健康稳定和金融体系的稳定高效。

2. 金融业上存在严重的负外部性

金融机构的高负债率决定了当其发生倒闭时金融机构的所有者遭受的损失要远远小于客户的损失。在其他条件不变的情况下，一家银行可以通过其资产负债的扩大、资产对资本比例的扩大，来增加盈利能力。这当然会使风险增大。但由于全部的风险成本并不是完全由该银行自身，而是由整个金融体系乃至整个社会经济体系来承担，这就会使该银行具有足够的动力通过增加风险来提高其盈利水平。如果不对其实施监管和必要的限制，社会公众的利益就有很大可能受到损害。

正是由于市场缺陷的存在，需要政府通过管制来纠正或消除市场缺陷，以达到提高社会资源配置效率、降低社会福利损失的目的。当然，管制也会带来额外的成本，可能对金融体系运行的效率产生不利影响。但该理论认为，只要监管适度，就可以在增进社会公众整体利益的同时，将管制带来的成本降到最低水平。

（三）投资者利益保护论

在信息不对称条件下，就会出现逆向选择和道德风险问题，拥有信息优势一方就可能利用这种优势损害信息劣势方的利益。无论是银行机构、证券经营机构，还是保险经营机构，其经营管理者、员工与外部的存款人、投资者、保单持有者相比，都具有较大的信息优势，他们有可能利用这一信息优势为自己谋取利益，而将风险或损失转嫁给外部投资者。保护投资者利益，对整个金融体系的健康发展至关重要，正是基于这样的监管要求，金融监管当局有责任采取各种措施减少金融体系中的信息不对称，对金融机构采取监督和管理，以为投资者创造公平、公正的投资环境。

(四) 管制供求论

管制供求论将金融监管本身看成存在供给和需求的特殊商品。在管制的需求方面，金融监管是那些想要获得利益的经济主体需要的。例如，现有的金融机构可能希望通过金融监管来限制潜在的竞争者；金融消费者需要通过监管促使金融机构提高服务质量、降低服务收费。在管制的供给方面，政府官员提供管制是为了得到自生政绩的广泛认可。由此可见，是否提供管制以及管制的性质、范围和程度最终取决于供求双方力量的对比。根据管制理论，监管者具有过度监管来规避监管不力的动机，但这样却可能增加被监管者的成本，降低金融业的效率，从而会受到抵制。

三、金融监管体制

金融监管体制，指的是金融监管的制度安排，它包括金融监管当局对金融机构和金融市场施加影响的机制以及监管体系的组织结构。

金融监管体制是为实现特定的社会经济目标而对金融市场活动施加影响的一整套机制和组织结构的总和。

(一) 金融监管体制的类型

由于各国各地区的历史、政治、法律、文化及经济金融发展水平不同，形成的金融监管体制也各具特色。

1. 根据监管主体的多少，分为单一监管体制和多头监管体制

(1) 单一监管体制。单一监管体制是由一家金融监管机关对金融业实施高度集中监管的体制。单一体制的监管机关通常是各国的中央银行，也有另设独立监管机关的，监管职责是归中央银行还是归单设的独立机构，并非确定不变。目前实行单一监管体制的国家有澳大利亚、比利时、卢森堡、巴西及泰国等国。

(2) 多头监管体制。多头监管体制是根据从事金融业务的不同机构主体及其业务范围的不同，由中央银行和其他不同的监管机构分别实施监管的体制。根据监管权限，在中央和地方的不同划分，又可将其区分为分权多头式和集权多头式。

① 分权多头的主要特征表现为不仅不同的金融机构或金融业务由不同的监管机关来实施监管，而且联邦和州（或省）都有权对相应的金融机构实施监管，美国和加拿大是实行这一监管体制的代表。

② 集权多头式监管是指对不同金融机构或金融业务的监管，由不同的监管机关来实施，但监管权限集中于中央政府。通常该体制以财政部、中央银行或监管当局为监管主体，中国、日本和法国等国采用这一监管体制。

2. 按监管机构的监管范围划分

按监管机构的监管范围划分，分为集中监管体制、分业监管体制和不完全集中监管体制。

(1) 集中监管体制是指只设一个统一的金融监管机构，对金融机构、金融市场和金融业业务进行全面的监管，监管机构可能是中央银行，也可能是其他专设监管机构。代表国家包括日本、韩国和新加坡。

(2) 分业监管体制是指在银行、证券和保险领域内，分别设置独立的监管机构，专门负责本领域的监管,包括审慎监管和业务监管,代表国家有美国和中国。

一般来说,实行单一监管体制和混业经营的国家,多实行集中统一监管,而实行多头监管体制和分业经营的国家,大都实行分业监管。

(3) 不完全集中监管体制。不完全集中监管体制具体有以下两种形式。

① 牵头监管体制。牵头监管体制是指在分业监管机构之上设置一个牵头监管机构,负责不同监管机构之间的协调工作,在分业监管主体之间建立一种合作、磋商与协调机制。实行牵头监管体制的代表国家是法国,其牵头机构为法兰西银行。

② 双峰监管体制。实行此种监管体制的国家依据金融监管目标设立两类监管机构,一类对金融机构和金融市场进行审慎监管以控制系统风险,另一类对金融机构的业务进行监管,维护正常的金融与经济秩序,保护消费者。代表国家为澳大利亚。

(二) 中国的金融监管体制

我国的金融市场监管是伴着金融市场改革发展的深入,逐步成长、发展和壮大的。回顾我国金融市场监管的发展历程,大体上经历了以下几个主要阶段。

1. 中央银行行使金融监管职能的初始阶段(1985—1992 年)

1984 年人民银行开始作为货币管理当局行使中央银行职能,负责货币政策的制定和金融监管。银行、信托、保险、证券等所有金融业务都归中国人民银行监管,形成了集中监管体制。与高度集中的计划经济体制相适应,我国实行了高度集中的金融管理体制,这一阶段是中国人民银行专门行使中央银行职能的初期,主要依靠行政手段管理金融市场。该时期人民银行是唯一的金融机构,其工作重心是放在改革和完善信贷资金管理体制、加强中央银行的宏观调控上,对中央银行金融监管工作研究不多、重视不够。金融市场监管的作用发挥不是很理想。

2. 整顿式、合规性监管的阶段(1993—1994 年)

这一阶段以 1993 年中央银行提出整顿金融秩序、进一步发挥中央银行的监管作用为契机,针对当时经济生活中存在的各地盲目扩张投资、竞相攀比发展速度、乱集资、乱拆借,用信贷资金炒房地产、炒股票以及银行信贷资金体外循环的现象,强调中央银行的分支机构要转变职能,由过去侧重于管资金、分规模,转变到加强金融市场监管上来。1994 年,各级人民银行按照中央指示,切实加强金融市场监管,严肃查处了一批越权批设金融机构、擅自提高利率、非法开办外汇期货市场及个别地方出现的非法集资等问题。这一阶段的监管方式主要是整顿式、运动式监管,内容以合规性为主。

3. 金融市场监管有法可依的阶段(1995—1997 年)

1994 年和 1995 年是我国金融市场法制建设大发展的时期。在此期间,我国先后颁布了《外资金融机构管理条例》《金融机构管理规定》等金融市场监管法规,全国人大先后通过了《中华人民共和国中国人民银行法》《中华人民共和国商业银行法》《中华人民共和国票据法》《中华人民共和国保险法》《中华人民共和国担保法》和《关于惩治破坏金融秩序犯罪的决定》等金融法律、法规。我国金融市场监管开始走上依法监管的轨道。

4. 金融市场监管改革深化阶段(1997—2003 年)

这一时期,金融分业经营、分业监管体制进一步完善,中国证券监督管理委员会(证监会)、中国保险监督管理委员会(保监会)相继成立,分别负责证券业、保险业的监管,中国人民银行承担各类银行、信用社和信托投资公司等非银行金融机构的监管,银行与其所办的信托、证券业务相继脱钩。1999年，中国人民银行管理体制进行了重大改革，撤销了省级分行，建立了9个跨省区分行，中央银行依法履行金融市场监管职责的独立性得到了进一步增强。

5. "一行三会"到"一行两会"金融市场监管模式阶段（2003年至今）

为适应金融业的发展，1992年10月，国务院成立中国证监会；1998年11月，成立中国保监会；2003年10月，成立中国银监会。证监会、保监会、银监会主要按照机构牌照确定管理对象（即机构监管）。我国形成了中国人民银行、银监会、证监会、保监会分工合作的"一行三会"的集权多头、分业监管体制。

随着金融全球化的发展速度加快，我国金融业对外开放程度不断加深，国际大型金融控股公司进入，国内多家金融控股集团成立，我国金融混业经营大幕已经拉开。2015年以来，国内金融市场风险急剧增加，股票市场"人造泡沫"崩盘，汇市动荡，以泛亚交易所和e租宝为代表的影子银行风险爆发，银行坏账激增。这些金融风险的显露说明原有的监管框架存在着不适应市场化、国际化、混业化的趋势。

2018年3月，中国金融监管进行重大改革，中国银监会和中国保监会职责整合，组建中国银行保险监督管理委员会（银保监会），形成"一行两会"的监管体制。此次金融监管机构改革向两个方面转变，一方面，由机构监管向市场监管转变，不再根据机构的性质，而根据金融市场的性质来进行划分监管；另一方面，从过去的分业监管向分业与统一相结合的监管方式转变。银监会和保监会的职责整合部分解决了中国金融分业监管体制导致的缺乏协同、沟通效率低下的问题，从而更大程度上治理了中国金融业的乱象丛生，消除了监管盲点，防止了监管套利，避免了风险的交叉感染，有效降低了中国金融系统性风险水平。

（三）我国金融市场监管的现状

根据《中华人民共和国中国人民银行法》《中华人民共和国商业银行法》《中华人民共和国证券法》和《中华人民共和国银行业监督管理法》等有关规定，我国现阶段实行的是"一行两会"（即中国人民银行、银保监会和证监会）的分业金融市场监管格局。其中，中国人民银行主要负责货币政策的制定和执行，以及金融市场的宏观调控；中国银保监会负责银行业和保险业的监管；中国证监会则负责证券市场的监管。此外，还有一些辅助性监管机构，如国家外汇管理局、国家发展和改革委员会等。

1. "一行两会"的监管职能分工

中国人民银行监督管理银行间同业拆借市场、银行间债券市场、银行间票据市场、银行间外汇市场和黄金市场及上述市场的有关衍生产品交易。

中国银保监会主要职责是，依照法律法规统一监督管理银行业和保险业，维护银行业和保险业合法、稳健进行，防范和化解金融风险，保护金融消费者合法权益，维护金融稳定。监管对象具体包括：政策性银行、国有商业银行、资产管理公司、股份制商业银行、城市商业银行、城市信用社、农村商业银行、农村信用社、邮政储蓄银行、外资银行、信托投资公司、财务公司、金融租赁公司、人寿保险公司、财产保险公司、养老保险公司、汽车保险公司、信用保险公司、农业保险公司、再保险公司。

中国证监会统一监督管理全国证券期货市场，维护证券期货市场秩序，保障其合法运行。监管对象具体包括：证券公司、基金管理公司、上市公司、证券期货交易所、证券登记公司。

2. 中央银行的监管职能

根据修改后的《中华人民共和国中国人民银行法》的规定，中国人民银行的职责有：发布并履行与其职责有关的命令与章程；依法制定和执行货币政策；发行人民币，管理人民币流通；监督管理银行间同拆借市场和银行间债券市场；实施外汇管理、监督管理银行间外汇市场；监督管理黄金市场；持有、管理、经营国家外汇储备、黄金储备；经理国库；维护支付、清算系统的正常运行；指导、部署金融业反洗钱工作，负责反洗钱的资金监测；负责金融业的统计、调整、分析和预测；作为国家的中央银行，从事有关的国际金融活动；国务院规定的其他职责等。

由上述职责中可以看到，中国人民银行仍然保留以下监管权，即监督管理银行间同业拆借市场、银行间债券市场、外汇市场、黄金市场以及防范和化解系统性金融风险，维护国家金融稳定。这主要是为了更好地保证其稳定货币的职能，防范金融市场的系统性风险。

3. 中国银保监会的监管职能

中国银保监会的职责有：负责制定银行业和保险业的监管法规；负责审批银行业和保险业的机构设立、业务范围和高级管理人员任职资格等事项，并对这些机构进行日常监督和管理；负责监管银行业和保险业的市场行为，包括市场准入、市场竞争、市场风险等，以防止市场操纵、欺诈等不法行为。负责保护银行业和保险业消费者的合法权益，包括制定消费者权益保护政策、处理消费者投诉和纠纷等；负责监测和评估银行业和保险业的风险状况，及时发现和防范风险，确保金融稳定；负责推动银行业和保险业的改革和发展，提高金融服务的效率和质量，促进经济发展。

总之，中国银保监会的监管职能涵盖了银行业和保险业的各个方面，旨在确保这些行业的稳健运行和消费者的合法权益，维护金融稳定和促进经济发展。

4. 中国证监会的监管职能

我国的证券市场建立于20世纪80年代，当时的监管机构只有中国人民银行及其分行。到1991年，除了中国人民银行金融管理司、国家体改委、财政部担当证券市场管理职责外，还专门成立了"全国股票市场办公会议"，由中国人民银行、体改委、计委、经贸委、财政部等部委派员参加，负责对股票市场进行监管。1992年10月，国务院对证券管理机构进行了改组，正式成立了国务院证券管理委员会（证券委）下设办事机构即中国证券监督管理委员会（证监会）。这样，证券市场基本处在一个多头管理的状态下，效率低下，监管制度也欠严密，这严重阻碍了我国证券市场的发展。为深化改革，建立有效安全的证券市场，同时也为了建立统一的监管体制，国务院决定撤销国务院证券委，于1998年5月18日由中国证券监督管理委员会专门负责全国证券市场、期货市场的监管。

证监会的主要职责：研究和拟定证券期货市场的方针政策、发展规划，起草证券期货市场的有关法律、法规、规章；统一管理证券期货市场，按规定对证券期货监督机构实行垂直领导；监督股票、可转换债券、证券投资基金的发行、交易、托管和清算；批准企业债券的上市；监管上市国债和企业债券的交易活动；监管境内期货合约上市、交易和清算；按规定监督境内机构从事境外期货业务；监管上市公司及其有信息披露义务股东的证券市场行为；管理证券期货交易所及其高级管理人员；管理证券业协会；监管证券期货经营机构、证券投资基金管理公司、证券登记清算公司、期货清算机构、证券期货投资咨询机构；与中国人民银行共同审批基金托管机构的资格并监管其基金托管业务；制定上述机构高级

管理人员任职资格的管理办法并组织实施；负责证券期货从业人员的资格管理；监管境内企业直接或间接到境外发行股票、上市；监管境内机构到境外设立证券机构；监督境外机构到境内设立证券机构、从事证券业务；监管证券期货信息传播活动，负责证券期货市场的统计与信息资源管理；会同有关部门审批律师事务所、会计师事务所、资产评估机构及其成员从事证券期货中介业务的资格并监管其相关的业务活动；依法对证券期货违法行为进行调查、处罚。

（四）美、英、日三国的银行监管体系

1. 美国

由于历史原因，美国的银行监管体制相当复杂。

首先，由于银行实行国法银行和州法银行（国法银行也称国民银行，指依照联邦法律登记注册的银行；州法银行指依照各州法律登记注册的银行，而并非州立银行）并存的双重银行体制，因此法律不仅赋予联邦政府以监管商业银行的职能，而且也授权各州政府行使监管职责。因此，除美国财政部下设的货币监管总署（OCC）以外，各州政府均设立了银行监管机构，形成了联邦和州政府的双线监管体制。OCC 和州银行监管当局成为美国银行最主要的两个基本监管者。

其次，美联储、联邦存款保险公司（FDIC）、司法部、证券交易委员会（SEC）、期货交易委员会、储蓄机构监管办公室（OTS）、国家信用合作管理局（NCUA）、联邦交易委员会（FTC）、州保卫介入田径赛署（SIC），甚至联邦调查局等机构也都从各自的职责出发对商业银行进行监督和管理。其中，美联储、FDIC 是两类最主要的监管机构。美联储对所有成员银行均负有直接的、基本的监管职能。同时，美联储还是银行控股公司和金融控股公司的基本监管者，负责发放这两类公司的营业执照。为保证投保银行乃至整个金融体系的安全和稳健运营，降低风险，FDIC 除了进行存款保险以外，还兼有金融检查、金融预警的职能，并对投保银行（特别是 6 000 个州非联储成员银行）实施严格的直接监管。

2. 英国

2000 年，英国议会通过了新的金融法，2001 年 11 月，又通过了新金融法的细则，并从 12 月 1 日起执行。英国成为世界上第一个实行统一金融监管的国家，这场金融监管改革被西方舆论称为"金融大爆炸"，并被一些全球性的投资机构称为"革命性"的改革。

英国新的统一金融监管制度主要体现在金融监管局（Financial Service Authority）的功能上。金融监管局既要为英国的金融服务法制定执行的细则，又要监管银行、住房基金、保险公司、证券公司等各种金融机构的金融活动，决定惩罚与处置，是个权力很大的二级立法及执行机构，金融监管局是一个非营利性机构，经费来源完全靠收费。金融监管局虽有很大的独立性，但它与英格兰银行及财政部也有很多密切的关系。

3. 日本

以 1998 年通过《新日本银行法》为新的起点，日本开始对其金融监管体制进行大幅度的机构调整和改革。修改后的法案使日本银行与政府（大藏省）的关系发生了根本性变化，将长期以来一直为政府（大藏省）所拥有的业务指令权、日本银行高级职员的罢免权等统统废除，日本银行的独立性大大增强。2001 年 1 月，在全面推行政府的外设局，独立地全面负责金融监管业务，包括对金融机构的检查和监督、制定金融制度改革的重大决策、制定与民间金融机构的国际业务相关的金融制度（含金融破产处置制度和危机管理制度）、检

查企业财务制度以及金融再生委员会的遗留工作等；同时，协助财务省（原大藏省）共同对存款保险机构进行监督。

此外，日本在此次金融监管体制改革中，一方面，注意缩小行政监管部门的监管权限和范围，将其许可权限定在金融制度（宏观政策和法律法规）的完善以及对金融机构的行为合规性和风险度方面的监管等领域，不再干预金融机构的具体业务。金融厅的监管方式也由过去的行业监管改为职能监管，在职能监管部门之下再细分行业进行检查与监督。另一方面，努力强化市场的约束机能，规范金融机构的信息披露制度，提高金融机构的透明度，完善企业会计制度准则，加强会计师事务所等中介服务机构在社会监管中的作用。至2001年，一个以金融厅为核心、独立的中央银行和存款保险机构共同参与、地方财务局等受托监管的新的金融监管体制基本框架已初步形成。

（五）不同国家金融监管体制的比较分析

长期以来，对金融分业监管体制和混业监管体制优劣的争论一直没有停歇，更没有定论，金融监管"没有一个理想的模式"正在全球通用。通过对美国、日本和英国的金融监管体制的分析，我们发现，一国所选择的金融监管体制的模式，是与其当时的社会历史条件和经济发展水平相适应的，是以本国的经济体制为基础并以能实现金融业的发展和稳定为目标的。分业监管与混业监管的比较如表10-1所示。

表10-1 分业监管与混业监管的比较

项目	分业监管	混业监管
监管成本	过高，比如英国的原有分业监管体制	低，可实现规模经济，如北欧和英国等国家在实行混业监管之后
监管效率	效率低，会出现重复监管和监管真空，如美国各州的州立银行几乎都参加了联邦存款保险计划，受到联邦政府的监管，但同时也受各州银行监管局的重复监管，自然降低监管效率	资源配置可以实现效率最优；弹性最大，监管当局在行使其监管职权时，只需通过自身对金融市场风险的判断和立场，通过必要的监管手段实现一定的监管目标
监管目标	很难形成一个明确、统一的整体监管目标	监管目标简要而明确
监管能力	具有专业化优势	有规模效应，其监管更具全局性
监管协调	需要协调	不存在监管部门之间的冲突，矛盾只存在于监管机构的内设部门之间，协调起来较为容易
对金融行业差异性的适应能力	更能适应不同金融行业的差异性，能够根据不同金融行业的特殊性，区别对待不同金融市场机构或金融市场业务，确定各自的监管标准和要求，制定有针对性的监管手段和措施，从而更有效地控制金融风险，保持金融市场稳定	由于金融行业各部门具有各自的特征，因此各监管机构的目标、方式和理念必然没有统一的标准，这就使综合性监管机构对内部专业化极强的各监管部门难以协调，从而不得不对各目标有所取舍

从表10-1中的比较可以发现，混业监管体制在总体上比分业监管体制具有一定的优越性。随着国际金融市场的发展，全球金融监管模式变革呈现出以下趋势。

1. 从分业监管向混业监管转变

以 1999 年美国《格拉斯—斯蒂格尔法案》的废除为标志，全球的金融市场业务日益向混业经营的方向转变，与之相适应的金融监管模式也日益朝着混业监管的方向演变。美国旧的金融监管体系采取按不同金融机构的类别进行纵向分别立法、分别监管的模式。1999 年实施《金融服务现代法案》后，美国采取了联邦政府、州政府与专门机构分层的金融监管模式，综合监管与分层监管相结合。与此同时，英国、日本等国也通过金融改革建立了统一的监管框架。统一监管提高了复杂金融联合体的监管效率，实现了金融监管的规模经济，顺应了现代金融业混合经营的发展潮流。

2. 从机构性监管向功能性监管转变

机构性监管是指按照金融市场的类型分别设立不同的监管机构，不同的监管机构拥有各自的职责范围，无权干预其他类别金融市场的业务活动。功能性监管是指依据金融体系基本功能而设计的监管。功能性监管关注的是金融市场产品所实现的基本功能，以金融市场业务而非金融机构来确定相应的监管机构和监管规则，减少监管职能的冲突、交叉重叠和监管盲区。同时，功能性监管正对混业经营下金融市场业务交叉现象层出不穷的趋势，强调跨机构、跨市场的监管，因而可以实现对金融市场体系的全面监管。

3. 从单向监管向全面监管转变

从监管内容上看，由于金融工具的不断创新，各国监管当局相应地扩大了金融监管的范围，从单纯的表内、表外业务扩展到所有业务。从监管重点来看，以往的金融风险监管侧重于信用监管，但银行还可能因为其他风险而陷入经营困境。因此，当前国际金融业的监管除信用监管外，还重视市场风险、经营风险等。从监管范围上看，国际金融监管也从单纯的资本充足率的监管转向以最低资本标准、监管当局的检查及市场自律三个层次的全面监管。

4. 从封闭性监管向开放性监管转变

金融市场全球化发展趋势，主要表现为国际资本的大规模流动、金融市场业务与机构的跨境发展和国际金融市场的发展。然而，金融市场全球化也同时带来了许多负面的影响。巴林银行的倒闭，使各国监管当局认识到各国的信息沟通对于加强国际银行及其经营活动监管的重要性。国际金融危机的频频爆发，使得全球范围、地区范围及双边范围内各个层次上的国际银行监管合作都得到了长足发展。一国的金融安全及经济安全与国际金融市场的变化息息相关，金融市场全球化使各国的监管哲学发生重大变化，金融监管从国内单边监管转向国内、国际的多边监管，从封闭性监管转向开放性监管。

5. 合规性监管和风险性监管并重

20 世纪末，金融市场复杂多变，金融创新产品层出不穷，金融衍生产品交易、银行网络化以及中间业务日益增大。相较于传统银行业务，金融创新业务在收益更大的同时，对金融市场造成的冲击也更直接、更猛烈。因此，只有并重监管传统业务和创新业务，才能有效地防范和化解金融市场的整体风险。从 20 世纪 80 年代后期开始，国际监管组织和各国监管当局就对金融市场创新产品和电子银行都给予了高度关注。但是，随着金融市场机构的创新和变革，合规性监管并不能及时全面地反映金融市场风险，相应的监管措施也滞后于市场发展。为此，国际金融监管组织和一些国家的监管当局相继推出了一系列以风险监管为基础的审慎规则。风险性监管更注重金融市场机构本身的风险控制程序和管理水平，能及时反映金融市场机构经营状况,预测潜在风险。

6. 从一国监管向跨境监管转变

随着金融市场国际化的发展及不断深化,各国金融市场之间的联系和依赖性也不断加强,各国风险在国家之间相互转移、扩散便在所难免。金融市场国际化要求实现金融监管本身的国际化,如果各国在监管措施上松紧不一,不仅会削弱各国监管措施的效应,且还会导致国际资金大规模的投机性转移,影响国际金融市场的稳定。因此,西方各国致力于国际联合监管。各个国际性监管组织也纷纷成立,并保持着合作与交流。为了有效监管金融市场机构的境外业务和离岸业务,各国监管当局逐步实施了跨境监管。

金融拓展:国外金融监管借鉴

任务三 实施金融监管

金融是现代化经济的核心,金融业对社会经济生活的影响巨大,关系着国计民生。金融业的健康发展能促进经济的稳健发展和社会安定,因此加强对金融行业的监管是关键。根据金融监管的目标和原则,金融监管当局必须采用一定的方法、手段对监管对象进行监管。

一、金融监管的方法

监管方法是指监管主体根据特定的监管目标,对监管对象进行检查、取证、分析、控制的手段和技术。正确运用监管方法,是保证完成监管任务、提高监管质量、充分发挥监管作用的基本措施。金融监管的方法主要有以下几种:

(一) 检查法

检查法是指对被监管机构的申请报告、各项经营合同、业务工作进度等,进行认真仔细的审阅和研究,以便总结经验推广应用或及时纠正问题的方法。检查法分为非现场检查和现场检查。非现场检查是指监管部门在采集被监管机构相关信息的基础上,通过监管信息的分析处理,持续监测被监管机构的风险状况,及时进行风险预警,并择机采取监管措施的过程。现场检查是指金融监管机构人员通过实地查阅金融机构经营活动的账表、文件、档案等各种资料和座谈询问等方法,对金融机构风险性与合规性进行分析、检查、评价和处理的一种手段。非现场检查和现场检查各有优劣,只有综合运用非现场检查和现场检查这两种方法,才能实现优势互补,充分提高监管的整体效能。

(二) 调查法

调查法指通过交谈、答卷等形式获得原始资料并进行分析讨论,从而对监管对象进行专题调查研究,或是确认某项业务运作的可行性;或是对某项业务进行事后调查取证,以判断是非曲直,评价优劣功过的一种研究方法。调查法可以通过对当事人的口头或书面查询、质询的方法进行直接调查;也可以通过对于当事人有业务往来的单位或个人发出信函进行间接调查。通过调查可以了解事实的真相,揭露现实存在的问题,取得证明材料,掌握监管客体所处行业的动态,为监管主管机关制定政策、规则、改革和制定决策提供事实依据。

（三）分析法

分析法是指运用经济数据或经济指标对被监管客体进行跟踪监控的一种方法。

1. 比率分析法

比率分析法是对同一监管客体的某一项经济指标进行纵向分析，以掌握其变化规律，分析其在行业中的状况和变动趋势的一种方法。对于不同的分析者——债权人、监管当局、政府机构等由于分析目的不同，所采取的侧重点也不同。对于监管部门而言，对资本充足率、资产负债率、流动性比率、资本利润率等经济指标的监控都可以用比率分析法。

2. 比较分析法

比较分析法是对统一经济数据进行对比分析，可以根据监管的内容和目的采用本期与上期或基期比较、实际数与计划数比较、某一监管客体与同行业比较的方法，分析形成差异的原因，借以了解其经济活动的成绩和问题的一种分析方法。例如对资产负债表、利润表等主要会计报表上各个项目的分析一般采用比较分析法。

（四）自律法

自律法主要包括行业自律和金融机构自律。

1. 行业自律

行业自律是同行业组织自律协会规范行业行为，协调同行利益关系，维护行业间的公平竞争和正当利益，促进行业发展的行为。行业自律包括两个方面，一是行业内对国家法律、法规政策的遵守和贯彻；二是行业内的行规行约制约自己的行为。而每一方面都包含对行业内成员的监督和保护的机能。如在我国有中国银行业协会、中国证券业协会、中国保险业协会等行业自律，它们组织规范行业行为，促进行业发展。

2. 金融机构单位自律

金融机构单位自律主要指金融机构根据监管要求，自觉遵守监管规章制度所进行的自我约束。各个金融机构的管理人员和从业人员应该具有较强的自觉性和纪律性，遵守职业道德，不弄虚作假，严格自律。

二、金融监管的手段

金融监管能否取得实效，其中一个重要因素就是监管主体本身的监管效率，效率与效果呈正比。而在既定的外部条件下，监管效率很大程度上取决于监管手段的多样性和有效性。金融监管当局主要是通过法律手段、金融稽核等手段来对金融市场和金融活动进行监管。

（一）法律手段

在法制社会，法律手段是最基本的手段。各国在监管风格和内容上尽管有所不同，但都是依法监管。例如各国差不多都从法律上规定各种不同金融机构的最低资本金要求。金融机构必须接受国家金融管理当局的监管，金融监管必须依法严格执行，实施有效的法律手段能规范金融市场主体的行为，维护金融市场的竞争秩序，可为依法治理金融提供规范性依据，为消除金融隐患、防范和化解金融风险提供有效的制度保证。

（二）金融稽核

金融稽核是指金融监管当局根据国家规定的职责按照一定的工作程序用经济手段和行

政手段对各类金融机构的业务活动，财务活动的真实性、合法性和经济效益进行监督和检查。金融稽核是以管辖行的稽核机构派出人员，独立、公正、客观地对辖属行、处、所等，运用专门的方法，就其真实性、合法性、正确性、完整性做出评价和建议，向派出机构及有关单位提出报告。金融稽核的主要内容包括业务经营的合法性、资本金的充足性、资产质量、负债的清偿能力、盈利情况、经营管理状况等。在我国，金融稽核部门通过对金融机构业务活动和财务活动的稽核，纠正违规违纪行为，保护其正当利益，同时将金融机构执行国家金融方针政策的情况反馈给决策机关，并提出完善政策的建议，为领导决策服务。

三、金融监管的内容

（一）对银行业的监管

各国监管机构对银行业的监管重点包括三个方面：市场准入监管、日常经营监管和市场退出监管。

1. 市场准入监管

市场准入是监管的首要环节。把好市场准入关是保障银行业稳健运行和整个金融体系安全的重要基础。市场准入监管关系到一个国家的银行数量是否适度，是否会给社会经济生活带来消极影响。

各国对商业银行市场准入的监管主要包括两个方面：第一，商业银行设立和组织机构的监管，包括设立的基本条件、最低注册资本、商业银行的组织形式、分支机构的设立规定、分立或合并的规定、商业银行高级管理人员的任职资格和条件等；第二，对银行业务范围的监管，各国一般都通过相应的法律对银行业务经营范围做出规定。

2. 日常经营监管

（1）资本充足性监管。资本充足率是指资本对加权风险资产的比例，它是评价银行自担风险和自我发展能力的一个重要标志。银行在开展业务时要受自有资本的制约，不能脱离自有资本而任意扩大业务。全球银行业资本充足率监管标准由巴塞尔委员会制定，1988年以来相继推出了三个版本的《巴塞尔协议》。

（2）对存款人保护的监管。对存款人保护的监管主要包括：制定存款业务的原则、对存款人权益的保护性规定、对存款利率和存款方式的监管、对存款保险的规定等。为了维护存款者利益和金融业的稳健经营与安全，许多国家在金融体制中设立负责存款的保险机构，规定本国金融机构按照吸收存款的一定比例向专门保险机构缴纳保险金，当金融机构出现信用危机时，由存款保险机构向金融机构提供财务支援。

（3）流动性监管。当流动性不足时，银行无法以合理的成本获得所需的足够资金，其后果就是银行利润受到侵蚀甚至导致支付危机，所以监管当局对银行的流动性非常重视。

（4）贷款风险的控制。为了追求利润，商业银行会把以存款方式吸收来的资金尽可能地用于贷款和投资并集中于高盈利资产，相应地也会产生高风险，因而大多数国家都限制商业银行的存款与贷款比例，防止贷款对象过度集中，重点监管不良贷款的比例，以分散风险。

（5）准备金管理。商业银行的存款准备金，不仅是保持商业银行清偿力的必要条件，而且是中央银行操作存款准备金工具实施货币政策的基础。监管当局的主要任务是确保银行及时足额地提取法定存款准备金，提取和保留必要的超额准备金。

（6）对商业银行财务会计的监管。对商业银行财务会计的监管，主要包括对商业银行的财务会计制度的规定、对商业银行会计账册真实性的监管、对商业银行财务会计审计的规定、对商业银行提取呆账准备金的规定等。

3. 市场退出监管

当商业银行已经或可能发生信用危机，严重影响存款人利益时，监管当局将对商业银行做出市场退出的处理。为了保证市场退出的平稳性和最大限度地保护存款人利益，监管当局主要对商业银行的接管、终止、清算解散等做出具体规定，并进行全过程监管。

市场退出监管主要包括三个方面：

（1）金融机构破产倒闭等行为，包括接管解散，撤销和破产。

（2）金融机构变更合并行为。

（3）终止违规者经营行为。

（二）对证券业的监管

各国监管机构对证券业的监管重点包括三个方面：对证券机构的监管、对证券市场的监管和对上市公司的监管。

1. 对证券机构的监管

证券机构属于特许经营行业，只有经证券监督机构审查批准，由工商部门注册的合法证券公司才能从事各项证券业务。《中华人民共和国证券法》专门对证券公司的设立、业务范围、经营规则等做出了具体规定。由证监会统一负责证券公司设立、变更、终止事项的审批，依法履行对证券公司的监督管理职责。其监管内容主要有：对证券经营机构设立、变更和终止的监管，对证券从业人员的管理以及对证券经营机构的日常监管和检查。

除证监会的监管之外，证券交易所对会员公司的监管、证券业协会的自律监管以及证券公司内部控制与风险管理都是证券机构监管体系中不可或缺的组成部分。

2. 对证券市场的监管

对证券市场监管的主要任务是保护投资者的合法权益，其基本原则是坚持公开、公平、公正的"三公"原则。

（1）防止内幕交易。证券内幕交易是指内部知情人利用地位、职务或业务等便利获取未公开但将影响证券价格的重要信息，利用信息进行有价证券交易或者泄露该信息的行为。《中华人民共和国证券法》中规定禁止证券交易内幕信息的知情人和非法获取内幕信息的人利用内幕信息从事证券交易活动。

（2）防止证券欺诈。证券欺诈行为是指证券公司及其从业人员违背客户真实意思表示，从事损害客户利益的行为。《中华人民共和国证券法》中对证券发行、交易及相关活动中的证券欺诈行为进行了明确的界定，并制定了相应的处罚措施。

（3）防止操纵市场。证券市场中的操纵市场行为是指个人或机构背离市场自由竞争和供求关系原则，人为地操纵证券价格，以及引诱他人参与证券交易为自己牟取私利的行为。《中华人民共和国证券法》中对操纵市场的行为进行了明确界定。

3. 对上市公司的监管

对上市公司监管主要基于两个基本目标：提高上市公司运作效率和运作质量，充分保护投资者利益。对上市公司的监管主要集中在两个方面：第一，建立完善的上市公司信息披露制度，对其信息披露进行监管；第二，加强对上市公司治理结构的监督，规范其运作。

(三) 对保险业的监管

各国监管机构对保险业的监管重点包括三个方面：保险组织的监管、保险经营的监管、保险财务的监管和保险中介人的监管。

1. 保险组织的监管

(1) 保险人的组织形式。保险人以何种组织形式进行经营，各个国家根据本国国情有不同限定。在我国保险公司可以采取股份有限公司和国有独资公司的形式。

(2) 申请设立的许可。保险人必须具备一定的资本条件和良好的财务状况才能经营，在我国设立保险公司实缴货币资本金不低于 2 亿元人民币。

(3) 从业人员的资格。保险经营专业性、技术性极强，其重要人员是否称职对保险经营有重大影响。因此，从业人员的学识经验、资格条件成为保险监管的重要内容。

(4) 停业解散的监管。保险企业若违法经营或有重大失误以至于不得不破产时，政府以监督者身份令其停业或发布解散令，选派清算员，直接介入清算程序。

(5) 外资保险企业的监管。一般发达国家对此限制较少，发展中国家为维护本国利益，对外资保险企业的开业条件、经营业务范围及纳税等都有严格要求。

2. 保险经营的监管

(1) 经营业务的监管。对经营业务的监管，是指规定保险企业所能经营的业务种类和范围，一般表现在两个方面：一是保险人可否兼营保险以外的其他业务，非保险人可否兼营保险或类似保险的业务，即兼业问题；二是同一保险企业内部，是否可以同时经营性质不同的保险业务，即兼营问题。

《中华人民共和国保险法》规定：经营商业保险业务，必须是依法设立的保险公司，其他单位和个人不得经营商业保险业务；同一保险人不得同时兼营财产保险业务和人身保险业务；经营财产保险业务的保险公司经核定可以经营短期健康保险业务和意外伤害保险业务。

(2) 保险条款、保险费率的监管。为了保护社会公众利益和防止不正当竞争，《中华人民共和国保险法》规定："关系社会公众利益的保险险种、依法实行强制保险的险种和新开发的人寿保险险种的保险条款和保险费率，应当报保险监督管理机构审批。其他保险险种的保险条款和保险费率，应当报保险监督管理机构备案。"

(3) 再保险的监管。《中华人民共和国保险法》及《保险公司管理规定》规定，保险公司应当按照保险监督管理机构的有关规定办理再保险，保险公司对每一风险单位所承担的责任超过资本金加公积金总和的 10% 的部分应当办理再保险。

3. 保险财务的监管

(1) 准备金的监管。对准备金的监管主要体现在提取准备金的种类和数额上。通常财产保险业务提存的准备金主要有未到期责任准备金、赔款准备金和特别准备金；人身保险业务提存的准备金主要有责任准备金、未到期保费准备金和特别准备金。保险公司应当根据保障被保险人利益、保证偿付能力的原则，提取各项准备金。

(2) 资金运用的监管。对保险企业资金运用监管的主要内容是资金运用的程度、范围、资金投向和比例限度等。目前我国保险公司的资金可以运用的范围包括：银行存款、政府债券、金融债券和企业债券。可以进入全国银行间同业拆借市场，可以通过证券投资基金间接进入证券市场；可以设立保险资产管理公司，可以委托保险资产管理公司运用保险资金。保险公司的资金不得用于设立证券经营机构、不得用于设立保险业以外的企业。

（3）偿付能力的监管。保险企业的偿付能力一般是指保险企业对所承担的风险在发生超出正常年景的赔偿和给付数额时的经济补偿能力。保险公司应当具有与其业务规模相适应的最低偿付能力。保险公司的实际资产减去实际负债的差额不得低于保险监督管理机构规定的数额，低于规定数额的应当增加资本金、补足差额。

（4）财务核算的监管。各国立法和行政规章一般都要求保险企业在年终时向主管部门递交年终报告，反映其财务核算结果。

4. 保险中介人的监管

保险中介人包括代理人、经纪人和公估人等，对保险中介机构和个人进行监督管理是保险市场监督管理的一项特别重要的内容。

（1）资格监督管理。保险中介机构和个人开展业务经营必须取得营业执照，在取得执照之前要通过有关资格考试，在从事保险中介工作期间，还应接受继续培训方可维持更新其营业执照。

（2）业务监督管理。保险中介人在开展保险业务时不得采用不良手段从事非法经营。不良手段包括越权和超范围代理业务、误导陈述、恶意招揽和保费回扣等行为。

金融链接：从"万宝之争"看中国混业经营、金融创新下的金融监管

（3）报表账簿的监督管理。保险代理人和保险经纪人应当设立专门账簿，记载保险代理业务或者经纪业务的收支情况，并接受保险监管部门的监督管理。

测试评价

一、学习测试

（一）单项选择题

1.（　　）是根据从事金融业务的不同机构主体及其业务范围的不同，由中央银行和其他不同的监管机构分别实施监管的体制。

A. 多头监管体制　　B. 集中监管体制　　C. 单一监管体制　　D. 分业监管体制

2. 2018年3月，中国金融监管进行重大改革是（　　）。

A. 人民银行统一高度集中进行金融监管

B. 成立中国银监会

C. 中国银监会和保监会职责整合，组建中国银保监会

D. 形成"一行三会"的监管体制

3. 贷款风险控制的重点是监管（　　），以分散风险。

A. 不良贷款的比例　　B. 资本充足率　　C. 流动性比率　　D. 准备金率

4. 对证券市场监管的主要任务是（　　）。

A. 保障银行业稳健运行　　　　　　B. 保障金融体系安全

C. 保护投资者的合法权益　　　　　D. 保障证券机构安全

5. 保险公司对每一风险单位所承担的责任超过资本金加公积金总和的（　　）的部分

应当办理再保险。

  A. 5%   B. 8%   C. 10%   D. 20%

（二）多项选择题

1. 金融脆弱性的根源包括（　　）。

  A. 信息不对称   B. 内幕交易   C. 资产价格波动

  D. 金融自由化   E. 金融管制

2. 金融风险的特征包括（　　）。

  A. 客观性   B. 不确定性   C. 高杠杆性

  D. 传染性   E. 收益性

3. 各国的金融管理性机构主要包括（　　）。

  A. 负责管理存款货币并监管银行业的中央银行或金融管理局

  B. 按分业设立的监管机构

  C. 分业监管体制

  D. 金融同业自律组织

  E. 社会性公律组织

4. 对银行业的日常经营监管包括（　　）。

  A. 资本充足性监管   B. 对存款人保护的监管   C. 准备金管理

  D. 流动性监管   E. 贷款风险的控制

5. 对上市公司监管主要集中在（　　）。

  A. 监管上市公司的经营范围

  B. 监管上市公司的信息披露制度

  C. 加强对上市公司治理结构的监督，规范其运作

  D. 监管上市公司的资金运作

  E. 监管上市公司的偿付能力

（三）判断题

1. 广义的金融脆弱性指的是由金融业高负债经营的行业特性决定的脆弱性。（　　）
2. 健全的宏观经济环境和合理的产业结构是防范金融危机的必要宏观环境。（　　）
3. 实行多头监管体制和分业经营的国家，大都实行分业监管。（　　）
4. 全球银行业资本充足率监管标准由巴塞尔委员会制定。（　　）
5. 各国监管机构对银行业的监管重点包括市场准入监管和市场退出监管。（　　）

（四）主观题

1. 金融脆弱性的根源有哪些？

  答：_____

  _____

2. 金融风险的特征是什么？

  答：_____

  _____

3. 金融风险的分类有哪些？

  答：_____

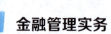

4. 金融危机的防范措施包括哪些？
答：_____

5. 金融监管的基本原则是什么？
答：_____

二、能力评价

（一）案例分析

e租宝倒闭再提完善金融监管

据2016年2月1日新华社报道，备受关注的e租宝非法集资案告破，21名涉案人员被北京检察机关批准逮捕。e租宝是"钰诚系"下属的金易融（北京）网络科技有限公司运营的网络平台，在一年半内非法吸收资金500多亿元，受害投资人遍布全国31个省市区。

随着媒体的深入调查，e租宝的真实面目终于呈现于众。e租宝是典型的"互联网+"时代的产物，几乎是横空出世，迅速发达。该案波及面广，群众受损财产数额大，值得反思。

一方面要为公众敲响警钟，警惕网络带来便利和奇迹的同时也会有陷阱，另一方面也期望互联网金融监管部门不要放过这次弥补漏洞的契机。

e租宝借助网络，迅速铺开，但背后缺乏实质性项目，且挥霍无度，资金链出了问题，危险也就纷至沓来，这些应是e租宝开工之时高管们心知肚明之事，但e租宝对外亮出三个卖点，凭此快速拿到全国范围的投资者。一是保本息、灵活支取。"1元起投，随时赎回，哪怕投资的公司失败了，钱还是照样有。"这是e租宝广为宣传的口号。二是承诺远高于一般银行理财产品的收益率。e租宝共推出过6款产品，预期年化收益率在9%～14.6%，三是公司员工以奢侈品扮相展示公司财大气粗的形象。

"网络平台只能进行信息中介服务，不提供信用担保，也不能承诺回报。"这在中国人民银行等部门出台的《关于促进互联网金融健康发展的指导意见》、最高法在2010年出台的关于非法集资犯罪的司法解释及银监会的要求中都有明确规定。而e租宝利用一般群众缺乏金融常识，用虚假的承诺编织了一个"陷阱"。由于普通群众较难判断一个网络投资平台是否可靠，金融监管部门至少应该在以下三个关口上为投资者提前把好关。

首先，e租宝兴于网络、成于网络，普通群众很容易接触到，金融监管部门对此应保持敏感。既要加强对网络金融产品的实时监察，也要有责任审查其是否属经有关部门批准的吸存形式，从源头防范投资者上当。

其次，通过网络平台公开吸存的非法集资犯罪是行为犯，即只要行为人实施了非法吸收公众存款或变相吸收公众存款行为，就构成本罪，并不要求有实际损害结果，因此要求金融监管部门及时监管作出精准判断，最大限度减少公众财产损失。

最后，e租宝为了快速敛财，通常不会在线下项目和实体业务上踏实投入。如e租宝对外宣称，其经营模式是由集团下属的融资租赁公司与项目公司签订协议，然后在e租宝平台上以债权转让的形式发标融资；融到资金后，项目公司向租赁公司支付租金，租赁公司则向投资人支付收益和本金。项目本是 e 租宝为投资者生财至关重要的来源，而 e 租宝并无真实可靠项目，由此也提醒监管部门，市面上现有的金融产品安全与否，需及时掌握背后的项目实情，这也是普通群众凭个人能力难以做到的。

思考： 上述案例让我们认识到了金融监管的重要性，也感到了金融监管的方法、手段等应随着经济的发展、金融的创新而发生的变化。那么面对新形势、新问题应如何完善金融监管？创新金融监管的方法和手段有哪些？

创新点：（1）_____
　　　　（2）_____
　　　　（3）_____

（二）小组讨论

围绕教材里"2008 年金融危机"和"从万宝之争看中国混业经营、金融创新下的金融监管"两个金融链接内容分组讨论金融监管的必要性。

必要性：（1）_____
　　　　（2）_____
　　　　（3）_____

（三）业务实训

选择中外曾经发生的某一次金融危机通过查阅资料，完成下列任务：

1. 分析该发生的背景。

答：_____
_____

2. 概括该危机发生的过程。

答：_____
_____

3. 总结该危机的经验及警示。

答：_____
_____

4. 该国金融管理机构采取了哪些挽救措施。

答：_____
_____
_____

参 考 文 献

［1］薛艳，于晓晖，范平平. 金融学（双色版）［M］. 青岛：中国海洋大学出版社，2019.

［2］韩宗英. 金融基础知识（第4版）［M］. 北京：人民邮电出版社，2023.

［3］蔡鸣龙. 商业银行业务经营与管理（第3版）［M］. 厦门：厦门大学出版社，2021.

［4］黄达，张杰. 金融学（第5版）［M］. 北京：中国人民大学出版社，2020.

［5］孟昊，郭虹. 国际金融理论与实务（第4版）［M］. 北京：人民邮电出版社，2020.

［6］邢天才，王玉霞. 证券投资学（第4版）［M］. 大连：东北财经大学出版社，2017.

［7］姚长辉，吕随启. 货币银行学（第5版）［M］. 北京：北京大学出版社，2018.

［8］魏宁. 金融学［M］. 重庆：重庆大学出版社，2015.

［9］陈善昂. 金融市场学（第3版）［M］. 大连：东北财经大学出版社，2016.

［10］张红伟. 货币金融学（第2版）［M］. 北京：科学出版社，2016.

［11］周建松. 金融学基础（第2版）［M］. 北京：中国人民大学出版社，2017.

［12］李庚寅. 货币金融学［M］. 成都：西南财经大学出版社，2016.

［13］朱新蓉. 货币金融学（第4版）［M］. 北京：中国金融出版社，2015.

［14］高传华. 金融学：理论·实务·案例［M］. 西安：西安电子科技大学出版社，2017.

［15］刘伟，李刚，白玮炜. 外汇交易［M］. 大连：东北财经大学出版社，2017.

［16］李健. 金融学精编（第3版）［M］. 北京：中央广播电视大学出版社，2015.